재무행정학

김민주

박영사

머리말

　돈을 싫어하는 사람이 얼마나 있을까? 돈이 많다고 해서 반드시 행복한 것은 아니다. 돈이 없어도 얼마든지 행복할 수 있다. 그런데 돈이 없으면 생활이 불편하다. 때로는 많이 불편하다. 돈 때문에 건강 문제를 해결하지 못해 생명에 위협을 받기도 한다. 그래서 일단 돈은 없는 것보다 있는 것이 낫고, 사람마다 얼마나 있는 것이 행복한가에 대해서는 다르겠지만 생활의 불편함을 많이 덜어 줄 수 있는 정도를 가지고 있으면 더 좋다. 물론, 돈 없이 그 불편함을 모두 감수하고서도 더 큰 행복감을 느끼는 사람 역시 존재한다. 하지만 그런 사람은 그리 많지 않다고 생각된다. 대부분은 돈으로부터 생활의 편리함과 불편함에 비교적 많은 영향을 받으며 살아간다.

　그런데 참으로 이상한 것은, 우리가 돈의 중요성이나 필요성에 대해 때로는 집착에 가까울 정도로 많이 생각하는 것과는 달리 돈에 대한 학습은 별로 하지 않는다는 점이다. 돈에 대한 학습은 거창한 것이 아니라, 돈과 관련된 공부를 말한다. 왜 그럴까 생각해보니, 어렵다고 느끼기 때문인 것 같다. 그렇다면 왜 어렵다고 느끼는 것일까라고 또 생각을 해보니, 숫자 때문인 것 같다. 돈은 숫자로 표시되는 것이 기본이라서, 숫자는 계산을 떠올리게 하고 계산은 공부로 접근하는 것을 어렵게 느끼도록 만드는 것이다.

　행정학 전공과목들 중에서 학부 학생들에게 재무행정학 과목이 어렵게 느껴지는 것도 바로 그 때문이다. 재무행정학은 아주 쉽게 말해 정부가 운용하는 돈 즉, 국가재정에 대해 다루는 과목이다. 그러다 보니 돈에 대한 학습으로 연상되는 숫자와 계산이 함께 이미지화되어 어렵게 느껴지는 것이다.

그런데 무슨 일이든 그렇지만, 하기 전에 생각하는 것과 하면서 느끼는 것, 그리고 하고나서 드는 생각은 많이 다르다. 나도 학부 시절에는 재무행정학 과목이 어렵게 느껴져서 선뜻 수강하기가 꺼려졌는데, 수강해보니 할만 했고, 한 학기 수강을 끝내보니 못할 것은 아니었다는 생각이 들었다. 그리고 배우고 보니 행정학 전공 지식으로는 물론이고, 우리가 살아가는 사회에 대해서도 더 자세히 알게 되었다. 우리가 살아가는 사회가 국가재정으로부터 많은 영향을 받기 때문에 그에 대해 배우게 되면서 사회를 더 잘 이해하게 된 것이다. 개인의 삶에 국가재정이 미치는 영향을 생각해봐도 재무행정학은 배울만하다. 누구나 세금을 납부하고 정부로부터 재정지원을 받고 또 때로는 벌금이나 과태료 등을 내기도 한다.

따라서 재무행정학은 돈의 중요성을 고려하거나, 국가재정이 나와 우리 사회에 미치는 영향을 생각하거나, 아니면 무엇이든 그렇듯이 배우게 되면 별것 아니게 느껴질 수 있으므로 일단 배우는 것이 좋다. 이 책에서 다루는 세부 주제들인, 정부예산의 기초(제1장), 예산과정(제2장), 예산제도(제3장), 예산배분(제4장), 예산이론(제5장), 재정관리제도(제6장), 재정투자분석(제7장), 국가재산관리(제8장), 정부조달(제9장), 정부회계(제10장), 재정정보(제11장), 재정분권(제12장)은 재무행정학 지식 이외에도 우리 사회 전반을 이해하는데 많은 도움을 준다.

이 책이 나오기까지 많은 분들의 도움이 있었다. 모두 열거할 수는 없지만, 그 모든 분들께 감사의 마음을 전한다. 그 중에서도 가족과 박영사 임직원 분들께 특히 감사의 마음을 전한다.

2019년 9월 3일 연구실에서

김민주(金玟柱)

차례

제2장   예산과정

제3장   예산제도

제4장　예산배분

제7장　재정투자분석

제8장　국가재산관리

제9장　정부조달

제10장　정부회계

제11장　재정정보

제12장　재정분권

표 차례

그림 차례

정부예산의 기초

제1장

정부예산의 기초

제1절 예산의 의미와 관련 용어

1. 예산의 의미

예산(budget)이라는 말은 우리가 자주 사용하는 용어 중 하나이다. 굳이 예산의 정확한 뜻을 모르더라도 대화에 어려움 없이 일상적으로 많이 사용하는 용어이기도 하다. 언어란 원래 그렇다. 정확한 뜻을 알고 사용하는 것이 아니라 사용자가 어렴풋이 지니고 있는 개념이 더 효과적인 의사소통을 가능하게 한다. 물론, 중요한 사안이라면 정확한 의미에 대한 합의가 선행되어야 하지만, 그렇지 않다면 일상에서는 어렴풋하게 알고 있는 의미만으로도 대략적인 합의를 이끌어내서 자연스운 대화가 가능하다. 이와 마찬가지로 일상에서 흔히 사용되는 예산이라는 용어도 우리는 고민 없이 많은 경우에 사용하고 있다.

예컨대, 조직생활을 하는 사람이라면 이런 말들을 자주 한다. "1년 예산이 10% 늘었다.", "예산이 없어서 그 사업은 할 수 없다.", "예산은 언제나 부족하다.", "예산으로 편성되어 있으니 올해 안에 꼭 사용해야 한다.", "예산을 더 받아내는 것이 가장 중요하다." 등의 말들이 그렇다. 비단 조직생활을 하지 않더라도 예산이라는 말은 종종 사용된다. 대학생들은 MT를 준비하면서 "이번 MT 예산은 500만 원이다.", "갈수록 학생회 예산이 줄어들고 있다." 등의 말을 하곤 한다. 용돈을 받는 학생도 "이번 여행 예산은 200만 원이다."라고 말하고, TV 뉴스를 보는 일반 시민도 "예산이 줄줄 샌다."라고 말한다. 이처럼 다양한 상황과 맥락에서 예산이라는 말이 사용되고 있다.

간단히 제시한 예문들이지만 예산이라는 단어가 사용되는 예문들만 봐도 예산이라는 말이 어떤 의미인지 대략 알 수 있다. 가장 먼저 떠올려지는 것은 '돈'일 것이다. 예산은 바로 돈을 나타낸다. 그런데 그냥 돈으로만 규정짓기에는 뭔가 부족하다. 앞에서 든 예들을 보면 두 가지의 의미가 내포되어 있다는 것을 알 수 있다. 하나는, 예산은 어떤 행위나 행동이 수반되는 '활동'이 항상 함께 한다는 점이다. 그래서 예산의 의미를 단순히 돈으로만 한정짓기보다는 돈과 관련된 활동이 함께 표현되어야 한다. 또 다른 하나는, 예산이 어떤 활동을 위해 방금 써버린 돈이라는 의미보다는 '어떤 활동을 위해 마련되어 있는 돈'이라는 의미를 지닌다. 과거에 쓴 돈이 아니라 미래에 쓸 돈이라는 것이다. 이렇게 볼 때 예산은 돈이라고 쉽게 생각할 수도 있지만, 두 가지 사항을 함께 고려하는 것이 더 적절하다. 그래서 예산의 의미를 조금 더 구체화시켜서 표현하면 이렇다. '예산은 어떤 활동을 위해 계획한 돈'이다.

예산에 관한 이러한 표현은 다시 더 구체화될 수 있다. 예산과 관련된 활동을 누가하는지, 그리고 계획된 돈이란 어떤 계획을 위한 돈이라는 것인지에 대한 대답이 포함될 수 있다. 우선, 예산은 다양한 수준의 주체들이 활동을 할 때 사용되는 돈이다. 정부는 물론이고 기업, 개인이나 단체들이 모두 예산을 통해 다양한 활동을 한다. 이 책에서는 재무행정에 관한 내용을 다루기 때문에 예산과 관련된 활동의 주체는 정부가 된다. 그리고 계획된 돈은 돈을 마련할 계획과 마련한 돈을 사용할 계획을 말한다. 우리가 흔히 듣는 용어로는 수입과 지출이 된다. 즉, 계획된 돈이란 수입과 지출을 위해 계획된 돈이라는 것이다. 이렇게 볼 때 재무행정에서 말하는 예산의 의미는 보다 구체화되어 이렇게 표현할 수 있다. '정부활동을 위한 수입과 지출에 관한 계획'이다. 앞서 표현한 것과 비교해서 돈이라는 말이 사라졌는데, 그것은 수입과 지출 속에 돈이라는 의미가 포함되어 있기 때문이다.

그런데 여기서 한 가지 더 고려할 것이 있다. 바로 '기간'의 문제이다. 어떤 활동에서 일정한 기간이 정해져 있지 않다면 그에 사용되는 돈은 한정이 없을 것이다. 활동 단위가 구분되어야 하고 그에 따라 돈에 대한 계획도 구분되어야 한다. 따라서 예산의 의미를 '일정 기간 동안의 정부활동을 위한 수입과 지출에 관한 계획'으로 조금 더 구체화해서 표현할 수 있다.

여기서 일정 기간이라는 용어가 추가되었는데, 이 용어는 재무행정학의 용어로 바꾸면 '회계연도(fiscal year)'가 된다. 갑자기 '회계'라는 단어가 등장했는데, 이는 곧바로 이어서 살펴볼 예산 관련 용어에 대한 설명에서 다루어질 용어이다. 따라서 이어서 나올 회계라는 용어에 대한 설명 부분에서, 예산의 의미를 규정할 때 왜 일정 기간이라는 말보다는 회계연도라는 말을 사용하는지에 대해 설명하기로 한다. 결론적으로 우리가 재무행정학에서 사용하는 예산이라는 의미는 '회계연도 동안 정부의 수입과 지출에 관한 계획'을 말한다. [표 1-1]은 예산의 의미가 구체화되는 과정을 나타내고 있다.

물론, 나름의 체계화된 구분법에 따라 예산의 의미를 실질적인 의미와 형식적인 의미로 구분하기도 한다. 실질적 의미는 국가의 재정수요와 이를 충당

[표 1-1] **예산 의미의 구체화**

의미 단계	의미
가장 직관적인 의미	돈
돈에서 비롯되는 활동을 함께 표현한 의미	어떤 활동을 위해 마련한 돈
활동의 주체와 돈의 계획성을 구체화한 의미	정부활동을 위한 수입과 지출에 관한 계획
기간이 추가적으로 고려된 의미	일정 기간 동안의 정부활동을 위한 수입과 지출에 관한 계획
기간에 대한 재무행정학의 용어가 반영된 의미	회계연도 동안 정부의 수입과 지출에 관한 계획

하는 재원을 추정하여 작성한 한 회계연도의 세입·세출에 대한 예정적 계산서를 말한다. 이는 곧 앞에서 살펴본, 회계연도 내의 정부의 수입과 지출에 관한 계획이 예산이라는 의미와 거의 같은 뜻이다. 형식적 의미는 「헌법」, 「국회법」 및 「국가재정법」에 의거하여 정부가 일정한 형식에 따라 편성하고 국회의 심의·의결을 거쳐 확정된 다음 회계연도의 국가재정 계획을 말한다.[1] 이는 예산 과정과 절차를 포함한 의미이다. 이런 구분에 따른 예산의 의미를 이해하는 것도 가능하지만, 그에 앞서 [표 1-1]에 명시된 예산의 의미로 이해하는 것이 재무행정학을 처음 접하는 학생들에게는 더 쉽게 와닿을 수 있다.[2]

　　그 어떤 방식이 되었건, 그동안 예산의 의미에 기초해서 예산의 속성이나 특징을 중심으로 예산을 다양하게 표현해왔다. 때로는 비유가 함께 섞여서 '예산이란 어떤 것'이라는 말로 나타내기도 했다. 예컨대, 예산은 '숫자적인 진술과 추계', '수지의 승인', '모든 이데올로기의 분식(扮飾)을 벗어던진 국가의 골격', '피(blood)' 등으로 표현되기도 했다.[3] 예산의 의미를 생각할 때 이러한 표현들은 예산의 다채로운 면을 나타내는 예들이 된다. 앞으로 이 책을 통해 예산에 대해 자세히 배우게 되면 더 구체적으로 이러한 표현들의 의미를 이해하게 될 것이다.

　　한편, 어원적 측면에서 볼 때 예산의 영어 단어인 'budget'은 가방 또는 지갑을 의미하는 영어의 고어(古語)인 'bouget'에서 비롯되었다. 명예혁명 후 영국의 재무장관은 매년 가죽가방 속에 예산서를 넣고 의회에 나가서 의회의 동의를 얻기 위해 연설을 했다고 한다. 이 예산서는 정부재정의 수요와 공급에 관한 일종의 설명서였다. 이때 들고 다닌 가죽가방(bouget)이 점차 예산을 뜻하게 되면서 현재의 budget이라는 단어가 예산을 의미하게 되었다고 한다.[4]

---

1) 국회예산정책처(2010). 『국가재정제도: 원리와 실제』, 국회예산정책처, pp. 15-16.
2) 물론 예산과정과 절차에 관한 내용도 중요하기 때문에 이 책의 제2장(예산과정)에서 자세히 다룬다.
3) 윤성식(2003). 『예산론』, 나남; 유훈·조택·김재훈(2012). 『재무행정론』, 법문사, p. 24.
4) 윤영진(2014). 『새재무행정학2.0』, 대영문화사, p. 20; 원구환(2015). 『재무행정론』, 대영문화사, p. 16.

2. 예산관련 용어: 회계, 기금, 재정, 재정관리

예산과 관련해서 함께 알아둘 필요가 있는 용어로는 회계(accounting), 기금(fund), 재정(finance), 재정관리(financial management) 등의 개념이다. 이 용어들은 일상에서 서로 혼용되는 경우가 많다. 모두 돈과 관련된 용어들로서 혼용할 수 있는 여지가 충분하다. 그러나 의미 차이가 존재하는 것들이므로 재무행정학을 배울 때는 구분하는 것이 적절하다. 우선 '예산(budget)'은 앞서 살펴본 대로 회계연도 내의 정부의 수입과 지출에 관한 계획을 말한다.

1) 회계

회계(accounting)는 정부의 경제적 활동을 화폐액으로 측정 및 분류하고 요약·정리하여 의사결정에 유의미하게 활용되도록 하는 일체의 체계를 말한다. 여기서 정부의 경제적 활동은 곧 예산 사용에 따른 활동을 의미하는 것으로, 회계는 예산활동의 결과에 따라 이루어진다. 쉽게 말하면, 예산이 돈을 사용할 계획이라면 회계는 사용한 돈에 대한 검토에 해당한다. 그래서 이 둘은 서로 연동해서 이루어진다. 정부가 예산을 수립하고 집행하면 이어서 회계가 진행되고, 회계가 이루어지면 회계에서 얻은 유용한 정보는 다시 다음 연도의 예산 수립에 활용된다.[5] 예산에 따라 이루어지는 회계는 예산 사용에 대한 정보를 도출하는 기능을 한다는 점에서 중요한 역할을 한다. 회계는 경제적 실체가 어떤 주체인가에 따라 기업회계도 있고 정부회계도 있다. 이 책에서는 제10장에서 정부회계에 대해 자세히 학습할 것이다.

앞서 예산의 의미를 살펴볼 때 일정 기간을 나타내는 말로 '회계연도'라는 말이 사용되었는데, 그 이유를 이제 여기서 알 수 있다. 예산은 사용되면서 측정·분류·요약·정리와 같은 기록되는 회계활동을 수반하기 때문에 예산이 사

5) 김민주(2017). 『정부는 어떤 곳인가: 행정학의 이해와 활용』, 대영문화사, p. 210.

용될 기간은 곧 회계활동이 이루어지는 기간과 같다는 점을 알 수 있다. 예산은 집행되며 사용될 것을 전제하기 때문에 사용과 동시에 이루어지는 회계활동을 예산의 의미 속에 포함한 것이라 볼 수 있다. 재원에 대한 계획이 예산이기는 해도 효력을 가진 예산이라면 반드시 기록된 결과로서 회계를 한 것이라는 점을 보이기 위한 것이다. 그래서 예산활동과 관련해서 회계라는 말이 많이 등장한다. 회계연도는 물론이고 예산이 담겨져 있는 일종의 금고이자 재정의 구조를 나눌 때도 일반회계와 특별회계라는 말을 사용한다. 일반회계와 특별회계는 제3절(재정의 구조와 규모)에서 다룬다.

2) 기금

기금(fund)은 국가가 특정한 목적을 위해 특정한 자금을 신축적으로 운용할 필요가 있을 때에 한해 법률에 의해 설치되는 정부재정의 하나에 해당된다. 기금은 정부의 출연금 또는 법률에 따른 민간부담금을 재원으로 하기 때문에 세입세출예산에 의하지 않고 운용할 수 있다.[6] 세입세출예산에 의하지 않는다는 점에서, 기금은 예산과 함께 정부재정의 하나이기는 해도 예산과는 구분된다. 그래서 기금에 대해 "예산 이외로 운용된다." 혹은 "예산과 별도로 운영된다."라고 말하기도 한다. 즉, 기금은 예산과는 달리 특정사업을 대상으로 하면서 지속적이고 안정적인 자금 지원을 위해 별도로 마련되어 있는 재정이다. 그리고 특정사업을 대상으로 하기 때문에 예산과는 달리 기금의 종류가 여러 개일 수도 있다. 기금에 대해서는 이어지는 제3절(재정의 구조와 규모)에서 구체적으로 설명된다.

---

6) 「국가재정법」 제5조.

3) 재정

재정(finance)이란 화폐단위로 표시된 수입과 지출(활동)을 총칭하는 것이다. 재정활동의 주체가 정부라면 정부재정이라 하고, 이는 화폐단위로 표시된 정부의 수입과 지출(활동)을 총칭하는 말이다. 정부가 조세수입 등을 기반으로 지출활동을 하는 정부부문의 경제활동을 포괄적으로 재정이라고 표현한다. 그래서 화폐단위로 표시될 수 있는 정부의 모든 수입·지출 활동을 일컫는 말로 사용된다.7) 따라서 재정이라는 말은 예산, 회계, 기금과 비교할 때 가장 포괄적인 범위를 갖는 용어라고 할 수 있다.

정부의 재정활동은 흔히 정부의 경제활동과 혼용되기도 한다. 정부의 경제활동이 곧 수입과 지출로 이루어지기 때문이다. 따라서 재정(활동)은 정부의 경제활동이라고 이해되기도 한다. 그렇게 되면 정부의 재정을 살펴본다는 것은 곧 정부의 경제활동을 살펴보는 것이 된다. 하지만, 정부의 경제활동 범위는 워낙 광범위하기 때문에 정부의 재정을 살펴보고자 할 때는 학문에 따라 보다 구체적으로 그 범위를 구분지을 필요가 있다. 실제로 사회과학 학문분야만 하더라도 정부의 경제활동을 여러 측면에서 다루고 있다.

우리가 관심을 갖고 있는 행정학에서 정부재정을 다루는 분과학문은 재무행정학이다. 재무행정학에서는 정부재정에 대해 경제활동이라고 넓게 정의해서 다루기보다는, 행정기관이 중심이 된 정부활동에서 화폐단위로 표시된 수입과 지출활동에 초점을 두고 이를 명시적으로 표시해놓은 예산과 기금을 그 대상으로 한다. 그래서 정부재정이란 예산과 기금을 포괄하는 개념으로 본다. 과거에는 주로 예산에 한정되었으나 최근에는 기금의 규모가 제3의 예산이라 불릴 정도로 커졌기 때문에, 재정이라고 하면 정부가 직접적으로 운용하는 예산과 기금을 함께 지칭하는 것으로 여기는 것이 일반적이다. 그리고 재정의 범위는 중앙정부와 지방자치단체 모두를 포괄하기 때문에 정부재정으로서 예산과 기금은 중앙정부와 지방자치단체의 예산과 기금을 모두 포함한다. 요컨대,

---

7) 국회예산정책처(2010). 『국가재정제도: 원리와 실제』, 국회예산정책처, p. 13.

재정이란 예산과 기금을 모두 포괄해서 화폐단위로 표시된 정부의 수입과 지출활동을 총칭하는 용어라고 할 수 있다.

4) 재정관리

정부영역에서 재정관리(financial management)는 정부재정관리 혹은 공공재정관리(public financial management, public finance administration) 등으로 불린다. 재정관리란 재정활동에 관리(management)측면이 포함된 것이다. 재정은 그 자체로 관리가 될 것이 전제되어 있는 개념이기는 하다. 재정이 모아지거나 거두어지고(수입) 사용되는(지출) 과정에 관계되는 여러 활동들은 재정을 관리하는 일반적인 모습이 된다. 그런 점에서 본다면 재정관리라는 말은 정부재정을 관리하는 일체의 활동이나 체계를 의미한다. 즉, 재정 혹은 그에 해당되는 예산이나 기금이 일정한 관리 체계 속에서 이루어진다는 것을 뜻한다.

그러나, 재무행정학에서 말하는 재정관리는 단순한 일련의 관리과정만을 나타내는 말은 아니다. 그보다는 재정관리에서 말하는 관리는 법적·제도적인 제약 하에서 특정방향에 초점을 둔 관리를 강조한다. 재정관리는 그러한 제약에 따르는 활동 과정이나 결과를 의미한다. 중요한 것은, 재정사용에 따른 특정방향을 지향하며 재정의 효율성과 효과성과 성과와 책임성 향상을 위해 다양한 제도적 장치들로 관리된다는 것이다. 특정 목적 하에 이루어지는 제도 기반의 관리활동이 재무행정학에서의 재정관리이고, 이는 여러 재정관리제도로 구현된다. 이 책에서는 제6장(재정관리제도)에서 여러 재정관리제도를 배우게 된다.

제2절 정부재정의 기능

재정의 중요성은 재정의 기능에서 찾을 수 있다. 중요하다는 것은 어떤 중요한 기능을 하기 때문이다. 사실 우리 생활에서 단순히 생각해봐도 돈의 중요성은 굳이 말로 할 필요가 없다. 정부재정도 다양한 기능을 통해 그 중요성을 드러내고 있다. 정부재정에 속하는 예산도 마찬가지이다. 재정의 기능은 곧 예산의 기능이기도 하다.

재정의 기능에 대한 설명에서 가장 많이 인용되는 학자는 머스그레이브(R. A. Musgrave)로서, 그는 재정의 3대 기능으로 불리는 자원배분의 기능, 소득재분배의 기능, 경제안정화의 기능을 제시했다.[8] 이러한 기능은 주로 정부가 재정을 통해 시장실패의 문제를 보완하기 위한 노력에서 비롯되었다. 그리고 쉬크(Allen Schick)는 예산개혁의 지향점을 논하면서 재정으로서 예산의 통제·관리·기획 기능을 제시했다.[9]

1. 자원배분의 기능

자원배분이 최적으로 이루어진다면 가장 이상적이지만 현실은 그렇지 못하다. 완전경쟁시장 하에서 최적 상태의 재화와 용역이 분배되는 사례는 비현실적일 뿐 아니라 어떤 것이 최적의 배분 상태인지 명확히 규정하기도 어렵다. 그나마 사적재화(private goods)라면 가격이라는 메커니즘을 통해 설사 최적은 아니더라도 효율적인 자원배분이라 불릴 수 있는 상태까지는 이루어질 수 있

---

8) Musgrave, Richard A.(1959). *The theory of Public Finance: A Study in Public Economy*, New York: McGraw-Hill Book Company.

9) Schick, Allen(1966). The Road to PPB: The Stages of Budget Reform, *Public Administration Review*, 26(4): 243-258.

다. 가격이 존재하면서 경쟁과 교환 등의 활동에 따라 사적욕구(private wants)를 충족시키는 방향으로 효율적인 자원배분이 이루어질 수도 있기 때문이다.

문제는 공공재(public goods)이다. 공공재는 비경합성과 비배제성의 특징을 지닌 재화로서 가격이라는 메커니즘에 의해서 효율적으로 배분되기 어려운 성질을 지닌 재화이다. 또한, 사적재화와는 달리 가격과 교환과 경쟁 등이 적용되는데 한계를 지니고 있어서 효율적 배분보다는 비효율적 배분이 이루어지거나 혹은 배분 자체가 이루어지기 힘들 수도 있다. 그런데 공공재는 우리 사회에서 상당히 중요한 역할을 하는 재화들이기 때문에 생활에 없어서는 안 된다. 예컨대, 국방과 사회간접자본시설들이 그에 해당되고 거리의 가로등이나 해안의 등대도 마찬가지다. 그리고 준공공재에 해당되는 교육, 의료나 주택도 그렇다. 이런 재화들은 그대로 둘 경우 효율적인 자원배분이 되기 힘든 것은 물론이고 배분 자체가 어려울 수도 있다.

따라서 정부가 재정을 통해 이런 재화들을 공급하거나 배분에 간여할 수밖에 없다. 정부재정이 그 역할을 하게 된다. 국방서비스 제공이나 사회간접자본시설을 건설하거나 가로등이나 등대를 만들고 운영하는 것은 결국 정부의 예산 사용에 따른 결과들이다. 정부재정의 역할이 없다면 이러한 공공재에 대한 공급과 배분 자체가 가능하지 않다. 시장에 맡겼을 때 그것을 책임지고 공급 및 배분하려는 역할을 할 주체가 거의 없기 때문이다. 이것이 바로 시장실패(market failure)와 그에 대한 정부재정의 역할을 보여주는 것이다. 정부가 재정을 통해 이러한 자원들에 대한 공급 및 배분 역할을 하는 것이 바로 재정의 첫 번째 기능이다.

2. 소득재분배의 기능

사회와 시장에서 완전경쟁이 이루어지고 자원이 효율적으로 배분되었다고 가정해보자. 이제는 자원배분과 관련한 문제가 거의 없어졌을까? 그렇지 않다. 경쟁에서 뒤처진 사람이 있고, 가격 메커니즘에 따라 효율적으로 배분되었다고 해도 가난을 겪으며 힘들게 살아가는 사람도 있을 것이다. 효율적인 자원배분이 곧 공정하거나 정의롭다거나 바람직한 배분이라고 말하기는 어렵다. 오히려 불평등한 배분에 의해 갈등이 야기되기도 한다. 정부재정의 또 다른 기능이 바로 이 문제들을 해소하고 최소화하는데 도움을 주는 역할과 관련된 것이다. 소득재분배 기능이 그것이다.

소득재분배는 말 그대로 분배가 이루어진 것을 보니 바람직하지 않은 면이 있어서 다시(재) 분배하는 역할을 정부가 재정을 통해 한다는 것을 의미한다. 일종의 조정과정을 말한다. 주로 고소득층과 저소득층 간에 이루어지는 재분배 활동들이 여기에 해당된다. 예컨대, 세입면에서는 소득세, 상속세, 증여세 등에 누진세율을 적용하고, 중소기업·농어민 등의 특정 계층에게 조세 감면을 해주기도 하며, 간접세는 재화의 종류에 따라 차별 과세를 하기도 한다. 그리고 세출면에서는 생활보호 등의 이전적 지출, 의무교육에 대한 지원, 저소득 계층 주택 지원 등의 사회보장적 지출을 통해 사회적 소외계층을 지원하기도 한다.[10] 그런데 소득재분배 기능은 갈등을 줄이기 위한 것이기는 하지만 한편으로는 또 다른 갈등을 야기하기도 한다. 특히 자본주의 사회에서 소득계층 간 격차가 다양한 이유로 존재하기 때문이다. 따라서 정부재정의 기능으로서 소득재분배 기능은 이해관계자들이 많이 관련되기 때문에 상대적으로 바람직한 상태로 그 결과를 실현하는데 어려운 재정기능에 해당된다고 할 수 있다.

3. 경제안정화의 기능

앞서 재정의 의미를 살펴볼 때 정부의 재정활동은 흔히 정부의 경제활동과 혼용되기도 한다고 했다. 정부라는 거대한 경제적 실체가 행하는 수입과 지출 활동은 그 자체로 경제에 커다란 영향을 미친다. 돈을 풀어서 경제를 살린

10) 윤영진(2010). 『새재무행정학』, 대영문화사, pp. 93-94.

다거나 돈을 묶는 긴축활동을 한다는 것이 모두 정부의 재정활동을 그 중심에 두고 하는 말이다. 그리고 정부가 필요한 물품 등을 구입하는 조달행위 역시 그 규모가 작지 않기 때문에 국내 산업에 영향을 줄 정도이기도 하다.

따라서 정부지출 및 조세의 규모나 구조가 고용, 산출량, 물가 등에 중요한 영향을 미친다는 점을 고려해 볼 때, 높은 고용수준과 생산수준을 유지하면서 물가를 안정시키는 것은 정부의 중요한 역할이자 책임이 된다고도 할 수 있다. 이것이 바로 정부재정의 경제안정화의 기능이다. 재정의 경제안정화 기능은 1930년대의 세계 대공황과 그것을 극복하기 위한 정부의 제반 조치에서 특히 두드러지게 강조되었고, 케인즈 이론을 기초로 보정적 재정정책과 그 뒤 인플레이션의 압력 등에 따른 조치 역시 재정의 경제안정화 기능을 더욱 인식시키는 계기가 되었다.[11]

재정의 경제안정화 기능은 주로 재정정책으로 나타난다. 주로 경기불황이나 경제개발 그리고 경제성장, 실업률 상승 등에 대응하기 위한 정부의 정책들이 해당된다. 그래서 때로는 정책적 차원에서 경기침체와 같은 심각한 불황을 극복하기 위해 정부가 추가적인 재원(추가경정예산 등)을 편성해서 국회로부터 확정을 받은 후 집행할 수 있도록 하고 있다.

4. 통제 · 관리 · 기획 기능

머스그레이브(R. A. Musgrave)가 논의한 재정의 3대 기능은 정부활동의 거시적인 측면을 주로 다루고 있다. 그와 함께 정부재정은 국정운영에서 통제 및 관리 그리고 기획 기능을 수행하기도 한다. 이와 관련해서는 쉬크(Allen Schick)가 예산제도의 개혁과정에서 나타난 예산의 지향점을 설명하면서 이 3가지를 제시했다.

---

11) 김동건 · 원윤희(2014). 『현대재정학』, 박영사, pp. 15 – 16.

공공영역이건 민간영역이건 간에 돈이 사용된 곳은 반드시 사후 확인을 한다. 계획된 곳에 적절하고 적합하게 예산이 사용된 것을 확인하는 것이 예산활동의 마지막 단계이다. 이는 곧 통제활동의 다른 표현이다. 예산을 통해 통제(control)를 할 수 있다는 것에는 사후 확인 뿐 아니라, 사전에 예산배분을 할 때 효율성과 경제성의 검토 등이 이루어지는 것도 포함된다. 제대로 사용되었는지를 확인하는 것은 물론이고, 사용하고자 할 때 제대로 사용될 것인가에 대한 타당성의 통제가 이루어지는 것이다. 따라서 예산은 국정운영에서 여러 과정과 방법으로 통제의 기능을 하고 있다.

그리고 예산은 사용되고 나면 일정한 성과가 발생되도록 요구받는 대상이기도 하다. 본래 예산은 한정된 자원이기 때문에 효율적으로 사용되어야 하는 것은 물론이고 사용한 만큼 애초에 기대했던 성과를 보이도록 요구받는다. 따라서 예산은 관리활동에서 관리(management)를 이끄는 그 자체가 된다. 예산 사용으로 인해 요구되는 성과를 낳기 위한 노력들은 곧 관리활동에 영향을 미치게 되는 것이다. 관리방향을 정하기도 하고 관리과정에 수정을 가하기도 한다. 예산을 통해 성과에 기반한 관리활동을 하는 것이다. 이것이 예산의 관리 기능이다. 성과가 강조되는 오늘날 특히 예산은 성과와 연계되어 관리활동의 정당성을 확인해주는 근거로서 그 기능을 한다.

그리고 예산은 기획(planning) 기능을 한다. 기획은 일종의 계획활동으로서 계획은 예산에 기초한다. 아무리 멋진 계획을 세워도 예산이 뒷받침되지 않는다면 그것을 기획이라 하지 않는다. 예산 편성이 기획을 가능하게 한다는 점에서 예산은 기획 기능을 하는 것이다. 흔히 예산은 기획서에 생명력을 불어넣게 하고 기획력을 높이는 원동력이 된다고 말하는 것도 예산의 기획 기능을 강조하는 말이다. 애초에 예산의 의미 자체가 회계연도 내의 정부의 수입과 지출에 관한 계획이라는 점에서 예산 속에는 기획 기능을 내포하고 있다.

제3절　재정의 구조와 규모

1. 정부재정의 구조

1) 중앙재정과 지방재정

정부재정의 구조는 재정운용의 주체(중앙정부와 지방자치단체)와 재정의 성격(예산과 기금)에 따라 구분된다. 재정운용의 주체는 중앙정부인가 아니면 지방자치단체인가에 따라 중앙재정과 지방재정으로 구분된다. 여기서 지방재정은 지방자치단체의 수입·지출 활동과 지방자치단체의 자산 및 부채를 관리·처분하는 모든 활동을 말하는 것으로,[12] 다시 지방일반재정과 지방교육재정으로 구분될 수 있다. 우리나라는 「지방교육자치에 관한 법률」에 따라, 교육의 자주성 및 전문성과 지방교육의 특수성을 살리기 위하여 지방자치단체의 교육·과학·기술·체육 그 밖의 학예에 관한 사무를 관장하는 기관의 설치와 그 조직 및 운영 등에 관한 사항을 규정함으로써 지방교육의 발전에 이바지하고자[13] 교육자치를 시행하고 있다. 그래서 지방재정은 지방자치단체가 운영하는 지방일반재정과 「지방교육자치에 관한 법률」에 의거해서 교육감을 중심으로 교육청에서 운영하는 지방교육재정으로 구성되어 있다. 따라서 정부재정은 중앙재정과 지방재정으로 구분되며 지방재정은 지방일반재정과 지방교육재정으로 나누어지는 구조라고 할 수 있다. 이 구분은 재정운용의 주체에 따른 것이다.

2) 일반회계와 특별회계

정부재정은 재정의 성격이 예산인지 기금인지에 따라 구분된 체계를 지니

---

12) 「지방재정법」 제2조.
13) 「지방교육자치에 관한 법률」 제1조.

고 있다. 예산은 회계연도 내의 정부의 수입과 지출에 관한 계획으로서 세입이
그 핵심 재원이 된다. 물론 부득이한 경우에는 국회의 의결을 얻은 금액의 범
위 안에서 국채 또는 차입금으로 재원 충당이 가능하기도 하다.[14] 그러나 재
원의 핵심은 세입이다. 예산은 다시 두 가지로 구분된다. 일반회계와 특별회계
가 그것이다.

　　일반회계는 조세수입 등을 주요 세입으로 하여 국가의 일반적인 세출에
충당하기 위하여 설치되는 회계이다. 소득세·법인세·부가가치세 등의 국세수
입과 정부출자기업의 배당·지분 매각 수입 등의 세외수입을 주요 재원으로 해
서 조성되는 재원인 일반회계는 국가의 안녕과 질서유지를 위한 기본적인 기
능을 수행하는데 필요한 예산이다. 국가의 일반적인 지출에 사용하기 위해 설
치된 회계인 것이다.

　　특별회계는 국가에서 특정한 사업을 운영하고자 할 때, 특정한 자금을 보
유하여 운용하고자 할 때, 특정한 세입으로 특정한 세출에 충당함으로써 일반
회계와 구분하여 회계처리할 필요가 있을 때에 법률로써 설치되는 회계이다.[15]
일반회계가 일반적인 국정운영에 대한 재원이라면, 특별회계는 특정 목적 하
에 운영되는 재원으로서 개별 회계에 별도의 법률이 필요하다. 그래서 국가(중
앙정부)예산에서 일반회계는 1개가 존재하는 반면 특별회계는 여러 개가 존재할
수 있다.

　　현재 국가예산에서 운영되고 있는 특별회계설치 근거법률의 현황은 [표
1-2]와 같다. 삭제된 회계를 제외하면 19개의 특별회계설치 근거법률이 있다.
법률의 명칭을 보면 특별회계가 특정 목적 하에서 운영되는 재원이라는 것을
쉽게 이해할 수 있다. 그리고 특별회계의 경우 폐지되기도 하는데, [표 1-2]
에서도 삭제된 흔적이 보인다. 실제로 특별회계는 특정 목적 하에서 운영되기
때문에 그 목적의 유효성에 따라 폐지나 통합이 가능하다. 예컨대, 특별회계가
폐지 및 다른 특별회계와 통합할 수 있는 경우는, 설치목적을 달성한 경우, 설

---

14) 「국가재정법」 제18조.
15) 「국가재정법」 제4조.

치목적의 달성이 불가능하다고 판단되는 경우, 특별회계와 기금 간 또는 특별
회계 간에 유사하거나 중복되게 설치된 경우, 재정운용의 효율성 및 투명성을
높이기 위하여 일반회계에서 통합 운용하는 것이 바람직하다고 판단되는 경우
등이다.16)

[표 1-2] 특별회계설치 근거법률의 현황17)

1. 교도작업의 운영 및 특별회계에 관한 법률
2. 국가균형발전 특별법
3. 국립의료원특별회계법
4. 삭제
5. 정부기업예산법
6. 농어촌구조개선특별회계법
7. 농어촌특별세관리특별회계법
8. 등기특별회계법
9. 신행정수도 후속대책을 위한 연기·공주 지역 행정중심복합도시 건설을 위한 특별법
10. 아시아문화중심도시 조성에 관한 특별법
11. 에너지 및 자원사업특별회계법
12. 우체국보험특별회계법
13. 삭제
14. 주한미군기지 이전에 따른 평택시 등의 지원 등에 관한 특별법
15. 책임운영기관의 설치·운영에 관한 법률
16. 특허관리특별회계법
17. 「환경정책기본법」
18. 국방·군사시설이전특별회계법
19. 공공기관 지방이전에 따른 혁신도시건설 및 지원에 관한 특별법
20. 교통시설특별회계법
21. 유아교육지원특별회계법

특별회계는 특정 목적이 필요하다는 상황이 생기면 신설도 가능하다. 다
만, 신설의 타당성에 관한 심사를 받아야 한다. 이때는 기획재정부 장관이 자
문회의의 자문 등을 거쳐 심사하게 되는데, 중요하게 고려하는 기준은 '일반회
계나 기존의 특별회계·기금보다 새로운 특별회계나 기금으로 사업을 수행하
는 것이 더 효과적일 것' 그리고 '특정한 사업을 운영하거나 특정한 세입으로
특정한 세출에 충당함으로써 일반회계와 구분하여 회계처리할 필요가 있을 것'
등이다.18)

따라서 현재 국가재정의 큰 틀은 1개의 일반회계와 19개의 특별회계로 이
루어져 있다. 쉽게 말하면 정부가 나라살림을 할 때 20개의 통장을 사용하고

16) 「국가재정법」 제15조.
17) 「국가재정법」의 [별표 1].
18) 「국가재정법」 제14조.

있다고 보면 된다. 가계에서 사용하는 통장 사용처럼 단순하지는 않지만, 전반적으로 일반회계 통장과 특별회계 통장으로 예산이 마련되어 있다고 생각하면 된다. [표 1−3]는 2018년도 예산서에 나타나있는 당해 연도의 세입세출예산 총액으로서 일반회계와 특별회계가 정리되어 있다. 실제 예산서를 보면 예산의 구체적인 내용을 다루기 전에 맨 앞장에 '예산총칙'으로 표시되어 [표 1−3]과 같이 제시되어 있다. 이 부분을 보면 우리나라 정부가 1년 동안 어느 정도

[표 1-3] **일반회계와 특별회계의 총액 예시**[19]

① 일반회계	301,417,202,896,000원
② 농어촌구조개선특별회계	10,580,541,000,000원
③ 교통시설특별회계	18,247,036,000,000원
④ 등기특별회계	364,273,685,000원
⑤ 교도작업특별회계	129,925,000,000원
⑥ 에너지 및 자원사업특별회계	5,437,206,500,000원
⑦ 환경개선특별회계	4,786,267,025,000원
⑧ 우체국보험특별회계	992,150,000,000원
⑨ 주한미군기지이전특별회계	564,081,000,000원
⑩ 행정중심복합도시건설특별회계	290,943,613,000원
⑪ 국방·군사시설이전특별회계	567,384,000,000원
⑫ 혁신도시건설특별회계	255,311,000,000원
⑬ 아시아문화중심도시조성특별회계	71,809,511,000원
⑭ 지역발전특별회계	9,889,905,000,000원
⑮ 유아교육지원특별회계	3,892,717,000,000원
⑯ 양곡관리특별회계	1,758,255,000,000원
⑰ 책임운영기관특별회계	1,104,087,638,000원
⑱ 조달특별회계	342,035,230,000원
⑲ 우편사업특별회계	4,676,894,069,000원
⑳ 우체국예금특별회계	3,278,252,000,000원

---

19) 기획재정부(2018). 『2018 나라살림 예산』, 기획재정부, p. 3.

의 돈을 어느 곳에 사용할 계획인지에 대해 대략적으로 알 수 있다. 구체적인 내용은 예산총칙 이후에 이어지는 예산명세서 등을 확인해야겠지만, 대략적인 총액은 이 부분을 보고 알 수 있다.

한편, [표 1-3]과 같은 예산총칙으로 시작되는 예산서는 다음의 순으로 구성되어 있다. 예산총칙(Ⅰ), 예산명세서(Ⅱ), 계속비(Ⅲ), 명시이월비(Ⅳ), 국고채무부담행위(Ⅴ), 기타(Ⅵ) 순이다. 이는 실제 예산서의 목차이기도 하다.

3) 기금

정부재정의 체계를 구성하는 것으로 예산(일반회계와 특별회계)과 함께 기금도 있다. 기금은 국가가 특정한 목적을 위하여 특정한 자금을 신축적으로 운용할 필요가 있을 때에 한하여 법률에 의해 설치되는 정부재정의 하나에 해당된다. 기금은 정부의 출연금 또는 법률에 따른 민간부담금을 재원으로 하기 때문에 세입·세출예산에 의하지 않고 운용할 수 있다.[20] 즉, 기금은 조세수입이 아닌 출연금·부담금 등을 주요 재원으로 하여 특정 목적의 사업을 추진하므로 수입과 지출의 연계가 강하게 나타난다는 점에서 특별회계와 유사하다. 하지만 기금은 계획변경이나 집행절차에서 일반회계나 특별회계에 비해 탄력성이 인정된다는 측면에서 예산과 구별된다. 그렇지만 기금운용계획의 확정 및 결산도 예산과 마찬가지로 국회의 심의·의결을 거친다는 점에서 재정운용수단으로서의 차이는 크지 않다.[21]

특정 목적을 위한 신축적인 자금이 필요하다고 해서 기금을 마음대로 설치할 수 있는 것은 아니다. 법률에 근거해야 하고 기금 신설을 위한 심사를 받아야 한다. 특별회계처럼 신설의 타당성에 관한 심사를 받아야 한다. 이 역시 기획재정부 장관이 자문회의의 자문 등을 거쳐 심사하게 되는데, 이때 중요하게 고려하는 기준은, '부담금 등 기금의 재원이 목적사업과 긴밀하게 연계되어

---

20) 「국가재정법」 제5조.
21) 국회예산정책처(2019). 『2019 대한민국 재정』, 국회예산정책처, p. 31.

있을 것', '사업의 특성으로 인하여 신축적인 사업추진이 필요할 것', '중·장기적으로 안정적인 재원조달과 사업추진이 가능할 것', '일반회계나 기존의 특별회계·기금보다 새로운 기금으로 사업을 수행하는 것이 더 효과적일 것' 등이다.22) 현재 기금설치 근거법률의 현황은 [표 1-4]와 같다.

기금 역시 특별회계와 마찬가지로 폐지나 통합이 가능하다. 기금의 통폐합은 설치목적을 달성한 경우, 설치목적의 달성이 불가능하다고 판단되는 경우, 특별회계와 기금 간 또는 기금 상호 간에 유사하거나 중복되게 설치된 경우, 재정운용의 효율성 및 투명성을 높이기 위하여 일반회계에서 통합 운용하는 것이 바람직하다고 판단되는 경우 등이다.23) [표 1-4]에서도 삭제된 흔적을 볼 수 있다.

[표 1-4] 기금설치 근거법률의 현황24)

1. 고용보험법	18. 농림수산업자 신용보증법
2. 공공자금관리기금법	19. 농수산물유통 및 가격안정에 관한 법률
3. 공무원연금법	20. 농어가 목돈마련저축에 관한 법률
4. 공적자금상환기금법	21. 「농어업재해보험법」
5. 과학기술기본법	22. 대외경제협력기금법
6. 관광진흥개발기금법	23. 문화예술진흥법
7. 국민건강증진법	24. 「방송통신발전 기본법」
8. 국민연금법	25. 보훈기금법
9. 국민체육진흥법	26. 복권 및 복권기금법
10. 군인복지기금법	27. 사립학교교직원 연금법
11. 군인연금법	28. 사회기반시설에 대한 민간투자법
12. 근로복지기본법	29. 산업재해보상보험법
13. 금강수계 물관리 및 주민지원 등에 관한 법률	30. 「무역보험법」
14. 금융회사부실자산 등의 효율적 처리 및 한국자산관리공사의 설립에 관한 법률	31. 「신문 등의 진흥에 관한 법률」
	32. 신용보증기금법
15. 기술보증기금법	33. 「농업소득의 보전에 관한 법률」
16. 낙동강수계 물관리 및 주민지원 등에 관한 법률	34. 「양곡관리법」
	35. 「수산업·어촌 발전 기본법」
17. 남북협력기금법	36. 「양성평등기본법」

---

22) 「국가재정법」 제14조.

23) 「국가재정법」 제15조.

24) 「국가재정법」의 [별표 2].

37. 영산강·섬진강수계 물관리 및 주민지원 등에 관한 법률
38. 예금자보호법(예금보험기금채권상환기금에 한한다)
39. 「산업기술혁신 촉진법」
40. 외국환거래법
41. 「원자력 진흥법」
42. 응급의료에 관한 법률
43. 임금채권보장법
44. 자유무역협정 체결에 따른 농어업인 등의 지원에 관한 특별법
45. 장애인고용촉진 및 직업재활법
46. 전기사업법
47. 「정보통신산업 진흥법」
48. 「주택도시기금법」
49. 「중소기업진흥에 관한 법률」
50. 지역신문발전지원 특별법
51. 청소년기본법
52. 축산법
53. 삭제
54. 한강수계 상수원수질개선 및 주민지원 등에 한 법률
55. 한국국제교류재단법
56. 한국농촌공사 및 농지관리기금법
57. 한국사학진흥재단법
58. 한국주택금융공사법
59. 「영화 및 비디오물의 진흥에 관한 법률」
60. 독립유공자예우에 관한 법률
61. 삭제
62. 「방사성폐기물 관리법」
63. 「문화재보호기금법」
64. 「석면피해구제법」
65. 「범죄피해자보호기금법」
66. 「국유재산법」
67. 「소기업 및 소상공인 지원을 위한 특별조치법」
68. 「공탁법」
69. 자동차손해배상 보장법
70. 국제질병퇴치기금법

과거에는 기금에 대해 신축적 운용을 중요한 특징으로 들고는 했다. 국회의 통제를 덜 받았다는 점에서 일반회계나 특별회계와 비교할 때 유연성이 비교적 강했다. 하지만 이제는 기금의 규모가 커지게 되어 예산에 준하는 통제를 하고 있다. 그래서 「국가재정법」에 기금운용 과정에서 반드시 따라야 할 사항들에 대해 구체적으로 명시하고 있다. 이제는 기금을 제3의 예산으로 부르기도 하고, 다양한 미디어에서는 정부예산을 보도할 때 그 규모에 기금을 함께 포함하기도 한다. 재원이나 법률적 속성을 떠나 넓게 본다면 예산에 일반회계와 특별회계와 기금을 함께 넣는 것도 결코 무리는 아니다. 다만 운용상의 차이만 존재한다는 것을 알고 있으면 된다.

따라서 예산처럼 기금도 기금현황에 대한 보고가 이루어지고 있다. [그림 1-1]은 『2018 기금현황』에 포함되어 있는 실제 기금에 관한 내용을 보여주고 있다. 재원 조성이 세입에 의존하기보다는 다양하다는 것을 알 수 있고 기금의 용도도 다양하다. 다만, 특정 목적이 항상 전제되어 있기 때문에 다양한 기금

[그림 1-1] 기금 예시 [25]

	9. 국민체육진흥기금
	(Korea Sports Promotion Foundation)

1. 기금 개요

(1) 설치근거/목적	• 근거: 국민체육진흥법 제19조(기금의 설치 등) • 목적: 체육진흥에 필요한 시설비용, 그 밖의 경비 지원		
(2) 설치연도	1972년	(3) 운용개시연도	1989년
(4) 주무부처	문화체육관광부	(5) 관리주체	서울올림픽기념국민체육진흥공단
(6) 조성재원 　(제20조 제2항)	• 정부와 정부 외의 자의 출연금(出捐金) • 문화체육관광부장관이 승인하는 광고 사업의 수입금 • 골프장(회원제로 운영하는 골프장을 말한다. 이하 같다) 시설의 입장료에 대한 부가금 • 기금의 운용으로 생기는 수익금 • 「복권 및 복권기금법」 제23조 제1항에 따라 배분된 복권수익금 • 제22조 제4항 제3호 및 제4호에 따른 사업에 대한 출자 등에 따른 수익금 • 제29조 제2항에 따른 출연금 • 그 밖에 대통령령으로 정하는 수입금		
(7) 기금의 용도 　(제22조)	• 국민체육진흥을 위한 연구·개발 및 그 보급 사업 • 국민체육시설 확충을 위한 지원사업 • 선수와 체육지도자 양성을 위한 사업 • 선수·체육지도자 및 체육인의 복지 향상을 위한 사업 • 광고나 그 밖에 기금 조성을 위한 사업 • 제14조 제4항에 따른 장려금 및 생활 보조금의 지원 • 제17조 제2항 및 제3항에 따른 자금의 융자 • 통합체육회, 대한장애인체육회, 한국도핑방지위원회, 생활체육 관련 체육단체와 체육 과학 연구 기관 및 체육인재육성 관련 단체의 운영·지원 • 저소득층의 체육 활동 지원 • 대통령령으로 정하는 지방자치단체의 공공체육시설의 개수·보수 지원 • 체육진흥투표권 발행 대상 운동경기를 주최하는 단체의 지원, 체육진흥투표권 미발행 대상 종목의 육성과 스포츠 공정성 제고를 위한 사업의 지원 • 체육·문화예술 사업의 지원 • 그 밖에 체육진흥을 위한 사업으로서 대통령령으로 정하는 사업		
(8) 여유자금 운용범위	• 금융기관 예치 및 연기금투자풀 등		
	이하 생략		

---

25) 기획재정부(2018). 『2018 기금현황』, 기획재정부, pp. 61-62.

2. 기금운용 현황

(1) 기금운용 총괄표

(억 원)

수 입(조 달)				지 출			
항 목	'16실적	'17실적	'18계획	항 목	'16실적	'17실적	'18계획
합 계	16,593	20,035	15,247	합 계	16,593	20,035	15,247
• 자체수입	12,679	16,573	14,504	• 사업비	13,515	13,402	10,390
- 법정부담금	409	414	323	- 경상사업	13,000	12,949	9,967
- 이자수입	144	80	50	- 자본지출	200	70	113
- 사업수입	11,752	15,189	12,587	- 융자사업	315	383	320
- 융자원금회수	62		115				
- 융자이자수입	17	24	17	• 기금운영비	258	280	286
- 기타	295	772	209	- 인건비	108	120	124
				- 기타운영비	150	160	162
• 정부내부수입	564	1,657	742				
- 일반회계전입	–		–	• 정부내부지출	1,600	500	4,000
- ○○특별회계전입	–			- 일반회계전입	–	–	
- ○○기금전입	534	629	683	- ○○특별회계전입	–	–	
- 공자기금예수	–	–		- ○○기금전입	500	500	500
- 공자예탁원금회수	–	1,000		- 공자기금예수	1,000		3,500
- 공자예탁이자회수	30	28	59	- 공자예탁원금회수	–	–	
				- 공자예탁이자회수	–	–	

이하 생략

의 용도는 설치목적(예: 체육진흥에 필요한 시설 비용 등)에 맞게 사용되어야 한다.

예산과 기금으로 이루어진 정부재정은 필요에 따라 여유재원의 전입과 전출이 발생되기도 한다. 정부는 국가재정의 효율적 운용을 위하여 필요한 경우에는 다른 법률의 규정에도 불구하고 회계 및 기금의 목적 수행에 지장을 초래하지 않는 범위 안에서 회계와 기금 간 또는 회계 및 기금 상호 간에 여유재원을 전입 또는 전출하여 통합적으로 활용할 수 있다. 그러나 모든 특별회계나 기금이 허용되는 것은 아니다. 예컨대, 우체국보험특별회계, 국민연금기금, 공무원연금기금, 사립학교교직원연금기금, 군인연금기금, 고용보험기금, 산업재해보상보험및예방기금, 임금채권보장기금, 방사성폐기물관리기금 등은 해당되

[표 1-5] 예산과 기금 비교[27]

구분	예산		기금
	일반회계	특별회계	
설치사유	• 국가고유의 일반 적 재정활동	• 특정사업 운용 • 특정자금 운용 • 특정세입을 특정세출 에 충당	• 특정목적을 위해 특정자금을 운용
운용형태	• 공권력에 의한 조 세 수입과 무상급 부 원칙	• 일반회계와 기금의 운용형태 혼재	• 출연금·부담금 등 다양한 재원으 로 다양한 목적사업 수행
수입·지출 연계	• 특정수입과 지출의 연계 배제	• 특정수입과 지출의 연계	• 특정수입과 지출의 연계
확정절차	• 부처의 예산요구 • 기획재정부의 정부예산안 편성 • 국회의 심의·의결로 확정		• 기금관리주체의 기금운용계획안 수립 • 기획재정부 장관과 운용주체 간의 협의·조정 • 국회의 심의·의결로 확정
집행절차	• 합법성에 입각하여 엄격히 통제 • 목적 외 사용금지		• 합목적성 차원에서 상대적으로 자 율성과 탄력성 보장
계획변경	• 추경예산편성 • 이용·전용·이체		• 주요항목 지출금액의 20% 초과 변 경시 국회 의결 필요(금융성기금의 경우 30%)
결산	• 국회 심의·의결		

지 않는다.[26] [표 1-5]는 예산과 기금을 비교한 것이다.

　정부재정의 구조를 살펴보면서 일반회계와 특별회계와 기금에 대한 설명 이 이루어질 때, 주로 중앙재정에 초점을 두었다. 하지만 재정운용의 주체에 따라 구분할 수 있듯이 중앙재정뿐 아니라 지방재정도 존재한다. 지방재정의 구조는 중앙재정의 구조와 많이 다를까? 그렇지 않다. 지방재정은 지방일반재 정과 지방교육재정으로 구분되는데, 지방자치단체가 운용하는 지방일반재정의 구조는 지금까지 설명한 바와 큰 차이가 없다. 다시 말해 지방자치단체의 일반

26) 「국가재정법」 제13조.
27) 국회예산정책처(2019). 『2019 대한민국 재정』, 국회예산정책처, p. 31.

재정을 보면 일반회계와 특별회계로 구성되어 있고, 또 기금도 마련되어 있다. 다만 지방교육재정은 조금 차이가 있는데, 지방자치단체는 별도의 교육재정 (예: 시·도의 교육·학예에 관한 경비 등)을 위해 당해 지방자치단체에 교육비특별회계를 두고 있다. 이는 지방일반재정의 구조와는 다른 모습이다. [그림 1−2]는 중앙정부재정과 지방정부재정을 모두 포함한 정부재정의 구조를 간략히 도식화한 것이다.

[그림 1-2] **정부재정의 구조**[28)]

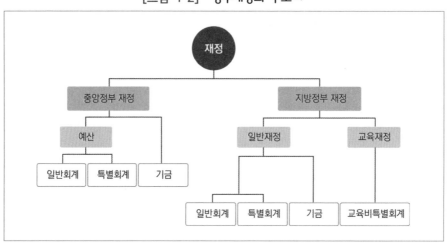

2. 정부재정의 규모

정부재정의 규모는 여러 가지 의미를 담고 있다. 정부 자체의 규모를 나타내기도 하고, 정부 역할의 정도를 보여주기도 하고, 한 국가의 경제활동에 대한 정보도 제공해준다. 정부재정의 세부 항목별 규모나 그 변화까지 본다면, 정부가 핵심적으로 추진하고 있는 정책이나 사업이 어떤 것인지에 대해서도 알 수 있다. 반대로 정부가 관심을 덜 가지는 정책 혹은 관심을 서서히 줄여가

---

28) 국회예산정책처(2019). 『2019 대한민국 재정』, 국회예산정책처, p. 26.

는 정책이 무엇인지도 알 수 있다. 그런 점에서 정부재정의 규모를 살펴볼 필요가 있다.

국가재정의 총지출과 총수입 규모가 [표 1-6]에 나타나있다. 정부의 재정규모는 몇 가지 기준으로 파악할 수 있는데, [표 1-6]은 총지출과 총수입 규모로 나타낸 것이다. 우리나라의 경우 2005년부터 재정운용계획을 수립할 때 총지출·총수입 규모를 재정규모 통계로 사용하고 있다. 정부재정의 규모는 이러한 총지출·총수입 규모로 알 수 있고, 그와 함께 '통합재정규모'와 '일반정부 재정규모'로도 파악할 수 있다. 통합재정규모는 예산·기금 등 정부부문 지출 규모에서 채무상환 등을 차감한 순수한 재정활동의 규모를 말한다. 일반정부 재정규모는 중앙정부·지방정부 및 비영리공공기관의 모든 재정활동을 포함하는 규모를 말한다.

이러한 재정규모를 살펴볼 때 종종 '총계'와 '순계'라는 용어가 등장할 때가 있다. 이 둘의 구분은 중복합산을 그대로 반영하는가 아니면 중복된 것을 뺀 순수한 것을 고려하는가의 차이다. 총계는 회계나 계정 간 내부거래 등이 포함되어서 실제 재정규모보다 크게 나타나는 경향이 있고, 순계는 그것들을 상계하기 때문에 보다 실질적인 재정규모를 보여준다고 할 수 있다.

본예산 기준으로 작성된 [표 1-6]을 보면, 정부재정의 규모는 점점 증가하고 있다는 것을 알 수 있다. 총수입의 경우 감소된 사례도 있지만 그 정도는 크지 않은 수준이다. 총지출은 지속적으로 증가하고 있고 2009년의 경우 전년 대비 10% 이상 증가하기도 했다. 단순히 물가상승으로만 정부재정의 규모가 증가하는 것을 설명하기에는 부족하다. 사회가 복잡해지는 만큼 정부가 해야 할 일 또한 증가하고 있고, 재정이 투입되는 대상(정책이나 사업 등)이 복잡함에 따라 투입되는 재정의 규모도 증가하고 있는 것이라 할 수 있다. [표 1-6]은 본예산안을 기준으로 작성된 것인데, 추가경정예산이 반영되면 그 액수는 조금 더 커진다. 2018년의 경우 추가경정예산이 포함된 전체 예산 규모는 432.7조 원이다. 그리고 지방자치단체의 재정까지 모두 고려한다면 그 규모는 더 커진다.

[표 1-6]   국가재정 규모(총지출과 총수입)[29)]

연도	총지출 규모		총수입 규모	
	예산(조 원)	증감율(%)	예산(조 원)	증감율(%)
2018	428.8	7.1	447.2	7.9
2017	400.5	3.7	414.3	5.9
2016	386.4	2.9	391.2	2.3
2015	375.4	5.5	382.4	3.5
2014	355.8	4.0	369.3	−0.9
2013	342.0	5.1	372.6	8.5
2012	325.4	5.3	343.5	9.3
2011	309.1	5.5	314.4	8.1
2010	292.8	2.9	290.8	−0.1
2009	284.5	10.6	291	6.1
2008	257.2	8.5	274.2	9.4
2007	237.0	1.3	250.6	6.5

제4절   예산의 원칙

1. 예산의 기본 5원칙

예산의 원칙이란 올바른 예산 사용과 그에 따른 바람직한 결과 도출을 위한 일종의 규범을 의미한다. 이는 예산활동에서 가장 기본이 되는 원칙으로서, 원론적인 내용이지만 하나의 규범으로서 여겨지기 때문에 「국가재정법」에서도 이에 대해 명확히 규정하고 있다. 정부가 예산을 편성 및 집행할 때 준수해야 할 원칙은 크게 5가지이다.

첫째, 정부는 재정건전성의 확보를 위하여 최선을 다하여야 한다. 둘째,

---

29) 기획재정부 재정정보공개시스템 열린재정(www.openfiscaldata.go.kr).

정부는 국민부담의 최소화를 위하여 최선을 다하여야 한다. 셋째, 정부는 재정을 운용할 때 재정지출 및 조세지출의 성과를 제고하여야 한다. 넷째, 정부는 예산과정의 투명성과 예산과정에의 국민참여를 제고하기 위하여 노력하여야 한다. 다섯째, 정부는 예산이 여성과 남성에게 미치는 효과를 평가하고, 그 결과를 정부의 예산편성에 반영하기 위하여 노력하여야 한다.[30]

이 5가지의 기본 원칙에는 예산활동에서 어떤 것들이 중요하게 여겨지는지에 대한 내용들이 포함되어 있다. 특히 법령도 시대와 상황에 따라 개정된다는 점을 고려해 볼 때 현 시대에서 정부의 예산활동과 관련해서 어떤 것들이 중요하게 인식되고 있는지 알 수 있다. 물론 정부의 중요성 인식은 곧 사회의 중요성 인식이 반영된 것이다. 예산의 기본 원칙에서 도출할 수 있는 중요한 키워드는 재정건전성, 국민부담 최소화, 성과, 투명성과 참여, 성별 영향이다. 이 내용들은 오늘날 예산과정에서 중요하게 고려되는 것들이고, 실제 관련 제도들로 뒷받침되고 있는 것들이다.

2. 예산과정의 6원칙

예산활동은 예산의 기본 5원칙 아래 세부적인 예산과정을 통해 이루어진다. 하지만 예산의 5원칙은 원론적인 내용이고 규범적 측면이 강하기 때문에 예산과정에서는 보다 구체적인 원칙이 필요하다. 그동안 이론적이고 실무적 차원에서 예산과 관련된 원칙은 많이 제시되었다. 특히 예산과정에 초점을 두고 여러 원칙들이 제시되었다. 여기서는 그동안 제시된 원칙들 중 중복된 것들을 서로 조정해서 총 6가지를 살펴보기로 한다.[31] 이 원칙들은 예산과정에 초

---

30) 「국가재정법」 제16조.

31) 윤영진(2014). 『새재무행정학2.0』, 대영문화사, pp. 49-51; 원구환(2015). 『재무행정론』, 대영문화사, pp. 61-65; Musso, Juliet, Elizabeth Graddy, and Jennifer Grizard(2006). State Budgetary Processes and Reforms: The California Story, *Public Budgeting & Finance*, 26(4): 1-21, pp. 4-6.

점을 둔만큼 각각의 원칙들이 실제 예산과정의 어떤 측면 혹은 어떤 절차에 해당되는지를 함께 이해할 필요가 있다.

1) 공개성의 원칙

공개성의 원칙은 예산과정이 국민들에게 공개되어야 한다는 원칙이다. 국민들에게 공개된다는 것은 예산과정 전반에 대한 투명성을 강조하는 말이다. 그래서 국민들이 예산을 이해할 수 있어야 하고 그렇게 이해된 예산을 바탕으로 국회의원 등 국민의 대표자들에게 언제든지 손쉽게 질문할 수 있도록 해야 한다. 이를 통해 정부나 국회는 언제나 열린 공표(publicity)를 통해 국민의 정당한 요구를 듣기도 하고 비판을 기꺼이 받아들이기도 해야 한다. 공개성의 원칙은 「국가재정법」 제9조, 「지방재정법」 제60조, 「지방재정법 시행령」 제68조 등에 명시되어 있다(표 1-7 참고). 하지만 국가정보원의 예산은 공개성의 원칙에 예외에 해당된다. 국가의 안전보장 등의 이유로 공개하고 있지 않기 때문이다.

[표 1-7] 공개성의 원칙 관련 사례(일부)

- 「**국가재정법**」 제9조(재정정보의 공표) ① 정부는 예산, 기금, 결산, 국채, 차입금, 국유재산의 현재액 및 통합재정수지 그 밖에 대통령령이 정하는 국가와 지방자치단체의 재정에 관한 중요한 사항을 매년 1회 이상 정보통신매체·인쇄물 등 적당한 방법으로 알기 쉽고 투명하게 공표하여야 한다.

- 「**지방재정법**」 제60조(지방재정 운용상황의 공시 등) ① 지방자치단체의 장은 예산 또는 결산의 확정 또는 승인 후 2개월 이내에 예산서와 결산서를 기준으로 다음 각 호의 사항을 주민에게 공시하여야 한다.

- 「**지방재정법 시행령**」 제68조(지방재정 운용상황의 공시방법) ① 지방자치단체의 장은 법 제60조의 규정에 의하여 재정운용상황을 공시하는 경우 일반적인 재정운용상황에 대한 공시와 당해 지방자치단체의 특수한 재정운용상황에 대한 공시로 구분하여 공시하여야 한다.

2) 사전 의결의 원칙

사전 의결의 원칙은 예산이 집행되기 전에 입법부의 의결을 거쳐야 한다는 원칙이다. 이는「헌법」제54조와「국가재정법」제33조에 명시되어 있다([표 1-8] 참고). 행정부와 입법부 간의 견제와 균형의 원리에 따라 사전 의결이 이루어져야 한다는 점을 강조하는 원칙이다. 특히 입법부의 의결 없이 행정부가 임의로 예산을 사용하는 것에 대한 경계를 강조하고 있는 원칙이다.

그러나 이 원칙에는 예외도 있다. 준예산이 편성될 때이다. 즉, 새로운 회계연도가 개시될 때까지 예산안이 의결되지 못했을 때 정부는 국회에서 예산안이 의결될 때까지 일정한 목적을 위한 경비를 전년도 예산에 준하여 집행할 수 있다. 이것이 준예산이다. 여기서 일정한 목적에 해당되는 것은, 헌법이나 법률에 의하여 설치된 기관 또는 시설의 유지·운영, 법률상 지출의무의 이행, 이미 예산으로 승인된 사업의 계속 등의 사유가 있을 때이다.

[표 1-8] 사전 의결의 원칙 관련 사례(일부)

- 「헌법」제54조 ① 국회는 국가의 예산안을 심의·확정한다. ② 정부는 회계연도마다 예산안을 편성하여 회계연도 개시 90일 전까지 국회에 제출하고, 국회는 회계연도 개시 30일 전까지 이를 의결하여야 한다.

- 「국가재정법」제33조(예산안의 국회제출) 정부는 제32조의 규정에 따라 대통령의 승인을 얻은 예산안을 회계연도 개시 120일 전까지 국회에 제출하여야 한다.

3) 한정성의 원칙(예산의 목적 외 사용금지, 초과 지출의 금지, 연도 경과의 금지)

한정성의 원칙은 예산과정에서 예산 목적과 지출과 회계연도가 명확한 한계를 지니고 있어야 한다는 원칙이다. 목적, 지출, 회계연도로 각각 언급되어 있듯이 여기에는 구체적으로 3가지의 내용이 포함된다. 예산의 목적 외 사용금지, 초과 지출의 금지, 연도 경과의 금지가 그것이다.

예산의 목적 외 사용금지는 「국가재정법」 제45조에 명시되어 있다([표 1-9] 참고). 즉, "각 중앙관서의 장은 세출예산이 정한 목적 외에 경비를 사용할 수 없다."라고 되어 있다. 그렇지만 여기에 대한 예외도 존재한다. 그 예외는 이용 (移用)과 전용(轉用)의 허용이다. 사전에 국회의 의결을 얻었을 때에는 이용할 수 있으며, 또한 기획재정부 장관의 승인을 얻어 전용할 수 있다는 점에서 이는 예산의 목적 외 사용금지에 대한 예외에 해당된다. 이용과 전용은 이 책의 제2 장(예산과정)의 제4절(예산집행)에서 자세히 다룬다.

초과 지출의 금지는 예산에 계상된 금액 이상의 지출은 허용되지 않는 원칙이다. 이 원칙은 초과 지출을 허용하는 것을 예외로 하는 규정을 별도로 둔다는 점이 그 근거가 된다. 이 원칙의 대표적인 예외는 초과 지출의 필요성이 발생할 경우에 대비하여 편성하는 예비비나, 본예산을 집행하는 과정에서 예기치 못한 사유가 발생되어 추가경정예산의 편성을 허용하는 경우이다.

연도 경과의 금지 내용은 회계연도의 경비는 그 연도의 세입 또는 수입으로 충당해야 한다는 것으로, 「국가재정법」 제3조에 명시되어 있다([표 1-9] 참고). 이는 '회계연도 독립의 원칙'이라고도 한다. 여기서 말하는 회계연도는 우리나라의 경우 매년 1월 1일부터 12월 31일까지이다. 이 원칙의 예외는 예산의 이월이나 계속비 등이 존재하는 경우이다.

[표 1-9] 한정성의 원칙 관련 사례(일부)

- 「국가재정법」 제45조(예산의 목적 외 사용금지) 각 중앙관서의 장은 세출예산이 정한 목적 외에 경비를 사용할 수 없다.

- 「국가재정법」 제3조(회계연도 독립의 원칙) 각 회계연도의 경비는 그 연도의 세입 또는 수입으로 충당하여야 한다.

4) 완전성의 원칙(예산총계주의 원칙, 예산포괄성의 원칙)

완전성의 원칙은 한 회계연도의 모든 수입을 세입으로 하고 모든 지출을 세출로 해야 하며 세입과 세출은 모두 예산에 계상하여야 한다는 원칙이다. 「국가재정법」 제17조에 관련 내용이 명시되어 있다(표 1-10) 참고). 완전성의 원칙은 예산총계주의와 예산포괄성의 원칙을 함께 포함하고 있다. 이 원칙의 예외는 수입대체경비에서 수입이 예산을 초과하거나 초과할 것이 예상되는 때에는 그 초과수입에 직접 관련되는 경비 및 이에 수반되는 경비에 초과지출할 수 있다는 점이고, 또 국가가 현물로 출자하는 경우와 외국차관을 도입하여 전대(轉貸)하는 경우에는 이를 세입세출예산 외로 처리할 수 있다는 점이다. 그리고 차관물자대(借款物資貸)의 경우에도 전년도 인출예정분의 부득이한 이월 또는 환율 및 금리의 변동으로 인하여 세입이 그 세입예산을 초과하게 되는 때에는 그 세출예산을 초과하여 지출할 수 있고, 전대차관을 상환하는 경우 환율 및 금리의 변동, 기한 전 상환으로 인하여 원리금 상환액이 그 세출예산을 초과하게 되는 때에는 초과한 범위 안에서 그 세출예산을 초과하여 지출할 수 있는 점이 예외가 된다. 이에 대해서는 「국가재정법」에 별도로 명시해두고 있다.[32]

[표 1-10] **완전성의 원칙 관련 사례(일부)**

• 「국가재정법」 제17조(예산총계주의) ① 한 회계연도의 모든 수입을 세입으로 하고, 모든 지출을 세출로 한다. ② 제53조에 규정된 사항을 제외하고는 세입과 세출은 모두 예산에 계상하여야 한다.

5) 단일성의 원칙

단일성의 원칙은 정부예산은 쉽게 이해할 수 있도록 하나의 예산이어야 한다는 원칙이다. 정부의 재정활동 모두를 포괄하는 단일 예산으로 편성되어

---

32) 「국가재정법」 제53조.

야 한다는 것이다. 여기에 부합하는 것은 통합재정이다. 통합재정은 당해 연도의 순수한 수입에서 순수한 지출을 차감한 수지를 말한다. 일반회계와 특별회계와 기금을 모두 포괄하되 순수한 재정활동을 파악하기 위해 회계·기금 간 내부거래 및 차입·채무 상환 등 보전거래는 제외된다.

여기서 재정총계와 통합재정(재정순계)의 차이를 알 수 있는데, 재정총계는 중앙정부의 재정거래 전체 금액을 나타내는 지표로서 재정순계뿐 아니라 보전거래 및 내부거래도 포함하는 금액이다. 보전거래란 수지 차 보전을 위한 거래로서 국채 발행이나 차입금이나 여유자금 운용 등이 해당되고, 내부거래는 중앙정부에 포함되는 회계 및 기금 간 거래로서 전출 및 전입금 등이 포함된다. 그래서 재정총계는 통상적인 정부회계의 예산·결산 통계상의 세입 및 세출을 의미한다. 이와는 달리 통합재정은 재정순계로서 재정총계 보전거래와 내부거래를 **뺀** 금액이다.[33]

우리나라에 통합재정이 도입하게 된 배경은 1977년에 한국에 온 IMF 조사단이 통합재정 통계 및 통합재정수지를 권고하면서부터이다. 이는 1974년에 IMF에서 발간한 정부재정통계매뉴얼(A Manual on Government Finance Statistics)의 내용에 기초한 것이었다. 그에 따라 1979년 9월부터 통합재정수지 개념에 입각한 재정통계를 작성하기 시작하였다. 이후 IMF의 권고에 따라 2005년 회계연도부터는 중앙정부와 지방정부를 모두 포괄해서 작성되고 있다. 즉, 지방재정도 통합재정의 범위에 포함되고 있다. 그렇게 해서 매년 IMF의 요청에 의해 예산·결산통계 자료를 제출하고 있다. 통합재정수지의 산출 주기는 최초에는 매년이었다가 1994년부터는 분기별 작성으로 주기가 짧아지고 1999년 7월부터는 월별로 작성 및 공표하도록 되었다.

하지만 예산단일성의 원칙에도 예외가 있다. 실제 예산 운용은 일반회계와 특별회계와 기금으로 구분되어 이루어지고 있다는 점이 그 예외가 된다. 그리고 추가경정예산도 단일 예산으로 편성되어야 한다는 원칙에는 부합하지 않는 예외라 할 수 있다.

---

33) 기획재정부(2018). 『2016회계연도 한국통합재정수지』, 기획재정부, pp. 4-6.

6) 통일성의 원칙

통일성의 원칙은 특정 세입과 특정 세출의 직접적 연결의 금지를 의미하는 것으로, 모든 수입이 통일된 하나의 국고로 납부되고 모든 세출도 그로부터 이루어져야 한다는 원칙이다. 즉, 특정 세입이 직접적으로 특정 세출에 영향을 미쳐서는 안 된다는 것이다. 정부의 모든 수입이 통일된 하나의 국고로 귀속되고 다시 지출되어야 한다는 원칙인데, 이 역시 예외가 존재한다. 특별회계(특별회계의 자체 수입은 자체 지출에 사용)와 용도가 지정된 조세인 목적세(예: 교육세, 교통에너지환경세, 농어촌특별세, 지방교육세 등)의 존재가 그 예외가 된다.

제2장

예산과정

예산과정

제1절 예산과정의 단계와 주기

1. 예산과정의 4단계

　　예산과정은 예산안(案) 편성에서 결산까지 이어지는 모든 활동을 의미한다. 정부가 예산을 어디에 사용할 것인지를 편성하는 것에서 출발해서 편성된 예산이 제대로 사용되었는지를 확인하는데까지 이어지는 모든 활동들이 예산과정에 속한다. 예산과정은 예산활동의 핵심적인 축이라고 볼 수 있다. 예산활동의 많은 부분이 예산과정에서 일어나는 일들이고, 설사 예산과정에 속하지 않더라도 예산과정과 관련된 활동인 경우가 많다. 정부예산과 관련된 다양한 법과 제도도 예산과정에 많은 초점을 두고 있다.

　　예산과정은 크게 예산안 편성, 예산안 심의와 의결, 예산집행, 결산의 총 4단계를 거치며 이루어진다. 각 단계에는 다시 세부적인 절차를 마련해 놓고 있다. 각 단계별 자세한 내용은 제2절부터 차례로 살펴보겠지만 간단히 각 단계의 의미를 보면 [그림 2-1]와 같다. 우선, 예산안 편성은 행정부가 주체가 되어 현재 시점을 기준으로 다음 연도에 사용할 예산안을 편성하는 과정이다. 예산안 심의와 의결은 입법부가 주체가 되어 행정부가 편성한 예산을 검토해서 확정하는 역할을 한다. 예산안이 의결되어 예산이 확정되면 행정부가 주체가 되어 예산을 집행하는 단계를 거친다. 예산집행이 완료되면 집행된 예산에 대한 검토인 결산이 입법부에 의해 이루어진다.

물론 예산과정이 4단계를 모두 거치게 되면 종결되는 것은 아니다. 결산에서 도출한 유용한 정보는 다시 다음 해의 예산안 편성에 반영되는 환류(feedback) 과정을 거친다. 논의의 수월성을 위해 하나의 틀로서 예산과정을 단계별로 표현하여 4단계로 나타내다 보니 마치 비연속적인 것으로 보이지만, 실질적인 예산과정은 환류를 통한 연속적인 과정이다. 예산과정의 연속성은 곧 이어서 설명할 예산과정의 주기를 형성하는데 영향을 주기도 한다.

[그림 2-1] **예산과정의 4단계**

한편, 예산과정을 정책과정과 연계하는 경우도 있다. 실제로 예산과 정책은 상당히 밀접한 관계를 지니고 있다. 예산안 편성을 정책의 기획과 분석 단계(planning and analysis)에 대응시키고, 예산안 심의와 의결은 정책 형성(policy formulation) 단계, 예산집행은 정책집행(policy execution) 단계, 결산은 감사와 평가(audit and evaluation) 단계에 각각 대응시킬 수 있다.[1] 그러나 예산과정과 정책과정은 별도로 구분하는 것이 더 적절하다. 각 단계가 서로 일치하지 않는 경우가 많기 때문이다. 예산안 편성보다 훨씬 이전에 정책기획과 분석이 이루어질 수도 있고, 예산이 편성되고 나서 구체적인 정책분석이 이루어지는 경우도

---

1) Smith, Robert W. and Thomas D. Lynch(2003). *Public Budgeting in America*, 5th ed., Prentice-Hall, Inc.

있다. 예산은 확보해서 편성까지 이루어졌는데 정작 구체적으로 어떤 정책을 어떻게 해야 할지 뒤늦게 정책분석을 하기도 한다. 그리고 결산은 정책평가의 일부에 해당되며, 정책평가에서 검토되는 정책효과에 대한 분석도 정책집행과정까지 포괄하기 때문에 결산에 대응되는 단계로서 정책평가는 다소 제한적 역할로만 규정되어버릴 수도 있다. 물론 그렇다고 해서 두 관계를 논할 때 서로를 배제해서 생각할 필요는 없다. 정책은 예산을 수반하지 않고서는 현실화되기 힘들기 때문에 이 둘의 관계는 분야의 엄밀성을 고려할 때 분리해서 생각하되, 정책 사례별 검토과정에서는 함께 고려할 수도 있다.

2. 예산주기

예산과정의 4단계는 하나의 주기(cycle)를 형성한다. 예산안 편성 단계를 시작으로 결산까지 이루어지면, 결산을 통해 얻은 유용한 정보는 다시 다음 연도의 예산안 편성에 반영되면서 다음 회계연도의 예산과정이 시작된다. 이때 예산안 편성은 전년도에 이루어지고 결산은 한 회계연도가 끝난 후 그 다음 회계연도에서 이루어진다. 이러한 전반적인 일련의 과정을 예산주기(budget cycle)라고 한다. 예산주기를 중심으로 보면 예산과정은 한 회계연도 내에 모두 순환되어 완성되는 것이 아니다. 특히 예산안 편성과 결산은 예산집행이 이루어지는 회계연도와 다르기 때문이다. 예산에 관계되는 시간 차원에서 볼 때, 이는 예산의 회계연도 독립의 원칙과는 다른 차원으로 예산활동을 인식하는 것이다. 각 회계연도의 경비는 그 연도의 세입 또는 수입으로 충당하여야 한다는 회계연도의 독립의 원칙은 예산집행에 실제 사용되는 재원 발생시점과 사용시점을 특정 기간으로 구분한 것이다. 이와는 달리 예산주기는 예산과정을 모두 포괄하는 것이기 때문에 한 회계연도를 넘어선다.

예산주기는 총 3개의 회계연도를 걸쳐서 이루어진다. T년도를 기준으로 보면 T년도의 예산안 편성은 그 전년도인 T−1년도에 이루어지게 된다. 예산안 편성과 더불어 예산안에 대한 심의와 예산확정도 마찬가지로 T−1년도에 끝난다. 그리고 T년도가 도래하면 T년도의 예산이 집행된다. T년도가 끝나면 T+1년도에 T년도 예산에 대한 결산을 하게 된다. 예를 들어, 2020년 예산을 기준으로 보면 2020년의 예산은 2019년도에 예산안이 편성되고 심의와 예산확정까지 끝나게 된다. 그리고 2020년에 예산집행을 한 뒤 2021년에 결산을 한다. 이렇게 볼 때 한 회계연도의 예산은 3개의 회계연도를 걸쳐서 편성되어 결산에 이르게 된다. 예산주기는 3회계연도를 거치게 되는 것이다. [표 2−1]에서는 T년도 예산과정의 단계에 대해 예산주기를 함께 표시해 놓은 것이다.

[표 2-1]   예산주기와 예산단계의 중첩

	회계연도		
	T−1	T	T+1
예산과정의 단계	T−2년도 결산	T−1년도 결산	T년도 결산
	T−1년도 예산집행	T년도 예산집행	T+1년도 예산집행
	T년도 예산안 편성	T+1년도 예산안 편성	T+2년도 예산안 편성
	T년도 예산안 심의와 예산확정	T+1년도 예산안 심의와 예산확정	T+2년도 예산안 심의와 예산확정

구체적으로 [표 2−1]을 통해 예산주기를 확인할 수 있을 뿐 아니라 한 회계연도 내에 여러 예산단계가 함께 이루어지고 있다는 것을 알 수 있다. 예산주기가 3개의 회계연도를 걸치게 되므로 예산단계가 중첩되어서 진행된다.[2] 예를 들어, T년도에서는 전년도인 T−1년도의 결산이 이루어지면서 동시에 당해 연도인 T년도의 예산도 집행된다. 그리고 다음 연도인 T+1년도의 예산안 편성과 심의 그리고 예산확정도 함께 이루어진다. 한 회계연도에 3개의 회계연도의 예산단계가 혼재하고 있는 것이다. 그래서 정부조직에서 예산을 담당하는 부서의 직원들은 일년 내내 예산업무를 하게 된다. 특히 예산과 결산 및

---

2) von Hagen, Juergen and Ian J. Harden(1995). Budget processes and commitment to fiscal discipline, *European Economic Review*, 39: 771−779.

기금에 관한 사무는 기획재정부 장관이 관장하기 때문에,[3] 기획재정부의 직원들이 그렇다. 물론 기획재정부 이외의 각 행정부처별 그리고 지방자치단체의 재정 및 예산담당자도 마찬가지이다.

예산주기에 따라 예산단계가 이렇게 중첩될 수밖에 없는 이유는 간단하다. 회계연도가 1월 1일에 시작하기 때문에 회계연도 개시와 함께 예산을 사용하기 위해서는 전년도에 예산안 편성과 예산확정이 모두 끝날 수밖에 없다. 그리고 당해 연도 예산은 당해 연도에서만 유효하기 때문에 유효한 예산사용이 모두 끝나는 시점은 12월 31일이다. 그래서 결산은 그 다음 연도에서 이루어질 수밖에 없다. 이와 같이 예산과정은 주기를 지니고, 그 주기가 순환하며 회계연도를 달리하는 예산과정의 단계들은 서로 중첩되는 특징을 지니고 있다.

한편, 회계연도 기간이 반드시 1년인 것은 아니다. 실제로 국가마다 다양하다. 국가별 차이는 물론이고 한 국가 내에서도 지방정부별로 회계연도의 기간이 1년인 곳도 있고 2년인 곳도 있고 6개월인 경우도 있다. 우리나라의 회계연도 기간은 1년이고 중앙정부와 지방자치단체 모두 동일하다. 그리고 회계연도가 우리나라처럼 1월 1일에 시작해서 12월 31일까지인 곳이 있는가 하면, 미국처럼 10월 1일부터 다음 연도 9월 30일까지인 곳도 있고 일본처럼 4월 1일부터 다음 연도 3월 31일까지인 곳도 있다.

제2절 예산안 편성

1. 예산안 편성의 의미와 행정부제출 예산

예산과정은 주기를 가지고 순환하지만 구분해서 보면 예산과정의 시작은

---

3) 「국가재정법」 제11조.

예산안을 편성하면서부터이다. 현재 시점으로 본다면 내년도 나라살림을 위해 어디에 얼마나 사용할 것인지 계획을 세우는 것이 예산안 편성이다. 차기 회계연도의 수입과 지출에 대한 계획을 수립하는 활동인 것이다. 그래서 예산안 편성 과정은 곧 내년도 국정운영의 1차적인 그림을 그리는 일과 같다. 국회의 심의가 있기 때문에 수정될 수도 있어서 완성된 그림이라고 볼 수는 없지만, 큰 틀에서는 내년도에 국가운영이 어떻게 이루어질지는 예산안이 편성된 모습을 통해 어느 정도 알려지게 된다. 그래서 예산안이 편성되면 예산안의 내용이 언론 등에서 비중 있게 다루어진다.

예산안 편성은 행정부가 담당한다. 다시 말해, 예산안 편성의 권한과 책임은 행정부에 있는데, 이를 행정부제출 예산(executive budget)이라고 한다. 행정부제출 예산이 예산안 편성의 기본 방식으로 확립된 계기는 1921년 미국의 예산회계법(Budget and Accounting Act)이 제정되면서부터이다. 예산회계법이 제정되기 이전에는 각 행정기관이 개별적으로 예산추계요구서(일종의 예산안 편성)를 작성해서 연방의 재무부 장관에게 제출하면 재무부 장관은 예산추계요구서를 단순히 취합해서 의회에 제출했다. 의회에서는 행정기관의 개별적인 예산추계요구서를 심의해서 의결했다. 그러다 보니 연방의 재무부 장관은 행정기관에서 의회로 이어지는 형식적인 역할(예산추계요구서 취합) 정도였고, 의회에서도 개별 행정기관별 심의에 초점을 두었을 뿐이지 정부 전체 예산을 심의하는 것으로 여기지는 않았다. 이때까지만 해도 예산안 편성에서 행정부의 권한과 역할은 크지도 않았고 뚜렷하지도 않았기 때문에 예산안 편성에서 행정부의 수반인 대통령의 영향력도 그렇게 크지 않았다. 정부의 통합적 예산안 편성이 되지 못했기 때문이다.

그러다 1921년 예산회계법에 의해 만들어진 예산국(BOB: Bureau of the Budget)이 정부 예산을 통합적으로 관리하는 기능을 맡게 되었고, 이때부터 행정부제출 예산이 자리 잡게 되었다. 이제는 대통령이 중심이 되어 국정전반을 아우르는 정부예산안의 편성이 통합적으로 이루어지면서 의회와 행정부의 재정권한이 뚜렷해지게 되었다. 행정부에서 예산안이 편성되고 의회가 심의와 의결하는 역할이 그것이다. 예산회계법과 간단히 줄여서 BOB로 불리는 예산국의 탄생이 이러한 행정부제출 예산이 확립되는데 기여했는데, 처음 BOB는 연방의 재무부 소속이었다가 1939년 대통령실 직속 기관으로 바뀌면서 그 중요성의 비중이 더 높아졌고 1970년부터는 관리예산처(OMB: Office of Management and Budget)로 명칭이 바뀌었다. 주로 OMB로 불린다.

비록 미국의 사례였지만 행정부제출 예산은 우리나라에도 적용되고 있다. 실제로 우리나라의 「국가재정법」에는 행정부가 예산안을 편성하는 절차에 대해 자세히 규정하고 있다. 그런 점에서 예산안 편성의 의미에 행위의 주체를 포함해서 나타내면, 예산안 편성이란 '행정부가 다음 회계연도의 수입과 지출에 대한 계획을 수립하는 활동'인 것이다.

2. 예산안 편성의 집권성과 분권성

행정부제출 예산은 예산안 편성에서 행정부의 권한과 책임을 보여주는 동시에 행정부의 영향력을 보여주는 것이기도 하다. 그런 만큼 행정부에서는 예산안 편성을 다양한 방식으로 구성할 수 있다. 집권성과 분권성의 측면에서 보면, 예산안 편성은 집권적일 수도 있고 분권적일 수도 있다. 크게 3가지 유형의 절차적 속성이 예산안 편성의 성향(집권성과 분권성)을 결정짓는다.[4]

첫 번째는 전략적으로 집권화된 절차(strategically centralized procedure)적 속성을 지닐 때이다. 이때의 절차는 예산과정에 따라 도출되는 결과에 대해 강력한 중앙권력이 존재해서 그들에 의해 영향을 받게 되는 특징을 지닌다. 주로 수상이나 재무부 장관이 예산의 목표와 편성지침(guideline)을 제시하고 그것에 따르도록 하거나, 집단적 협의와 협상(collective bargaining)에 의해 만들어진 예산 목표와 편성지침이 제시되기도 한다. 각 부처별로 예산요구서를 모아서 취합

---

4) von Hagen, Juergen and Ian J. Harden(1995). Budget processes and commitment to fiscal discipline, *European Economic Review*, 39: 771－779.

할 때에도 재무부 장관이 해당 부처의 장(長)과 양자 협상을 한다. 양자 간 협상은 곧 재무부 장관의 영향력이 발휘되는 여건이 조성되는 상황이라고 볼 수 있다. 예산조정도 수상이나 고위 내각위원이 담당한다. 가장 집권화된 형태를 나타내는 예산편성의 절차적 속성을 지닌 경우라고 할 수 있다.

두 번째는 한정적인 분권화된 절차(guided decentralized)적 속성을 지닐 때이다. 여기서는 절차에 따라 참여자들에게 지침을 따르도록 하고 강력한 유의미한 중앙권력이 여전히 존재하지만, 첫 번째 경우보다는 중앙의 힘이 약한 절차적 속성을 지닌다. 어떤 제안(IMF 등)에 기초해서 내각에 의해 채택되어 다소 강력하지만 동시에 변경 가능한 지침이 예산목표와 편성에 영향을 준다. 예산요구서를 모아서 취합할 때는 재무부 장관은 지출부서(주로 행정기관)와 내각 사이에서 중개자(intermediary)로서 역할을 한다. 예산조정은 고위 내각위원이나 내각에서 이루어지지만, 전략적으로 집권화된 절차보다는 다소 집권성이 약화된 모습을 띠고 있다.

세 번째는 분권화된 절차(decentralized)적 속성을 지닐 때이다. 여기서의 예산안 편성 절차에서는 의미 있는 집권화된 메커니즘이 존재하지 않는다. 예산목표와 편성지침도 내각에서 채택하지 않는다. 예산을 취합하는 것도 재무부 장관이 하지만 단순한 취합에 머문다. 그리고 예산조정은 내각에서 이루어진다. 그렇다고 해서 이 경우를 행정부제출 예산이라고 하지 않는 것은 아니다. 예산조정이 내각에서 이루어진다는 점에서 정부 통합적 예산안이 마련되기 때문이다. 이는 단지, 행정부 내의 분권성이 강조되는 것을 의미한다.

예산안 편성의 집권성과 분권성의 속성은 국가마다 차이가 있을 것이다. 우리나라의 경우 상대적으로 두 번째 경우에 더 가깝다고 볼 수 있다. 물론 시기별 그리고 실질적인 운영면에서는 차이가 있을 수 있지만 다음에서 살펴볼 예산안 편성의 절차를 보면 두 번째 경우에 가까운 모습으로 운영되고 있다.

3. 예산안 편성의 절차

1) 국가재정운용계획 수립지침 통보와 중기사업계획서 제출

정부는 국가재정운용계획과 연계해서 예산안을 편성한다. 국가재정운용계획이란 정부가 재정운용의 효율화와 건전화를 위해 수립하는 계획으로서 매년 당해 회계연도부터 5회계연도 이상의 기간을 대상으로 한다. 이 계획은 회계연도 개시 120일 전까지 국회에 제출되어야 한다. 국가재정운용계획에 포함되는 사항에는 재정운용의 기본방향과 목표, 중·장기 재정전망 및 그 근거, 분야별 재원배분계획 및 투자방향, 재정규모증가율 및 그 근거, 조세부담률 및 국민부담률 전망, 통합재정수지에 대한 전망과 근거 및 관리계획 등이다.5)

정부예산안은 이러한 국가재정운용계획과 함께 국회에 제출되는데, 이는 한 회계연도의 예산안과 중장기적인 국가재정운용계획의 연계성을 강조하기 위해서이다. 즉, 1년 단위로 편성되는 예산안 편성의 특징으로 인해 발생될 수 있는 단기적인 관점에서 벗어나, 국가재정운용계획을 통해 장기적인 관점에서 효율적이고 건전한 재정운용을 하기 위한 것이다. 그래서 기획재정부 장관은 국가재정운용계획 수립을 위한 지침을 마련해서 당해 회계연도의 전년도 12월 31일까지 각 중앙관서의 장에게 통보한다.6) 이에 따라 각 중앙관서의 장은 매년 1월 31일까지 당해 회계연도부터 5회계연도 이상의 기간 동안의 신규사업 및 기획재정부 장관이 정하는 주요 계속사업에 대한 중기사업계획서를 기획재정부 장관에게 제출한다.7) [그림 2-2]는 각 중앙부처가 제출하는 중기사업계획서의 예시이다.

---

5) 「국가재정법」 제7조.
6) 「국가재정법 시행령」 제2조.
7) 「국가재정법」 제28조.

[그림 2-2] 중기사업계획서 예시[8]

표지	목차
중기사업계획('00 ~ '00) 0000. 0. 기 관 명	I. 그동안의 재정운용분석 1. 최근 5년간 재정운용 추이 및 특징 2. 재정운용에 대한 성과평가 II. 향후 재정투자계획 1. 정책여건 현황 및 변동사항 2. 정책 방향 3. 재정운용 방향 4. 성과목표(지표) III. 재정혁신 추진 계획 1. 재정여건 2. 지출구조 혁신과제 추진계획 3. 기타 재정혁신과제 추진계획 IV. 중기 지출 계획 1. 지출계획 총괄표 2. 지출변동 내역 3. 의무·재량지출 규모 및 관리계획 4. 국정과제 추진계획 V. 프로그램별 설명서 VI. 중기 수입 전망 1. 수입전망 총괄표 2. 수입 항목별 설명서 VII. 기타 제출사항 1. BTL사업 시설유형별 투자계획 2. 재정지출수반 중장기계획 수립계획 3. 지방재정 및 지방정부 채무 전망 4. 중장기 기금재정관리계획

　　취합된 중기사업계획서에 따라 국가재정운용계획(시안)이 2~3월경에 마련되고 4월경에는 국가재정운용계획(시안)이 확정되고 부처별 지출한도도 결정된다. 6~8월 말경에는 국가재정운용계획 보고서가 작성되고 회계연도 개시 120일 전까지(9월 2일경) 국회에 제출된다.[9] 결국, 각 중앙부처의 중기사업계획서는 중장기적인 국가재정운용계획의 기초가 되는 동시에 단년도 예산편성의 주요

---

8) 기획재정부(2017). 『2018~2022년 국가재정운용계획 수립 지침』, 기획재정부, pp. 24－25.

9) 기획재정부(2017). 『2018~2022년 국가재정운용계획 수립 지침』, 기획재정부, p. 23.

[그림 2-3] 국가재정운용계획 예시[10]

표지	목차
0000~0000년 국가재정운용계획 대한민국정부	제 1 부 ▌ 국가재정운용계획의 의의 1. 국가재정운용계획의 개념과 실효성 2. 0000~0000년 국가재정운용계획 수립절차 제 2 부 ▌ 0000~0000년 경제·재정운용 여건 1. 대내·외 경제여건 2. 재정운용 여건 제 3 부 ▌ 0000~0000년 재정운용방향 1. 재정운용 기본방향 2. 중기 재정전망 및 재정운용 목표 3. 분야별 재원배분 방향 제 4 부 ▌ 12대 분야별 투자방향 1. 보건·복지·고용 분야 2. 교육 분야 3. 문화·체육·관광 분야 4. R&D 분야 5. 산업·중소기업·에너지 분야 6. SOC 분야 7. 농림·수산·식품 분야 8. 환경 분야 9. 국방 분야 10. 외교·통일 분야 11. 공공질서·안전 분야 12. 일반·지방행정 분야 제 5 부 ▌ 재정혁신 추진방향 1. 지출혁신 2. 세입기반 확충 3. 사회적 가치 제고를 위한 재정운용 4. 재정관리체계 개선

고려사항이 된다. [그림 2-3]은 국가재정운용계획의 예시이다.

2) 예산안 편성지침 통보

예산안 편성은 각 행정부처가 임의로 하는 것이 아니다. 일종의 지침에 따라 이루어진다. 이를 위해 기획재정부 장관은 국무회의의 심의를 거쳐 대통

---

10) 대한민국정부(2018). 『2018~2022년 국가재정운용계획』, 대한민국정부.

령의 승인을 얻은 다음 연도의 예산안 편성지침을 매년 3월 31일까지 각 중앙관서의 장에게 통보하게 된다. 이때는 국가재정운용계획과 예산편성을 연계하기 위해 예산안 편성지침에 중앙관서별 지출한도를 포함하여 통보할 수 있다.[11] 물론 지출한도가 완전히 결정되어서 통보되는 것은 아니다. 그리고 기획재정부 장관은 각 중앙관서의 장에게 통보한 예산안 편성지침을 국회 예산결산특별위원회에 보고하게 된다.[12] 이러한 예산안 편성지침은 중앙정부와 지방자치단체 및 공공부문이 다음 연도 예산안 편성시 준수 또는 준용해야 하는 핵심적인 가이드라인으로서의 역할을 하게 된다.

　　[그림 2-4]와 같이 예산안 편성지침에는 재정운용 여건을 분석하고 행정

[그림 2-4]　예산안 편성지침 예시[13]

표지	목차
0000년도 예산안 편성 및 기금운용계획안 작성지침(안) 0000. 0. 기획재정부	[제1편 0000년도 예산안 편성방향] Ⅰ. 재정운용 여건 Ⅱ. 0000년도 예산안 편성방향 [제2편 0000년도 예산안 편성지침] Ⅰ. 예산안 편성지침 개요 Ⅱ. 세입예산안 요구서 작성지침 Ⅲ. 세출예산안 요구서 작성지침 Ⅳ. 각 부처 예산요구안에 대한 협의보완 [제3편 0000년도 기금운용계획안 작성방향] Ⅰ. 기금운용 여건 Ⅱ. 0000년도 기금운용계획안 작성방향 [제4편 0000년도 기금운용계획안 작성지침] Ⅰ. 기금운용계획안 작성 개요 Ⅱ. 수입계획 작성지침 Ⅲ. 지출계획 작성지침 Ⅳ. 협의 및 보완

---

11)「국가재정법」제29조.

12)「국가재정법」제30조.

13) 기획재정부(2017).『2018년도 예산안 편성 및 기금운용계획안 작성지침(안)』, 기획재정부.

부처가 예산을 편성할 때 중점적으로 고려해야 할 내용을 담고 있다. 예산안 편성 방향에는 예산안 편성의 기본방향과 재정투자 중점 사항과 재정운용 전략이 담겨져 있다. 여기에는 주로 정권별로 중요하게 추진하는 국정과제에 부합하는 내용들이 담긴다. 그리고 예산안 편성지침에 대한 내용과 기금운용계획안의 작성방향을 제시한다. 기금운용도 예산안 편성에 준하는 절차를 거치기 때문에 [그림 2−4]에서 보는 바와 같이 함께 제시되어 있다.

3) 예산요구서 제출

예산안 편성지침을 받은 후 각 중앙관서의 장은 예산안 편성지침에 따라 그 소관에 속하는 다음 연도의 세입세출예산, 계속비, 명시이월비 및 국고채무부담행위 요구서를 작성해서 매년 5월 31일까지 기획재정부 장관에게 제출하게 된다. 예산요구서에는 예산의 편성 및 예산관리기법의 적용에 필요한 서류를 첨부해야 하는데, 여기에는 세입세출예산 사업별 설명서 및 각목명세서, 국고채무부담행위 설명서, 계속비 설명서, 세입의 근거가 되는 법령의 내용에 관한 서류, 사업계획서, 직종별 정원표 및 전년도 정원과의 대비표, 국유재산의 관리운용보고서 및 전년도와의 대비표, 기획재정부 장관이 정하는 주요 계속사업에 해당하는 사업의 사업계획 및 세부내역과 사업규모의 산출내역을 명백히 함에 필요한 서류, 소관분야 기본정책의 변경과 예산요구와의 관계에 관한 총괄설명서, 성인지예산서, 그 밖에 예산요구의 내용을 명백히 함에 필요한 서류 등이 해당된다. 그러나 만일 제출된 예산요구서가 예산안 편성지침에 부합하지 않는다면 기획재정부 장관은 기한을 정해서 이를 수정 또는 보완하도록 요구할 수 있다.14)

---

14) 「국가재정법」 제31조; 「국가재정법 시행령」 제6조, 제10조.

4) 예산안 편성과 국회 제출

예산안 편성을 위해 기획재정부 장관은 제출된 예산요구서에 따라 예산안을 편성하여 국무회의의 심의를 거친 후 대통령의 승인을 얻게 된다. 예산안을 편성하는 과정에서 기획재정부 장관은 매 회계연도의 예산안을 편성할 때 미리 재정정책자문회의의 의견수렴을 거치게 된다. 재정정책자문회의는 기획재정부 장관이 의장이 되고 각 중앙관서와 지방자치단체의 공무원 및 민간 전문가 등으로 구성되어 있다. 즉, 기획재정부 장관, 행정 각 부처의 차관, 기금 소관 위원회·처·청의 부기관장, 특별시·광역시·도 및 특별자치도의 시장·도지사, 재정운용에 관한 학식과 경험이 풍부한 자 중에서 기획재정부 장관이 위촉하는 30명 이내의 민간위원 등으로 구성된다. 국가재정운용계획을 수립할 때나 기금운용계획안을 마련할 때에도 재정정책자문회의를 통해 의견수렴을 거치는 등 재정정책자문회의는 재정운용에 대한 의견수렴 장치에 해당된다. 이후 대통령의 승인을 얻은 예산안은 회계연도 개시 120일 전까지 국회에 제출된다.[15] 다음 회계연도가 시작되기 120일 시점은 9월 2일이므로 이날을 넘기지 않고 반드시 제출되어야 한다.

국회에 제출하는 예산안에는 관련 서류들이 첨부되어야 한다. 예컨대, 세입세출예산 총계표 및 순계표, 세입세출예산사업별 설명서, 계속비에 관한 전년도 말까지의 지출액 또는 지출추정액 그리고 당해 연도 이후의 지출예정액과 사업전체의 계획 및 그 진행상황에 관한 명세서, 총사업비 관리대상 사업의 사업별 개요와 전년도 대비 총사업비 증감 내역과 증감 사유 그리고 해당 연도까지의 연부액 및 해당 연도 이후의 지출예정액, 국고채무부담행위 설명서, 국고채무부담행위로서 다음 연도 이후에 걸치는 것의 경우 전년도 말까지의 지출액 또는 지출추정액과 당해 연도 이후의 지출예정액에 관한 명세서, 완성에 2년 이상이 소요되는 사업으로서 대통령령으로 정하는 대규모 사업의 국고채무부담행위 총규모, 예산정원표와 예산안편성기준단가, 국유재산의 전전년

---

15) 「국가재정법」 제10조, 제32조, 제33조.

도말의 현재액과 전년도 말과 당해 연도 말의 현재액 추정에 관한 명세서, 성과계획서, 성인지예산서 등이다.[16]

한편, 예산안이 국회에 제출되었다고 해서 절대 수정할 수 없는 것은 아니다. 정부는 예산안을 국회에 제출한 후 부득이한 사유로 인하여 그 내용의 일부를 수정하고자 하는 때에는 국무회의의 심의를 거쳐 대통령의 승인을 얻은 수정예산안을 국회에 제출할 수 있다.[17] [그림 2-5]는 예산안 편성의 전체 절차를 나타낸 것이다.

[그림 2-5] 예산안 편성의 절차

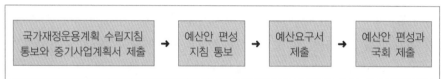

제3절 예산안 심의와 의결

1. 예산안 심의의 의미와 특징

예산안 심의는 입법부에 의해 이루어지는 활동이다. 행정부가 편성하여 제출한 예산안에 대해 입법부가 검토하고 심사하는 활동이 예산안 심의이다. 국회가 국가의 예산안을 심의·확정하는 것은 우리나라 헌법에 명시되어 있을 정도로 중요한 일이다.[18] 예산안 심의는 삼권분립의 기능을 보여주는 하나의

---

16) 「국가재정법」 제34조.

17) 「국가재정법」 제35조.

18) 「헌법」 제54조.

장치이기도 하다. 행정부의 예산안 편성 권한과 입법부의 예산안 심의 권한은 서로 간 견제 역할을 할 수 있기 때문이다. 특히 입법부는 예산안 심의 활동을 통해 행정부에 대한 통제를 적극적으로 할 수 있다. 예산안 심의 과정에서 예산편성의 적절성과 적정성에 대한 검토를 할 수 있는 것은 그 자체가 행정부에 대한 견제가 될 수 있다.

물론 예산안 심의과정에서 행정부에 대한 입법부의 견제 정도는 권력구조가 어떻게 구조화되어 있는가에 따라 달라진다. 대통령중심제를 채택하고 있는 국가와 의원내각제를 채택하고 있는 국가 간 차이가 그 예가 된다. 대통령중심제에서는 비교적 엄격한 삼권분립이 지켜지기 때문에 입법부의 예산안 심의는 엄격할 수 있다. 반면 의원내각제에서는 의회의 다수당과 내각 간 연계성이 높기 때문에 예산안 심의는 대통령중심제에서보다는 비교적 덜 엄격할 수도 있다. 이미 의회의 입장이 내각에서 예산안을 편성할 때 반영되었을 가능성이 크기 때문이다.[19]

예산안 심의에 영향을 미치는 요인은 다양하다. 먼저, 정치적·경제적·사회적 환경과 같은 환경적 요인이 영향을 미칠 수 있다. 여소야대나 여대야소와 같은 정당의 의석수에 따른 상황, 연립정부가 구성되어 있는 상황, 정권의 스캔들이나 정치권의 권력형 비리 등의 문제가 발생했을 때와 같은 정치적인 환경은 예산안 심의에 영향을 준다. 그리고 경기침체나 실업률 상승, 물가상승 등과 같은 경제적인 상황도 예산안 심의에 영향을 준다. 사회적 환경으로서는 저출산 현상과 고령화 문제, 안전사고 문제 그리고 부동산 가격 폭등 등의 상황 등이 영향을 미친다.

환경적 요인과 함께 예산안 심의의 주체인 국회의원의 이해관계와 능력에 따라서도 예산안 심의는 달라진다. 예산은 정책과 분리될 수 없는 것이기 때문에 특정 정책에 관계되는 이해관계자들의 입장은 국회의원을 통해 해당 정책과 관련된 예산안 심의에도 영향을 주게 된다. 그리고 국회의원들에게 중요한

---

19) Robinson, Ann(2007). *Parliament and Public Spending*, London: Heinemann Educational Books.

것 중 하나가 선거라는 점에서 선거를 위한 이해관계도 예산안 심의과정에서 배재될 수 없는 요인이다. 이미 경제적 경기순환(economic business cycle)과 구별 되는 정치적 경기순환(political business cycle)이라는 용어가 있듯이 선거를 앞두 면 확장적인 정책으로 예산이 증가하기도 한다.[20] 물론 정치적 경기순환의 현 상은 국회의원에게만 해당되는 것은 아니다. 행정부 내의 정치적 리더의 의지 가 반영된 결과로 나타나기도 한다. 하지만 그렇다고 해도 예산안 심의는 결국 국회의원의 몫이기 때문에 다가오는 선거를 생각하며 심의과정에 참여하게 된 다. 정치적 경기순환 현상을 발생시키는 것 이외에도, 국회의원들은 예산안 심 의과정에서 자신들의 지역구 예산이 삭감되지 않도록 하기 위해 적극적인 노력 을 펼치기도 한다. 정치적 교환행위인 로그롤링(log-rolling) 등의 모습이 그에 해 당된다. 심의과정에서 국회의원들이 서로 간에 지역구 예산 심의에 도움을 주 는 것이다. 통나무를 함께 굴려야 잘 돌아가듯이 서로가 돕는 것이다. 예산안을 심의할 때 선거를 의식해서 선심용으로 지역구 예산을 챙기는 포크배럴(pork barrel) 현상은 이러한 로그롤링으로 더 심화되는 경향이 있다. 그리고 국회의원 들의 능력도 심의에 영향을 준다. 예산안 심의를 하기 위해서는 예산 자체에 대 한 지식은 물론이고 예산이 사용되는 정책에 대한 전문적이고 분석적인 지식이 필요하다. 잘 모르면 심의를 할 수가 없다. 국회의원들이 얼마나 역량이 되며 전문성을 지니는가에 따라 예산안 심의의 과정과 결과는 영향을 받는다.

2. 예산안 심의와 의결 절차

1) 상임위원회의 예비심사

예산안이 행정부로부터 제출되면 국회의장은 소관 상임위원회에 회부한

---

20) Nordhaus, William(1975). The Political Business Cycle, *Review of Economic Studies*, 42: 169-189.

다. 소관 상임위원회에서는 예산안에 대한 검토와 심사를 진행한다. 이를 예비
심사라고 한다. 제20대 국회를 예로 들면, 총 17개의 상임위원회가 있다. 국회
운영위원회, 법제사법위원회, 정무위원회, 기획재정위원회, 교육위원회, 과학기
술정보방송통신위원회, 외교통일위원회, 국방위원회, 행정안전위원회, 문화체
육관광위원회, 농림축산식품해양수산위원회, 산업통상자원중소벤처기업위원
회, 보건복지위원회, 환경노동위원회, 국토교통위원회, 정보위원회, 여성가족위
원회가 그에 해당된다. 정부가 제출한 예산안 중에서 해당되는 예산안에 대해
소관 상임위원회는 예비심사를 하게 되는데, 이때 본회의에서 예산안에 대해
정부의 시정연설을 듣는다. 시정연설은 대통령이 예산안 편성에 대해 전반적
으로 설명하는 내용으로 이루어진다. 이는 예산안 심의를 위한 참고가 되며,
국회에 대한 협조를 부탁하는 형식이다.

　　상임위원회에 회부된 예산안이 예비심사를 거치는 순서는, 예산안 상정, 제
안 설명, 전문위원 검토보고, 대체토론(소위원회심사), 찬반토론, 의결(표결)의 순이다.
여기서 소위원회는 상임위원회(정보위원회 제외)가 해당 소관사항을 분담·심사하기
위하여 둔 위원회를 말한다. 상임위원회의 예비심사가 끝나면 그 결과를 국회의
장에게 보고한다. 국회의장은 예산안과 결산을 소관 상임위원회에 회부할 때에
는 심사기간을 정할 수 있는데, 만일 상임위원회가 이유 없이 그 기간 내에 심사
를 마치지 않으면 이를 바로 예산결산특별위원회에 회부할 수 있다.[21]

2) 예산결산특별위원회의 종합심사

　　각 상임위원회의 예비심사를 마친 예산안은 국회의장에 의해 예비심사보
고서와 함께 예산결산특별위원회로 회부된다. 국회에는 상설특별위원회로서
예산결산특별위원회가 있는데, 예산안과 기금운용계획안 및 결산을 심사하는
일이 주요 업무인 위원회이다. 예산결산특별위원회의 위원 수는 50명이며, 의
장은 교섭단체 소속 의원 수의 비율과 상임위원회 위원 수의 비율에 따라 각

---

21) 「국회법」 제84조.

교섭단체 대표의원의 요청으로 위원을 선임한다. 예산결산특별위원회 위원의 임기는 1년이다. 다만, 국회의원 총선거 후 처음 선임된 위원의 임기는 선임된 날부터 개시하여 의원의 임기 개시 후 1년이 되는 날까지로 하며, 보임되거나 개선된 위원의 임기는 전임자 임기의 남은 기간으로 한다. 예산결산특별위원회의 위원장은 예산결산특별위원회의 위원 중에서 임시의장 선거의 예에 준하여 본회의에서 선거한다.22)

예산안에 대해서 이러한 예산결산특별위원회에서 이루어지는 심사를 종합심사라 한다. 종합심사의 순서는, 제안 설명, 전문위원 검토보고, 종합정책질의, 부별심사 또는 분과위원회심사, 예산안조정소위원회심사, 찬반토론, 의결(표결) 순이다. 여기서 종합정책질의는 국무위원 전원을 대상으로 이루어지는데, 국정전반에 대한 각 위원의 질의와 관계 국무위원의 답변이 이어진다. 그리고 부별심사는 각 상임위원회별로 이루어진 예비심사결과에 기초해서 위원들이 질의하고 관계된 국무위원들이 답변하는 식으로 진행된다. 예산안조정소위원회의 심사는 앞서 진행된 종합정책질의와 부별심사과정에서 나왔던 위원들의 질의와 요구사항 그리고 소관 상임위원회의 예비심사결과를 토대로 예산안을 종합적으로 조정하는 것이다. 이를 통해 단일의 수정안을 마련해서 예산결산특별위원회 전체회의에 보고한다. 전체회의에 보고되면 찬반토론과 의결이 이루어진다. 이 과정에서 예산결산특별위원회는 예산안이나 기금운용계획안에 대해서 공청회를 개최하도록 되어 있다.23)

기본적으로 예산결산특별위원회는 소관 상임위원회의 예비심사 내용을 존중하도록 하고 있다. 물론 그렇다고 상임위원회의 예비심사가 예산결산특별위원회를 구속하는 것은 아니다. 실제로 소관 상임위원회에서 삭감한 세출예산 각 항의 금액을 증가하게 하거나 새 비목(費目)을 설치할 수 있는데, 단 이 경우에는 소관 상임위원회의 동의를 받아야 한다. 하지만 새 비목의 설치에 대한 동의 요청이 소관 상임위원회에 회부되었을 때, 회부된 때부터 72시간 이내

에 동의 여부가 예산결산특별위원회에 통지되지 않는다면 그때는 소관 상임위원회의 동의가 있는 것으로 본다.[24]

한편, 특징적인 사례가 있다. 국가정보원 소관의 예산안과 국가정보원의 정보 및 보안업무의 기획·조정 대상 부처 소관의 정부예산안의 경우이다. 이 때는 정보위원회가 심사를 하여 그 결과를 해당 부처별 총액으로 해서 국회의장에게 보고하고, 국회의장은 정보위원회에서 심사한 예산안에 대하여 총액으로 예산결산특별위원회에 통보하는데, 이 경우 정보위원회의 심사를 예산결산특별위원회의 심사로 본다.[25]

3) 본회의 심의와 의결

예산안이 예산결산특별위원회의 심사를 거치면 국회의장은 예산안을 본회의에 부의한다. 본회의에서 재적의원 과반수의 출석과 출석의원 과반수의 찬성이 있으면 의결된다. 국회의 의결은 회계연도가 시작되기 30일 전까지는 완료되어야 한다. 예산안이 의결되면 예산안이 예산으로 확정되는 것이다. 국회의 심의를 거치면서 예산은 규모와 내용이 수정되기도 하지만, 국회는 정부의 동의 없이 정부가 제출한 지출예산 각항의 금액을 증가하거나 새 비목을 설치할 수 없다.[26] 이는 예산안 심의과정에서 예산금액의 삭감을 통해 입법부가 행정부에 대해 갖는 견제를 보여주는 것으로, 그렇다고 해서 입법부가 임의로 예산 증액을 할 수 있는 것은 아니기 때문에 예산안 심의과정에서 행정부에 대한 입법부의 통제 기능도 일정한 제한이 있다는 것을 보여준다.

4) 정부 이송과 공고

국회가 예산안을 의결하여 확정된 예산은 집행을 위해 정부에 이송된다.

---

24) 「국회법」 제84조.
25) 「국회법」 제84조.
26) 「헌법」 제57조.

이에 따라 대통령은 예산을 공고하고 집행을 위한 준비를 한다. 예산의 경우 국회에서 의결한 법률과는 달리 예산의 공고가 효력 발생의 요건이 되는 것은 아니다. 예산은 기본적으로 회계연도가 시작되면서 집행될 수 있다. 이렇게 해서 예산안 심의와 의결은 완료된다. [그림 2-6]은 예산안 심의와 의결 과정의 절차를 보여준다.

[그림 2-6] 예산안 심의와 의결 절차

제4절   예산집행

1. 예산집행의 의미와 특징

예산안이 확정되어 예산이 되면 그 예산은 정부에서 집행된다. 세입예산은 세입을 위한 징수업무로 집행되고, 세출예산은 사업과 각 항목에 따른 지출업무로 집행된다. 예산을 집행하는 것은 실질적인 정책집행이 이루어지는 것과 같다. 예산 사용에 따라 정책이 실질적으로 실현되기 때문에 예산집행은 정책집행을 위한 동력이 발생되는 것이고, 이를 확대해서 보면 국정운영이 이루어지는 것이다. 그리고 예산집행은 정부에 의한 조세징수와 지출활동이기 때문에 경제상황에도 영향을 준다는 점에서 경제가 움직이는 동력으로도 그 역할을 한다. 경기가 좋지 않을 때 정부에서 예산집행의 시기 조절을 통해 경기상황에 대응하려는 이유도 예산집행이 경제영역에서 중요한 동력이 되기 때문이다. 그런 점에서 예산집행은 예산과정의 그 어느 단계에서보다도 외부적인 파급효과가 큰 활동이다.

예산집행의 영향력과 파급효과가 적지 않다는 것은 예산집행의 탄력성에 대한 논의를 이끌게 한다. 영향력과 파급효과가 큰 만큼 매우 엄격한 집행이 되어야 하는 것인지 아니면, 오히려 유연한 상황 대처를 위한 탄력적 운용이 필요한지에 대한 논의이다. 이는 정도의 문제인데, 대체로 전자의 기조는 유지하되 후자의 관점 하에서 예산의 효율적 사용 및 활용이 이루어지고 있다. 다시 말해, 오늘날 정책집행의 의미가 정책내용을 구체화하고 때로는 내용을 수정 및 보완하는 활동까지 포함하는 것처럼,[27] 예산집행도 정책집행의 동력이 된다는 점에서 탄력적인 운영이 허용되는 동시에 예산집행의 엄격성도 유지되고 있는 것이다. 예산집행의 탄력적 운용의 사례에는 예산의 전용, 이용, 이체, 이월, 예비비, 계속비, 국고채무부담행위, 수입대체경비, 추가경정예산, 수입지출의 특례, 총액계상 예산, 회계연도 개시 전 예산 배정 등이 있다. 각각의 의미에 대해서는 본 절의 '3. 예산집행의 탄력성'에서 자세히 설명한다.

예산집행과 관련해서는 기본적으로 예산집행지침에 따르도록 되어 있다. 그래서 기획재정부 장관은 예산집행의 효율성을 높이기 위하여 매년 예산집행에 관한 지침을 작성하여 매년 1월 말까지 각 중앙관서의 장에게 통보한다. 예산집행지침에 포함되는 사항에는 경비유형 및 비목별 예산집행에 관한 사항, 전용 및 이용권 위임범위에 관한 사항, 그 밖에 기획재정부 장관이 필요하다고 인정하는 사항 등이다.[28] [그림 2−7]은 예산집행지침의 표지와 목차의 예시이다.

---

27) 김민주(2017). 『정부는 어떤 곳인가: 행정학의 이해와 활용』, 대영문화사, pp. 287−288.
28) 「국가재정법」 제44조; 「국가재정법 시행령」 제18조.

[그림 2-7] 예산집행지침 예시[29]

표지	목차
0000년도 예산 및 기금운용계획 집행지침 0000. 0. 기획재정부	◇ 제1편 0000년도 예산 및 기금운용계획 집행지침 　　주요 개정내용 ◇ 제2편 0000년도 예산 집행지침 　Ⅰ. 일반지침 　Ⅱ. 사업유형별 지침 　Ⅲ. 비목별 지침 　Ⅳ. 자체 이용·전용권 위임범위 　Ⅴ. 0000년도 세입세출예산 과목 구분

2. 예산집행의 절차

1) 예산배정요구서 제출

회계연도가 시작되면 각 행정부처는 정책 및 사업시행을 위한 예산이 필요하게 된다. 이를 위해 우선 각 중앙관서의 장은 예산이 확정된 후 사업운영계획 및 이에 따른 세입세출예산, 계속비, 국고채무부담행위를 포함한 예산배정요구서를 기획재정부 장관에게 제출한다.[30] 이때 사업운영계획과 예산배정요구서는 기획재정부 장관이 정하는 바에 따라 분기별로 구분해서 작성해야 한다.[31] 예산배정요구서는 곧 예산의 배정을 위한 것인데, 예산배정이란 각 부처에서 예산을 사용할 수 있는 권리를 부여하는 것으로서 예산배정이 이루어져야 계약 등 지출원인행위가 가능하다. 그런 점에서 예산배정을 위해서는 먼저 예산배정에 대한 요구가 이루어져야 하고 그것은 예산배정요구서 제출로

---

29) 기획재정부(2018). 『2018년도 예산 및 기금운용계획 집행지침』, 기획재정부.

30) 「국가재정법」 제42조.

31) 「국가재정법 시행령」 제15조.

시작된다.

국고자금으로서 예산배정을 요구할 때는 그 기준으로 월별 자금배정 요구의 원칙을 따르게 된다. 즉, 중앙관서의 장은 사업별 특성, 월별 집행 소요, 추진시기 등을 감안하여 재정사업에 대한 자금배정을 요구한다. 이때, 중앙관서의 장은 소관 재정사업에 대한 면밀한 사전 검토를 통해 월별로 지출 가능한 금액 범위 내에서 자금배정을 요구해야 하며, 사전예측이 가능한 자금을 누락하지 않도록 유의해야 한다. 그리고 중앙관서의 장은 월별 지출소요보다 과다하게 자금을 신청하거나 불가능한 사업 또는 지출시기가 도래하지 않을 것으로 예상되는 사업에 대해서는 자금을 신청하지 않도록 해야 한다. 또 중앙관서의 장은 월중 자금의 지출시기와 관계없이 특정 시기에 집중하여 자금배정을 요구해서는 안 되며 사전에 자금을 확보하기 위해 월초에 집중하여 요구해서도 안 된다. 그리고 d-Brain시스템을 통한 월별 자금배정 요구는 「국고금 관리법 시행령」에서 정한 제출시기(매월 마지막 근무일 1주일 전까지)를 준수해야 한다.[32]

하지만 수시 자금배정이 가능하기도 하다. 중앙관서의 장은 몇 가지 경우에 한해서 소요자금이 필요한 3일 전까지 기획재정부 장관에게 수시자금 배정을 요구할 수 있다. 해당되는 경우는 국무회의 심의와 대통령 승인을 통해 예비비가 배정된 경우, 예산 수시배정사업 중 기획재정부 장관과 협의하여 세출예산이 새로 배정된 경우, 부처에 배정된 자금이 소진되거나 외화지출 등 사전에 예측이 곤란한 사업에 추가로 필요한 경우 등이다.[33]

2) 예산의 배정

각 부처에서 예산을 사용할 수 있는 권리를 부여하는 예산배정을 위해서 우선, 기획재정부 장관은 예산배정요구서에 따라 분기별 예산배정계획을 작성하여 국무회의의 심의를 거친 후 대통령의 승인을 얻어야 한다. 그리고 기획재

32) 「국고자금집행지침」.
33) 「국고자금집행지침」.

정부 장관이 각 중앙관서의 장에게 예산을 배정하게 되면 이를 감사원에 통지하게 된다. 필요하다면 예산배정은 회계연도 개시 전에 이루어질 수도 있다. 예를 들어, 외국에서 지급하는 경비, 선박의 운영·수리 등에 소요되는 경비, 교통이나 통신이 불편한 지역에서 지급하는 경비, 각 관서에서 필요한 부식물의 매입경비, 범죄수사 등 특수활동에 소요되는 경비, 여비, 경제정책상 조기집행을 필요로 하는 공공사업비, 재해복구사업에 소요되는 경비 등이다.[34)]

예산배정 과정에서 기획재정부 장관은 예산의 효율적인 집행관리를 위하여 필요한 때에는 개별사업계획을 검토하여 그 결과에 따라 예산을 배정할 수도 있다. 그리고 기획재정부 장관은 재정수지의 적정한 관리 및 예산사업의 효율적인 집행관리 등을 위해 필요한 때에는 분기별 예산배정계획을 조정하거나 예산배정을 유보할 수 있고, 배정된 예산의 집행을 보류하도록 조치를 취할 수도 있다.[35)]

3) 예산재배정

예산은 배정이 이루어질 뿐 아니라 재배정이 이루어지기도 한다. 예산재배정이란 중앙관서의 장이 산하기관에게 예산지출 권한을 위임하는 과정을 말한다. 중앙관서의 장이 기획재정부 장관으로부터 예산을 배정받고 그 범위 내에서 다시 산하기관에게 재배정하여 지출이 이루어지도록 하는 것이다.

이를 위해서 각 중앙관서의 장은 재무관으로 하여금 지출원인행위를 하게 할 때에는 배정된 세출예산의 범위 안에서 재무관별로 세출예산재배정계획서를 작성하고 그에 따라 세출예산을 재배정하여야 한다. 그리고 각 중앙관서의 장은 세출예산을 재배정한 때에는 이를 지출관과 기획재정부 장관에게 통지하여야 한다. 때에 따라서 각 중앙관서의 장은 예산집행상 필요하다고 인정할 때에는 작성한 세출예산재배정계획서를 변경할 수 있다. 그리고 각 중앙관서의

---

34) 「국가재정법」 제43조; 「국가재정법 시행령」 제16조.
35) 「국가재정법」 제43조

장은 필요하다고 인정할 때에는 상급관서의 재무관으로 하여금 재배정받은 세출
예산의 범위 안에서 그 하급관서의 재무관에게 이를 재배정하게 할 수 있다.[36]

여기서 '지출원인행위', '재무관', '지출관'이라는 용어가 등장하는데 각각
의 의미는 다음과 같다. 지출원인행위란 국고금 지출의 원인이 되는 계약이나
그 밖의 행위를 말한다. 즉, 재무관이 세출예산·계속비·국고채무부담행위 및
기금운용계획에 따라 지출의 원인이 되는 계약 등을 하는 것을 말한다.[37] 재
무관이란 지출원인행위에 대해 중앙관서의 장으로부터 위임받은 공무원을 말
한다. 중앙관서의 장은 소속 공무원에게 위임하여 지출원인행위를 할 수 있게
되어 있고, 지출원인행위의 위임은 중앙관서의 장이 소속 관서에 설치된 직위
를 지정하는 것으로 갈음할 수 있다.[38] 지출관은 지출원인행위에 대한 지출을
담당하는 공무원으로서, 중앙관서의 장이나 재무관이 그 소관 세출예산 또는
기금운용계획에 따라 지출하려고 할 때 지출원인행위 관계 서류를 수령하는
역할을 한다. 지출원인행위에 따라 지출관이 지출을 하려는 경우에는 채권자
또는 국고금의 지급사무를 수탁하여 처리하는 자의 계좌로 이체하여 지급한
다. 그런데 만일 정보통신의 장애나 그 밖의 불가피한 사유로 계좌이체의 방법
으로 지급할 수 없는 경우에는 현금 등을 채권자에게 직접 지급할 수 있다. 이
러한 지출활동은 지출관별 월별 세부자금계획의 범위에서 하여야 한다. 지출
관의 임명은 중앙관서의 장이 소속 관서에 설치된 직위를 지정하는 것으로 갈
음할 수 있다. 중앙관서의 장은 그 역할의 중요성으로 인해 지출관을 임명하였
을 때에는 그 사실을 재무관, 기획재정부 장관, 감사원 및 한국은행 등에 통지
하게 된다.[39]

---

36) 「국가재정법 시행령」 제17조.
37) 「국고금 관리법」 제19조; 「국고금 관리법 시행령」 제2조.
38) 「국고금 관리법」 제21조, 제22조.
39) 「국고금 관리법」 제22조; 「국고금 관리법 시행령」 제26조.

4) 자금배정과 자금집행

예산배정이 이루어지면 지출원인행위가 가능하고, 자금배정이 이루어지면 지출행위가 가능해진다. 그런 점에서 앞서 지출원인행위와 재무관과 지출관에 대한 설명은 예산배정과 여기서 설명하는 자금배정 및 자금집행까지 모두 관련된다고 볼 수 있다. 용어 구분을 다시 하면, 예산배정이란 앞서도 언급했지만 각 부처에서 예산을 사용할 수 있는 권리를 부여하는 것을 말한다. 예산배정이 이루어져야 계약 등 지출원인행위가 가능해진다. 그리고 자금배정이란 각 부처에서 자금을 사용할 수 있는 권리를 부여하는 것으로서 자금배정이 이루어져야 예산집행이 가능하다. 조세 및 세외수입 등으로 자금을 우선 충당하고 부족자금은 적자국채 발행, 일시차입(재정증권·한국은행 차입)으로 조달하게 된다. 그리고 자금집행이란 각 부처의 사업담당부서가 자금계획의 범위 내에서 기획재정부 국고국으로부터 자금을 받아 집행하는 것을 말한다.

구체적으로 자금배정과 집행을 위한 자금계획을 보면, 우선 예산이 성립되면 중앙관서의 장은 수입·지출의 전망과 그 밖에 자금의 출납에 관한 사항을 종합적으로 고려한 월별 자금계획서를 작성하여 기획재정부 장관에게 제출하여야 한다. 기획재정부 장관은 계획서를 종합하여 월별 자금계획을 작성한다. 중앙관서의 장은 작성된 월별 자금계획에 따라 월별 세부자금계획서를 작성하여 매월 기획재정부 장관에게 제출하여야 한다. 기획재정부 장관은 중앙관서의 장이 제출한 월별 세부자금계획서를 종합하여 월별 세부자금계획을 작성하고 이를 중앙관서의 장 및 한국은행에 통지하여야 한다. 자금의 수급상 필요하다고 인정하는 경우에는 기획재정부 장관이 월별 세부자금계획을 조정할 수 있다. 이 경우 해당 중앙관서의 장 및 한국은행에 통지하여야 한다. 중앙관서의 장은 월별 세부자금계획을 통지받았을 때에는 그 소속 지출관별로 월별 세부자금계획을 통지해야 한다.[40)]

이에 따라 자금배정과 집행이 이루어지는데, 앞서 살펴본 지출원인행위에

40) 「국고금 관리법」 제30조.

대한 지출관의 지출과 출납공무원의 지급행위로 구체적인 자금지출이 이루어 진다. 출납공무원은 각 중앙관서의 장 또는 그 위임을 받은 공무원이 임명하게 되는데, 임명은 소속 관서에 설치된 직위를 지정하는 것으로 갈음할 수 있다. 출납공무원은 법령에서 정하는 바에 따라 자금을 출납·보관하는 업무를 담당 한다. 지출기관과 출납기관의 분립 원칙에 따라 재무관, 지출관 및 출납공무원 의 직무는 서로 겸할 수 없게 되어 있다. 다만, 기금의 경우에는 제한적으로 지출관과 출납공무원의 직무를 겸할 수 있다.[41] [그림 2-8]은 예산집행의 전 반적인 절차를 나타내고 있다.

[그림 2-8] **예산집행의 절차**

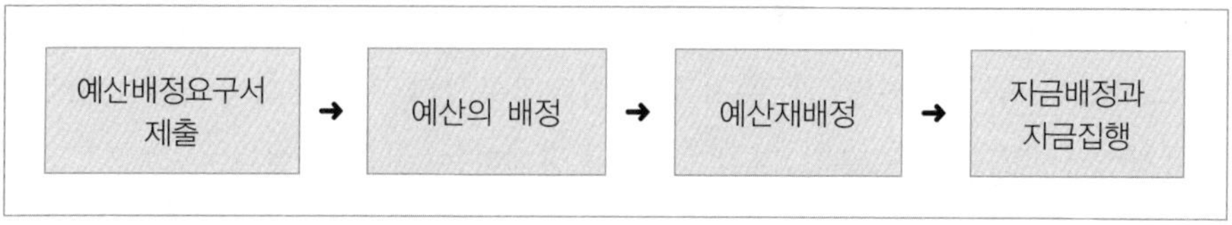

3. 예산집행의 탄력성

예산은 다양한 이유로 탄력적으로 집행된다. 예상하지 못한 상황이 발생 하거나 법령에 명시된 규정을 따르기에 여건이 되지 않거나 집행 시점의 문제 등으로 인해 제한된 범위 내에서 예산의 탄력적 운용이 허용된다. 여기에는 예 산의 전용, 이용, 이체, 이월, 예비비, 계속비, 국고채무부담행위, 수입대체경 비, 추가경정예산, 회계연도 개시 전 예산배정 등이 해당된다.

1) 예산의 전용

예산의 전용과 이용의 개념을 이해하기 위해서는 먼저 예산과목의 구조를

---

41) 「국고금 관리법」 제4조의3, 제27조.

알아야 한다. 세입예산의 경우 정부수입의 성질에 따라 과목구조는 관(款), 항 (項), 목(目)으로 구분되어 관리된다. [표 2-2]는 세입예산 과목구조의 예시를 보여준다.

[표 2-2] **세입예산 과목구조의 예시**[42]

관	항	목
01 내국세 11 재산수입	11 소득세 51 관유물대여료	111 신고분 112 원천분 511 토지대여료 512 건물대여료 513 기타관유물대여료

[그림 2-9]는 세출예산 분류의 예시를 나타낸 것이다. 세출예산은 운영 책임 및 지출 용도에 따라 소관별, 회계별, 기능별, 성질별로 구분된다. 여기서

[그림 2-9] **세출예산 분류의 예시**[43]

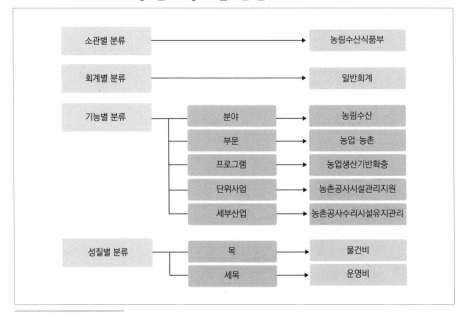

---

42) 기획재정부(www.moef.go.kr).

43) 기획재정부(www.moef.go.kr).

소관별 분류는 중앙관서의 조직을 중심으로 한 구분이다. 그래서 중앙행정기관의 부·처·청을 중심으로 국무총리실 등의 정부기관과 국회·대법원 등 독립기관을 포함해서 구분된다. 소관별로 구분되면 일반회계와 특별회계 등의 회계별 구분이 이루어진다. 그리고 기능을 중심으로 구분되는데, 이 구분은 장(분야)－관(부문)－항(프로그램)－세항(단위사업)－세세항(세부사업)의 분류로 이루어지고, 경비 성질을 중심으로 한 목별 분류로 구분된다. 장, 관, 항은 국회의 의결이 없이는 과목 간 변경이 불가능한 입법과목이고, 세항과 목은 국회의 사전 의결 없이 행정부 재량으로 전용이 가능한 행정과목이다.

[표 2-3] 세출예산의 성질별 분류의 목번호 예시[44]

목번호	목	목번호	목
100	인건비	400	자산취득
110	인건비	410	건설보상비
200	물건비	420	건설비
210	운영비	430	유형자산
220	여비	440	무형자산
230	특수활동비	450	융자금
240	업무추진비	460	출자금
250	직무수행경비	470	예치금 및 유가증권매입
260	연구용역비	480	예탁금
270	안보비	490	지분취득비
300	이전지출	500	상환지출
310	보전금	510	상환지출
320	민간이전	600	전출금 등
330	자치단체이전	610	전출금 등
340	해외이전	700	예비비 및 기타
350	일반출연금	710	예비비 및 기타
360	연구개발출연금	－	－

---

44) 기획재정부(www.moef.go.kr).

[표 2-3]은 세출예산의 성질별 분류의 목번호의 예시를 나타낸 것이다. 각 목별로 번호가 부여되어 있는데, 목의 성질이 무엇인가에 따라 구분되고 있다는 것을 알 수 있다. 크게 100단위별로 상위 성질이 구분되고, 해당 단위 내에서 10단위별로 세분화된 구분이 이루어지고 있다.

이러한 예산과목 구조에서 각 중앙관서의 장은 예산의 목적범위 안에서 재원의 효율적 활용을 위하여 기획재정부 장관의 승인을 얻어 각 세항 또는 목의 금액을 전용할 수 있다. 즉, 전용은 행정과목 간 변경 사용을 의미한다. 이 경우 사업 간의 유사성이 있는지, 재해대책 재원 등으로 사용하는 것과 같이 시급한 사용의 필요성이 있는지, 기관운영을 위한 필수적 경비의 충당을 위한 것인지 여부 등을 종합적으로 고려하여야 한다. 그러나 당초 예산에 계상되지 않은 사업을 추진하는 경우나 국회가 의결한 취지와 다르게 사업예산을 집행하는 경우에는 전용할 수 없다. 각 중앙관서의 장이 전용을 한 경우에는 분기별로 분기만료일이 속하는 달의 다음 달 말일까지 그 전용 내역을 국회 소관 상임위원회와 예산결산특별위원회에 제출해야 한다. 그리고 전용한 경비의 금액은 세입세출결산보고서에 이를 명백히 밝히고 이유를 기재해야 한다.[45] 탄력적 사용인만큼 자칫 문제가 될 수 있어서 엄격한 규정에 따르도록 하고 있다.

2) 예산의 이용

이용은 입법과목 간 변경 사용을 의미한다. 기본적으로 중앙관서의 장은 예산이 정한 각 기관 간 또는 각 장·관·항 간에 상호 이용(移用)할 수 없다. 하지만 몇 가지 경우에 한하여 미리 예산으로써 국회의 의결을 얻은 때에는 기획재정부 장관의 승인을 얻어 이용하거나 기획재정부 장관이 위임하는 범위 안에서 자체적으로 이용할 수 있다. 그 경우란, 법령상 지출의무의 이행을 위한 경비 및 기관운영을 위한 필수적 경비의 부족액이 발생하는 경우, 환율변동·유

---

45) 「국가재정법」 제46조.

가변동 등 사전에 예측하기 어려운 불가피한 사정이 발생하는 경우, 재해대책 재원 등으로 사용할 시급한 필요가 있는 경우 등이 해당된다. 각 중앙관서의 장은 예산을 자체적으로 이용한 때에는 기획재정부 장관 및 감사원에 각각 통지하여야 하며, 기획재정부 장관은 이용의 승인을 하거나 예산을 이용한 때에는 그 중앙관서의 장 및 감사원에 각각 통지하여야 한다. 그리고 각 중앙관서의 장이 이용을 한 경우에는 분기별로 분기만료일이 속하는 달의 다음 달 말일까지 그 이용 또는 이체 내역을 국회 소관 상임위원회와 예산결산특별위원회에 제출하여야 한다.[46]

3) 예산의 이체

이체(移替)는 부득이한 사유로 인해 생기는 예산의 이동을 의미한다. 예컨대, 기획재정부 장관은 정부조직 등에 관한 법령의 제정·개정 또는 폐지로 인해 중앙관서의 직무와 권한에 변동이 있는 때에는 그 중앙관서의 장의 요구에 따라 그 예산을 상호 이용하거나 이체할 수 있다. 이체를 하게 되면 기획재정부 장관은 그 중앙관서의 장 및 감사원에 각각 통지하여야 한다. 그리고 각 중앙관서의 장이 이체를 한 경우에는 분기별로 분기만료일이 속하는 달의 다음 달 말일까지 그 이용 또는 이체 내역을 국회 소관 상임위원회와 예산결산특별위원회에 제출하여야 한다.[47]

4) 예산의 이월

회계연도 독립의 원칙에 따르면 각 회계연도의 경비는 그 연도의 세입 또는 수입으로 충당하여야 한다. 이에 반해 이월이란 당해 회계연도의 예산을 다음 연도로 넘겨서 사용하는 것을 말한다. 기본적으로는 매 회계연도의 세출예

---

46) 「국가재정법」 제47조.
47) 「국가재정법」 제47조.

산은 다음 연도에 이월하여 사용할 수 없다. 하지만 일정한 사유에 해당되는 경비의 금액은 다음 회계연도에 이월하여 사용할 수 있다. 이 경우 이월액은 다른 용도로 사용할 수 없으며, 이 경비의 금액은 재이월할 수 없다. 이월이 가능한 사유에 해당하는 경비에는, 명시이월비, 연도 내에 지출원인행위를 하고 불가피한 사유로 인하여 연도 내에 지출하지 못한 경비와 지출원인행위를 하지 아니한 그 부대경비, 지출원인행위를 위하여 입찰공고를 한 경비 중 입찰공고 후 지출원인행위까지 장기간이 소요되는 경우로서 대통령령이 정하는 경비, 공익사업의 시행에 필요한 손실보상비로서 대통령령이 정하는 경비, 경상적 성격의 경비로서 대통령령이 정하는 경비 등이 해당한다. 그리고 계속비의 연도별 연부액 중 당해 연도에 지출하지 못한 금액은 계속비사업의 완성연도까지 계속 이월하여 사용할 수 있다. 각 중앙관서의 장은 예산을 이월하는 때에는 대통령령이 정하는 바에 따라 이월명세서를 작성하여 다음 연도 1월 31일까지 기획재정부 장관 및 감사원에 각각 송부하여야 한다.[48]

한편, 이월은 크게 명시이월과 사고이월로 구분하기도 한다. 앞서 이월의 사유 중 하나로 명시이월을 들고 있는데, 명시이월비는 세출예산 중 경비의 성질상 연도 내에 지출을 끝내지 못할 것이 예측되는 때에 그 취지를 세입세출예산에 명시하여 미리 국회의 승인을 얻은 후 다음 연도에 이월하여 사용하는 경비를 말한다. 각 중앙관서의 장은 명시이월비에 대하여 예산집행상 부득이한 사유가 있는 때에는 사항마다 사유와 금액을 명백히 하여 기획재정부 장관의 승인을 얻은 범위 안에서 다음 연도에 걸쳐서 지출하여야 할 지출원인행위를 할 수 있다. 기획재정부 장관은 다음 연도에 걸쳐서 지출하여야 할 지출원인행위를 승인한 때에는 감사원에 통지하여야 한다.[49] 이와 비교해서 사고이월은 연도 내에 지출원인행위를 하였으나 불가피한 사유로 인해 해당 연도 내에 지출을 하지 못한 경비를 다음 연도에 이월하여 사용할 수 있는 것을 말한다. 사고이월 역시 앞서 언급한 이월이 가능한 사유 중 하나에 해당한다.

---

48) 「국가재정법」 제48조.
49) 「국가재정법」 제24조.

5) 예비비

정부는 예측할 수 없는 예산 외의 지출 또는 예산초과지출을 충당하기 위하여 일반회계 예산총액의 100분의 1 이내의 금액을 예비비로 세입세출예산에 계상할 수 있다. 다만, 예산총칙 등에 따라 미리 사용목적을 지정해 놓은 예비비는 별도로 세입세출예산에 계상할 수 있다. 그러나 공무원의 보수 인상을 위한 인건비 충당을 위해서는 예비비의 사용목적을 지정할 수 없다.[50]

원칙적으로 예비비는 기획재정부 장관이 관리한다. 각 중앙관서의 장은 예비비의 사용이 필요한 때에는 그 이유 및 금액과 추산의 기초를 명백히 한 명세서를 작성하여 기획재정부 장관에게 제출하여야 한다. 다만, 대규모 재난에 따른 피해의 신속한 복구를 위하여 필요한 때에는 피해상황보고를 기초로 긴급구호, 긴급구조 및 복구에 소요되는 금액을 개산(槪算)하여 예비비를 신청할 수 있다. 기획재정부 장관은 예비비 신청을 심사한 후 필요하다고 인정하는 때에는 이를 조정하고 예비비사용계획명세서를 작성한 후 국무회의의 심의를 거쳐 대통령의 승인을 얻어야 한다. 일반회계로부터 전입 받은 특별회계는 필요한 경우에는 일반회계 예비비를 전입 받아 그 특별회계의 세출로 사용할 수도 있다.[51]

각 중앙관서의 장은 예비비로 사용한 금액의 명세서를 작성하여 다음 연도 2월 말까지 기획재정부 장관에게 제출하여야 한다. 기획재정부 장관은 제출된 명세서에 따라 예비비로 사용한 금액의 총괄명세서를 작성한 후 국무회의의 심의를 거쳐 대통령의 승인을 얻어야 한다. 기획재정부 장관은 대통령의 승인을 얻은 총괄명세서를 감사원에 제출하여야 한다. 정부는 예비비로 사용한 금액의 총괄명세서를 다음 연도 5월 31일까지 국회에 제출하여 그 승인을 얻어야 한다.[52]

---

50) 「국가재정법」 제22조.
51) 「국가재정법」 제51조.
52) 「국가재정법」 제52조.

6) 계속비

일부 예산의 경우 완성에 수년도를 요하는 공사나 제조 및 연구개발사업은 그 경비의 총액과 연부액(年賦額)을 정하여 미리 국회의 의결을 얻은 범위 안에서 수년도에 걸쳐서 지출할 수 있는데, 이때의 경비가 계속비이다. 여기서 국가가 지출할 수 있는 연한은 그 회계연도부터 5년 이내로 한다. 다만, 사업규모 및 국가재원 여건상 필요한 경우에는 예외적으로 10년 이내로 할 수 있다. 하지만 기획재정부 장관은 필요하다고 인정하는 때에는 국회의 의결을 거쳐 지출연한을 연장할 수 있다.[53]

7) 국고채무부담행위

국가가 채무를 부담하는 행위가 국고채무부담행위이다. 국가는 법률에 따른 것과 세출예산금액 또는 계속비의 총액의 범위 안의 것 외에 채무를 부담하는 행위를 하는 때에는 미리 예산으로써 국회의 의결을 얻어야 한다. 국가는 재해복구를 위하여 필요한 때에는 회계연도마다 국회의 의결을 얻은 범위 안에서 채무를 부담하는 행위를 할 수 있다. 이 경우 그 행위는 일반회계 예비비의 사용절차에 준하여 집행한다. 국고채무부담행위는 사항마다 그 필요한 이유를 명백히 하고 그 행위를 할 연도 및 상환연도와 채무부담의 금액을 표시하여야 한다.[54]

8) 수입대체경비

수입대체경비란 용역 또는 시설을 제공하여 발생하는 수입과 관련되는 경비로서, 국가가 특별한 용역 또는 시설을 제공하고 그 제공을 받은 자로부터

53) 「국가재정법」 제23조.
54) 「국가재정법」 제25조.

비용을 징수하는 경우의 당해 경비, 수입의 범위 안에서 관련 경비의 총액을 지출할 수 있는 경우의 당해 경비를 말한다. 이 경비의 경우 수입이 예산을 초과하거나 초과할 것이 예상되는 때에는 그 초과수입을 그 초과수입에 직접 관련되는 경비 및 이에 수반되는 경비에 초과지출할 수 있다. 여기서 초과수입에 직접 관련되는 경비 및 이에 수반되는 경비에는, 업무수행과 직접 관련된 자산취득비·국내여비·시설유지비 및 보수비, 일시적인 업무급증으로 사용한 일용직 임금, 초과수입 증대와 관련 있는 업무를 수행한 직원에게 지급하는 보상적 경비 등이 해당된다.[55]

9) 추가경정예산

정부는 이미 확정된 예산에 변경을 가할 필요가 있는 경우에는 추가경정예산안을 편성할 수 있다. 예를 들어, 전쟁이나 대규모 재해가 발생한 경우, 경기침체, 대량실업, 남북관계의 변화, 경제협력과 같은 대내·외 여건에 중대한 변화가 발생하였거나 발생할 우려가 있는 경우, 법령에 따라 국가가 지급하여야 하는 지출이 발생하거나 증가하는 경우 등이다. 정부는 국회에서 추가경정예산안이 확정되기 전에 이를 미리 배정하거나 집행할 수 없다.[56] 추가경정예산은 흔히 줄여서 추경으로 불리며 예산편성 절차를 기준으로 예산의 종류 중 하나로 분류하기도 한다. 이에 대해서는 이어지는 제6절에서 다시 설명된다.

10) 회계연도 개시 전 예산배정

기획재정부 장관은 필요한 때에는 회계연도 개시 전에 예산을 배정할 수 있다. 그에 해당되는 경비에는, 외국에서 지급하는 경비, 선박의 운영·수리 등에 소요되는 경비, 교통이나 통신이 불편한 지역에서 지급하는 경비, 각 관서

---

55) 「국가재정법」 제53조; 「국가재정법 시행령」 제24조.
56) 「국가재정법」 제89조.

에서 필요한 부식물의 매입경비, 범죄수사 등 특수활동에 소요되는 경비, 여비, 경제정책상 조기집행을 필요로 하는 공공사업비, 재해복구사업에 소요되는 경비 등이 있다.[57)]

제5절 결산

1. 결산의 의미와 특징

결산은 예산이 집행된 후 세입과 세출을 확정된 수치로 표현한 결과를 말한다. 예정적인 수치였던 예산이 확정된 수치로 표현된 결산으로 마감된다. 그런 점에서 결산은 한 회계연도에 대한 예산과정의 마지막 단계에 해당된다. 예산과정이 3개의 회계연도를 거치면서 이루어지기 때문에 그 기간만큼 예산안 편성 시점과 결산 시점은 차이가 난다. 예컨대, 2020년에 편성된 2021년의 예산은 2022년에 결산이 이루어진다.

그러나 결산을 예산과정의 마지막 혹은 한 회계연도의 마감으로만 여겨서 모든 것을 종결짓는 것으로만 이해해서는 안 된다. 결산은 이어지는 다음 회계연도에 유용한 정보를 제공하는 중요한 역할을 한다. 그래서 「국가재정법」에서도 결산의 원칙으로서 "정부는 결산이 「국가회계법」에 따라 재정에 관한 유용하고 적정한 정보를 제공할 수 있도록 객관적인 자료와 증거에 따라 공정하게 이루어지게 하여야 한다."고 명시하고 있다.[58)] 결산에서 유용하고 적정한 정보가 도출될 것이라는 점을 전제로 하면서 그 과정의 공정성을 주문하고 있는 것이다.

그리고 결산은 정치적이고 법적인 책임성을 확보하는 것으로도 이해할 필

---

57) 「국가재정법」 제43조; 「국가재정법 시행령」 제16조.

58) 「국가재정법」 제56조.

요가 있다. 결산과정이 이루어지는 감사원의 검사와 국회의 심사는 법적 책임은 물론이고 정치적인 책임성을 확인하는 과정이다. 법적 책임성의 경우, 국회의 결산심사 결과 위법하거나 부당한 사항이 있다면 국회는 본회의 의결 후 정부 또는 해당 기관에 변상 및 징계조치 등 그 시정을 요구하고, 정부 또는 해당 기관은 시정 요구를 받은 사항을 지체 없이 처리하여 그 결과를 국회에 보고하는 것으로 규정되어 있다.[59] 감사원의 검사도 국가결산보고서를 국회에 제출하기 전 수정사항 등을 반영해서 시정하기 위한 활동으로서 법적 책임성에 대한 검토의 일환이다. 그리고 정치적 책임성은 국민들의 대표기관으로서 국회가 국민들이 납부한 예산이 정부에 의해 제대로(적절성과 적정성 등) 사용되었는지에 대해 확인함으로써 이루어진다. 선거에 의해 정당성을 획득한 정치적 리더가 추진한 예산투입 사업의 효과성 등을 검토하는 것이 그 예가 된다. 정치적인 책임성은 강력한 처벌에 기초한 것이라기보다는 상징적인 면이 강하고 유권자들의 정치적 선택(선거 등)으로 판단되는 경우가 많다.

2. 결산 절차

1) 결산보고서 작성과 제출

결산을 위해 각 중앙관서의 장은 기본적으로 회계연도마다 작성한 결산보고서를 다음 연도 2월 말일까지 기획재정부 장관에게 제출하여야 한다. 예산 주기의 중첩이 여기서 일어나는 것이다. 예산이 모두 집행(T년도)되면 그 다음 연도(T+1년도)에 결산이 이루어지기 때문이다. 그리고 국회의 사무총장, 법원행정처장, 헌법재판소의 사무처장 및 중앙선거관리위원회의 사무총장도 회계연도마다 예비금사용명세서를 작성하여 다음 연도 2월 말까지 기획재정부 장관에게 제출해야 한다. 기획재정부 장관은 회계연도마다 작성하여 대통령의 승

---

59) 「국회법」 제84조.

[그림 2-10] 국가결산보고서 예시[60]

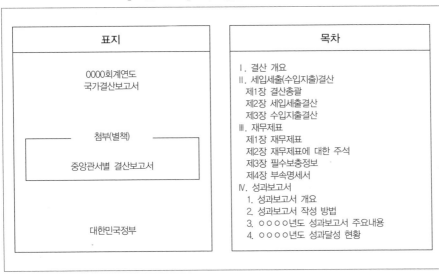

인을 받은 국가결산보고서를 4월 10일까지 감사원에 제출하여야 한다. 이에 감사원은 제출된 국가결산보고서를 검사하고 그 보고서를 5월 20일까지 기획재정부 장관에게 송부하여야 한다. 정부는 감사원의 검사를 거친 국가결산보고서를 5월 31일까지 국회에 제출하여야 한다.[61) [그림 2-10]은 국가결산보고서의 예시이다.

2) 국회의 결산 심사

국회에 제출된 국가결산보고서는 국회의원에 의해 심사된다. 결산 심사의 절차는 예산심사가 이루어지는 절차와 마찬가지로 진행된다. 즉, 소관 상임위원회와 예산결산특별위원회를 거쳐 본회의에서 심사와 의결이 이루어진다. 「국회법」에서도 예산안과 결산의 심사를 동일한 절차로 규정하고 있다. 즉,

---

60) 대한민국정부(2018). 『2017회계연도 국가결산보고서』, 대한민국정부.

61) 「국가재정법」 제58조, 제59조, 제60조, 제61조.

「국회법」 제84조는 '예산안·결산의 회부 및 심사'로 명시되어 있고 그 절차를 함께 규정하고 있다. 따라서 앞서 예산안 심의와 의결의 순서를 결산에서도 참고해서 이해하면 된다.

구체적으로, 결산은 소관 상임위원회에 회부되고 소관 상임위원회는 예비심사를 하여 그 결과를 국회의장에게 보고한다. 국회의장은 결산에 대한 예비심사 보고서를 첨부하여 이를 예산결산특별위원회에 회부하고 그 심사가 끝난 후 본회의에 부의한다. 여기서, 예산결산특별위원회의 결산 심사는 제안설명과 전문위원의 검토보고를 듣고 종합정책질의, 부별심사 또는 분과위원회 심사 및 찬반토론을 거쳐 표결한다. 국회의장은 결산을 소관 상임위원회에 회부할 때에는 심사기간을 정할 수 있으며, 상임위원회가 이유 없이 그 기간 내에 심사를 마치지 아니한 때에는 이를 바로 예산결산특별위원회에 회부할 수 있다. 한편, 결산의 심사 결과 위법하거나 부당한 사항이 있는 경우에 국회는 본회의 의결 후 정부 또는 해당 기관에 변상 및 징계조치 등 그 시정을 요구하고, 정부 또는 해당 기관은 시정 요구를 받은 사항을 지체 없이 처리하여 그 결과를 국회에 보고하여야 한다.[62]

전반적으로 결산은 예산안 심사와 유사한 절차이지만 그 내용에서는 당연히 차이가 있다. 결산은 실제 예산이 집행된 결과를 검토하고 심사하는 것이므로 성과중심으로 이루어진다. 과거의 단순한 집행실적 점검을 넘어서, 2009회계연도 결산부터는 성과보고서가 국가결산보고서에 포함되었고 2011회계연도 결산부터는 재무제표가 국가결산보고서에 포함되었다. 여기서 말하는 재무제표에 대해서는 이 책의 제10장(정부회계)에서 자세히 다룬다. 재무제표는 국가회

[그림 2-11] 결산 절차

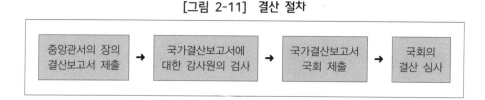

계의 핵심 서류로서 결산에서 빠질 수 없는 자료이다. 재무제표와 성과가 결산에서 강조되고 있다는 점은 앞서 제시된 [그림 2-10]의 국가결산보고서의 목차에서도 확인할 수 있다. [그림 2-11]은 결산 절차를 나타낸 것이다.

결산을 하면 세입과 세출 간 차이가 발생하는 경우가 생기는데, 이를 잉여금이라고 한다. 즉, 결산을 한 결과 세입액이 세출액보다 많을 때 결산상 잉여금이 발생한다. 회계연도 세입세출의 결산상 잉여금 중 이월액을 공제한 금액을 세계잉여금이라고 한다. 이 세계잉여금은 교부세의 정산 및 교부금의 정산에 사용할 수 있고, 이때 사용한 금액을 제외한 세계잉여금은 100분의 30 이상을 공적자금상환기금에 우선적으로 출연하게 된다. 그리고 이 두 경우(교부세와 교부금 정산, 출연한 금액)의 금액을 제외한 세계잉여금은 100분의 30 이상을 채무를 상환하는데 사용한다. 해당되는 채무에는 국채 또는 차입금의 원리금, 국가배상금, 공공자금관리기금의 융자계정의 차입금의 원리금 등이 있다. 그리고 여기까지 사용한 금액을 제외한 세계잉여금은 추가경정예산안의 편성에 사용할 수 있다. 이 모든 금액을 공제한 잔액은 다음 연도의 세입에 이입하게 된다.[63] 실제 2017회계연도의 국가결산에 따르면 국세수입 증가 등으로 세계잉여금(결산상 잉여금-차년도 이월금)은 일반회계 약 10.0조 원, 특별회계 1.3조 원으로 총 11.3조 원이 발생하였다. 정부는 일반회계 세계잉여금의 경우 「국가재정법」 제90조에서 정한 순서에 따라 지방교부세(금) 정산, 채무 상환 등에 사용할 계획이라고 밝히면서 [표 2-4]와 같이 제시하였다.

[표 2-4] 일반회계 세계잉여금 처리 예시[64]

(단위: 억 원)

세계잉여금 (①+②+③+④)	① 지방교부세(금) 정산	채무 상환		④ 세입이입 등
		② 공적자금 상환	③ 채무 상환	
100,422	59,762	12,198	8,539	19,923

---

63) 「국가재정법」 제90조.

64) 기획재정부(2018). "「2017회계연도 국가결산」 국무회의 심의·의결", 3월 26일자 보도자료.

지금까지 살펴본 예산과정의 각 단계를 하나로 모아서 나타낸 것이 [표 2-5]이다. 크게 4단계이지만 세부 절차까지 고려하면 더 많은 단계로 나눌 수도 있다. 각 단계별 절차들은 모두 법에 근거해서 이루어진다. 따라서 예외 사항을 제외하고는 [표 2-5]의 절차에 의한 예산과정이 국가의 예산활동의 기본이 된다.

[표 2-5] 예산과정의 단계별 절차(종합)

주요 절차	세부 절차
예산안 편성	국가재정운용계획 수립지침 통보와 중기사업계획서 제출 → 예산안 편성지침 통보 → 예산요구서 제출 → 예산안 편성과 국회 제출
예산안 심의와 의결	상임위원회의 예비심사 → 예산결산특별위원회의 종합심사 → 본회의 심의와 의결 → 정부 이송과 공고
예산집행	예산배정요구서 제출 → 예산의 배정 → 예산재배정 → 자금배정과 자금집행
결산	중앙관서의 장의 결산보고서 제출 → 국가결산보고서에 대한 감사원의 검사 → 국가결산보고서 국회 제출 → 국회의 결산 심사

제6절   예산과정에 기초한 예산의 종류

1. 예산과정의 특정 시기별 예산 종류

예산의 종류는 다양한 기준에 따라 나눌 수 있다. 그 중 예산과정에 초점을 두고 크게 두 가지 측면에서 예산의 종류를 구분할 수 있다. 두 가지 측면 중 하나는 예산과정의 특정 시기별 예산의 종류이고, 다른 하나는 예산 성립이 되지 않았을 때 편성되는 예산의 종류이다.

예산과정에서 특정 시기별 예산의 종류에는 본예산, 수정예산, 추가경정 예산이 있다. 본예산은 예산안 심의를 끝내고 국회에서 다음 회계연도 예산에 대해 의결해서 확정한 예산을 의미한다. 다음 회계연도에서 집행되기 위해 성립된 최초의 예산을 말한다. 흔히 연말이 다가올 때 국회에서 예산안이 통과되었다고 말할 때, 바로 그때의 예산이 본예산이다.

수정예산은 본예산과 달리 그 시기가 다르다. 정부가 예산안을 국회에 제출한 후에 국회의 최종 의결이 있기 전에 부득이한 사유로 기존 예산안의 일부를 수정해서 편성하는 예산을 수정예산이라고 한다. 수정을 위해서는 국무회의 심의를 거쳐서 대통령의 승인을 받은 후에 수정예산안을 국회에 제출한다.[65] 흔하다고 할 수는 없지만, 과거 우리나라에 몇 차례 수정예산이 제출된 사례가 있었다.

추가경정예산은 흔히 줄여서 추경으로 불린다. 이미 확정된 예산에 변경을 가할 필요가 있는 경우에 편성되는 예산이다. 집행이 이루어지고 있는 본예산에 대한 변경이 되는 것이다. 추가경정예산은 예산이 성립된 이후 본예산을 집행하는 과정에서 예기치 못한 사유가 발생하여 예산에 변경을 가할 필요가 있을 때 국회의 심의와 의결을 받아서 편성된다. 그런데, 예상하지 못한 사유 발생에 대응해서 예산변경이 필요하다면 흔히 예비비나 이용 및 전용을 활용하기 마련이다. 하지만 그것들을 사용하기에 제약이 있거나 또는 그것들로 감당하기 어려운 정도의 재원이 필요한 경우 추가경정예산을 편성하면서 대응하게 된다. 「국가재정법」에는 추가경정예산을 편성할 수 있는 경우를 제시하고 있다. 전쟁이나 대규모 재해가 발생한 경우, 경기침체, 대량실업, 남북관계의 변화, 경제협력과 같은 대내·외 여건에 중대한 변화가 발생하였거나 발생할 우려가 있는 경우, 법령에 따라 국가가 지급하여야 하는 지출이 발생하거나 증가하는 경우이다. 추가로 편성되는 예산이기 때문에 추가경정예산의 편성 행위는 제한적이다. 지나치게 자주 추가경정예산을 편성한다면 재정건전성에 좋지 않은 영향을 주기 때문이다. 그래서 그 사유가 규정에 명시되어 있고, 또 정부는 국회에서 추가경정예산안이 확정되기 전에 이를 미리 배정하거나 집행할 수 없도록 하고 있다.[66] 추가경정예산은 본예산과는 별개로 성립하지만 일

---

65) 「국가재정법」 제35조.

66) 「국가재정법」 제89조.

단 성립되면 하나로 통합되어서 운영된다. 과거에는 여러 차례 추가경정예산이 편성된 해도 있었지만 최근에는 1~2회 정도로 편성되고 있다.[67]

2. 예산불성립에 따른 예산 종류

예산활동의 전제는 예산 성립이다. 예산이 성립되지 않으면 예산활동은 불가능하기 때문에, 예산 자체의 활동이 이루어지지 않을 뿐 아니라 국정운영에 큰 지장을 초래하기도 한다. 회계연도가 개시되어도 예산이 성립되지 않았다는 것은 당장 사용할 돈이 없는 것과 마찬가지이다. 이렇게 되면 국가 존립에도 위협이 될 수 있다. 따라서 비록 현실에서 이런 저런 이유로 예산이 성립되지 않을지라도 적어도 국가의 존립을 위해서는 최소한의 국가운영은 될 수 있도록 예산이 편성되어야 한다. 다시 말해, 애초에 행정부가 예산을 편성하지 않았건 국회가 의결을 하지 않았건 그 어떤 이유에서건 간에 회계연도가 도래되었을 때 예산이 성립되어 있지 않더라도, 국가의 기본 운영은 가능하도록 예산이 마련되어야 한다. 이런 상황에서 어떻게 예산을 마련해서 임시로라도 사용할 수 있게 할 것인가가 예산불성립에 따른 예산 종류가 된다. 예산 성립이 되지 않았을 때 편성되는 예산의 종류에는 가예산, 잠정예산, 준예산이 있다.

가예산은 회계연도까지 예산이 확정되지 못했을 때 1개월 이내의 예산을 사용할 수 있게 국회가 의결한 예산이다. 잠정예산은 예산이 확정되지 않았을 때 잠정적으로 예산을 편성해서 의회에 제출하고 의회가 사전 의결을 해주면 사용할 수 있게 되는 예산이다. 가예산과 달리 1개월에 한정된 예산은 아니며 사용기간이 정해져 있지 않다. 국가마다 차이가 있으나 대략 4~5개월 정도 사용될 수 있는 예산규모가 정해진다. 그리고 준예산은 예산이 확정되지 못했을 때 예산안이 국회에서 의결될 때까지 전년도에 준해서 예산을 사용할 수 있도록 한 예산이다. 준예산을 운영하게 되면 정부활동의 모든 곳에서 운영하게 하

---

67) 윤영진(2014). 『재무행정학』, 대영문화사, pp. 109-112; 「국가재정법」 제89조.

는 것이 아니라 헌법이나 법률에 의하여 설치된 기관 또는 시설의 유지·운영이나, 법률상 지출의무의 이행, 그리고 이미 예산으로 승인된 사업의 계속을 위해서 사용된다.[68] 우리나라의 경우 과거 1948~1960년까지는 예산불성립시 가예산을 이용하였으나 현재는 준예산을 채택하고 있다.[69] 이렇게 예산불성립시에 집행된 예산은 당해 연도의 예산이 확정된 때에는 그 확정된 예산에 따라 집행된 것으로 본다. 가예산이나 잠정예산과는 달리 준예산은 국회의 의결을 필요로 하지 않는다.[70]

---

68) 「헌법」제54조.

69) 신무섭(2014). 『재무행정학』, 대영문화사, p. 139.

70) 김민주(2017). 『정부는 어떤 곳인가: 행정학의 이해와 활용』, 대영문화사, p. 224.

제3장

예산제도

예산제도

1. 예산과 제도

　예산은 제도로 구현되고, 제도에 의해 제약을 받고, 제도를 통해 개혁된
다. 예산과정이 이루어지는 것도 제도에 의해서이고 예산에서 사용되는 주요
개념도 제도를 그 기반으로 하고 있다. 예산이라는 말 속에는 제도에 기초해서
예산과정이 이루어지는 것을 포함하기도 한다. 예산이 곧 돈과 같은 물적 금액
그 자체를 의미하기도 하지만, 제도에 따라 운용되는 예산활동이나 과정을 일
컬어 간단히 '예산'으로 지칭하기도 한다는 점에서(예를 들어, "곧 예산 시즌이다.", "그
는 예산 전문가다.", "예산을 알면 조직의 핵심을 아는 것과 같다." 등의 말), 예산은 제도 기반의
계획된 금전적 수치로서 제도의 의미를 내포하고 있다. 예산이 존재한다는 것
은 그 어떤 것이 되었건 예산이라는 형태로 모습을 갖추었다는 것인데, 이때
예산이 모습을 갖추게 되는 과정은 제도에 따른 결과이다. 따라서 예산은 제도
와 불가분의 관계에 놓여 있다.

그렇다면 제도(institution)란 무엇인가? 제도란 사회에 적용되는 게임의 규칙(rules of game)을 의미한다. 게임의 규칙은 일종의 제약으로서, 제도는 사람들의 상호작용을 구체화하기 위해 인간에 의해 고안된 모든 형태의 제약을 일컫는다. 인간 사이의 상호작용을 구체화하는 제도는 생활의 질서와 구조를 제공하기도 하고, 불확실성을 감소시키기도 한다. 규정, 법, 규칙 등과 같은 공식적인 제도가 있기도 하고 관습이나 문화, 의례와 같은 생활 및 행동양식으로 존재하는 비공식적 제도도 존재한다. 제도적 제약(institutional constraints)이 가해지면 사람들에게 어떤 행동을 하는 것을 금지하는 조건이 생기거나 어떤 행동을 하는 것을 허락하는 조건이 주어진다. 제도적 제약은 상호작용이 이루어지는 구체적인 틀이 된다. 그런 점에서 제도는 인간의 교환행위에서 인센티브를 구조화한다고 볼 수 있다. 제도는 위반 여부에 대한 비용과 벌칙을 가하기도 한다. 이에 따라 제도 본연의 기능이 발휘될 수도 있고 그렇지 않을 수도 있다.[1]

이러한 제도의 기본 개념과 그 속성에 비추어 보면, 예산제도는 예산이 이루어지는데 직·간접적인 제약 혹은 규칙 및 상호작용의 구체화를 가능하게 하는 것이라 할 수 있다. 예산제도는 예산활동에 적용되는 게임의 규칙이자 사람들이 예산과 관련된 상호작용을 구체화하기 위해 고안한 제약인 것이다. 그런데 이렇게만 정의하면 예산제도의 의미가 광범위하게 규정되는 것이라서, 재무행정학을 학습하면서 예산제도에 관한 구체적인 논의를 하고자 할 때는 다소 적절하지 않은 면이 있다. 예산활동에 직·간접적인 제약을 가하는 것이 매우 많고 다양해서 그것들이 고려된 예산제도가 구체적으로 논의되기 힘들기 때문이다. 그래서 흔히 재무행정학에서 다루는 예산제도의 의미를 규정하기 위해 그 범위를 다시 좁혀서 구체적으로 나타내게 된다.

일반적으로 재무행정학에서는 예산제도의 종류를 예산편성을 어떤 기준과 방법으로 하는가에 따라 나눈다. 예산편성에 한정해서 예산제도를 논의하는 것으로, 예산편성시 하나의 제약과 편성의 규칙으로 만들어져 있는 것이 예

1) North, Douglass C.(1990). *Institutions, Institutional Change, and Economic Performance*, Cambridge: Cambridge University Press.

산제도인 것이다. 예산이 회계연도 내의 정부의 수입과 지출에 관한 '계획'이라
는 점에서 그 계획을 어떻게 수립할 것인가가 중요하고, 그래서 예산제도는 예
산편성에 초점을 둔 것으로 범위를 한정하게 된다.

　　그런 점에서 예산제도는 예산개혁과 함께 논의되는 경우가 많다. 예산제
도를 변화시키는 것은 예산편성의 규칙을 바꾸는 것이기 때문에 개혁에 가까
운 작업이 된다. 정부운영의 피(blood)로서 예산의 편성 방법이 달라지는 것은
중대한 변화이다. 개혁은 실행력의 원천이자 그 원동력인 돈에 의해 이루어지
는데, 이 돈을 어떻게 편성할 것인가에 대한 규칙과 방법의 변화는 그 자체가
개혁이 되는 것이다. 그러므로 예산제도의 변화와 종류를 살펴보는 것은 예산
제도 개혁 혹은 예산개혁을 살펴보는 것과 같다고 볼 수 있다.

2. 국정운영과 예산제도의 변화

　　국정운영을 어떤 방식으로 할 것인가와 어떤 예산제도를 사용할 것인가는
밀접한 관련이 있다. 정부의 활동은 예산을 편성하고 집행하면서 비로소 시작
되기 때문이다. 국정운영에서 강조하는 가치나 지향점은 다양한 부문과 형태
를 통해 구현되는데, 이는 예산의 내용이나 예산제도의 선택에서도 나타난다.
국정운영에서 강조하는 바대로 정부활동이 이루어지는 것은 예산을 편성하기
나름이고 또 예산을 집행하기 나름이기 때문이다. 쉬운 예로, 비록 항상 예산
제도의 변화를 가하는 것은 아니지만 정권이 바뀌면 새 정권의 국정과제에 기
초해서 예산이 편성되고 집행되는 것을 쉽게 볼 수 있다. 만일 단순한 예산 내
용의 변화가 아니라 정부개혁을 시도한다고 하면, 국정운영의 여러 부문과 함
께 예산제도 자체에 변화를 가하기도 한다. 그래서 정부개혁이나 국정운영의
혁신적 변화는 예산제도의 개혁과 함께 이루어지는 경우가 많다. 이 과정에서
기존 예산제도의 수정 또는 보완이 이루어지기도 하고 새로운 예산제도가 등
장하기도 하면서 예산제도가 발달하게 된다.

예산제도의 변화는 곧, 예산제도의 개혁이나 예산제도의 발달 그리고 예산제도의 종류와 예산제도의 지향점을 살펴보는데 도움이 된다. 그동안 예산제도의 주요 변화는 국정운영에서 강조되었던 지향점에 따라 함께 이루어졌다. 이어서 제2절부터 제5절까지 구체적으로 살펴볼 품목별 예산제도(LBS: Line-item Budgeting System), 성과주의 예산제도(PBS: Performance Budgeting System), 계획예산제도(PPBS: Planning Programming Budgeting System), 영기준 예산제도(ZBB: Zero-base Budgeting)는 당시의 국정운영에서 새롭게 지향하거나 개혁의 과제로 지향했던 지향점들이 반영되었던 주요 예산제도들이다.

품목별 예산제도는 정부의 비효율성 및 낭비와 부정부패 등에 대한 통제기능의 강화 차원에서 추진된 개혁과 변화에 부합되도록 하는 통제지향적인 성격을 지니고 있다. 성과주의 예산제도는 정부가 많은 예산을 사용하는 만큼 어떤 성과와 실적을 보이는가가 중요하다는 인식이 높아짐에 따라 그에 부합한 관리지향적인 성격을 지니고 있다. 계획예산제도는 정부의 중장기적인 계획 달성을 위해 단기적인 예산과 중장기적 계획 간 유기적 연결을 강조하는 차원에서 등장한 계획지향적인 성격을 지니고 있다. 영기준 예산제도는 경기 불황 등으로 감축과 효율성이 강조되는 상황에서 그에 부합해서 예산에 대한 근본적인 재검토를 강조하면서 등장한 감축지향적 성격을 지니고 있다.[2)]

물론 예산제도별 지향점이 단절적이고 배타적으로 구분되는 것은 아니다. 기존의 제도가 이후의 제도에 영향을 미치고, 또 기존의 제도가 이후의 제도 등장으로 사라지는 것도 아니다. 이처럼 사실상 예산제도 간 성격은 혼재되어 있다. 다만, 예산제도의 변화가 생길 때 특정 지향점이 상대적으로 더 강하게 고려되었던 것이다. 각 예산제도별 지향점과 제도의 구체적인 내용은 이어지는 제2절부터 제5절까지 다루어진다. [표 3-1]은 국정운영의 강조점과 예산제도별 지향점을 정리한 것이다.

---

2) Schick, Allen(1966). The Road to PPB: The Stages of Budget Reform, *Public Administration Review*, 26(4): 243-258; 신무섭(2014). 『재무행정학』, 대영문화사, pp. 435-436.

[표 3-1] 국정운영의 강조점과 예산제도별 지향점

국정운영의 강조점	예산제도	예산제도의 지향점
비효율과 낭비와 부정부패 극복 노력	품목별 예산제도	통제지향
예산을 사용하는 정부활동의 성과와 실적 강조	성과주의 예산제도	관리지향
중장기적 계획의 중요성과 단기적인 예산편성과의 유기적 연계 강조	계획예산제도	계획지향
정부의 비효율성 극복과 우선순위 기반으로 기존 사업의 재검토를 통해 효율성 향상	영기준 예산제도	감축지향

제2절 품목별 예산제도

1. 주요 내용

첫 번째 예산제도로서 품목별 예산제도(LBS: Line-item Budgeting System)의 지향점은 '통제'이다. 통제지향의 국정운영에 부합하는 예산제도가 필요했고 그에 따라 통제 중심의 예산제도가 사용된 것이다. 미국의 경우 20세기 초에 연방정부의 지출이 증가하였고, 그와 동시에 정부영역에서 늘어나는 부정부패 문제와 비효율성에 대한 비판과 개선 요구도 많았다. 이를 위해 공공관리의 여러 영역에서는 행정적이고 기술적인 합리성(administrative and technical rationality)을 높이기 위해 관련 개혁을 시도하는 노력을 보였다. 조직관리에서 도입된 과학적 관리법이 국정운영에 미친 영향이나 행정관리론의 등장과 적용이 그에 해당된다.

이러한 국정운영의 개혁적 활동은 1921년 예산회계법(Budgeting and Accounting Act)이 만들어지는데 중요한 역할을 했다. 당시의 개혁가들은 비효율성과 낭비

문제 해결과 절약을 위해 정부활동 범위의 축소를 강조하면서 특히 정부의 재무행정시스템 개선의 필요성을 강조했다. 그 결과 예산회계법에 의해 전개된 예산시스템은 통제(control)와 도구적(instrumental) 속성에 초점을 두게 되었다. 여기에 대표적인 것이 품목별 예산(line-item budget)의 편성이었다. 바로 품목별 예산제도인 것이다.3) 이처럼 20세기 초 통제 중심의 국정운영은 통제지향의 예산제도의 등장을 이끌었고 그 결과 정부지출을 구체적인 품목(items)별로 구분해서 예산을 편성하도록 하는 예산제도를 낳았던 것이다.

여기서 품목이란 예산의 과목 구조 중에서 목을 의미한다. 앞서 제2장의 [표 2-2]이나 [표 2-3]에도 나타나 있듯이 과목 구조가 장(분야) - 관(부문) - 항(프로그램) - 세항(단위사업) - 세세항(세부사업) - 목으로 이루어질 때 바로 목에 해당하는 것이 품목이고, 품목별 예산을 편성한다는 것은 이 목에 따라 예산을 편성하는 것이다. 예를 들어 인건비, 운영비, 여비 등에 예산을 편성하는 것이 품목에 따라 예산을 편성하는 방법이다. 이러한 품목별 예산제도는 투입을 중심으로 편성되는 예산이라고도 할 수 있다. [그림 3-1]은 실제 예산서 내에서 항목에 해당하는 목에 편성되어 있는 예산의 모습을 보여주는 사례이다. [그림 3-1]에서 목에 해당하는 것으로는 인건비와 운영비가 있다.

엄격한 의미의 품목별 예산제도는 [그림 3-1]에서 보이는 분야와 부문과 프로그램과 단위사업과 세부사업에 대한 내용 없이 목에 따라 예산을 편성하는 것이다. 인건비가 얼마이고 운영비가 얼마이고 여비가 얼마이고 업무추진비가 얼마인지에 대해 편성하는 방법이다. [그림 3-1]은 오늘날의 예산서 중 일부이기 때문에 분야와 부문과 프로그램과 단위사업과 세부사업 등이 모두 표시되어 있다. 그런 점에서 엄격한 의미의 품목별 예산제도만을 보여주는 것은 아니다. 그래서 [그림 3-1]에서 목에만 편성되어 있는 부분을 따로 발췌해서 나타낸 것이 [그림 3-2]이다. [그림 3-2]에서는 목에만 예산을 편성해 놓

---

3) Gibran, Joan M. and Alex Sekwat(2009). Continuing the Search for a Theory of Public Budgeting, *Journal of Public Budgeting, Accounting & Financial Management*, 21(4): 617-644, pp. 619-621.

은 것처럼 보여진다. 사실은 장(분야) - 관(부문) - 항(프로그램) - 세항(단위사업) - 세세항(세부사업) - 목에 관한 예산을 모두 볼 수 있는 예산서이지만, 설명을 위해 마치 목에만 편성되어 있는 것으로 발췌한 것이다. 내용 일부만을 분리한 것이지만 품목별 예산제도가 어떤 것인지를 이해하는데 도움이 된다.

　　품목별로 정부지출을 구분하는 방법은 정부가 비용을 통제하면서 효율성을 높이는데 수월하게 해준다. 품목에 따라 편성된 예산이 실제로도 해당되는 품목에 사용되었는지만을 확인하면 되기 때문이다. 이는 곧 통제의 용이성을

[그림 3-1] 예산서에서 항목별 예산의 모습[4]

(단위: 천 원, %)

분야 부문 프로그램 단위사업 세부사업 목 세목	2017년 예산(A)	2018년 예산(B)	증감(C=B-A)	증감율(C/A)
[합　계]	44,595,176,734	48,110,633,778	3,515,457,044	7.9
010 일반·지방행정	43,859,338,085	47,299,199,358	3,439,861,273	7.8
013 지방행정·재정지원	42,699,447,000	46,194,129,000	3,494,682,000	8.2
1100 지방자치분권	51,463,000	38,402,000	▲13,061,000	▲25.4
1131 지자체역량강화	5,200,000	6,924,000	1,724,000	33.2
301 지방자치발전위원회운영	2,097,000	2,313,000	216,000	10.3
110 인건비	482,477	922,488	440,011	91.2
110-01 보수	79,200	28,800	▲50,400	▲63.6
110-02 기타직보수	403,277	766,688	363,411	90.1
110-03 상용임금	0	127,000	127,000	순증
210 운영비	1,075,844	834,138	▲241,706	▲22.5
210-01 일반수용비	857,764	641,928	▲215,836	▲25.2
210-02 공공요금및제세	10,200	7,200	▲3,000	▲29.4
210-05 특근매식비	40,320	30,240	▲10,080	▲25.0

---

4) 행정안전부(2018). 『세입·세출예산 각목명세서』, 행정안전부, p. 24.

[그림 3-2] 품목별 예산의 예시(일부 발췌)5)

(단위: 천 원, %)

목 세목	2017년 예산(A)	2018년 예산(B)	증감(C=B-A)	증감율(C/A)
110 인건비	31,218	29,000	▲2,218	▲7.1
110-03 상용임금	31,218	29,000	▲2,218	▲7.1
210 운영비	3,554,978	3,501,120	▲53,858	▲1.5
210-01 일반수용비	39,691	39,681	▲10	0.0
210-02 공공요금및제세	69,700	72,439	2,739	3.9
210-05 특근매식비	10,080	8,000	▲2,080	▲20.6
210-15 관리용역비	3,435,507	3,381,000	▲54,507	▲1.6
220 여비	11,000	11,000	0	0.0
220-01 국내여비	11,000	11,000	0	0.0
240 업무추진비	19,000	19,000	0	0.0
240-01 사업추진비	19,000	19,000	0	0.0

말한다. 품목별 예산제도의 지향점이자 가장 큰 특징인 통제 기능은 편성방법 자체에서 비롯된 것이다. 항목별로 편성된 예산이 항목별로 제대로 사용되었는지에 대한 검토는 그렇게 복잡한 지식을 요하지 않으면서도 통제를 가능하게 해준다.

통제는 곧 책임을 묻는 것이기도 하다. 사용하기로 한 곳(항목)에 사용했는가 혹은 해당 항목에 사용하기로 한 만큼의 액수를 정확히 사용했는가 등을 검토하는 것은 예산집행 담당자에게 책임을 묻는 방법이 된다. 물론 직접적인 예산집행의 담당자 이외에 고위관리자에게도 동시에 책임을 묻는 것이기도 하다. 품목별 예산제도가 다분히 중앙집권적이면서 하향식(top-down)의 예산관리

---

5) 행정안전부(2018). 『세입·세출예산 각목명세서』, 행정안전부, p. 51.

의 성격을 지니기 때문이다.6) 정해진 항목에 따라 그대로 집행하도록 하는 하
향식은 책임의 비중이 오히려 고위관리자에게 집중되어 있다는 의미이기도 하
다. 따라서 20세기 초 예산과 관련된 행정부의 재량권에 대한 제한은 품목별
예산제도에 의해 포괄적으로 이루어졌다.

2. 의의와 한계

　품목별 예산제도는 예산을 통한 통제 기능을 발휘하는데 효과적인 예산제
도이다. 지출항목별로 예산이 편성되고 그에 따라 실제로 편성된 예산이 정확
하게 사용되었는지를 확인함으로써 통제를 보다 손쉽고 강력하게 할 수 있게
해준다. 이는 지출항목별로 예산이 편성되는 특징 때문이다. 특히 항목별로 명
확히 구분되어 편성된 예산을 그에 따라 지출했거나 혹은 지출하지 못했다는
점이 명확히 드러나기 때문에 강력한 통제가 가능하다. 통제 중심의 예산 편성
이나, 혹은 통제 중심의 조직관리를 위한다면 품목별 예산제도가 유리하다. 조
직관리도 예산에 기초하기 때문에 비단 예산편성에서만 통제 기능으로서 역할
을 하는 것이 아니라, 언제나 예산이 있기 마련인 조직관리의 전반적인 차원에
서도 품목별 예산제도를 통한 통제를 효과적으로 할 수 있다.
　품목별 예산제도가 효과적인 통제 기능을 하는 만큼 정부의 예산낭비와
비효율을 줄이는데 기여한다는 점도 품목별 예산제도의 의의라고 할 수 있다.
애초에 품목별 예산제도의 등장도 이러한 의의와 무관하지 않았던 것처럼, 지
출항목별로 엄격히 통제된 예산편성과 그에 따른 회계검사 등의 수월한 검토
는 예산의 효율성을 높이는데 기여하였다.
　통제 기능과 예산의 효율성 향상은 곧 예산사용의 책임성을 높이는데 기

---

6) Gibran, Joan M. and Alex Sekwat(2009). Continuing the Search for a Theory of Public
　Budgeting, *Journal of Public Budgeting, Accounting & Financial Management*, 21(4):
　617–644, p. 621.

여하기도 한다. 낭비 없이 예산을 효율적으로 사용하고 그에 대한 통제 역시 철저히 이루어진다면 예산사용에서 책임을 다하는 모습일 수 있다. 언제나 부족한 예산을 효율적으로 계획한 곳에 계획대로 사용하도록 한다는 것은 예산사용의 기본적인 책임을 다하도록 하는 것이다. 그런 점에서 품목별 예산제도는 예산사용의 책임성을 확보하는데 기여한다.

하지만 품목별 예산제도는 한계점도 지니고 있다. 통상적으로 예산을 검토해보면 정부가 어떤 일을 할 것인지에 대해 알 수 있다. 예산이 사용될 것으로 계획된 내용은 곧 정부가 어떤 일을 하겠다는 의지를 나타낸 것이기 때문이다. 그런데 품목별 예산제도의 경우, 정부가 예산을 어디에 사용할 것인지에 관한 정보는 제공해주지만 무엇 때문에 거기에 예산을 사용할 것인지에 대한 정보는 제공해주지 못하고 있다. 다시 말해, 지출항목별로 예산을 편성하기 때문에 어떤 곳(지출항목)에 얼마만큼의 돈을 지출할 것인지는 알 수 있지만, 무엇을 하기 위해 그곳(지출항목)에 그만큼의 돈을 사용할 것인지에 대한 정보는 알 수 없다. 또 다른 표현으로는 정부가 무엇을 구매할 것인지는 알지만 그것을 왜 구매하려고 하는지에 대해서는 알 수 없다는 것이다. 그래서 품목별 예산제도에 따라 작성된 예산서를 보면 인건비와 여비와 업무추진비 등에 사용된 돈의 규모는 정확히 알 수 있어도, 무엇을 위해 인건비와 여비와 업무추진비 등을 사용할 것인지에 대한 궁금증은 여전히 남는다.

무엇을 위한 예산편성이었는가에 대한 의문은 품목별 예산제도가 투입 중심의 예산편성이 이루어지도록 하는 제도라는 점을 보여주는 것이기도 하다. 투입만 드러나 있기 때문에 각 지출항목에 투입된 돈으로 어떤 산출이나 결과를 보일 것인지에 대해서는 알 수 없다. 그런 점에서 품목별 예산제도는 투입에 초점을 둔 예산제도에 해당하는 것이다. 투입에 초점을 두었다는 그 자체가 한계점이라고 단정 지을 수는 없다. 투입 자체에 대한 정보도 예산에 관한 중요한 정보이기 때문이다. 다만, 투입에만 초점을 두었기 때문에 산출이나 결과까지는 알 수 없다는 점은 한계가 된다고 할 수 있다.

이런 한계점에도 불구하고 품목별 예산제도는 현재에도 널리 사용되고 있다. 가장 오래된 예산제도로서 그 유용함이 있기 때문에 여전히 사용되는 것이다. 무엇보다도 효율성을 위한 통제 중심의 기능과 역할은 품목별 예산제도가 제공해주는 강력한 이점이 된다. 물론 오늘날 품목별 예산제도만으로 예산을 편성하는 경우는 드물다. 대신, 다른 예산제도와 혼용해서 사용하는 경우가 많은데, 이는 다른 예산제도를 통해 품목별 예산제도의 한계점이 극복되기 때문이다.

제3절 성과주의 예산제도

1. 주요 내용

예산을 편성할 때 지출할 항목만을 기준으로 삼게 되면, 어디에 예산을 지출했는지는 알 수 있지만 무엇을 위해 그와 같은 지출을 했는지는 알기 어렵다. 인건비에 1억 원이 지출되었는지는 알지만 무엇을 위해 인건비에 1억 원을 지출했는지는 알기 어렵다. 앞서 [그림 3-2]에서 볼 수 있듯이 인건비와 운영비와 여비 등에 예산을 지출할 것이라는 점은 알 수 있으나 무엇 때문에 해당 항목들에 각각의 금액을 지출하는지는 알 수 없다. 납세자들에게는 도대체 무슨 일을 하기 위해 그와 같은 금액을 지출하려고 하는가가 중요하다.

여기서 '무슨 일'이 바로 성과(performance)이다. 성과란 달성하고자 하는 목표를 위한 활동의 인지적인 수행 실적(결실)을 의미한다. 활동의 실적으로서 성과는 투입(input)이 완료된 것일 수도 있고, 추진 과정(process) 수행의 실적이 될 수도 있고, 산출(output)이 될 수도 있고, 결과(outcome)가 될 수도 있다. 투입 활동의 완료 실적, 추진 과정의 수행 실적, 산출 실적, 결과 실적이 모두 일종의 성과가 될 수 있지만 오늘날에는 주로 결과에 초점을 둔 성과를 의미하는 경우가 많다. 하지만 성과주의 예산제도가 등장한 당시에는 결과보다는 산출 중심의 성과에 더 가까운 의미를 지니고 있었다. 예산을 편성할 때 이 성과를 기준으로 삼아서 편성하도록 한 제도가 성과주의 예산제도(PBS: Performance Budgeting System)이다.

성과주의 예산제도의 기원을 1913년에 미국 뉴욕시의 리치먼드 구에서 시도한 원가데이터예산(cost data budget)에 두기도 하고, 이후 1930년대에 연방정부의 부처에서 사용한 프로젝트 예산(project budget)을 관련 사례로 언급하기도 하지만, 실제적으로 성과주의라고 명명된 것은 1949년 후버위원회(Commission on Organization of the Executive Branch of the Government; 간략히 Hoover Commission으로 지칭)의 건의가 실질적인 시작이었다. 후버위원회에서는 "연방정부의 모든 예산 개념은 기능(functions), 활동(activities), 프로젝트(projects)에 기초한 예산 편성으로 다시 만들어져야 한다."고 했다.[7] 이를 성과주의 예산이라고 지칭하게 된다.

후버위원회는 위원장인 허버트 후버(Herbert C. Hoover)의 이름을 딴 약칭으로, 1947년에 설치되어 1930~1940년대의 프랭클린 루스벨트(Franklin D. Roosevelt) 대통령의 뉴딜정책과 제1차와 제2차 세계대전 등으로 확장된 행정에 대한 개혁(기구 조정, 효율성 향상, 업무개선 등) 작업을 위한 노력의 일환으로 해리 트루먼(Harry S. Truman) 대통령 재임시절에 만들어진 위원회이다. 주요 임무가 행정개혁을 위한 방안 제시였던 만큼 예산도 성과 중심의 예산 편성이 되어야 한다는 권고를 하였던 것이다.

성과주의 예산을 편성하기 위해서는 두 가지 사항이 중요하다. 첫 번째는 기능과 활동과 사업을 할 때 업무 단위(work unit)를 파악하는 것이다. 업무 단위는 하나의 일이 세분화되어 측정 가능한 형태로 표시된 상태를 의미한다. 예컨대, 하나의 일로서 도로를 건설하는 사업의 경우 도로 길이를 1km로 세분화해서 표시한다면 도로건설이라는 일의 업무 단위는 1km가 된다. 또 다른 예로, 하나의 일로서 주민자치센터를 짓는 일을 $3.3m^2$으로 세분화해서 표시한다면 이때의 업무 단위는 $3.3m^2$가 된다. 예방접종 활동도 횟수로서 1회와 같이

---

7) Schick, Allen(1966). The Road to PPB: The Stages of Budget Reform, *Public Administration Review*, 26(4): 243−258, p. 250.

세분화해서 표시할 수 있다. 이처럼 성과주의 예산을 편성하기 위해서는 업무
단위를 적절하게 정하는 것이 중요하다.

이와 더불어 또 중요한 것이 있다. 그것은 단위 원가를 파악하는 것이다.
즉, 성과주의 예산을 위해서는 단위 원가를 파악하는 것도 중요하다. 단위 원
가는 업무 단위당 소요되는 비용을 의미한다. 사실, 업무 단위의 의미가 측정
가능한 형태로 표시하는 것이라고 했듯이, 업무 단위의 파악은 곧 단위 원가를
파악하기 위한 것이다. 업무 단위당 소요되는 비용인 단위 원가를 알게 된다는
것은 곧, 한 업무 단위의 일을 수행할 때 어느 정도의 예산이 필요한지를 알게
된다는 것과 같은 의미이다. 여기에 업무의 총량(업무량)을 곱하면 전체 예산이
계산된다.

예를 들어, 도로를 건설하는 사업의 경우 도로 길이를 1km로 세분화해서
표시한다면 도로건설이라는 일의 업무 단위는 1km가 되고, 이때 1km당 소요
되는 비용이 2억 원이라고 하면 단위 원가는 2억 원이 된다. 만일 총 5km의
도로를 건설한다면 여기에 소요되는 예산은 총 10억 원(2억 원/km×5km=10억 원)
이 된다. 그리고 주민자치센터를 짓는 일을 3.3㎡으로 세분화해서 표시한다면
이때 업무 단위는 3.3㎡가 되고 3.3㎡당 소요되는 비용이 3억 원이라고 하면
단위 원가는 3억 원이 된다. 만일 330㎡의 주민자치센터를 짓는다면 소요되는
예산은 300억 원(3억 원/3.3㎡×330㎡=300억 원)이 된다. 예방접종 활동도 횟수로서
1회와 같이 세분화해서 표시하여 업무 단위가 만들어지면 1회에 소요되는 비
용이 6,000원이고 총 100회를 할 예정이라면, 이때 소요되는 예산은 600,000
원(6,000원/1회×100회=600,000원)이다. [표 3-2]에 이 예들에 대한 내용이 나타나
있다.

따라서 성과주의 예산을 계산하는 기본 공식은 '업무량 × 단위 원가'가 된
다. 그래서 업무 단위를 구하고 단위 원가를 계산하는 것이 중요하다. 어떤 한
조직에서 [표 3-2]에 예로 든 모든 사업을 진행한다고 하면 이 예산들을 모두
더하면 그 조직 전체의 예산이 된다.

이와 같이 업무 단위를 구분하고 단위 원가를 계산하는 것은 예산제도의

지향점으로서 관리(management)측면을 강조하는 것이다. 품목별 예산제도에서 통제지향적이었던 것과는 차이가 있다. 물론 관리를 지향하는 성과주의 예산제도 역시 책임성 확보와 비효율성 제거를 위한 측면이 없는 것은 아니다. 단지 예산제도가 상대적으로 더 지향하는 바가 무엇인지를 나타낼 때 품목별 예산제도와 차이가 있는 것이다.

[표 3-2] 성과주의 예산 편성 방법

사업	업무 단위	단위 원가	업무량	예산
도로건설	1km	2억 원	5km	2억 원/1km×5km=10억 원
주민자치센터 건립	3.3㎡	3억 원	330㎡	3억 원/3.3㎡×330㎡=300억 원
예방접종 활동	1회	6,000원	100회	6,000원/1회×100회=600,000원

예산서에서 성과주의 예산으로 편성된 모습은 [그림 3-3]에서 볼 수 있다. 코드는 각각 분야-부문-프로그램-단위사업-세부사업-목을 나타내는데, 여기서 코드 1131은 단위사업으로서 지자체역량강화 사업이고 그 아래 세부사업은 코드 301로 표시된 지방자치발전위원회 운영 사업이다. 어떤 사업에 어느 정도의 예산을 편성하고 있는지 확인할 수 있다.

여기서 한 가지 알 수 있는 것은, 성과주의 예산제도를 사용한다고 해서 품목별 예산 편성의 방법을 전혀 사용하지 않는 것은 아니라는 점이다. 성과주의 예산편성을 위해 필요한 단위 원가를 계산할 때는 지출항목을 고려하게 된다. 그래서 예산서에는 성과주의 예산과 품목별 예산이 함께 사용되고 있다. [그림 3-3]에서 볼 수 있듯이 세부사업 아래에 목이 위치하되 항목에 편성되는 예산은 산출 내역이 표시되어 있는데, 이때는 세부사업을 할 때 지출 대상이 되는 항목의 업무 단위와 단위 원가를 표시하고 있다. 예산서상에 사업과 세부사업으로 예산과목이 나누어진 것과 내역을 별도로 기입하도록 하고 있는 것은 성과주의 예산편성의 모습이지만, 그 가운데 지출항목이 표시되어 예산이 편성되고 있는 것은 품목별 예산편성도 함께 고려하고 있음을 의미한다. 이

[그림 3-3] 성과주의 예산의 예시[8]

(단위: 천 원)

코드	2018년 예산	
	금액	내역
[11180]	38,402,000	일반회계
[010]	38,402,000	일반·지방행정
[013]	38,402,000	지방·행정·재정지원
[1100]	38,402,000	지방자치분권
[1131]	38,402,000	지자체역량강화
[301]	38,402,000	지방자치발전위원회운영
[110]	922,488	인건비
[110-01]	28,800	보수
	28,800	1. 직급보조비
	28,800	가. 타부처 등 파견
		2) 5급
	16,800	200,000원*7명*12월=
		3) 6급 이하
	12,000	100,000원*10명*12월=
[210]	834,139	운영비
[210-01]	641,928	일반수용비
	39,480	1. 위원회 및 기획단 운영
		가. 사무용품 구입
	3,600	300,000원*12월=
		나. 복사용지 구입
	8,280	23,000원*30박스*12월=
		다. 전산소모품
	18,000	300,000원*5개 부서*12월=
		라. 회의소모품
	4,800	5,000원*40매*12월=
		마. 원고료
	4,800	5,000원*40매*12월*2회=
	23,550	2. 위원회 회의자료 및 보고서 발간 등
		가. 본위원회
	3,600	10,000원*30부*12회=
		나. 분과위원장협의회
	400	10,000원*10부*4회=

---

8) 행정안전부(2018). 『세입·세출예산 각목명세서』, 행정안전부, pp. 169－171.

처럼 두 예산제도를 혼합한 방식으로 예산이 편성되고 있기는 하지만, 사업이나 세부사업을 표시하고 있고, 동시에 단위 원가에 기초해서 계산하고 있다는 점에서 성과주의 예산 편성이 보다 분명한 위치에 자리 잡고 있다는 것을 알 수 있다.

2. 의의와 한계

　　성과주의 예산은 정부가 왜 그와 같은 예산을 사용하는지, 왜 그것을 구매하는 것인지, 무엇을 하려고 그 정도의 예산을 사용하는 것인지 등에 대한 정보를 제공해준다는 점에서 가장 큰 의의가 있다. 품목별 예산제도의 한계점이 성과주의 예산제도를 통해 어느 정도 극복되는 것이다. 그리고 성과주의 예산제도에서는 업무 단위와 단위 원가가 표시되고 업무량이 제시되기 때문에 양적 측면에서 예산관리의 효율성을 높이게 해준다. 단순히 예산이 효율적으로 편성되었다거나 혹은 비효율적으로 편성되었다고 말하기보다는, 단위 원가나 업무량 등에 기초해서 양적으로 관리의 적절성 여부를 판단할 수 있게 해주는 것이다. 또, 성과주의 예산제도에서는 성과 중심으로 예산이 편성되기 때문에 해당 부서가 하는 사업에 대한 중요성을 인식시키고 책임성을 높이는데 기여한다. 품목별 예산제도만을 적용한다면 정해진 금액을 정해진 대로만 잘 사용하면 그 책임을 다하는 것이 되는데, 문제는 금액을 정해진 대로 잘 사용한다고 해서 부서가 맡고 있는 일(사업)을 잘 해냈다는(성과) 것은 아닐 수도 있다는 점이다. 극단적으로 말해, 성과는 전혀 없더라도 품목별 예산제도에서 말하는 지출항목별 예산 사용의 적절성은 확보할 수 있다. 성과주의 예산제도는 성과가 드러나도록 예산이 편성되기 때문에 이런 문제점들을 극복하게 해준다. 그래서 부서가 담당하는 사업을 보다 책임감 있게 수행할 수 있게 해주는데 기여하는 것이 성과주의 예산제도인 것이다.

　　그러나 성과주의 예산제도 역시 한계점은 존재한다. 정부영역에서는 가시적이고 측정 가능할 수 있는 업무 단위를 도출해 내는 것이 쉽지만은 않다는 것이 한계점 중 하나이다. 성과주의 예산제도에 기초해서 예산을 편성하려면 업무 단위를 정하는 것을 가장 먼저 해야 하는데, 공공서비스 중에는 업무 단위를 명확히 도출하는 것이 어려울 뿐 아니라 도출한다고 해도 그것이 얼마나 적절한가의 문제가 종종 제기된다. 특히 복지, 보건의료, 국방과 문화 등의 공공서비스 제공은 측정 가능할 수 있는 업무 단위를 명확히 도출해내는 것이 쉽지 않다.

이러한 업무 단위 도출의 어려움은 곧 단위 원가 산정의 어려움과도 관련되어 있다. 업무 단위로 제시된 것이 기초가 되어 단위당 원가도 산출되기 때문에 업무 단위와 단위 원가 산출은 서로 긴밀한 연관성이 있다. 그런데, 정부 영역에서는 업무 단위 도출도 어렵지만 설사 업무 단위를 도출한다고 해도 단위당 원가를 계산하는 것이 쉽지 않다. 공공서비스 중에는 비용 측면의 수치화된 원가로 인식되기 어려운 것이 많다. 그리고 특히 다양한 외부효과가 존재하는 정부사업의 속성상 단위당 원가의 범위를 어떻게 한정지을 것인가도 어렵고, 한정지었다고 해도 원가를 산출하는 것이 어렵다. 또한 이런 과정들을 거쳤다고 해도 그 적절성에 관해서는 다양한 이해관계자들만큼이나 이견도 많이 존재한다. 따라서 성과주의 예산제도는 제도의 핵심이 되는 업무 단위 도출과 단위 원가 산출이 어렵다는 한계점을 지니고 있다. 그리고 기본적으로 양적 측정을 중시하기 때문에 예산편성과 그 성과의 질적 측면이 간과되는 면이 있다는 점에서도 한계가 있다.

제4절 계획예산제도

1. 주요 내용

예산은 일반적으로 1년 단위로 편성된다. 하지만 정부사업은 반드시 1년 내에 끝나지 않는 사업들도 많이 있다. 예산편성은 단년도인데 정부사업은 장기간에 걸쳐 이루어지다 보니 정부사업의 연속성에 문제가 생길 수 있다. 정부의 장기적인 계획에 뒷받침되는 예산편성이 되지 못할 수도 있는 것이다. 이 문제를 해결하는데 도움이 되는 예산제도가 계획예산제도(PPBS: Planning Programming Budgeting System)이다. 계획예산제도는 1961년도에 미국 군대에 처음 도입되었고 1965년에는 연방정부의 예산편성에 적용되었다.9)

계획예산제도는 명칭에서도 드러나듯이 장기적인 계획(planning)과 단기적인 예산(budgeting)을 실시 프로그램(programming)으로 유기적으로 연계시키는 방식으로 예산을 편성한다. 쉽게 말해, 국가의 목표 달성을 위해 계획을 수립하고(planning), 그 계획을 다시 구체화하고(programming), 구체화된 세부계획에 따라 예산을 배분하는(budgeting) 것이다. 정부가 5년 이상의 장기적인 계획을 세우고 그에 기초해서 매년 실행될 프로그램을 마련하면 단년도의 예산이 해당 연도의 프로그램 실행을 위해 편성된다. 이 과정에서 프로그램은 다시 프로그램범주(program category)와 프로그램 하위범주(program sub-category)와 프로그램요소(program element) 등으로 체계적으로 나누어져서 편성된다. 상위구조와 하위구조 간 체계적인 구조에 따라 장기적인 계획이 달성되도록 하는 것이다. 그래서 장기적인 계획을 달성하기 위해 세부적으로 나누어진 연차별 실시 프로그램이 단년도 예산으로 실행되면 결국 장기적인 계획에 대한 목표가 달성되는 구조가 되는 것이다. 이런 모습은 정부의 목표달성을 위한 합리적인 자원배

---

9) 원구환(2015). 『재무행정론』, 대영문화사, p. 261.

분의 과정을 강조하는 것이다. 계획예산제도는 정부의 재화나 서비스 생산활동이 투입(inputs)보다는 목표(goals)나 산출(outputs)에 기초해야 한다는 생각이 전제되어 있다.[10] 그런 점에서 목표에 기초한 자원 조정을 통해 현재와 미래의 목표를 달성하기 위한 노력의 하나가 계획예산제도의 도입이라고 할 수 있다.

계획예산제도는 장기적인 목표가 뚜렷하게 제시되기 때문에 미래에 대한 분석이 중요하게 고려된다. 통상 장기적인 계획이란 5년 이상의 미래 계획을 말하는 것이므로, 계획예산제도에 의한 예산 편성시 미래의 5년간 실시될 프로그램과 해당 연도별 예산에 대한 기본 계획이 마련되어야 한다. 계획예산제도가 1960년대에 도입된 이유는 바로 이를 가능하게 하는 분석적 도구들이 정부 영역에서도 활용된 시기가 바로 그때였기 때문이기도 하다. 당시 한계분석(marginal analysis)을 적용하는 등 비용편익분석(cost-benefit analysis)과 시스템 분석(systems analysis)에 의한 분석기술이 발달한 것이 계획예산제도를 가능하게 했던 것이다.[11]

계획예산제도의 간단한 예를 들어보면, [표 3-3]과 같이 장기적인 계획으로 국민들의 문화향유의 질을 향상(현재 대비 향유의 질 지수 30% 향상)하는 것을 목표로 삼을 수 있다. 주로 목표는 계량화할 수 있는 것으로 정하는데, 그 이유는 목표 달성 여부를 확인하는 것이 용이하기 때문이다. 장기적인 목표를 이루기 위해 실시할 수 있는 프로그램을 예측해서 제시하고, 이 프로그램 역시 측정가능하고 확인가능한 목표로 설정된다. 프로그램은 연차별로 제시되기는 해도 장기적인 계획 아래에서 연차적으로 이어지도록 한다. 다만, 예산은 단년도로 편성되는 원칙에 따라 회계연도별로 편성된다.

---

10) Gibran, Joan M. and Alex Sekwat(2009). Continuing the Search for a Theory of Public Budgeting, *Journal of Public Budgeting, Accounting & Financial Management*, 21(4): 617-644, p. 622.

11) Schick, Allen(1966). The Road to PPB: The Stages of Budget Reform, *Public Administration Review*, 26(4): 243-258, p. 255.

[표 3-3] 계획예산의 예시

장기 계획	국민들의 문화향유의 질 향상: 현재 대비 향유의 질 지수(만족도 + 참여도 + 역량지수) 30% 향상				
시기	T	T+1	T+2	T+3	T+4
실시 프로 그램	문화향유를 위 한 기반 조성 – 물리적 인프라 조성	문화향유를 위 한 기반 조성 – 예술생산자 지 원체계 정비	문화향유 활동 의 활성화 – 수요조사 기반 의 프로그램 다양성 확대	문화향유 활동 의 활성화 – 적극적 향유와 체험 기반의 문화향유 프로 그램 실시	문화향유자의 역량 강화와 유 지를 위한 프로 그램 제공 – 수준별 역량 강 화와 유지 프 로그램 실시
	향유의 질 지수 5% 향상	향유의 질 지수 10% 향상	향유의 질 지수 20% 향상	향유의 질 지수 25% 향상	향유의 질 지수 30% 향상
예산 편성	100억 원	110억 원	130억 원	150억 원	150억 원

　　오늘날 계획예산제도에 의해 예산이 편성되는 모습은 장기적인 국가재정운용계획을 세우고 그에 기초해서 예산을 편성하는 과정에서 찾을 수 있다. 앞서 제2장의 예산과정에서도 설명했듯이 정부는 국가재정운용계획과 연계해서 예산안을 편성한다. 정부가 재정운용의 효율화와 건전화를 위해 수립하는 국가재정운용계획은 매년 당해 회계연도부터 5회계연도 이상의 기간을 대상으로 하는데, 바로 이 국가재정운영계획이 계획예산으로 편성되는 한 모습이다. [표 3−4]는 국가재정운용계획에서 5년 후의 목표로 설정한 문화·체육·관광 분야

[표 3-4] 국가재정운용계획에 나타난 목표달성의 지표 수준 예시[12]

분야	지 표	'18년	'22년
문화·체육· 관광	• 문화예술행사 관람률(%) • 문화콘텐츠산업 매출규모(조 원) • 생활체육 참여율(%) • 3대 전략시장 외래관광객 유치(만 명) 　*전략시장: 비중국 중화, 아시아·중동, 일본	80 116 62.0 690	84 141 64.5 850

---

12) 기획재정부(2018). 『2018~2022년 국가재정운용계획 주요내용』, 기획재정부, p. 32.

의 지표 수준을 나타낸 사례이다. 일정부분 계획예산의 개념에 기초해서 편성되고 있는 모습을 보여주고 있다.

2. 의의와 한계

계획예산제도는 단년도로 편성되는 예산이 갖는 구조적인 한계를 극복하기 위한 노력이 반영된 제도였다. 예산과 계획의 유기적 연계 노력은 정부사업이 지니는 속성을 고려해서 정치적 리더의 국정운영 기조가 실질적으로 반영되도록 하는데 도움을 주는 예산제도이다. 국민들에게도 국가의 목표를 명확히 인식하게 해주는데 도움을 준다. 국가의 목표가 단순히 선언적으로 표명되기보다는 실질적인 예산반영에 기초한 계획으로서 나타나기 때문이다. 그리고 무엇보다도 계획예산제도는 정부사업에 대한 국민들의 신뢰를 높이는 역할을 하기도 한다. 정부가 어떤 사업을 추진할 때 예산이 부족하다거나 정치적인 이유로 예산이 편성되지 않아서 중단되는 경우가 종종 있다. 특히 정권이 바뀌게 되면 전(前) 정권의 사업들이 중단되는 경우가 많다. 국민들이 "저 사업은 지금 요란할 뿐이지 시간이 지나 당장 내년만 되어도 저 사업이 계속될지 장담할 수 없어. 예산 없다고 하고, 그때 되면 관심 없는 사업이 되니 예산을 주지 않을 수도 있어."라는 말을 하는 이유가 그렇다. 이는 곧 정부사업에 대한 국민들의 신뢰 수준을 보여주는 것이다. 계획예산제도는 장기적인 계획 아래에 실시 프로그램을 통해 단기적인 예산이 유기적으로 연계되어 편성되도록 하기 때문에 정부사업에 대한 국민들의 신뢰성을 높일 수 있다는 의의를 지닌다. 그리고 이 과정에서 계획예산제도는 다양한 계량분석 방법들을 적극적으로 활용한다는 점에서 계획과 예산 및 자원 배분이 체계적으로 이루어질 수 있게 한다는 점에서 또 다른 의의가 있다. 그리고 가시적인 산출과 목표달성에 초점을 두기 때문에 예산사용의 효과성을 높이는데에도 기여한다.

그러나 계획예산제도 역시 한계점이 있다. 1965년에 미국의 연방정부 예산에 도입된 이후 1971년에 실질적으로 폐지된 것도 계획예산제도가 지니는 한계점이 일정 부분 영향을 주었다. 물론 이때의 폐지는 정부의 예산제도인 계획예산제도가 기본 틀로서 적용되는 것이 폐지되었다는 것이지, 계획예산제도의 개념이 예산서에 전혀 적용되지 않게 되었다는 것은 아니다. 앞서도 말했듯이 국가재정운용계획 등이 예산안 편성시 중요하게 고려되고 있는 점과 같이 현재의 예산서에도 계획예산제도의 개념은 반영되어 실현되고 있다.

계획예산제도의 한계점 중 하나는 예산편성이 다분히 중앙집권적으로 이루어질 수 있다는 점이다. 국가의 장기적인 계획에 부합되는 실시 프로그램들과 각 연도별 예산이 유기적으로 연계되도록 한 결과 정치적 리더의 의지가 반영된 국가 전체를 통괄하는 중앙계획 중심의 예산편성이 이루어지는 것이다. 그리고 계획예산제도에서 중요하게 고려하는 장기적인 계획은 미래 예측을 두고 이루어지는 것인데, 미래예측이라는 것이 상당히 어렵다는 점 역시 한계가 된다. 불확실한 미래를 예측하는 것이 쉽지 않은 것이다. 즉, 불확실한 미래를 예측해서 가장 적절하고 중요하다고 생각하는 장기적인 계획 자체를 세우는 것도 어렵고, 설사 장기적인 계획을 세웠다고 해도 2년 후 혹은 1년 후에 더 중요하게 다루어져야 할 미래의 계획이 필요해질 수도 있다. 기본적으로 예상하지 못한 변수가 등장하기도 하는 등 장기적인 계획 설정과 그 실천을 위한 변수 통제가 어려운 것이다. 그리고 계획예산제도에서는 장기적인 계획을 예측하며 목표 등을 설정하기 위해 계량분석 기법들이 적극적으로 활용되어야 하는데, 문제는 예산편성을 담당하는 사람들이 그에 대해 얼마나 전문성을 지니고 있는가이다. 단기적인 예산만을 편성하는 것과는 달리 고도의 분석력과 예측력이 전제가 되어야 하는데 순환보직을 하는 예산편성의 담당자들은 그렇지 못한 경우가 많다는 점에서 이 역시 계획예산제도가 적용되는데 한계가 된다.

제5절 영기준 예산제도

1. 주요 내용

내년도 예산을 편성할 때 비교적 쉽게 하는 방법 중 하나는 기존의 예산, 즉 올해의 예산을 참조하는 것이다. 올해에 이어서 내년도에도 같은 사업을 할 계획이라면 올해에 편성된 예산을 하나의 기준(base)으로 삼아서 내년도 예산을 편성하는 것이다. 이 방법으로 하면 별도의 고민과 분석 없이 손쉽게 예산을 편성할 수 있다. 동일한 사업이라면 올해에 편성된 예산 금액을 보고 그것을 기준으로 해서 물가상승률 등을 고려한 다음 소폭의 증가를 통해 내년도 예산을 편성하는 것이다. 점증주의적인 방법인 이 같은 예산편성은 분명 장점도 있지만, 가장 큰 문제점은 비효율적인 사업이라고 해도 예산 투입은 계속 이루어진다는 점이다. 다시 말해, 기존의 예산이 기준이 되어 지속되는 구조이기 때문에 만일 기존의 예산이 효율적이지 못한 경우라면 이는 곧 예산의 낭비이자 비효율성의 결과가 지속되는 것이 된다. 더구나 재정적자 상황이라면 문제는 심각해진다.

영기준 예산제도(ZBB: Zero-base Budgeting)는 예산편성을 할 때 기존에 지속되어왔던 사업이라고 할지라도 전면적으로 재검토해서 우선순위에 따라 예산을 편성하도록 하는 제도이다. 통상적으로는 새롭게 시행될 사업에 대해서만 예산편성의 적절성과 예산의 수준 등에 대해 심도 있게 고려되곤 하는데, 이와는 달리 신규 사업은 물론이고 기존 사업까지도 모두 기준(base) 없이 원점(0)에서 재검토를 하는 것이다. 정부가 이전에 해왔던 사업인가의 여부와 상관없이 재검토에 따라 새롭게 예산을 편성하는 것이다. 이렇게 하면 기존의 사업에 편성되었던 예산이 삭감되기도 하고 전면 폐지되기도 하고 우선순위가 바뀌기도 한다. 그래서 영기준 예산제도는 정부의 효율성을 높이기 위한 노력이나 재정적자를 극복하기 위한 방법으로 활용되기에 적절하다. 재정적자를 악화시키는 기존의 예산제도에서 벗어나서 영기준 예산제도를 도입하면 그 자체가 정부개혁이자 예산제도의 개혁인 동시에 재정적자 극복의 노력이 되는 것이다. 실제로 영기준 예산제도는 행정의 비효율성과 재정적자를 극복하기 위한 노력의 일환으로 미국 조지아 주지사였던 지미 카터(Jimmy Carter)에 의해 1973년에 조지아 주에 도입되었고, 대통령이 된 후 1977년에는 연방정부에도 도입했다. 물론 그 이전(1969년)에 민간 기업에서 먼저 적용되었다. 이후 1981년에 연방정부에서는 폐지되었다.

영기준 예산제도는 비록 짧은 기간에 적용되었지만 혁신적인 예산편성의 방법을 지닌 제도였다. 그 혁신성은 바로 매번 새롭게 예산을 결정하는 메커니즘에서 비롯된다. 다시 말해, 영기준 예산제도는 예산편성이 가능한지와 우선순위를 결정하는 형태로 예산편성이 시작되기 때문에 의사결정 중심의 특징을 지닌 예산제도에 해당된다. 사실 이 방법은 결정자들이 주어진 각 프로그램의 지출 수준들을 비교·분석해서 프로그램 목적을 가장 최고로 실현하는 결정단위를 선택하는 능력을 높이고자 하는 의도에서 설계된 것이다.[13]

영기준 예산제도에 따라 예산을 편성하기 위해서는 의사결정 단위(decision unit)를 설정하고 의사결정 패키지(decision package)를 만들어서 우선순위(ranking)를 정하는 과정을 거친다. 의사결정 단위는 의사결정권을 행사할 수 있는 단위를 말하는 것으로 조직 단위가 될 수도 있고 사업이나 업무 단위가 될 수도 있다. 의사결정 패키지는 의사결정에 필요한 여러 정보를 담고 있는 일종의 정보꾸러미인 셈이다. 여기에는 예산편성과 관련한 목적과 목표, 사업 내용에 대한 기술, 비용과 편익분석의 결과, 업무와 성과측정, 목표달성을 위한 대안, 다양한 노력의 수준 등이 포함되어 있다. 의사결정 단위가 의사결정을 하기 위해서는 의사결정 패키지가 중요하다. 여기에 따라 우선순위가 결정되고 예산이 편성된다. 의사결정 단위가 조직 단위가 되면 조직 관할의 여러 사업들의 각각의

---

13) Gibran, Joan M. and Alex Sekwat(2009). Continuing the Search for a Theory of Public Budgeting, *Journal of Public Budgeting, Accounting & Financial Management*, 21(4): 617−644, p. 622.

다양한 수준의 의사결정 패키지에 따라 우선순위를 정하고, 사업단위가 의사결정의 단위가 되면 관련 사업들 각각의 여러 수준의 의사결정 패키지에 따라 우선순위가 결정되고 예산이 편성된다. 삭감을 해야 하는 재정위기 상황이 도래했을 때 영기준 예산제도에서는 일괄적인 삭감이 아닌 우선순위에 기초해서 삭감을 할 정도로 사업 간 우선순위는 예산편성의 중요한 기준이 된다. 이때는 신규 사업이나 기존 사업이나 모두 고려 대상이 되어 우선순위가 결정된다. 이러한 점에서 영기준 예산제도에 따라 예산을 편성하는 것은 기존 사업이건 신규 사업이건 정부의 모든 사업을 매년 정당화하는 절차를 거치면서 한정된 자원을 보다 효율적으로 사용하려는 노력을 보여주는 것이 된다.[14]

그러나 실제로 이러한 영기준 예산제도에 의해 예산이 편성되었더라도 점증주의적 예산편성의 관성이 완전히 사라지지는 않았다. 예산의 효율적 사용을 위한 삭감이나 감축도 극적으로 많이 일어나지도 않았다. 예컨대 미국에서 영기준 예산제도가 도입된 기간 동안(1973~1978년)에 예산의 증가율을 살펴보면 점증적 기준인 10% 이상인(그러나 단절적이지는 않는 범위) 사례가 전체의 절반을 차지하고 있었다.[15] 혁신적인 방법이었지만 혁신의 실질적인 성과가 그렇게 높았다고 보기는 힘들다. 하지만 위급한 상황에서 과감한 개혁과 혁신을 예산을 통해 이룰 수 있는 중요한 방법임에는 틀림없다.

그래서 비록 오늘날의 예산편성이 전적으로 영기준 예산제도에 따라 이루어지는 것은 아니지만, 그에 따른 영향은 계속되고 있다. 특정한 분야나 일부 사업을 대상으로 전면 재검토를 통해 예산편성을 다시 하는 것이 그 사례가 된다. 예산 효율성 차원에서 우선순위를 강조하며 예산을 편성하는 것도 그에 해당된다. 재정사업을 평가해서 삭감이나 일몰 조치를 취하는 것도 마찬가지이다. 이러한 것들이 제도적으로 일정부분 영기준 예산제도의 영향을 받은 사

14) Sarant, Peter C.(1978). *Zero−Base Budgeting in the Public Sector*, Mass: Addison Wesley, p. 3.
15) Lauth, T. P.(1979). Zero Base Budgeting in Georgia State Government, In F. A. Kramer(ed.), *Contemporary Approaches to Public Budgeting*, Cambridge, Mass: Winthrop Publishers, pp. 189−198.

레들이다. 영기준 예산제도와 같이 기준을 재검토하는 장치가 존재하고 있는
것이다.

[그림 3-4]는 영기준 예산편성 방법의 영향을 받은 실제 사례이다. 예산
안을 편성할 때 계속 사업이라고 할지라도 우선순위를 점검하도록 하고 있고
의무지출 사업도 사회여건 변화를 검토해서 제도 개선을 추진하도록 하고 있
다. 총사업비가 확정되어 있는 계속사업도 집행률을 점검해서 사업규모나 지
속추진 여부 그리고 투자시기를 재검토하도록 하고 있다. 유사·중복 사업에

[그림 3-4] 영기준 예산편성의 영향 사례[16]

Ⅲ 세출예산안 요구서 작성지침

― 중략 ―

[계속사업]
ㅁ 모든 재정사업은 우선순위를 철저히 점검하여 구조조정 추진
ㅁ 의무지출 사업도 사회여건 변화 등을 검토하여 제도개선 추진
ㅁ 총사업비가 확정되어 있는 계속사업은 집행률 점검 등을 통해 사업규모, 지속추진 여부, 투자시기 재검토

― 중략 ―

[유사·중복 사업 조정]
ㅁ (정비 원칙) 부처 간 및 부처 내 모든 유사·중복사업을 대상으로 정비하고, 통폐합으로 인한 국민 체감효과가 큰 부문에 집중
ㅇ 2018년도 예산을 기준으로 예산규모가 더 크거나, 주된 기능을 수행하는 부처·실국으로 통폐합 추진
ㅁ (부처 간 유사·중복) 외부기관 지적, 사업평가 결과 등을 고려하되, 아래 기준에 따라 적극 발굴
ㅇ 서로 다른 부처 간 지원대상과 지원내용이 유사한 사업
ㅇ 지원대상은 다르나, 내용이 유사해 통폐합이 바람직한 사업
ㅇ 동일한 지원대상에 대해 통합하여 지원하는 것이 바람직한 사업

〈 주요 통합사례 〉
∨ 건전한 정보문화 조성을 위한 교육이 대상별로 미래부(중·고등학생 및 성인)와 방통위(유아·초등학생)로 비효
  율적으로 운영되어 방통위 사업으로 통합

― 중략 ―

[계속 보조사업]
ㅇ 원칙적으로 최근 3년간('16년~'18년) 보조사업 연장평가 결과(감축, 폐지, 사업방식 변경 등)를 예산에 반영하고,
  평가 미대상사업은 [양식 9]의 '보조사업 자체진단서'를 활용하여 각 부처가 사전점검

― 이하 생략―

---

16) 기획재정부(2018). 『2019년도 예산안 편성 및 기금운용계획안 작성지침(안)』, 기획재정
   부, pp. 32-35.

대한 통폐합도 마찬가지이다. 계속 보조사업도 원칙적으로 최근 3년간 보조
사업 연장평가 결과(감축, 폐지, 사업방식 변경 등)를 예산에 반영하도록 지침을 정해
놓고 있다.

2. 의의와 한계

영기준 예산제도는 기존의 예산제도와는 달리 혁신성이 매우 강한 예산제
도에 해당한다. 연속된 사업이라고 해도 기존에 편성되었던 예산 규모를 전혀
고려하지 않고 새롭게 예산을 편성하기 때문이다. 혁신성의 정도는 예산이나
정책에 관련된 이해관계자들의 존재를 생각하면 이해하기 쉽다. 일반적으로
예산이나 정책은 이해관계자가 복잡하게 얽혀 있는 경우가 많다. 설사 복잡한
관계가 아니라고 해도 강력한 이해관계자가 관련되는 경우도 많다. 예산이나
정책으로 인해 이익을 보는 집단이 있는가 하면 손해를 보는 집단도 있어서
이들 관계는 갈등이 수반되기 마련이다. 그래서 한번 결정된 예산이나 정책은
규범적 차원의 바람직성을 떠나 일정한 합의가 이루어진 것을 의미하기 때문
에 그것은 곧 갈등이 조정된 결과를 의미하기도 한다. 그런데 만일 여기에 변
화를 가하는 일이 생기면 처음 예산이 결정될 때와 마찬가지의 갈등이 생길
수 있다. 영기준 예산제도는 합의나 갈등 조정이 이미 이루어졌다고 볼 수 있
는, 즉 기존에 계속 진행되던 사업도 모두 재검토의 대상이 되어 예산편성이
다시 이루어지도록 하고 있다. 바로 이점이 혁신성의 강도를 보여준다. 기득권
에 의해 장악된 사업의 예산이나 해당 정책이라고 해도 영기준 예산제도에 따
라 예산을 편성한다면 예산의 적절성 여부부터 분석하고 다시 검토하면서 우
선순위를 부여받는 대상이 된다.

그리고 영기준 예산제도는 예산의 비효율성을 줄이는데 강력한 장치가 되
기도 한다. 예산편성에서 고려되는 재검토의 기준은 낭비와 비효율의 제거가
가장 중요한 기준이다. 그런 점에서 삭감이나 감축관리를 해야 하는 상황이라

면 영기준 예산제도는 매우 유용하게 적용될 수 있다. 영기준 예산제도를 매년 사업에 소요되는 예산을 정당화시키는 하나의 시스템이라고 할 때, 그 정당화는 예산의 효율성에 기초한 정당화가 가장 큰 비중을 차지한다. 그런 점에서 영기준 예산제도는 한정된 자원의 효율적 사용을 위한 강력한 예산제도라고 할 수 있다.

영기준 예산제도는 예산과 사업에 대한 책임성을 높이는데 기여하기도 한다. 매년 새롭게 기존 사업을 재검토할 때, 재검토의 결과가 만일 큰 폭의 삭감으로 결정되거나 폐지된다면 그동안 진행되어 왔던 사업과 예산 사용에 문제가 있었다는 것을 의미한다. 이는 곧 책임을 따지는 수단이 되는 한편, 사전에 책임 있는 예산 운용을 하도록 하는 효과를 낳기도 한다.

그러나 영기준 예산제도 역시 한계점이 존재한다. 가장 큰 한계점은 운용상의 어려움이 크다는 점이다. 소규모 예산을 다루는 곳에서는 이런 한계가 비교적 적을 수도 있는데, 정부와 같은 대규모 예산을 다양한 분야에 편성하는 곳에서는 영기준 예산제도대로 운영하다가는 일년 내내 예산안만 편성하면서 시간을 보낼 가능성이 높다. 그만큼 영기준 예산제도를 적용하게 되면 할 일이 많다는 것이다. 기존 사업과 신규 사업 모두를 그 적절성에 대해 검토해서 우선순위를 부여하는 등의 분석 작업을 하는 일이 결코 만만치 않을 정도로 많다. 그렇지 않아도 예산담당 정부 부처는 예산주기가 중첩되면서 예산안 편성에서 결산까지 해야 할 일이 많다. 일년 내내 예산과 결산이 지속적으로 이어진다. 그런데 영기준 예산에 따라 예산안을 편성하면 그 일은 훨씬 더 많아진다. 기존에 해오던 사업만이라도 약간의 수정을 거쳐서 예산을 편성하면 그나마 일을 덜 수는 있겠지만, 영기준 예산으로 예산을 편성하면 그렇지 못하다. 따라서 영기준 예산제도는 많은 시간이 소요된다는 문제를 안고 있다.

그렇다면 시간이 많다면 문제가 해결될까? 비록 시간이 넉넉하게 주어진다고 하더라도 모든 사업에 대한 분석과 검토를 할 수 있는 역량을 확보하기가 어렵다는 문제가 또 존재한다. 영기준 예산을 편성하기 위해서는 비용편익분석 등의 기법을 익혀서 적용할 수 있어야 하고 우선순위의 결정을 위한 합당한 기준을 마련하는 일도 필요하다. 설사 예산담당자가 분석 기법 등에 대한 능력이 대단히 뛰어나다고 해도, 정부가 매우 다양한 분야에 예산을 편성하기 때문에 모든 분야에 대한 지식을 가지고 있지 않다는 문제가 또 불거진다. 예산 분석의 기술적 지식뿐 아니라 예산이 소요되는 분야에 대한 실질적인 지식도 필요한데, 복잡하고 다양한 사회문제를 다루는 정부영역의 사업들을 예산담당자가 모두 정확히 잘 알고 있기는 현실적으로 어렵다. 따라서 영기준 예산제도는 시간의 문제와 함께 담당자의 능력과 전문성 및 역량의 문제가 또 다른 한계점이 된다.

그래서 영기준 예산제도에서는 능력과 전문성의 문제를 해결하기 위해 정책결정자와는 별도로 구분되는 전문분석가를 두기도 한다. 그런데 이때는 해당 분야별 전문분석가와 정책결정자 간에 의사소통의 문제가 생길 수 있다. 즉, 가치 배분 활동이 그 기저에 있는 정책결정과 기술적이고 과학적인 분석을 토대로 진행되는 전문분석의 일은 자칫 갈등을 야기하여 소통의 문제를 일으킬 수도 있다. 비록 전문분석의 결과로 우선순위에서는 멀어지더라도 사회문제의 시급성과 위급함을 고려할 때 예산이 투입되는 정책으로 만드는 것(혹은 예산을 더 늘리는 것)이 우선시되어야 한다는 정책결정자의 의견이 있을 수 있다. 그리고 분석과정에서 정책결정자의 고려 사항과 전문분석가의 고려 사항이 불일치하는 경우도 있고 서로 오해를 불러일으키는 경우도 있다. 특히 계량화된 분석결과를 위해 계량화되기 힘든 사항을 분석하게 될 때 더욱 그러하다.

영기준 예산제도는 혁신성이 높다는 점에서는 큰 의의가 있으나 그로 인해 다양한 갈등이 생길 수도 있다는 또 다른 한계점이 존재한다. 전문분석가와 정책결정자 간의 갈등이 아니라, 예산이 수반되는 정책에 관계되는 이해관계자들 간의 갈등이다. 일종의 정치적 갈등이다. 가치 배분의 활동인 정책이 만들어지고 그에 따라 예산이 편성되어 집행되었다는 것은 해당 예산에 대해서는 어느 정도 합의가 완료된 상태라는 의미이다. 그런데 이를 철저히 고려하지 않는, 기준(base)에 대한 재검토 작업은 관련자들에게 마치 처음 예산이 편성될 때와 같이 이해득실을 따지도록 한다. 그 과정에서 정책비용부담자와 정책수혜집단은 때로 격렬한 갈등을 일으키기도 한다. 특히 경로의존적 속성에 따라 과거부터 존속해오던 제도를 없애면서 그에 편성되던 예산을 절약하려고 할 때나 대폭 삭감하려고 하면 해당 제도와 정책으로부터 이익을 보고 있던 기득권층의 저항이 대단할 것이다. 그런 점에서 영기준 예산제도는 이해관계자들의 갈등을 다시 촉발시키는 계기가 될 수도 있다. 물론 매우 낭비가 심한 사업에 대해 갈등 상황이 생기는 것이 두려워서 그대로 존속시켜서는 안 된다. 다만, 영기준 예산제도가 혁신적인만큼 갈등을 초래할 수도 있다는 점은 이해할 필요가 있다.

제4장

예산배분

제4장

예산배분

제1절 예산배분의 행태

1. 행위자의 증감 행태

예산배분은 행위자에 따라 다양한 모습으로 이루어진다. 여기에서 다양한 모습이란 예산배분에서 돋보이는 특징적인 태도를 말한다. 행위자들이 예산배분과정에서 지향하는 바에 차이가 있다는 것이다. 예산배분과정에 참여하는 행위자들의 기본 행태는 크게 지출자로서 증액지향적 행태, 절약자로서 삭감지향적 행태, 수문장으로서 균형지향적 행태로 나눌 수 있다.[1]

지출자(spender)로서 증액지향적 행태는 수입에 대해서는 크게 신경을 쓰지 않고 지출에 더 많은 관심을 두는 행태를 말한다. 이들에게 부여된 주요 임무는 사업을 시행하는 것이기 때문에 사업지향적(programmatic orientation) 성향에 따라 사업에 지출할 예산을 더 많이 확보하는 것이 중요하다. 그리고 사업

---

1) 윤영진(2014). 『새재무행정학2.0』, 대영문화사, pp. 215－216.

을 가능한 많이 추진하려고 한다. 사업 수행이 곧 자신들의 존재 이유가 되기 때문이다. 그래서 때로는 사업에 필요한 예산이 삭감될 것을 걱정해서 예산편성시 필요액 이상으로 예산을 요구하기도 한다. 이러한 행태는 사업 수행을 통해 예산집행(지출)을 직접적으로 하는 행정부처들에서 찾을 수 있다. 행정부처가 지출자로서 증액지향적 행태를 보이는 한 예가 되는 것이다. 어느 공공기관의 경영지원부서에서 예산을 담당하는 실무자들과 이야기를 나누다 보면, ‘사업부서’ 혹은 ‘지출부서’라는 용어를 쓰면서 이런 말을 할 때가 있다. “사업부서는 우리 경영지원부서가 지출 관련 규정을 조정하려고 하거나 새롭게 만들려고 하면, 예산사용을 어렵게 하려고 한다며 불만을 제기한다.” 이 말속에서 사업부서들은 지출중심의 행태를 보인다는 것을 알 수 있는데, 정부영역으로 보면 사업을 담당하고 있는 각 행정부처들이 그에 해당된다.

절약자(saver)로서 삭감지향적 행태는 지출보다는 수입에 초점을 두면서 재정여건을 중요시 여긴다. 그래서 재정지향적(fiscal orientation) 성향에 따라 지출이 생기는 사업보다는 재정수입에 관심을 두면서 한정된 가용재원을 절약하기 위해 삭감지향적인 행태를 보인다. 이들에 대해 삭감자(cutter) 또는 국고의 보호자(guardian)라고 부르기도 한다. 여기에 해당되는 행위자는 주로 예산심의를 담당하는 실무자들이다. 정부 전체 예산을 대상으로 한다면 국회의 예산심의 과정에서의 행태가 그에 해당될 수 있다. 실제로 입법기관은 지출중심의 사업을 진행할 행정부가 제출한 예산에 대해 재정수입을 고려하고 효율적인 재정사용을 위해 삭감하는 경우가 많다.

수문장(gate keeper)으로서 균형지향적 행태는 수입과 지출을 함께 고려하면서 둘의 균형을 강조하는 행태를 의미한다. 그런 점에서 사업(지출 중심)과 재정(수입 중심)을 동시에 지향하는 성향을 보인다고 할 수 있다. 여기에 해당되는 행위자는 정부 예산을 총괄하는 중앙의 예산담당기관이다. 정부정책 추진을 위해 사업을 고려해야 하기도 하지만 동시에 재정수입과 같은 재정여건을 고려해야 하는 입장이기 때문에 수문장과 같은 역할을 보인다. 특히 중앙의 예산담당기관은 정부 전체 예산을 총괄하면서 의회의 예산심의와 통제에 대응하는 주체자이기 때문에 더욱 더 균형지향적인 행태를 지닐 가능성이 높다.

2. 의사결정 군집별 행태

예산운영은 많은 행위자들이 참여해서 다양한 단계와 수준에서 의사결정을 하고 그 의사결정 단위는 서로 간에 영향을 미치면서 환경에도 적응하는 모습을 보인다. 이를 실시간 예산운영(real time budgeting)이라고 한다.[2] 하나의 의사결정에서 이루어지는 결정이 또 다른 의사결정에서의 결정이나 예산환경에 계속적으로 반응하고 적응하는 것을 말한다. 그래서 예산운영은 순차적이라기보다는 일정한 순서 없이 의사결정의 결과들이 서로 영향을 주고받고 동시에 환경의 변화에 적응해나가는 것으로 볼 수 있다.

실시간 예산운영에 따르면 예산배분의 행태는 의사결정 군집(decision cluster)을 통해 파악될 수 있다. 즉, 예산이 운영될 때 여러 의사결정 군집에서 의사결정이 일어나는데, 이때 의사결정은 세입결정, 세출결정, 균형결정, 집행결정, 과정결정으로 구분할 수 있다. 이 의사결정들은 서로 독립적이면서도 상호 영향을 주고받게 되고, 환경으로부터 인지되는 정보에 계속적으로 적응해나가게 된다. 의사결정이 독립적으로 이루어진다고 해도 환경에 의해 수정될 수 있고 또 다른 의사결정에 의해서도 수정될 수 있다. 실제로 정부예산은 부분들 (segmentation)로 나누어져 있고, 실시간으로 수정(interruptibility)할 수 있게 되어 있다. 예를 들어, 개별적으로 구분되어 있으나 서로 영향을 주고받는 관계는 세출을 결정할 때 세입 추정치를 참고해서 독립적으로 결정했다가 세입 추정치가 환경의 영향(예: 경기 침체 등)으로 수정되면 세출도 다시 수정하고, 세출 역시 환경의 영향으로 또 다른 수정을 낳기도 한다. 예산운영은 주요 의사결정 군집을 중심으로 서로 간 영향을 주고받으며 환경에 적응하는 모습을 보이는

---

2) Rubin, Irene S.(2000). *The Politics of Public Budgeting*, 4th ed., New York: Chatham House Publisher.

것이다.

　구체적으로 예산운영에서 의사결정 군집별로 예산배분의 행태를 살펴보면, 우선 세입결정 군집에서는 세금부담에 대한 결정이 이루어진다. 그래서 세입 추계나 지출여건 등을 참고해서 조세징수와 관련된 조건이나 규모 등을 변경하는 결정이 이루어진다. 변경을 할 것인지 하지 않을 것인지, 만일 변경한다면 어느 정도로 어떻게 누구를 대상으로 할 것인지 등에 대한 결정이다. 그러나 결정을 내리는 것은 쉽지 않고, 특히 증세를 해야 한다면 더욱 결정이 쉽지 않다. 이 결정으로 인해 조세부담을 지게 되거나 가중되는 집단이 생기기 때문이다. 그래서 세입결정 군집에서의 의사결정은 설득(persuasion)이 중요하기 때문에 여기서는 '설득의 정치'가 나타난다.

　세출결정 군집에서는 예산을 더 확보하기 위한 경쟁에 의한 결정이 이루어진다. 이 군집에 참여하는 행위자들은 저마다의 전략을 사용해서 재원확보에 유리한 위치를 차지하기 위해 노력한다. 자신들에게 유리한 사업에 대한 지출의 필요성을 주장하기도 하고, 만일 예산배분이 안되거나 적게 되면 나중에 더 큰 비용을 치르게 된다고도 말한다. 또 예산배분이 되지 않아서 사업 진행이 안된다면 정치적인 손해가 크다고도 주장한다. 지출의 우선순위에 대해서도 경쟁적이다. 이처럼 세출결정 군집에는 다양한 이익집단들이 참여하기도 하고, 세출재원의 원천이 되는 세입자들에 대한 고려와 환경까지 많은 제약들이 영향을 주는 모습이 목격된다. 이는 곧 예산배분을 중심으로 이루어지는 다차원적이면서도 경쟁적인 모습들이다. 세출결정 군집에서의 의사결정은 경쟁도 많고 경쟁의 정도도 심한 상태에서 예산배분(선택)이 이루어지기 때문에 이를 '경쟁과 선택의 정치'라고 한다.

　균형결정 군집에서는 세입과 세출 간 조정과 관련된 결정이 이루어진다. 균형결정은 세입과 세출의 인상 및 삭감에 관한 결정으로서, 이는 정부활동 범위의 문제이기도 하다. 정부활동의 범위를 어느 정도까지 유지, 확대, 축소할 것인가에 따라 세입과 세출의 증감이 달라지기 때문이다. 그런 점에서 볼 때 균형결정은 세입결정과 세출결정과도 관련된다. 또 균형결정은 지출의무를 부과하는 상위정부와 그 의무를 수행하게 되는 하위정부 간의 문제이기도 하다. 그리고 예산배분과 관련된 제반 규율이나 규칙도 균형결정의 문제가 된다. 이와 같이 균형결정은 가장 기본적으로 세입과 세출 간 균형에 관한 것이기 때문에 균형의 정의에서부터 균형의 필요성과 균형달성의 방법에 이르기까지 여러가지를 결정한다는 점에서 '제약의 정치' 모습을 보인다.

집행결정 군집에서는 입법부를 통과한 예산을 계획에 따라 집행하는 것과 환경변화 등으로 인해 신축적으로 집행하는 것과 같은 여러 결정들이 이루어진다. 예산집행은 책임성(accountability)에 기초해서 집행되지만, 환경에 적응하기 위해 기존 예산계획으로부터의 수정과 재량권 발휘가 나타나게 된다. 예컨대 추가경정예산이나 집행을 유예(deferrals)하거나 취소(rescission)하거나 이용 및 전용 등이 이에 해당된다. 이러한 집행결정은 법규에 기초한 기술적인 문제일 수도 있으나 정치적인 문제들과도 관련된다. 정치인을 비롯하여 행정부 내의 정치적 리더들은 자신들에게 유리한 사업을 위해 이용이나 전용을 할 수도 있고, 추가경정예산도 정치적으로 활용할 수 있기 때문이다. 집행결정 군집에서는 재량권을 통한 환경 적응도 하고 때로는 재량권의 남용이나 오용도 있고 그래서 그에 대한 입법부의 통제 등이 작용한다는 점에서 '적응과 책임의 정치' 모습을 보이고 있다.

과정결정 군집에서는 예산과정과 관련된 결정이 이루어진다. 예산과정을 통해 예산결정이 되고 예산과정에 참여하는 참여자들의 범위가 정해지기도 한다. 그래서 예산관련 행위자들은 자신들에게 유리한 예산과정이 만들어지거나 재구축되도록 하려고 노력하며, 참여자들의 범위에도 영향을 주려고 한다. 이때 예산과정에서 적용되는 규칙과 규정도 결정되거나 변경되기도 하지만, 한편으로 이러한 것들은 예산과정에서 작동되는 제약이기도 하다. 예산과정에 생기는 변화나 예산과정으로부터 결정되는 예산은 세입이나 세출, 집행에도 영향을 주고, 입법부와 행정부 간의 권한배분, 예산형식, 추구하는 정책, 참여자들의 범위 등 여러 부분에 영향을 미친다. 예산과정의 변화는 예산과정의 결과에 대한 만족 여부나 경제와 같은 환경 상황 등에 적응하는 모습으로 다른 의사결정 군집과도 상호 관련된다. 이는 예산과정의 설계와 관련되기 때문에 '설계(디자인)의 정치'라고 할 수 있다.

이와 같이 예산운영은 하나의 결정 군집에서의 결정이 환경과 다른 결정 군집에서의 결정에 영향을 주고 또 영향을 받으며 계속적으로 적응한다는 점에서 실시간 예산운영이 된다고 말한다. 계속 변화하는 정보에 대해 실시간으로 적응하도록 되어 있는 우주선의 복잡한 컴퓨터 프로그램처럼 예산운영도 계속적으로 적응하며 이루어진다는 것이다.

3. 기관별 행태

예산배분과 관련된 일련의 기관들을 크게 구분하면 행정기관, 중앙예산기관, 입법기관으로 나눌 수 있다. 더 세부적인 구분이 충분히 가능하지만 이 세 구분이 대표적이다. 우선, 행정기관은 예산을 직접적으로 사용하는 기관으로, 지출기관이라고도 할 수 있다. 예산이 소요되는 사업을 담당하는 기관이기 때문에 기본적인 입장은 예산을 많이 확보하려고 한다. 사업을 수행하는 임무가 기관의 존재 이유이기도 해서 예산 확보는 무엇보다도 중요하다. 만일 예산이 할당되지 않는다면 사업을 수행할 수 없고 그렇다면 사업 수행을 하기 위해 존재하는 해당 기관의 존재의 필요성에 의문이 제기될 수 있다. 이어서 제2절에서 살펴보겠지만 행정기관의 관료들은 단순히 예산을 확보하는데서 나아가 되도록 많이 확보하려는, 즉 예산극대화를 추구한다. 예산을 많이 확보하는 것이 해당 기관은 물론이고 자신들의 위신과 권한, 권력과 명예를 더 높여주는 것이라고 생각하기 때문이다. 그래서 때로는 행정기관 간에 예산확보를 위한 경쟁이 벌어지기도 하고, 사업이 중복되어 진행되기도 한다. 특히 유사한 사업이라고 해도 조금의 차이가 있다면 해당 사업으로 인해 예산을 확보할 수 있어서 경쟁을 피하면서 중복에 가까운 사업을 하기도 한다. 실제로 유사한 사업들을 인접 기관들이 동시에 진행하고 있는 경우가 종종 있다. 만일 정치적 리더의 공약과 관련된 사업이라고 한다면 행정기관은 더 증가된 예산을 확보할 수 있다. 국정과제나 정치적 리더의 공약에 부합하는 사업들을 개발해서 예산 증액을 요구하는 경우가 그에 해당된다.

물론 행정기관 내에서도 행위자들의 위치에 따라 다소 다른 모습을 보이기도 한다. 직급에 따라 다르기도 하고 행정기관 내 사업부서와 지원부서와 평가부서 간에도 입장이 다를 수 있다. 특히 기관의 장이라면 무조건적인 예산 증액보다는 형식적으로라도 예산조정을 위한 노력을 보이기도 한다. 그러나 기본적으로 행정기관은 예산심의 과정에서 당연히 삭감될 것을 예상해 의도적으로 예산을 증액하려는 경향도 있고, 예산 삭감을 비롯한 조정 업무는 중앙의 예산기관이 별도로 할 것이기 때문에 굳이 예산조정을 미리 할 필요가 없다는 판단에서 사업별 예산 증액을 추구하기도 한다. 그리고 때로는 철의 삼각(iron triangle)과 같은 이익집단과의 결탁에 따라 특정 예산을 증액하려는 경우도 있다. 또, 무엇보다도 정치적인 측면이 작용되는 행태를 보이기도 하는데, 연립정부 하에 있는지 아니면 단일정부 하에 있는지에 따라 달라지는 행정기관의 행태에서 그것을 알 수 있다.[3]

예산배분의 기관별 행태와 관련해서 또 다른 기관으로 들 수 있는 것이 중앙예산기관이다. 중앙예산기관은 앞서 논의한 행정기관에 포함된다고도 볼 수 있으나 여기서 말하는 중앙예산기관은 정부예산에 관한 주무기관을 말한다. 우리나라의 기획재정부가 여기에 해당된다. 중앙예산기관은 정부예산과 관련된 핵심적인 역할을 하는 만큼 예산을 조정하고 통제하는 역할을 한다. 정부의 정책과 다양한 계획들이 목적한 바대로 성과를 낼 수 있도록 하면서 동시에 각 부처의 예산 수준도 고려해야 하는 등 종합적이고 총괄적인 시각에서 조정 업무를 수행한다. 앞서 살펴본 행위자의 증감 행태에 대한 논의에서 중앙예산기관의 경우 수문장으로서 역할을 한다는 것이 이와 같다. 정부정책 추진

---

3) Torsten, Persson, Gerard Roland and Guido Tabellini(2007). Electoral Rules and Government Spending in Parliamentary Democracies, *Quarterly Journal of Political Science*, 2(2): 155-188.

을 위해 사업을 고려해야 하기도 하지만 동시에 재정수입과 같은 재정여건을 고려해야 하는 입장이기 때문에 수문장과 같은 조정 역할을 하는 것이다.

그런데, 사실 여기서 말하는 조정은 주로 예산 삭감에 가깝다는 의견도 있다. 그 이유로는 부처의 예산요구액이 상당히 많다는 현실, 그리고 정부의 예산을 총괄하는 입장에서 예산의 규모가 어느 정도인지는 예산 편성이 종료될 때까지는 알 수 없다는 것, 또 부처의 사업이 다양해서 모두 다 들어줄 수가 없고, 대통령을 비롯하여 중앙예산기관으로서 부처의 예산요구에 대해 어느 정도 재량권을 행사할 수 있는 여지를 마련하기 위해서이다.4) 그리고 각 부처에서 편성한 예산이 타당하지 않거나 정책의 우선순위에 부합하지 않을 때의 조정도 곧 삭감이 된다. 그래서 논자에 따라서는 중앙예산기관을 절약자와 같은 삭감지향적인 행위자로 말하기도 한다. 그런데 한편에서는 중앙예산기관이 대통령의 선거 공약이나 정책의지를 반영한다는 점에서 어느 정도 사업지향성도 갖는다고 말하기도 한다.5) 정치적 경쟁을 하는 선거를 앞둔 시점이라면 더욱 그렇다. 실제로 경제적 경기순환(economic business cycle)과는 다른 정치적 경기순환(political business cycle)이 나타나기도 한다. 즉, 선거를 기점으로 경기부양정책과 긴축정책이 주기를 보이는 현상도 존재한다.6)

또 다른 기관으로서 국회가 중심인 입법기관은 예산안을 심의하는 역할이 핵심이기 때문에 기본적인 행태는 예산 삭감이나 조정 등의 모습을 보인다. 예산안 심의가 예산편성의 적절성을 검토하는 것이기 때문에 증액보다는 삭감에 초점을 두고 있다. 우리나라 「헌법」에도 국회는 정부의 동의 없이 정부가 제출한 지출예산 각 항의 금액을 증가하거나 새 비목을 설치할 수 없는 것으로 명시하고 있어서,7) 임의적으로 예산 증액을 위한 행태를 보이기는 쉽지 않다.

---

4) 신무섭(2012). 『재무행정학』, 대영문화사, p. 406.

5) 윤영진(2014). 『새재무행정학2.0』, 대영문화사, p. 219.

6) Nordhaus, William(1975). The Political Business Cycle, *Review of Economic Studies*, 42: 169－189.

7) 「헌법」 제57조.

하지만 국회를 구성하고 있는 각종 위원회와 국회의원들 개개인의 동기에 비추어보면, 국회가 일률적으로 예산조정을 위한 삭감지향적 행태만을 갖는다고 보기 어려운 측면도 있다. 실제로 미국의 세출위원회처럼 전반적으로는 국고의 수문장처럼 행동을 하거나 예산 삭감의 행태를 보이지만, 때로는 정치인으로서 국회의원들이 자신들의 지역구와 관련된 사업예산을 무작정 삭감할 수 없기도 하고, 그래서 사업을 지지해서 오히려 예산 증액을 위한 다방면의 보이지 않는 노력을 하기도 한다.[8] 특히 선거를 통한 정치적 경쟁이 있을 때는 더욱 그러하다. 재선이 목적인 정당과 정치인들이 예산 삭감을 통해 사업을 축소하는 결정을 내리는 것이 쉽지만은 않기 때문이다. 그 이외에 선거의 규칙이나 전쟁 후의 상황 등에서도 국회가 예산 증액을 위한 의도를 지니고 있는 경우도 있다.[9]

우리나라의 경우에도 상임위원회와 예산결산특별위원회 등의 기본적인 행태는 납세자를 대표하는 대표자로서 조정과 균형을 위한 역할을 하지만, 한편으로는 각 위원회에 소속된 국회의원들이 야당인지 여당인지 여부에 따라 예산심의의 행태는 매우 다르게 나타난다. 그리고 지역구 예산을 챙기려는 행태와 철의 삼각과 같이 이익집단과 결탁된 경우에도 다른 모습을 보인다. 물론 국회의원들끼리도 경쟁을 하고 견제를 하기 때문에 무조건적인 예산 증액 행태를 보이는 것은 아니지만, 로그롤링(log-rolling)과 같이 일종의 정치적 교환 행위를 하면서 국회의원 상호 간에 예산 증액을 위한 지원을 하는 것도 사실이다.

지금까지 살펴본 기관별 행태는 앞서 살펴본 행위자의 증감 행태에 관한 내용과 유사한 면이 많다. 행위자를 기관으로 상정하고 보면 더욱 그렇다. 그러나 행위자의 증감 행태는 행태 중심의 구분으로서 그 예로 해당되는 기관들

---

8) Fenno, Richard(1973). *Congressmen in Committees*, Boston: Little, Brown & Co., pp. 310–324.

9) Torsten, Persson, Gerard Roland and Guido Tabellini(2007). Electoral Rules and Government Spending in Parliamentary Democracies, *Quarterly Journal of Political Science*, 2(2): 155–188.

이 제시되는 구조이다. 기관들은 행태의 한 예시인 것이다. 반면, 여기서 논의한 기관별 행태는 기관 중심의 설명으로서 기관별 다양한 행태의 가능성을 함께 말하고 있다. 즉, 행위자의 증감 행태에 따른 구분에서는 예시로 들 수 있는 기관들의 대체적이고 일반적인 행태가 언급되는 정도라면, 기관별 행태에 따른 구분에서는 기관 각각의 행태의 다양성을 함께 보여주고 있다.

4. 국가별 행태

국가의 상황에 따라 예산배분의 행태는 달라질 수 있다. 국가의 상황은 두 가지 기준에 따라 나누어 볼 수 있다. 하나는 국가의 경제력이다. 국가의 경제력은 GNP로 나타낼 수 있는데, GNP가 높다면 경제력이 높은 상태이고 낮다면 경제력도 낮은 상태가 된다. 경제적인 부의 정도로 구분될 수 있는 기준이다. 또 다른 기준은 재정의 예측력이다. 이는 재정의 불확실성과도 관련되는 것으로 세출을 충당할 수 있는 세입에 대한 예측 정도 혹은 불확실성을 말하는 것이다. 세입이 얼마나 될지 예측하기 힘들다는 것은 세입원을 예측할 수 있는 기술적 측면의 문제도 있겠지만 정치적·사회적인 혼란과 조세저항 등의 문제도 존재할 수 있다.

두 가지 기준은 각각 두 가지 경우를 나타내게 된다. 경제력이 높은 경우와 낮은 경우, 그리고 재정의 예측력이 높은 경우와 낮은 경우가 그것이다. 따라서 2×2 매트릭스를 사용해 다음의 4가지 유형을 도출할 수 있다. [표 4-1]은 국가별로 각 상황에 따른 4가지 유형의 예산배분의 행태를 보여준다.

[표 4-1]에서 볼 수 있듯이 우선, 경제력이 높고 재정의 예측력도 높은 국가는 점증적 예산(incremental budgeting) 배분의 행태를 보인다. 이 경우는 경제적인 부의 정도가 높으면서 동시에 세출을 세입으로 충당할 수 있는 정도에 대한 확실성도 높은 국가에서 보이는 예산 행태이다. 전형적으로 안정적인 선진국에서 볼 수 있는 예산 행태에 해당된다. 이런 국가에서는 점증적 예산배분

[표 4-1] **국가별 예산배분의 행태**[10)]

구분		경제력	
		높음	낮음
재정의 예측력	높음	점증적 예산(incremental budgeting) 행태	세입 예산(revenue budgeting) 행태
	낮음	추가적 예산(supplemental budgeting) 행태	반복적 예산(repetitive budgeting) 행태

의 행태가 나타나는데, 점증주의 예산이론이 선진국에서 특히 잘 설명된다고
한 것도 바로 이와 같은 맥락이다. 기준(base) 예산에 소폭의 증감을 통해 예산
배분이 이루어지는 행태를 보이는 것이다. 큰 변화나 변동 없이 안정적인 상태
로 예산배분이 이루어지는 모습이다.

경제력은 높지만 재정의 예측력이 낮은 경우에는 추가적 예산(supplemental
budgeting) 배분의 행태를 보인다. 경제적 부가 높다고 해도 재정을 예측할 수
있는 기술이나 행정력이 부족하거나 정치적인 혼란이 크고 사회적으로 조세
저항 등이 크다면 제대로 된 재정예측이 불가하다. 그렇게 되면 여러 차례의
수정을 통해 추가적인 예산배분을 하는 모습을 보일 수밖에 없다. 예측력이 낮
다보니 상황 변화에 맞게 추가적으로 예산을 배분하는 것인데, 이것이 가능한
것은 경제력이 높기 때문이다.

그리고 경제력은 낮지만 재정의 예측력은 높은 국가에서는 세입 예산
(revenue budgeting) 배분의 행태를 보인다. 재정의 예측력은 높아서 세입과 세출
의 균형을 유지하기에 유리한 상황이지만, 문제는 경제력이 낮아서 세입 중심
의 세출을 계획할 수밖에 없는 모습을 보인다. 그래서 세입을 고려하면서 세출
을 그에 맞추어서 예산배분을 하는 행태가 나타난다. 흔히 말하는 수입을 헤아
려서 지출을 계획(제한)한다는 양입제출(量入制出)적 예산배분의 행태가 여기에 해
당된다. 미국의 시정부 수준에서 많이 발견되는 행태이기도 하다.

---

10) Wildavsky, Aaron B.(1975). *Budgeting: A Comparative Theory of Budgetary Processes*,
Boston: Little, Brown & Company.

마지막 유형인 경제력과 재정의 예측력이 모두 낮은 국가에서 보이는 행태는 반복적 예산(repetitive budgeting) 배분의 행태이다. 경제적 부가 낮으면서 동시에 재정을 제대로 예측할 수 없을 만큼의 정치적·행정적·사회적 불안정성도 높기 때문에 예산배분도 불확실하게 이루어진다. 즉, 경제력의 뒷받침도 없고 재정을 예측할 수 있을 만큼의 역량이 뒷받침되지도 않아서 고정적이면서 안정적인 예산배분이 이루어지기는 어려운 상황을 말한다. 그 결과 수시로, 수차례의 예산변경을 통해서 반복적인 예산배분 형태가 나타난다. 이는 중앙의 예산담당 주무기관은 낮은 경제력으로 인해 자원이 부족한 것을 잘 알고 있기 때문에 예산이 소요되는 행정부처나 여러 사업에 대해 통제 중심의 행위를 하지만, 행정부처나 해당 사업 실행 주체는 불확실성이 높은 상황을 활용해서 예산운영의 자율성을 높이려고 하는 가운데서 생기는 현상이다. 이러한 상황 때문에 수차례의 예산변경을 하게 되어 여러 차례의 반복적인 예산배분을 하는 결과를 낳게 되는 것이다. 반복적 예산 행태는 주로 전형적인 후진국에서 종종 볼 수 있다.

물론, 4가지 유형에 해당되는 사례로서 선진국과 후진국이 명확히 구분되는 것은 아니다. '전형적인'이라고 수식어를 넣어서 점증적 예산 행태와 반복적 예산 행태를 설명할 때 선진국과 후진국을 언급했는데, 이는 우리가 직관적으로 가장 쉽게 떠올리는 이미지에 기초한 것이다. 4가지 유형 모두가 선진국과 후진국에서 부분적으로 그 모습들이 보여질 수 있다. 특히 한 국가 내에서도 지역별로 존재하는 다양한 모습의 지방정부들은 각 유형에 해당되는 정도가 다양할 수 있다.

5. 지출성격별 행태

지출성격에 따라 예산배분의 행태에 차이가 나는 경우도 있다. 지출성격에 따른 가장 대표적인 구분은 의무지출(mandatory spending)과 재량지출(discretionary spending)이다. 의무지출은 재정지출 중 법률에 따라 지출의무가 발생하고 법령에 따라 지출규모가 결정되는 것으로 법정지출 및 이자지출을 말한다.11) 그 구체적인 범위에는, 지방교부세와 지방교육재정교부금 등과 같이 법률에 따라 지출의무가 정해지고 법령에 따라 지출규모가 결정되는 지출, 외국 또는 국제기구와 체결한 국제조약 또는 일반적으로 승인된 국제법규에 따라 발생되는 지출, 국채 및 차입금 등에 대한 이자지출 등이 포함된다.12) 재량지출은 재정지출에서 의무지출을 제외한 지출을 말하는 것으로, 주로 행정부의 의지와 의도와 계획에 기초해서 비교적 유연하게 변할 수 있는 지출이다.

　예산배분에서 그 대상이 의무지출 예산인가 아니면 재량지출을 위한 예산인가에 따라 배분의 행태는 달라진다. 의무지출은 법령에 따라 지출의무와 규모가 정해지기 때문에 삭감과 같은 변화를 가하는 행태를 보이기가 쉽지 않다. 일종의 경직성 경비(uncontrollable spending)이기 때문에 해당 법령의 변화가 없이는 금액의 변화도 어렵다. 따라서 의무지출의 예산배분 행태는 법령에 따라 이루어지는 수동적인 모습이다. 반면에 재량지출은 정치적 환경이나 경제적 환경 또는 사회적 환경에 따라 금액의 증감 행태가 비교적 자유롭게 나타날 수 있다. 의무지출처럼 엄격한 법령에 기초한 지출이 아니기 때문에 여건 변화에 따라 비교적 유연하게 바뀔 수 있다. 특히 정권이 바뀌게 되면 정권이 추구하는 주요 사업에 대한 예산이 증가하는 경우가 많은데, 이때는 재량적 지출을 늘리는 행태를 보이는 것이다. 혹은 전(前) 정권이 추구한 사업을 축소하려고 하거나 지출에 따른 효과성이 낮은 사업을 중단하기 위해 재량적 지출 금액을 줄이는 행태를 보이기도 한다. 그런 점에서 재량지출은 여건에 따라 비교적 적극적으로 변화되는 행태를 보인다.

　한편, 이러한 지출성격별 행태로 인해 의무지출이 사회적 이슈가 되는 상황이 종종 발생한다. 그것은 바로 의무지출로서 사회보장지출과 관련된 것이다. 법령에 따라 지출되어야 하는 사회보장지출의 경우 의무지출에 속하기 때

---

11) 「국가재정법」 제7조.
12) 「국가재정법 시행령」 제2조.

문에 그 항목이 한 번 만들어지면 삭감과 같은 조치를 취하기가 어렵다. 관련 법령을 개정하지 않는 이상 법령에 따라 계속 지출되어야 한다. 그래서 만일 고령층을 대상으로 하는 새로운 사회보장지출 항목이 의무지출로 만들어지게 되면 고령화시대로 접어든 현 시점에서 볼 때 지출규모는 계속 커질 가능성이 높다. 사회보장제도(예: 기초생활보장급여, 기초연금, 노인장기요양보험 등)와 복지재정에 관한 내용이 사회적 이슈가 될 때 항상 의무지출의 속성을 말하는 이유가 여기에 있다.

이로 인해 페이고(Pay-Go: pay as you go) 제도가 함께 언급되기도 한다. 페이고란 원어 그대로의 뜻은 벌어들인 만큼만 돈을 쓴다는 의미인데, 이는 재원이 소요되는 어떤 법이나 정책을 만들 때는 반드시 그 재원의 조달 방안도 함께 마련(입법화)하도록 해야 한다는 뜻이다. 한 번 만들어지면 없애기 어려운 의무지출을 낳는 법령이나 정책이 만들어질 때 반드시 유의해야 할 사항으로 여겨지는 제도이자 원칙이다. 특히 정치인들이 자신들의 지지도나 재선을 위해 무분별하게 의무지출 성격의 법과 정책을 만드는 것에 대한 일종의 제동장치인 것이다. 이는 재정건전성을 높이고 실효성 있고 현실성 있는 정책을 만들기 위한 노력이기도 하다.

제2절 예산배분의 특징적 현상

1. 예산극대화 현상[13]

정부예산의 증가는 쉽게 목격할 수 있는 현상 중 하나이다. 매년 다음 연도의 예산을 발표할 때면 역대 가장 많은 예산이 편성되었다고 말한다. 정부예

---

13) 예산극대화 현상의 내용은 '김민주(2019). 『공공관리학』, 박영사, pp. 32-37'에서 발췌한 내용을 부분적으로 보충 및 보완해서 작성하였다.

산의 증가는 사회가 복잡해짐에 따라 정부가 개입해서 해결해야 할 문제가 많아졌기 때문일 수 있다. 사회문제 해결을 위해 정부예산은 필수적이기 때문이다. 그런데 정부예산이 증가되고 때로는 비대해졌다고 비판하는 이유를 다르게 설명하기도 한다. 관료를 초점에 두고 그 이유를 설명하는 것이 예산극대화 현상(budget maximization)이다.

니스카넨(William Niskanen)은 정부예산이 비대해지는 이유를 자기 이익을 추구하는 관료의 합리적 행동의 결과로 설명한다. 관료도 효용(utility)을 극대화하려는 개인이라는 관점에서 볼 때, 관료는 자신이 속해 있는 조직이나 부서에 가급적이면 많은 예산이 편성되기를 바라는 동기를 지니고 있다. 예산을 많이 받는 것이 자신의 효용을 높이는(극대화) 방법이 되며, 이는 경제인의 관점에서 보면 합리적인 행동이다.

관료들에게 효용으로 다가오는 동기에는 예산을 많이 가지게 됨으로써 함께 생기는 권력과 지위, 명예, 평안, 안전, 명성과 수입, 변화의 용이성과 관리의 용이성 등이다. 예산이 곧 권력이고 힘이라는 말처럼 정부 관료들 중에서 예산이 많이 편성되어 많은 예산을 사용할 수 있는 재량과 권한을 가지게 된 관료는 그렇지 않은 관료보다 더 큰 효용을 누릴 가능성이 높다. 그래서 가급적이면 관료들은 자신이 속한 부처나 부서 및 조직의 예산을 극대화하려고 한다.[14]

사실, 관료들은 그 누구보다도 예산을 극대화하기에 유리한 상황에 위치해 있다. 예산편성의 권한을 지닌 그들은 예산을 직접 사용하는 집행기관에 속해있다. 그래서 관료는 예산안을 심의하는 국회의원들보다 예산 사용의 필요성 주장에 대한 뒷받침의 근거를 더 많이 알고 있다. 그것들을 이용해서 예산이 필요한 이유를 구체적으로 말하면서 예산 증액을 적극적으로 요구할 수 있다. 그리고 관료들은 정치인들이 공약으로 내세운 정책들을 활용해서 그것을 기회로 삼아 예산극대화를 추구하기도 한다.[15] 정치인들의 공약을 실현시켜

14) Niskanen, William A. Jr.(1971). *Bureaucracy and Representative Government*, Chicago: Aldine－Atherton.
15) 김민주(2017). 『정부는 어떤 곳인가: 행정학의 이해와 활용』, 대영문화사, p. 240.

줄 수 있는 사업에 예산을 더 늘리려고 하는 관료는 관료 본인은 물론이고 선거가 중요한 정치인들에게도 좋은 일이다. 실제로 관료들은 의회와의 관계를 염두에 두고 자신들의 효용을 극대화시키는 예산 증액을 위한 노력을 한다. 이는 관료의 예산극대화 행동에 기회이자 동시에 하나의 제약이기도 하다. 의회와의 관계가 전제되기 때문에 예산 증액의 기회도 되지만 그 관계의 틀이 배경이 된다는 점에서 제약이 되기도 하는 것이다. 그런 점에서 어쩌면 관료들에게 중요한 대상(고객)은 시민이 아니라 예산결정자(의결권자, 의회)가 된다.16)

관료들의 예산극대화는 늘어나는 예산에 초점을 두기 때문에 최적산출량에는 관심이 적다. 예산을 늘리는 것 자체가 목적이라서 사무실의 크기를 넓히고 비품 등의 구입을 위한 예산 사용을 통해 위신과 체면을 세우고 권한을 높이는 것이 더 우선이지 최적산출물을 도출하는 것이 우선은 아니다. 예산극대화 현상에 따라 최적산출물이 도출되지 않는다는 것은 [그림 4-1]을 보면 더 잘 이해할 수 있다.

최적산출물의 양은 총편익(TB: Total Benefit)과 총비용(TC: Total Cost)의 차이가 가장 클 때이다. [그림 4-1]에 있는 2개의 그래프 중에서 위에 있는 그래프에 해당된다. 직관적으로 생각해보면 이 말의 의미가 어렵지 않다. 총편익과 총비용의 차이가 가장 커야 가장 많은 이익이 생기게 되는 것은 당연하다. 바로 이 지점에서의 산출량인 Q_1이 최적의 산출량이 된다.

[그림 4-1]의 아래 그래프는 같은 내용을 한계편익(MB: Marginal Benefit)과 한계비용(MC: Marginal Cost)으로 나타낸 것이다. 일반적으로 최적의 공급 수준은 이 둘이 만나는 지점이다. 다시 말해, 한 단위가 추가적으로 생산될 때, 추가적으로 드는 편익과 추가적으로 드는 비용이 일치하는 점이 가장 효율적인 생산이 된다. 그 지점을 넘어서게 되면 추가적으로 드는 비용이 추가적으로 드는 편익보다 더 많기 때문에 최적 상태의 효율적 산출량이 되지 못한다. 물론 한계편익과 한계비용이 일치되기 이전의 지점도 최적 상태의 효율적 산출량이

---

16) Stiglitz, Joseph E.(1988). *Economics of the Public Sector*, second edition, New York: W. W. Norton & Company, Inc., pp. 205-206.

되지 못한다. 더 효율성을 낳을 수 있는 여지가 존재하기 때문이다. 따라서 최적산출량 Q_1는 한계편익과 한계비용이 만나는 지점이고, 이는 총편익과 총비용의 차이가 가장 큰 곳에서의 최적산출량과도 같은 지점이다. [그림 4-1]에 기초해 볼 때, 예산사용에 따른 최적산출량은 Q_1지점에서 생산할 때이다.

그런데, 관료들은 한계편익과 한계비용이 일치하는 지점(Q_1)에서 멈추지 않고 예산을 더 증대시키기 위해 산출량을 더 늘리려고 한다. 한계편익과 한계비용이 일치하는 지점을 넘어선 지점까지 산출물을 만들려고 하는 것이다. 그렇게 해야 최대치의 예산을 확보할 수 있기 때문이다. 그들은 총편익과 총비용이 일치하는 지점까지 산출물을 늘려서 그에 따른 예산극대화를 이루려고 한다. 이것이 가능한 이유는 총편익과 총비용이 일치하는 지점의 산출량인 Q_2까

[그림 4-1] 예산극대화 현상

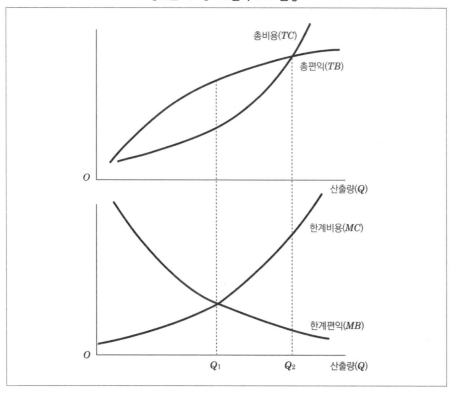

지는 적자가 아니기 때문이다. 단지 추가적인 생산에 따른 추가적인 편익이 추가적인 비용보다 적을 뿐이지 적자는 아니다. 이 지점(Q_2)을 넘어서면 적자가 된다. 공공서비스를 제공할 때 총편익보다 총비용이 초과되지만 않으면 된다는 생각으로 최적의 효율적인 자원배분이 아니라 최소한 적자가 아닌 자원배분을 하게 되는 것이다. 결국 Q_1과 Q_2 간 차이는 비효율적인 산출량이라고 볼 수 있다. 단순히 사무실을 크게 하거나 비품 등에 사용하면서 자신들의 위신을 높이는데 활용되는 비효율적 산출량들인 것이다.

기업처럼 이윤의 극대화가 목적이라면 이런 현상이 발생되지 않겠지만, 정부는 이윤극대화가 아니라 공익추구 목적에서 가급적 국민들에게 공공서비스를 제대로 잘 제공하는 것이 중요하다고 여긴다. 그래서 때로는 감당할 수 있는 비용, 즉 지나친 적자만 아니라면 최대한 많은 공공서비스를 제공하는 것이 더 적절하다고 생각하기도 한다. 그렇게 되면 관료들이 총비용과 총편익이 일치하는 Q_2까지 공공서비스를 제공하면서 예산을 확보하는 것이 정당성을 가지기도 쉽다.

이렇게 본다면 예산극대화는 최적산출량을 낳지 못하는 비효율적 자원배분이 되는 결과를 낳는다고 볼 수 있다. 관료들은 최적의 산출량과는 관계없이 자신들의 위신과 체면, 권력과 명성 등을 위해 예산을 극대화하는 것이다. 이처럼 관료의 예산극대화 문제는 예산극대화를 통해 관료 자신들의 효용을 극대화시켜서 생겨나는 산출물 규모의 적정성과 관련된다.

그러나 관료가 언제나 예산을 극대화하려는 동기를 지니고 있지는 않을 수도 있다. 관료가 자신의 이익을 추구하려는 사람인 것은 맞지만, 반드시 예산과 같은 금전적인 편익에 따른 이익추구적인 행태만을 보이는 것은 아닐 수도 있다는 것이다. 오히려 업무의 성격과 업무환경이나 업무가 주는 영향력 등을 고려해서 자신들의 효용을 더 증가시키려고도 한다. 실제로 현실에서는 예산이 삭감되어도 관료들의 효용은 더 높아지는 경우도 있다. 이와 관련하여 던리비(Patrick Dunleavy)는 니스카넨(William Niskanen)의 예산극대화에 대해 다른 시각을 제시한다. 관료가 자신들의 이익추구를 위해 항상 예산극대화만을 추구하지는 않는다는 주장이다.17) 특히 고위직과 하위직 간의 효용극대화의 동기가 다를 수 있는데, 하위직의 경우 권력이나 위신보다는 예산 확대 등이 강한 동기가 될 수 있지만 고위직은 예산 확대보다는 지위나 위신, 영향력이나 업무의 중요성 등을 통해 자신의 효용을 더 높이려 한다는 것이다. 그래서 고위직 관료들은 예산과 인원의 규모를 늘려서 이익을 추구하려고 하는 것이 아니라, 관청의 형태를 자신의 선호에 맞도록 형성(bureau-shaping)해서 이익을 추구하려고 한다. 그 과정에서 오히려 예산은 줄어들기도 한다는 것이다.

관청, 즉 기관의 형태 중 자신의 효용을 극대화시키는 방향은 대체로 예산은 적더라도 핵심 권력에 가까우면서 영향력이 큰 기관(중앙에 위치한 소규모 핵심 권력기관)이 되도록 하는 것이다. 단순하고 반복적이고 일상적이면서 번잡한 업무는 별도의 조직으로 이관시키고, 자신의 기관은 핵심적인 기능으로만 구성되어 영향력과 권력이 큰 기관으로 만드는 것(관청 형성)이다. 그래서 단순 반복적 기능을 하면서 많은 예산을 가지는 것을 고위직 위치에서는 그렇게 선호하지 않는다는 것이다. 영향력을 높여주는 핵심적인 기능이 중요한 것이지 일상적인 업무는 중요하지 않은 것이다. 그런 일상적이고 반복적이고 번잡한 일들을 다른 기관으로 이관시켜버리면 오히려 예산은 그만큼 줄어든다.

관청 형성의 전략에는 5가지가 있는데, 내부조직의 개편을 통해 정책결정 기능과 수준을 강화하되 일상적인 업무는 분리·이전시키는 것, 내부적인 업무 실행의 변화를 통해서 정교한 관리체계와 정책분석을 하는 전문직 중심의 참모형 기관이 되는 것(자동화 등으로 단순 업무는 최소화), 외부 파트너(하위 공공기관, 계약자, 피규제자, 이익집단 등)와 관계를 조합주의적 관계로 전환하여 정책적인 통제를 높이는 대신 일상적인 업무는 줄이는 것, 비슷한 지위의 다른 기관과 경쟁하여 보다 유리한 기관형태(재량권 확대와 영향력 확대 등)로 전환하며 그 과정에서 번거로운 일은 다른 조직으로 이관시키는 것, 민영화나 계약 등을 통해서 단순 반복

17) Dunleavy, Patrick(1991). *Democracy, Bureaucracy and Public Choice: Economic Explanation in Political Science*, London: Prentice Hall; Dunleavy, Patrick(1985). Bureaucrats, Budgets and the Growth of the State: Reconstructing an Instrumental Model, *British Journal of Political Science*, 15: 299-328.

적이고 일상적이고 번잡한 일들은 하위정부나 준정부기관으로 이전시키는 것 등이다.

이익과 선호를 지닌 관료들 중 적어도 고위관료들에게는 예산극대화라는 동기보다는 자신의 선호(권력과 영향력 향상 등)에 부합하는 형태의 관청을 형성하려는 동기가 더 강하다는 것이 던리비의 주장이다. 물론, 하위직 관료들에게는 예산극대화가 여전히 그들의 효용을 높이는 방법이기는 하다. 따라서 니스카넨의 관료의 예산극대화에 대한 설명이나 던리비의 관청 형성에 대한 내용은 서로 분명한 차이가 있기는 해도 모두 예산배분에서 볼 수 있는 하나의 특징적인 모습에 해당한다.

2. 바그너 법칙과 전위효과 가설

정부예산은 점점 증가하는 경향을 보인다. 그 이유는 다양할 수 있는데, 여기에 대해 설명한 학자 중 한 명이 바그너(Adolph Wagner)이다. 바그너의 법칙(Wagner's law)으로도 불리며 이는 예산팽창에 대한 설명이 된다. 예산의 팽창은 곧 정부지출의 증가에 따른 것이기 때문에 정부지출 증가의 법칙(law of increasing state spending)이라고도 한다.

바그너의 법칙은 경제가 성장할수록 국민총생산(GNP)에서 차지하는 정부지출의 비중은 높아진다는 것이다. 다시 말해, 정부예산이 팽창하거나 정부지출이 증가하는 것을 경제성장에 따라 국민총생산에서 정부지출의 비중이 높아지게 된 결과로 설명한다. 구체적으로 보면, 경제발전에 따라 국민들은 다양한 요구와 욕구를 표출하게 된다. 정부는 그에 대한 대응을 위해 다양한 활동을 하게 되는데 질서 유지는 물론이고 다방면의 공공재 생산 등을 하게 된다. 이런 활동은 곧 정부의 기능과 역할 및 활동을 증가시키는 것이 되고 그에 따라 정부예산과 지출이 확대되는 결과를 낳는 것이다. 예컨대, 복지와 같은 후생 증가를 요구하는 국민들이 정치적 압력을 행사하면 정부는 점차적으로 복지향상을 위해 여러 기능과 활동을 펼치게 되며 그에 수반되는 지출이 증가하게 되는 것이다. 결국은 경제성장에 따른 소득과 생산의 증대로 인한 정부예산과 지출의 증가인 것이다. 그 사이에 정부활동의 증가가 있는 것이다. 그래서 이를 국가활동 증대의 법칙(law of increasing state activities)이라고도 한다.[18]

정부예산의 팽창 현상에 대해 피콕(Alan T. Peacock)과 와이즈만(Jack Wiseman)은 전위효과(displacement effect)를 통해 비슷한 맥락이지만 또 다른 측면에서 그 설명을 이어간다. 이들은 주로 정부예산의 팽창 행태에 초점을 두었다고 볼 수 있는데, 사회가 안정기에는 정부예산의 증가와 국민총생산의 증가가 비슷하지만, 안정기가 아닌 전쟁이나 경제공황과 같은 긴급한 비상상황을 겪은 뒤에는 정부의 예산증가가 국민총생산의 증가를 넘어선다는 것을 발견하였다. 다시 말해, 사회가 안정적인 시기라면 정부예산과 지출도 안정적인 증가를 보이지만, 혼란기에는 위기 극복(국방비 조달이나 수요 진작 정책 등)을 위한 증세가 비교적 쉬워서 정부예산이 비교적 크게 증가하는데, 이는 혼란기 이후에도 이어진다는 것이다.

그렇다면 왜 혼란기 이후에는 혼란기 당시 위기극복을 위해 증가시킨 만큼의 지출이 줄어들지 않는 것일까? 그 이유는 전쟁이나 경제공황 등과 같이 혼란기에 증가된 세수가 혼란기 이후에는 신규사업으로 대체되어 사용되기 때문이다. 즉, 사회적 혼란과 위기가 끝난 후에도 증가된 지출이 줄어들지 않고 새로운 사업을 추진하는데 이용되는 것이다. 이는 일종의 톱니효과(ratchet effect)와 같은 것이다. 일단 어떤 상태에 이르고 나면 그 이전의 상태로 되돌리는 것이 어렵게 되는 것이다. 새로운 사업으로 대체되어 증가된 예산이 계속 이어지기 때문에 이를 전위(displacement)되었다고 하여 전위효과라고 하는 것이다. 정부예산 팽창과 지출 증대 현상을 이와 같이 설명하는 것이 전위효과 가설이다.[19]

---

18) Peacock, Alan and Alex Scott(2000). The Curious Attraction of Wagner's Law, *Public Choice*, 102(1/2): 1–17; Aggarwal, Ritika(2017). Growth of Public Expenditure, *Pacific Business Review International*, 9(9): 122–128.

19) Peacock, Alan T. and Jack Wiseman(1961). *The Growth of public expenditure in the United Kingdom*, Princeton University Press.

3. 재정환상과 리바이어던 가설

　　정부예산이 증가하고 팽창하는 현상은 재정환상(fiscal illusion)의 현상으로
도 설명 가능하다. 재정환상 혹은 재정착각은 납세자들인 국민들이 정부예산
의 사용에 대해 실질적인 내용을 제대로 감지하지 못하거나 올바르게 인식하
지 못하는 상태를 말한다. 제대로 된 감지와 인식이 되지 못하는 것은 납세
자들의 세금 부담에 관한 것으로, 이는 곧 공공서비스의 가격(세금 납부 정도)에
대한 납세자들의 과소평가 경향을 의미한다. 특히 정부예산이 팽창하고 지출
이 많아짐에도 불구하고 납세자들이 그에 따른 부담 정도를 제대로 인식하지
못하는 것이 재정환상의 현상이다. 이는 납세자들이 정부가 제공하는 서비스
의 비용과 편익에 대한 실질적인 재정적 매개변수를 잘못 인식하는 것을 말
하는데, 이로 인해 결국 정부지출의 팽창을 지속시키게 한다. 즉, 납세자들은
정부예산이 증가해서 지출이 팽창해도 곧바로 세금납부를 많이 하게 되는 것
과 같은 당장의 체감도가 높아지는 것은 아니기 때문에 정부예산이 사용되고
지출되는 것에 대해 둔감해지고 그 결과로 정부지출은 계속 팽창하게 되는
것이다.

　　그렇다면, 재정환상이 생기는 이유는 무엇 때문일까? 조세수입의 복잡성
(revenue complexity), 부채 착각(debt illusion), 끈끈이 효과(flypaper effect) 등이 그
이유가 된다. 우선, 일반국민들은 조세부과의 구조와 시스템에 대해 정확히 알
고 있는 경우가 드물다. 정부의 조세수입 구조가 복잡하기 때문인데, 그 복잡
성은 다양한 항목으로 분할되고 나누어져 있는 징세 항목들 때문이기도 하다.
그러다 보니 사람들은 실질적인 조세부담보다 더 적게 부담하는 것으로 착각
하게 된다. 세분화되어 있으면 각각에 대한 부담은 그리 크지 않게 느껴지기
때문이다.

　　그리고 부채 착각 역시 재정환상에 영향을 준다. 여기서 부채는 정부가
발행하는 공채로서, 현 세대에 발행되지만 상환은 미래 세대에 전가되는 부채

이다. 특히 정부는 대규모 사업을 추진하면서 많은 재정이 투입되는데 그 재원은 부채발행을 통해 충당하는 경우가 많다. 바로 이때 사람들은 대규모 사업에 따른 편익을 누리면서도 그 대가인 비용 부담은 미래 세대에 전가시켜 당장의 부담을 느끼지 않게 된다. 따라서 부채에 따른 착각은 재정환상을 낳게 되어 정부지출의 팽창을 야기시키는 것이다. 만일 부채 금액만큼 조세를 거두어서 지출을 한다면 유권자들이자 납세자들이 느끼는 부담의 크기는 훨씬 커질 것이다.

끈끈이 효과란 지방정부의 소득 증가에 의한 지출 증가보다 중앙정부로부터 지방정부로 이전되는 재원의 증가에 의한 지출 증가가 더 크게 나타나는 현상을 말한다. 쉽게 말해, 중앙정부가 지방정부로 국고보조금이나 지방교부세 등으로 재원을 이전시킬 때, 지방정부에 납세하는 주민들의 조세부담이 그만큼 줄어드는 것이 아니라 지방정부의 공공재 공급 수준이 더 증가되는 결과를 낳는다는 것이다. 즉, 국고보조금이 한 단위 증가할 때의 지방정부의 지출 증가폭이 지방정부의 소득이 한 단위 증가할 때의 지출 증가폭보다 더 크다는 것이다. 이처럼 끈끈이 효과는 중앙정부의 이전재원으로 지출의 규모가 더 커지는 결과를 낳기 때문에, 주민들이 느끼기에 지출되는 규모(공급되는 공공서비스의 규모 등)에 비해 납부하는 세금의 비중은 그 전보다 상대적으로 더 적게 느껴진다. 굳이 세금 감면을 하지 않더라도 끈끈이 효과로 인해 상대적으로 세금부담에 대한 체감도가 낮아지므로 정부지출이 팽창하는데 대한 거부감도 덜하게 되는 것이다. 바로 이 점이 재정환상을 야기한다. 지방정부 입장에서는 지역의 소득이 증가해서 세금을 인상하는 것보다 중앙정부로부터 이전재원을 받을 때 세금을 감면하지 않는 것이 더 수월해서 돈이 돈을 부르는(money sticks where it hits) 끈끈이 효과에 친숙해지게 된다.[20] 연구결과마다 차이는 있지만 끈끈이 효과는 국고보조금이 지방교부세보다 더 크게 나타나는 경향이 있다고

---

20) Courant, P., E. Gramlich, and D. Rubinfeld(1979). The stimulative effects of inter-governmental grants: Or why money sticks where it hits. In *Fiscal federalism and grants-in-aid*, ed. P. Mieszkowski and W. Oakland. Washington, DC: Urban Institute Press.

한다.21)

그런데 사실 재정환상은 세금 자체의 속성에서 기인하는 바도 있다. 세금은 단 한 사람만 내는 것이 아니라 많은 사람들에게 동시에 부과되기 때문에 기본적으로 그 규모가 분산되는 효과를 낳아서 개인에게는 큰 부담으로 다가오지 않도록 여겨지게 만드는 속성이 있다. 예컨대 정부가 100억 원 규모의 사업을 위해 재원 마련을 한다고 했을 때 개인에게 영향을 미치는 세금 인상분은 그리 크지 않다. 그리고 이때 100억 원의 비용이 납세자들에게 가시적인 유형물로서 눈앞에 보이는 것도 아니어서 체감하는 정도도 낮을 수밖에 없다. 정부가 세금을 많이 사용한다고 비판은 하지만 정작 인상되지 않고 그대로인 1만 원이 되지 않은 주민세(지역별로 주민세의 차이는 존재)를 고지받으면 정부의 지출 증가에 대한 감각이 무뎌지는 것이 현실이다.

정부예산은 집권화와 분권화의 정도에 따라 설명되기도 한다. 특히 정부예산이 증가하는 것은 정부의 집권화의 정도와 관계가 있다는 것이 리바이어던 가설(Leviathan theory)의 내용이다. 리바이어던이라는 용어처럼 거대한 괴물과 같은 규모가 큰 중앙집권적인 국가라면, 그 독점력을 이용하고 강화시켜서 지출을 더 증가시키게 되고 결과적으로 정부재정도 팽창하게 된다는 것이다. 여기서 말하는 집권화된 정부는 그 지출에 대해서도 모든 통제권한을 쥐고 있는 상태이다. 이렇게 되면 집권화의 정점에 있는 특정 세력이 고착화되어서 그들의 선호가 지속적으로 재정정책에 반영되어 정부지출은 계속 증가하게 되는 것이다. 정부지출의 증가는 정부규모의 증가가 되고 이는 다시 정부의 집권성을 더 높이게 된다. 순환되는 것이다. 중앙집권성이 갖는 권력의 강도는 리바이어던처럼 상당히 크기 때문에 이 순환경로는 견고하게 형성되어 있다.

리바이어던 가설에 따르면, 재정집권성이 높은 곳은 중앙에서 독점적 권력을 발휘하는 세력의 선호만이 반영된 정부지출의 증대를 낳고 그로 인해 정

---

21) Gamkhar, S. and W. E. Oates(1996). Asymmetries in the response to increases and decreases in intergovernmental Grants: Some empirical findings, *National Tax Journal*, 49(4): 501–512.

부규모는 지속적으로 커지기 때문에, 생활현장에 있는 지역주민들에게 제공되는 실질적인 공공서비스의 질은 낮아지게 된다. 따라서 재정분권화가 이러한 문제를 최소화할 수 있는 방법으로 제시되기도 한다. 재정분권(fiscal decentral-ization)이란 중앙정부가 지방정부에게 재정적인 권한과 기능을 이양하는 것으로, 이는 중앙의 리바이어던을 경계하고 제한하는 조치가 된다. 그런데 한편으로는 재정분권과 지역주민들의 재정환상이 자칫 지역수준에서 또 다른 리바이어던을 낳을 수도 있다는 우려가 제기되기도 한다. 그 우려까지 포함해서 정부지출의 증가는 이러한 리바이어던 가설로도 설명된다.

4. 정치적 경기순환

정부예산은 그 속성이 정치적이기 때문에 정치의 영향을 받는 것은 당연하다. 예산과정을 정치과정으로 설명한 윌다브스키(Aaron Wildavsky)의 연구결과들에서처럼 현실에서도 정치와 예산은 불가분의 관계에 있다. 특히 국회의 심의와 의결을 거치는 동안에 예산을 중심에 두고 이루어지는 정치적 게임은 이제 자연스럽기도 하다. 따라서 오래전부터 예산과 정치의 관계를 설명하는 이론들이 존재해왔는데, 그 중 경제정책을 중심으로 한 설명이 정치적 경기순환(political business cycle)이다.

정치적 경기순환은 경제적 경기순환(economic business cycle)과는 다르다. 경기순환이라고 하면 경제적 순환이 먼저 떠오르는 것이 당연한데, 현실에서는 예산과 정치의 밀접함으로 인해 경기가 정치적으로 순환되기도 한다. 정치적 경기순환이란 선거를 앞두고 정부와 여당은 재정지출 확대를 통한 경기확장 정책을 펴고, 선거가 끝나면 긴축적 재정정책을 펼치면서 순환주기를 형성시킨다는 것이다. 즉, 선거를 기점으로 경기부양 정책과 긴축정책이 주기를 띠게 되는 것이 정치적 경기순환 현상이다.

구체적으로 보면, 통상적으로 선거를 앞두고 정부와 여당은 지향하고자

하는 이념과 더불어 정부지출 등을 통해 경기확장 정책을 추진한다. 필요하다면 지향하는 이념과 반대가 되는 정책이라고 할지라도 선거에 도움이 된다면 적극적으로 관련 정책들을 도입한다. 조세부담이나 경제성장이나 실업 등에서 체감되는 경기는 선거에 직접적인 영향을 주기 때문에 그에 대한 정책수단을 적극 활용한다. 주로 조세부담과 실업률을 낮추기 위해 재정지출을 확대하는 모습으로 나타난다.[22] 특히 정부는 여당과 함께 선거가 있을 해 이전에 이 정책수단들을 적극적으로 시행한다. 그래서 선거 이전에는 정부지출의 확대와 관련된 정책들이 많이 나타나게 된다. 현 정부에서 경제가 좋다는 생각이 들어야 유권자들이 또 표를 줄 것이기 때문이다. 그리고 선거가 끝나면 선거 전에 이루어진 경기부양책들로 인해 높아진 물가나 재정적자 등의 문제를 해결하기 위해 긴축적 재정정책을 시행하게 된다. 이렇게 해서 선거를 기점으로 재정확장 정책과 긴축적 재정정책이 만드는 주기가 형성되는 것이다.[23]

실제로 과거 1865~1945년 사이에 치뤄졌던 미국 대통령 선거들을 분석해보면, 불경기에 치뤄졌던 대통령 선거에서는 집권당이 바뀌게 되었고 경기가 좋았던 시기에 대통령 선거가 실시되었던 해에는 집권당의 후보가 대통령으로 당선되었다. 총 20번의 선거 중 16번이 여기에 부합되었다.[24] 이처럼 경험적 분석에 의해서도 정치적 경기순환의 모습은 확인된다. 더 세분화된 모습도 관찰될 수 있는데, 예컨대 대통령제인지 아니면 내각제인지 그리고 연합정부를 구성하고 있는지 아니면 단일정부를 구성하고 있는지 등으로 구분해서 보는 것이다.[25]

---

22) Gordon, Robert(1975). The Demand for and Supply of Inflation, *American Journal of Political Science*, 24: 698-714.

23) 이 내용은 '김민주(2019). 『공공관리학』, 박영사, pp. 45-46'에서 발췌하여 작성하였다.

24) Akerman, Johan(1974). Political Economic Cycles, *Kyklos*, 1: 107-117.

25) Torsten, Persson, Gerard Roland and Guido Tabellini(2007). Electoral Rules and Government Spending in Parliamentary Democracies, *Quarterly Journal of Political Science*, 2(2): 155-188.

제3절 예산배분과 권력

1. 권력의 기본 속성[26]

　　권력에 대한 개념은 다양한 학자들에 의해 제시되었다. 그 중에서도 베버 (Max Weber)는 '다른 사람들의 반대를 거슬러서라도 자신의 의지를 실현시킬 수 있는 가능성'을 권력으로 보았다.[27] 달(Robert Dahl)도 'A와 B 사이에서 A가 시키지 않았더라면 B가 하지 않았을 행동을 A가 시켰기 때문에 B가 그에 따랐다면 이때 A가 갖는 것'을 권력이라고 하였다.[28] 흔히 권력이라고 하면 부정적인 면이 부각되는 경우가 많다. 예컨대, 권력은 억압, 강요, 폭력, 저항, 제한, 압력 등의 용어들과 함께 떠올리곤 한다.

　　하지만 권력의 부정적인 면만 부각되는 것은 현실의 권력을 완전히 설명해주지는 못한다. 권력은 강압이나 강제 등이 수반된 명령을 통해 작용되는 부분도 있지만 다른 한편에서는 자유와 자명성에 기반을 둔 권력도 있다. 권력행사자의 권력행위에 권력대상자가 자유롭게(자발적으로) 따르는 경우도 많다는 것이다. 억압과 강압과 충돌과 갈등에 의한 권력의 모습이 아니라, 권력대상자의 선호나 기호를 만들어내거나 조절하면서 작동하는 권력이다.[29] 즉, 권력은 권력대상자의 특정 행동에 맞서려는 대신 그의 행동반경에 영향을 주거나 그것을 변화시킴으로써 부정적인 제재 없이도 권력대상자가 자발적으로 권력행사자의 의지에 따르는 결정을 하게 하는 것이다. 이는 아무런 폭력이나 강제나 강압 없이 권력대상자의 영혼 안에 권력행사자가 자리를 잡게 되는 권력의 모

---

26) 권력의 기본 속성에 대한 내용은 '김민주(2017). 예산배분 권력의 역전, 『인문사회과학연구』, 18(3): 143-181, pp. 146-148'에서 발췌한 내용을 중심으로 작성하였다.

27) Weber, Max(1948). *From Max Weber: Essays in Sociology*, London: Routledge, p.180.

28) Dahl, Robert(1957). The Concept of Power, *Behavioral Science*, 2: 201-215, pp. 202-203.

29) Lukes, Steven(2005). *Power: A Radical View*, London: Palgrave Macmillan, p. 29.

습이다.

　권력에 대한 온전한 이해는 권력의 두 면을 함께 보는 것이다. 앞에서 각각 언급한 강제(명령 기반)로서의 권력과 자유(자명성 기반)로서의 권력을 함께 본다는 것인데, 이 둘은 서로 근본적으로 다른 것이 아니기 때문이다. 현상에 따른 구별일 뿐이다. 기본적으로 권력은 지속성을 산출하기 위해 존재한다. 여기서 지속성이란 자아의 연속성을 말한다.30) 다시 말해, 권력행사자를 '에고(ego)', 권력행사의 대상자를 '타자(alter)'로 했을 때, 권력은 에고에게 자신의 연속성을 마련해주는 것이다. 즉, 에고가 타자 속에서 자신을 지속시키고 타자에게서 자신을 발견할 수 있게 하는 것이다. 그래서 권력에 대한 욕구는 에고의 자기 지속성의 감정에서 나오게 된다.31) 자아의 연속성을 강제를 통해서 얻을 것인가 아니면 자유를 활용해서 얻을 것인가의 차이가 앞서 말한 권력의 두 면이다. 그래서 권력의 두 면은 현상에 따른 구별일 뿐 기본 구조는 동일하다. 그럼에도 불구하고 그동안은 강제를 활용한 자아 연속성의 구현만이 권력의 모습이라고 주로 여겼던 것이다.

　권력을 에고와 타자의 관계로 설정하고 강제나 자유를 활용한 자아의 연속성을 위한 행위라고 하면, 그동안 사회에 존재했으나 보이지 않던 여러 현상들에서도 권력의 모습이 관찰될 수 있고 동시에 권력의 변화 모습도 이해하게 된다. 사회현상에 대한 권력의 논의가 보다 풍부해지는 것이다. 그런데 권력에 대한 논의를 위해서는, 권력이 에고와 타자의 존재와 이들 간의 자아 연속성의 유지라는 의미를 이해하는 데서 나아가 자아 연속성을 위한 기제를 함께 고려해야 한다. 쉽게 말해서, 에고와 타자가 존재하고 에고의 자아 연속성으로 권력을 볼 때 권력 작동의 동력은 무엇인가?라는 점이다.

　그것은 에고와 타자 간의 '의존성'과 권력 행위의 '의미성'이다. 에고와 타자가 의존하는 정도와 권력 행위가 얼마나 의미 있는가의 정도가 권력 작동의 동력이나 가능성이 될 수 있다. 타자에게는 없지만 반드시 필요한 어떤 것을

---

30) 한병철(2016). 김남시 옮김, 『권력이란 무엇인가』, 문학과 지성사, pp. 15-47.

31) 한병철(2016). 김남시 옮김, 『권력이란 무엇인가』, 문학과 지성사, p. 38.

에고가 가지고 있다면 타자는 에고에 대해 강한 의존성이 생기고, 이는 에고의 자아가 타자를 통해 계속 드러날 수 있게 해주는 요인이 된다.[32] 그리고 에고가 펼치려는 자아 연속적 의지에는 행위가 얼마나 의미 있게 받아들여지는가와 같은 의미 구성이나 의미 연관성도 영향을 미친다. 어찌 보면 의미는 곧 권력일 정도이다.[33] 따라서 어떤 현상에서 권력의 모습을 이해하기 위해서는 '에고', '타자', 이들 간 '자아 연속성의 현상'과 '의존성'과 행위의 '의미성'을 함께 살펴봐야 한다.

2. 예산배분 권력[34]

정부의 다양한 영역들은 권력과 관계된다. 그중에서도 예산과 관련된 분야에서 권력현상은 더 잘 확인될 수 있는데, 특히 예산의 '배분'이 그러하다. 그 이유는 공공자원의 희소성 때문이다. 정부의 모든 일은 공공자원인 예산이 그 전제가 되며, 공공자원이 희소한 것이 문제라서 필연적으로 배분의 행위가 발생될 수밖에 없는 것이다. 다시 말해, 공공자원이 무한해서 얼마든지 사용 가능하다면 그래서 공공욕구를 충족시키기에 충분하다면 정부가 공공자원인 예산을 굳이 '배분'할 필요가 없다.[35] 키(V. O. Key)가 예산이론의 부재를 언급한 문제의식도 예산의 배분과 관련되어 있다.[36] 예산이 희소하기 때문에 그만큼 예산의 배분이 예산활동에서는 핵심이다. 바로 여기서 권력의 모습이 등장한다. 예산개혁을 한다거나 변화를 가하는 것도 결국 권력구조의 변화로 가능한

32) Emerson, Richard M.(1962). Power–Dependence Relations, *American Sociological Review*, 27(1): 31–41, p. 32.

33) 한병철(2016). 김남시 옮김, 『권력이란 무엇인가』, 문학과 지성사, p. 52.

34) 예산배분 권력에 대한 내용은 '김민주(2017). 예산배분 권력의 역전, 『인문사회과학연구』, 18(3): 143–181, p. 149'에서 발췌한 내용을 수정 및 보완하여 작성하였다.

35) 윤영진(2014). 『새재무행정학2.0』, 대영문화사, p. 24.

36) Key, V. O.(1940). The Lack of a Budgetary Theory, *The American Political Science Review*, 34(6): 1137–1144.

것인데,[37] 이 역시 예산배분에 관한 것으로 권력과 관계된다. 그만큼 예산배분은 권력과 불가분의 관계에 있다.

따라서 앞서 살펴본 권력의 기본 속성이 예산배분에서도 적용된다. 일단 희소한 자원을 배분할 수 있는 '에고'가 있고 배분 받는 '타자'가 존재한다. 에고는 예산을 배분하는 행위가 그들의 '일'이고, 타자는 자신들의 '일'을 위해 에고가 배분해주는 예산이 필요하다. 둘은 상호의존관계를 맺고 있는 것이다. 그리고 에고가 타자에게 예산을 배분할 때 무의미하게 배분하지 않는다. 일정한 의미를 부여한다. 배분의 정당성이 그 행위의 의미로 제시된다. 이처럼 예산배분활동에서도 권력 작동의 동력이 되는 의존성과 의미성이 에고와 타자 간에 권력이 생기도록 하고 있는 것이다.

이 과정에서 예산을 배분하는 에고는 그의 자아가 배분을 받는 타자를 통해 지속되도록 하는데, 그 모습은 예산배분자인 에고가 명시하는 예산배분의 정당성이 배분을 받는 타자를 통해 구현될 때이다. 예산 사용의 산출(output)과 결과(outcome) 정도에 따라 여기서 말하는 자아의 연속성 정도는 판단될 수 있다. 그래서 예산과정과 결과의 연계성을 위해 만들어 놓은 많은 제도적 장치(institutional arrangements)들이나 절차적 규범(procedural norms)들은 예산배분자인 에고의 자아 연속성을 위한 것이라 할 수 있다. 예산배분은 기본적으로 가치선호의 문제이고 정치철학의 문제라는 입장에서 보면 예산배분자의 가치와 철학은 결과로 구현되고 그것을 위한 제도적 장치들이 현실에 존재하는 것이다.[38] 이는 예산배분에 대한 경제적 접근이든 정치적 접근이든 같은 맥락이다. 즉, 최적의 효율성을 위한 예산배분이건 게임 감각에 의한 적절한 몫을 위한 배분이건 이는 곧 예산배분자인 에고의 의지가 투영된 자아 구현을 위한 것들

---

37) Wildavsky, Aaron B.(1961). Political implications of Budgetary Reform, *Public Administration Review*, 21(4): 183 – 190.

38) Key, V. O.(1940). The Lack of a Budgetary Theory, *The American Political Science Review*, 34(6): 1137 – 1144; Musso, Juliet, Elizabeth Graddy, and Jennifer Grizard (2006). State Budgetary Processes and Reforms: The California Story, *Public Budgeting & Finance*, 26(4): 1 – 21.

이 된다.

　따라서 예산배분을 권력의 관점에서 보면, 에고로서 예산배분자는 의존성과 의미부여의 동력을 이용해서 자신의 자아를 타자인 예산배분을 받는 대상을 통해 연속시키려고 한다. 실제로 예산을 배분받는 입장에서 예산을 배분받을 때, 예산배분자가 요구하는 사항들을 자세히 보면 그 속에는 언제나 예산배분자의 의도가 내포되어 있다. 그런데 이 행위가 반드시 강제적이거나 억압적이지 않다. 즉, 권력이 강제성에 기반하지 않고 자율성에 기반해서도 작동된다고 했듯이, 예산을 배분 받고 싶은 사람들은 예산배분자의 의도에 맞게 이미 자율적으로 반응하며 행동하기도 한다. 그것 역시 예산배분과정에서의 권력이 작동되는 모습이다. 따라서 예산배분에 따른 권력 작동에 대해 강제(명령 기반)로서의 권력과 자유(자명성 기반)로서의 권력을 모두 이해할 필요가 있다. 특히 더 정교한 권력은 사실 후자인 자유에 기반해서 작동되는 권력이다. 현실에서 예산배분과 관련해서는 이 점에 대해 눈여겨볼 필요가 있다.

제5장

예산이론

예산이론

제1절 예산이론에 대한 관점

1. 예산이론의 필요성

이론은 현상이나 대상에 대한 논리적이고 설득력 있는 설명을 의미한다. 이론에 기초해서 보면 어떤 현상이나 대상을 보다 세밀하고 정교하게 이해할 수도 있고 그동안 보지 못했던 새로운 면을 보는데에도 도움을 준다. 이론은 단순한 인식의 틀(frame)과는 다르다. 자의적 이해가 아닌 설득력 있는 이해가 되도록 해주고, 의사소통을 보다 넓고 깊이 있게 해주는데 기여한다. 그리고 핵심을 볼 수 있게도 해준다. 사실 어떤 대상이나 현상을 온전히 이해하기란 불가능하다. 대신, 그 대상이나 현상 속의 핵심이나 특징적인 사항들을 중심으로 이해한다면 비록 하나도 빠짐없는 설명이 되지는 못하더라도 그 대상이나 현상의 가장 중요한 핵심은 확실히 이해할 수 있게 된다. 이론의 유용성은 여기에 있다. 특히 현대 사회가 워낙 복잡하기 때문에 이론을 활용하는 것이 현상을 이해하는 데 유용하고 수월하게 해준다. 예산을 설명할 때 이론이 필요한 이유도 바로 여기에 있다.

하지만 이론은 자칫 편견을 가져올 수 있고 좁은 시각에 머물도록 할 수도 있고 특정한 면만 부각해서 보도록 하는 문제점을 지니기도 한다. 한 가지 이론만을 아주 구체적으로 정확히 이해하는 사람은 그 이론의 안경만으로 세상을 이해할 수 있기 때문에 다른 이론의 안경으로 동일한 세상을 이해하는 사람과는 의사소통이 될 수 없다. 따라서 이론이 갖는 이러한 문제점을 극복하기 위한 가장 좋은 방법은 가능하다면 많은 이론을 학습하는 것이다. 많은 이론을 안다는 것은 동일한 대상이나 현상을 다양한 안경, 즉 다양한 각도와 관점으로 바라볼 수 있다는 것을 의미한다. 이론마다 설명하는 핵심이 다른 만큼 동일한 현상이나 대상에 대해서도 다차원적으로 이해하게 되는 것이다. 이는 곧 현상과 대상에 대한 온전한 이해로 가는 길이기도 하다. 여러 이론들을 활용해서 다양한 차원으로 대상을 이해하게 되면, 특정한 이론만으로 현상이나 대상을 볼 때 놓쳤던 부분을 보충하는 것과 같다.

따라서 예산현상을 설명하는 이론에 대해서도 가능하다면 여러 이론들을 함께 이해하는 것이 중요하다. 예산현상을 논리적이고 설득력 있게 설명하는 동시에 특정 이론만으로 예산현상을 설명할 때 생기는 한계점도 보완할 수 있기 때문이다. 그렇다면, 예산이론은 얼마나 존재할까?

여기에 대해 예산이론의 부재를 논의한 사람이 키(V. O. Key)이다. 그는 특히 예산결정에 대해 가장 기본적인 질문을 던지면서 그에 대한 답을 제시해주는 예산이론이 아직 부재하다고 했다. 그의 질문은 "어떤 근거로 X 달러를 B사업 대신 A사업에 배분하게 되었는가?"이다. 키(V. O. Key)는 당시(1940년)의 예산 할당 방법이 규범적인 질문(normative questions)을 무시하고 중요한 사회적·정치적 가치들(values)을 고려하지 않고서, 순전히 돈을 할당하기 위한 기계적 과정(mechanical process)이라며 애통해했다. 그는 예산을 할당하는 것이 희소한 자원배분이기 때문에 응용경제학적 성격도 있지만 제도적 질서와 정치세력들도 존재한다는 점에서 정치철학적 성격도 있다고 보았다.[1] 이러한 키(V. O. Key)

---

1) Key, V. O.(1940). The Lack of a Budgetary Theory, *The American Political Science Review*, 34(6): 1137–1144.

의 지적 이후 오늘날에도 여전히 만족스러운 예산이론이 등장하지는 않고 있다.[2] 하지만 예산현상을 설명하는 노력이 멈춘 것은 아니다. 다만, 키(V. O. Key)의 질문에 얼마나 정확하고 만족스러울 정도의 설명을 해내는 이론이 등장하는가의 문제이다.

실제로 예산현상의 모든 면을 다 설명하겠다는 고집을 부리지 않고 나름대로 여러 노력을 통해 예산의 다양한 면을 설명하는데 기여하는 이론들은 있어 왔다. 포괄적이고 중심이론으로 불릴만한 예산이론이 정립되었다고는 할 수 없지만, 그동안 다양한 방식으로 예산이론을 구성하려는 노력들은 있어 왔다. 그러한 노력들이 비록 현상의 모든 것을 설명하지는 못했지만 현상의 핵심(또는 핵심변수)을 설명하는데 큰 기여를 한 것은 사실이다.[3] 그 가운데 예산현상의 특정한 면을 직접적으로 설명하면서 발전된 이론도 있고, 사회과학이나 자연과학 현상을 설명하는 이론을 예산현상에 적용해서 설명하려는 노력도 있어 왔다. 결국 이러한 노력은 예산이론의 필요성에 따른 것으로, 예산현상에 대한 이해를 돕는 차원을 넘어 예산 연구와 예산 자체의 발전에도 크게 기여하였다.

2. 예산이론의 구분

예산현상을 설명하는 여러 이론들은 다양하게 구분될 수 있다. 가장 기본적인 구분은 규범적 이론(normative theory)과 서술적 이론(descriptive theory)의 구분이다. 간단히 그 차이를 나타내면, 규범적 이론은 당위성을 주장하는 이론이

---

2) Gibran, Joan M. and Alex Sekwat(2009). Continuing the Search for a Theory of Public Budgeting, Journal of Public Budgeting, *Accounting & Financial Management*, 21(4): 617－644, p. 617.

3) Premchand, A.(1983). G*overnment Budgeting and Expenditure Controls: Theory and Practice*, Washington, D.C.: International Monetary Fund, p. 40; Caiden, Naomi(1978). Patterns of Budgeting, *Administration Review*, 38(6): 539－544, p. 539.

고, 서술적 이론은 현상에서 일정한 모델을 도출하는 이론이다.4)

규범적 이론은 주로 자원의 효율적 배분에 관한 당위적 측면의 내용들을 다루면서 많은 경우 경제학적 분석에 기초한 효용극대화와 최적분배, 최대편익 등의 용어로 표현된다. 혹은 반드시 경제학적 분석이 아니더라도 올바르다고 여겨지는 예산배분과 결정에 관한 논의들도 해당된다. 따라서 규범적 이론은 서술적 이론과 달리 관찰(observations)보다는 가치들(values)에 더 중점을 둔다.

서술적 이론은 공공영역의 예산활동에 대해 관찰이나 참여에 기초해서 현실 속의 다양한 예산현상을 경험적으로 설명하는데 주로 초점을 둔다. 예산현상과 관련된 상호작용의 모습이나 규칙의 적응 과정, 패턴, 유형화, 변화 모습 등이 모두 묘사되며 설명된다. 그렇기 때문에 서술적 이론가들은 사례별 유사점뿐만 아니라 특정한 변수에 초점을 두면서 추세(trends)나 사건의 전개(sequences of events)를 묘사하고 원인들을 추론한다.

규범적 이론과 서술적 이론은 기본적 관점에서 차이가 존재하는 만큼 각각의 성패 여부를 판단할 때도 일정한 차이를 보인다. 규범적 이론의 경우, 가치 기반의 이론의 제안이 공공실무자들에게 채택되지 않거나 또는 채택은 되었지만 실무와 잘 맞지 않아서 버려진다면 유용성이 떨어지는 이론이 된다. 서술적 이론의 경우, 현실에 대한 이론의 설명력(explanatory power)이 너무 약하다고 판단되면 유용성이 떨어지는 이론으로 평가된다. 이처럼 두 구분에 따른 각각의 이론과 실제의 간격은 서로 다른 관점에서 판정된다.5)

예산이론은 규범적 이론과 서술적 이론의 구분 외에도, 경제적 분파와 조직적 분파와 실증적 분파에 해당되는 각각의 이론들로 구분되기도 한다.6) 그리고 기존의 두 이론인 규범적 이론과 서술적 이론과 함께 대안적 이론으로서

---

4) 이문영·윤성식(2003). 『재무행정론』, 법문사, p. 57.

5) Rubin, Irene S.(1990). Budget Theory and Budget Practice: How Good the Fit?, *Public Administration Review*, 50(2): 179–189, p.179.

6) Premchand, A.(1983). *Government Budgeting and Expenditure Controls: Theory and Practice*, Washington, D.C.: International Monetary Fund, p. 42.

모호성 이론을 추가해서 구분짓기도 한다.[7] 또 포괄적·합리적 인간과 논리적 분석이 전제된 도구적 관점(instrumental approach)과 객관적 기준의 충족이 아니라 적절한 규범이라고 여겨지는 제도적 관행(institutional practice)의 관점으로 구분하기도 한다.[8] 그 외 여러 학자들에 따라 모형 중심의 여러 이론들이 나열식으로 제시되기도 한다. 예를 들어 점증주의(incrementalism), 다중합리모형(multiple rationalities model), 조직과정 모형(organization process model), 중위투표자 모형(median voter model), 공공선택(public choice), 포스트모던 이론(post-modern theory), 거래비용이론(transaction cost theory) 등이 그것이다.[9] 사실 이 이론들은 예산현상에 초점을 두고 설명하는 이론이라기보다는 정책학이나 정치학, 경제학 등에서 사용하는 이론들을 예산현상을 설명하는데 적용하는 것이라 볼 수 있다.

예산이론은 분류기준과 수준에 따라 더 다양하게 구분될 수 있다. 하지만 예산이론 구분의 가장 기본 토대로서 규범적 이론과 서술적 이론에 기초해서 그동안의 예산이론들을 구분하면, 크게 합리주의(총체주의) 예산이론과 점증주의 예산이론으로 나눌 수 있다. 내용의 정도와 표현되는 용어에서는 다소 차이가 있긴 해도 이 두 예산이론의 구분은 비교적 오래전부터 내려오는 구분방식이다.[10] 따라서 이 두 이론이 예산이론의 중심이 되고, 이 두 이론에 대한 비판적 대안들이 곧 최근의 이론들에 해당하는 것으로 여겨지기도 한다.[11]

---

7) Miller, Gerald(1991). *Government Finance Management Theory*, New York: Dekker, Inc.

8) Choudhury, Enamul(2007). Budgeting as a Institutional Practice: Modeling Decision Making in the Budget Process, In Göktuǧ Morcöl(ed.), *Handbook of Decision Making*, Boca Raton: CRC/Taylor & Francis.

9) Bartle, John R.(ed.)(2001). *Evolving Theories of Public Budgeting*, New York: JAI press.

10) Lindblom, Charles E.(1959). The Science of "Muddling Through", *Public Administration Review*, 19(2): 79−88.

11) 이정희(2010). 최근의 주요 예산이론들의 비교, 평가 및 발전방향에 관한 연구,『한국행정학보』, 44(4): 103−130.

이 책에서도 이 두 이론을 가장 대표적인 예산이론으로 하되, 여기에 추가로 공공요구 예산이론과 단절균형 예산이론을 함께 논의하기로 한다. 공공요구 예산이론의 경우 총체주의 예산이론이나 점증주의 예산이론과는 다소 다른 내용을 다루면서 비교적 예산연구의 초기에 논의되었던 이론이기 때문이다. 단절균형 예산이론의 경우는 점증주의 예산이론에 대한 비판적 성격을 지니며 예산연구의 역사에서 볼 때 비교적 최근에 등장한 이론으로서 점증주의 예산이론의 맥락이 이어지는 대표적인 이론으로 다루어지기 때문이다. 따라서 이 책에서 논의하는 예산이론은 공공요구 예산이론, 합리주의 예산이론, 점증주의 예산이론, 단절균형 예산이론이다. 여기서 규범적 이론에 속하는 것이 공공요구 예산이론과 합리주의(총체주의) 예산이론이고, 서술적 이론에 속하는 것이 점증주의 예산이론과 단절균형 예산이론이다. 물론 점증주의 예산이론의 경우 규범적 이론의 성격을 지니고 있는 면도 있다. 이에 대해서는 점증주의 예산이론에 대한 설명 부분에서 다시 다룬다.

한편, 예산현상과 관련해서 행위자들의 행태를 설명하거나 예산의 팽창을 설명하는 등의 이론들은 앞의 제4장(예산배분)에서 논의하였다. 즉, 예산극대화 현상, 바그너 법칙, 전위효과, 재정환상 현상, 리바이어던 가설 등도 이론으로 불리기도 하나, 그것들은 여기서 말하는 예산이론이라기보다는 예산배분의 현상과 그 과정에서 보이는 특정 현상의 특징적 모습이나 일종의 효과 등에 초점을 두고 있다는 점에서 차이가 있다.

제2절 공공요구 예산이론

1. 납세자의 요구와 정부예산

공공요구(public wants) 예산이론은 정부예산의 핵심적인 원천자로서 납세자의 요구가 예산과정에서 결정적인 역할을 한다는 것이다. 머스그레이브(R. A. Musgrave)가 제시한 재정의 기능들을 수행하는 것은 곧 예산결정에 따른 것으로, 이때의 예산결정은 공공의 요구로써 사회적 요구(social wants)나 가치요구(merit wants)에 의해 이루어진다.[12] 여기서 말하는 '요구'는 '선호'를 의미한다. 이미 시장경제영역에서는 자원을 지불하는 사람의 선호가 반영되어서 자원배분의 결정이 이루어진다는 소비자선호에 따른 선택이론이 존재해왔다. 이는 소비자선호에 따른 예산결정의 최대−후생원리(maximum-welfare principle of budget determination)를 적용한 것으로 정부영역에서의 예산결정에서도 같은 원리가 적용될 수 있다는 것이다.[13] 즉, 정부예산 결정과 예산의 변화는 예산 마련의 원천자로서 납세자의 선호에 따라 결정되고 또 변화된다는 것이다.

정부예산의 결정에서 납세자의 요구가 중요하게 작용하는 것은 시장경제영역에 존재하는 사적요구(private wants)의 개별적 선호에 따른 교환관계에서 불가피하게 발생하는 외부효과(externality) 때문이다. 시장메커니즘에서는 주로 가격 신호에 따른 사적요구만 잘 드러날 뿐 외부효과로 인해 발생하는 문제해결이나 공동의 이익을 위한 사회적 요구는 잘 드러나지 않는다. 설사 사회적 요구가 인지된다고 해도 시장에서 적극적으로 해결할 유인이 별로 없다. 따라서 개인들의 선호패턴의 통합으로서 사회적 요구는 시장이 아닌 정부에서 대응하게 된다. 이처럼 정부는 사회적 요구를 충족시켜주는 역할을 하게 되는데, 바로 이때 정부예산이 그 역할을 한다. 정부예산은 납세자인 국민들로부터 나온 것이고 그들(납세자)의 요구를 그들이 공급해준 자원으로 배분해주는 것이기 때문에, 정책가나 행정가가 예산결정을 하는 것이 아니라 납세자들의 선호패턴의 통합으로 도출된 사회적 요구를 정확히 파악해서 그들의 요구에 따라 예산을 배분해야 한다는 것이다. 예산에서 자원배분이란 어디까지나 국

---

12) Musgrave, Richard A.(1959). *The theory of Public Finance: A Study in Public Economy*, New York: McGraw−Hill Book Company.

13) Mueller, Eva(1971). Public Attitudes Toward Fiscal Programs, In Fremont J. Lyden and Ernest G. Miller.(ed.), *Planning Programing Budgeting: A Systems Approach to Management*, Chicago: Markham Publishing Company, pp. 63−64.

민들의 선호유형을 반영하는 것에 불과하다는 입장이 바로 공공요구 예산이론인 것이다.[14]

그런데 공공요구 예산이론의 관점에서 보면, 예산의 원천자로서 납세자가 의사표현(요구)의 핵심적인 주체가 되기 때문에 사회적 요구의 정도나 수준은 납세자들의 소득에 따라 달라질 수 있다. 세금 납부(과세)의 구조로 볼 때 소득탄력성에 따라 사회적 요구를 표현하는 것이 달라질 수 있고, 그에 따라 정부예산의 규모나 크기도 달라질 가능성이 있다. 상대적으로 세금을 많이 낸 사람의 요구와 그렇지 않은 사람의 요구, 그리고 세금을 매우 적게 낸 사람의 요구 등 경우에 따라 정부예산 결정에 대한 요구의 수준은 다르게 여겨질 수 있는 것이다. 하지만, 공공요구 예산이론에서는 사적요구가 아니라 사회적 요구가 중요하다. 그래서 공공요구 예산이론에서는 모든 사람들의 선호를 동일한 것으로 보고 사회적 요구의 당사자인 납세자들에게는 누구나 동등한 자원배분이 이루어지는 것으로 가정한다. 납세의 규모가 소득에 따라 결정되므로 요구의 정도가 사람에 따라 설사 달라질 수 있다고 하더라도, 사람들의 선호나 요구는 동일한 것으로 여기는 것이다. 그렇다면 여기에 대해 불만이 있지 않을까?

이에 대해서는 가치요구(merit wants)의 존재로 설명된다. 공공요구 예산이론에서도 인정하고 있는 것은 바로 가치요구이다. 이는 납세자들의 동등한 납세로 이루어진 예산이 동등하게 배분되어야 하지만, 일부 계층이나 사람들에게 지원되는 무료 교육이나 무료 의료서비스의 경우는 그렇지 않다는 사실과 관련된 것이기도 하다. 사실, 이 경우 무료 교육이나 무료 의료서비스를 받지 않는 납세자는 자신에게 혜택이 돌아오지 않게 되므로 납세 행위가 바람직하지 않다고 볼 수 있다. 그러나 공공요구 예산이론에서 공공요구를 하는 사람들은 이기심이 아닌 이타적 동기도 지니고 있다고 보기 때문에, 본인의 세금으로

---

14) 백완기(2000). 『행정학』, 박영사, p. 498; Musgrave, Richard A.(1959). *The theory of Public Finance: A Study in Public Economy*, New York: McGraw-Hill Book Company, pp. 6-17.

본인이 아닌 불우한 특정 계층에게 혜택이 주어지면 그로 인해 만족감과 보람을 느끼기도 한다. 따라서 특정한 일부 사람들에게만 혜택이 주어지는 가치요구에 대해서도 일반 납세자들의 선호(만족감과 보람 향유 등)가 반영된 정부의 예산결정이 이루어질 수 있다는 입장이다.15) 사람들은 이타심이 있기 때문에 가치가 있는 것으로 여겨지는 것에 대해서도 요구가 생기는데, 그것이 가치요구가 되는 것이다. 비록 일정부분 손해를 보는 일이라고 해도 가치 기반의 요구는 누구나 한다는 것이다. 소득이 더 많아서 더 많이 납세한 사람도 마찬가지의 마음을 가진다고 본다. 실제로 재정정책에 대한 공공의 선호를 조사한 연구결과를 보면, 매우 강한 정도는 아니지만 어느 정도 개인들의 선호대로 정책이 만들어지거나 확대되었고, 또 자신과 직접적인 관계(혜택)가 적은 정책에 대해서도 개인적 선호를 지니고 있는 것으로 나타났다.16)

2. 납세자의 선호

이와 같이 공공요구 예산이론에 따르면 납세자가 정부예산을 배분하고 결정하는 것이 당연하며, 예산이 변화되는 것도 납세자들의 선호나 요구가 변화되어 그에 대한 반응으로 이루어지는 것이라 볼 수 있다. 이 이론은 예산이론에서 예산의 원천인 납세자 중심으로 예산활동이 이루어지는 점을 강조한다는 점에서 민주적인 예산이론이라고 할 수 있다. 그동안 이 이론은 이어서 제3절에서 논의되는 합리주의 예산이론으로 분류되곤 했는데, 그것은 납세자의 선호를 정확히 알아야 한다는 생각 때문이었다.17)

---

15) Musgrave, Richard A.(1959). *The theory of Public Finance: A Study in Public Economy*, New York: McGraw-Hill Book Company, pp. 13-16.

16) Mueller, Eva(1971). Public Attitudes Toward Fiscal Programs, In Fremont J. Lyden and Ernest G. Miller(ed.), *Planning Programing Budgeting: A Systems Approach to Management*, Chicago: Markham Publishing Company.

17) Forester, John(1984). Bounded Rationality and the Politics of Muddling Through, *Public Administration Review*, 44(1): 23-31, p. 24.

하지만 납세자의 선호를 반영하는 것이 반드시 납세자의 선호를 정확히 계산할 수 있어야 한다는 것을 의미한다고 볼 수 없다. 납세자의 선호를 정확히 계산한다는 것은 경제학적 분석 또는 수학적인 분석을 적용해서 가시적으로 측정한다는 것인데, 납세자들의 선호가 경제학적 또는 수학적인 분석에 의해 정확히 계산되는 것은 사실 불가능하다. 많은 요인들, 특히 가치와 관련된 요인들은 정확한 계산이 불가능하다. 그동안 분야를 막론하고 합리주의적 접근이 지니는 한계가 바로 가치의 중요성을 간과했기 때문이라는 지적도 여기에 해당된다.[18]

납세자의 선호는 여론이나 이익단체, 시민단체, 언론이나 정치인들로부터 인지되고 표출되고 결집된다는 점에서, 정치학적이고 사회학적인 배경에서 가치에 기반한 인식으로 판단하는 것이 더 적절하다. 때로는 선호 자체가 비합리적일 수도 있고, 비합리적 현상에 의해 선호가 인식되어 반영될 수도 있다.[19] 그 모두가 공공요구 예산이론에서 말하는 납세자들의 선호에 해당된다. 물론 납세자의 선호라고 해서 무리하게 비합리적인 요구가 예산으로 반영되는 극단적인 경우가 없지는 않을 것이다. 하지만 그런 경우는 드물다. 예컨대 전쟁 중임에도 불구하고 국방비를 없애라고 한다고 해서 없앨 수는 없는 것이다.[20]

사회적 존재로서 사회적 현상을 받아들이는 것이 어쩌면 가장 정확한 선호 인식과 반영의 모습일 수도 있다. 따라서 납세자의 선호를 반영해야 한다는 공공요구 예산이론은 합리주의 예산이론처럼 선호의 정확한 계산과 최대 효용 추구의 결과를 지향하는 것이 아니라, 가치 기반의 선호 인식과 합의 수준의 선호 반영을 지향한다.

---

18) Snider, K. F.(2000) Rethinking Public Administration's Roots in Pragmatism: The Case of Charles A. Beard, *American Review of Public Administration*, 30(2): 123−145.

19) Rubin, Irene S.(1992). Budgeting: Theory, Concepts, Methods, Issues. In Jack W. Rabin, Bartley Hildreth & Gerald Miller(eds.), *Handbook of Public Administration*, New York: Marcel Dekker, p. 10.

20) Musgrave, Richard A.(1959). *The theory of Public Finance: A Study in Public Economy*, New York: McGraw−Hill Book Company.

3. 의의와 한계

공공요구 예산이론은 예산의 가장 기본이 되는 납세 행위의 중요성을 인식하고 있다는 점에서 일정한 의의를 지닌다. 기본적으로 세금은 국민들로부터 비롯되기 때문에 국민들을 위해 그 세금이 사용되는 것은 당연하다. 정부예산이 낭비될 때 '혈세(血稅)'라는 용어로 비판하는 것도 세금의 원천인 국민들의 납세 행위의 중요성을 부각하는 것이다. 특히 공공요구 예산이론은 예산편성이나 결정에서 납세자들의 선호와 요구가 반영되어야 한다는 당위론적 주장을 가장 우선에 두고 있다. 그런 점에서 예산 자체와 예산 사용의 본질에 대해 가장 강력한 주장을 담고 있는 이론이고 동시에 민주적인 예산이론이라고 할 수 있다.

하지만 공공요구 예산이론은 앞서 합리주의 예산이론과의 비교에서도 언급했듯이 공공요구로서 납세자들의 선호가 항상 합리적이거나 올바르다고 할 수는 없다는 점에서 한계가 있다. 대중 선동에 의한 독재자의 선호가 마치 다수의 선호인 것처럼 받아들여진다면 이는 결코 바람직한 예산결정이라고 할 수 없다. 그리고 비록 경제학적 차원의 정교한 정도의 측정은 아니더라도 납세자들의 선호와 요구를 어떻게든 인지하고 받아들여질 수 있을 정도의 측정은 필요하다. 그런데 그 측정 방법이 완벽하지 않다는 점이 한계이다. 제대로 된 측정이 되지 못해 공공요구를 확인할 수 없다면 예산활동도 이루어질 수 없게 된다.

1. 자원의 효율적 배분

합리주의 예산이론은 분석적 모형, 총체주의, 경제학적 접근, 순수합리성 모형 등으로 다양하게 불린다. 지칭되는 용어가 다양하기는 하지만 합리적 계산에 의한 예산 결정과 사용의 효율성과 효용의 극대화를 강조한다는 점에서 모두 동일한 의미를 지닌다. 합리주의 모형에 관한 논의들은 비교적 다른 예산이론들보다 일찍 논의되었다고 할 수 있는데, 이는 1930년대 월커(Mabel Walker)가 한계효용(marginal utility) 측면에서 경제적 사고에 기초한 예산이론을 모색하려는 노력에서 알 수 있다.[21] 그리고 1952년 루이스(Verne B. Lewis)의 연구에서도 이미 합리주의 모형을 위한 전제조건(원칙)들이 제시되기도 했다.[22] 그 전제조건들에는, 예산(자원)은 희소하기 때문에 비용과 이득을 계산한 상대가치를 비교한다는 것, 그리고 한계효용체감의 법칙으로 인해 추가 지출에서 얻는 혜택을 고려하는 점증적 분석(incremental analysis)을 한다는 것,[23] 상대가치를 비교할 때는 공동의 목표를 달성하는데 관련되는가를 고려해서 상대적인 효과성을 평가하게 된다는 것을 들고 있다. 그리고 예산은 곧 한정된 자원을 배분하고자 하는 정책의사결정과정이라는 점에서,[24] 의사결정의 합리모형에서 가정한 인간관이 합리주의 예산모형에서도 동일하게 적용되는 것으로 여겨졌다.

---

21) Beckett, Julia(2002). Early Budget Theory: The Progressive Theory of Public Expenditures, In Aman Khan and W. Bartley Hildreth(ed.), *Budget Theory in the Public Sector*, London: Quorum books, pp. 25-28.

22) Lewis, Verne B.(1981). Toward a Theory of Budgeting, *Public Budgeting & Finance*, 1(3): 69-82.

23) 여기서 말하는 점증적 분석은 이어서 제4절에서 논의할 점증주의 예산이론에서의 점증의 의미와는 다르다. 여기서는 한계적 분석(marginal analysis)의 의미로서 추가적인 지출로 인해 얻는 추가적인 이득을 한계적으로 분석하는 것을 말한다. 이를 두고 점증적으로 분석해나간다고 한 것이다.

24) 이문영·윤성식(2003). 『재무행정론』, 법문사, p. 7.

합리주의 모형에서의 인간관은 이득과 손실을 정확히 파악해 광범위한 대안을 탐색하고 우선순위를 정할 수 있는 능력이 있고 행위의 결과에 대한 확신과 예측능력이 있다고 가정하고 있다.[25] 이와 같은 합리주의 모형은 비교적 일찍 다양한 배경에서 등장하여 예산현상을 설명하는 예산이론으로 자리 잡게 되었다. 이를 합리주의 예산이론이라고 한다.

합리주의 예산이론에 의하면 예산결정이나 배분은 이미 정확히 인지되고 정의된 정책문제를 해결하기 위해 목표를 극대화하는 방향으로 이루어진다. 목표의 극대화는 곧 사회 전체의 효용 극대화를 의미하고 이는 최적화 전략을 통해 달성된다. 최적을 위한 예산결정을 위해서는 예산편성 전에 이미 관련 정보가 완벽히 존재하고 시간적 제약에서도 자유롭다는 것이 전제된다.[26] 이처럼 현실적 제약이 거의 없는 것으로 전제된 합리주의 예산이론에서는 비용편익분석이나 위험과 수익률의 계산과 같은 재무분석 등 다양한 과학적 분석기법들이 활용된다. 이런 분석기법에 의해 화폐 단위로 표시된 비용과 편익을 비교해서 예산결정이 이루어지면 그 자체로 이미 정당성이 있다고 여겨지기 때문에 예산결정에서 협상이나 타협은 필요 없다. 희소한 자원의 효율적 배분의 결과는 그 자체로 정당성이 보장된다고 보기 때문이다.

실제로 이러한 합리주의 예산이론에 배경을 둔 예산제도에는 계획예산제도(PPBS: Planning Programming Budgeting System)와 영기준 예산제도(ZBB: Zero Base Budgeting)가 있다. 비용편익분석을 통해 목표달성을 위한 최적대안을 선정하며 합리적이고 포괄적인 성격이 가장 두드러지는 것이 계획예산제도이고, 예산편성시 기존 사업을 근본적으로 재검토하여 예산 삭감은 물론이고 사업의 중단이나 폐지도 고려할 수 있을 정도로 합리성에 기초한 정밀한 분석을 강조하는 것이 영기준 예산제도이다. 그렇기 때문에 합리주의 예산이론은 예산변화에

25) Morcöl, Göktug(2007). Decision Making: An Overview of Theories, Contexts, and Methods, In Göktug Morcöl(ed.), *Handbook of Decision Making*, Boca Raton: CRC/Taylor & Francis, p. 7.

26) Forester, John(1984). Bounded Rationality and the Politics of Muddling Through, *Public Administration Review*, 44(1): 23−31, pp. 25−26.

대해서도 경제성이 확보되지 못한다면 당연히 변화될 수 있다는 입장이다. 비록 기존에 해오던 사업이라고 하더라도 객관적인 분석을 통해 합리적인 선택이 아니었다고 판단되면, 설사 매몰비용이 발생된다고 해도 기존 사업에 대한 차기 연도의 예산편성은 이루어지지 않을 수도 있다. 합리주의 예산이론에 기초해서 예산을 편성하면 예산과정에서 대폭적인 개편이 발생할 수도 있다. 이처럼 합리주의 예산이론은 예산결정과 사용에서 제한된 자원의 합리적 사용을 추구하는 계기, 또는 항상 합리적 사용을 인지하도록 하는 자극이 된다는 점에서 의의를 지니고 있다. 그 결과 합리주의 예산이론은 예산활동에서 자원 사용의 효율성 등에 관한 당위성을 주장하는 대표적인 이론으로 자리매김하게 되었다.

2. 한계효용과 예산

경제학적 분석에 기초한 활동은 주로 한계효용(marginal utility)에 따라 설명된다. 예산도 마찬가지이다. 한계(marginal)이라는 말은 어떤 행동을 할 때 추가적으로 변화되는 것을 말하는데, 그때 추가적으로 생기는 이익이 한계편익(marginal benefit)이고 추가적으로 발생되는 비용이 한계비용(marginal cost)이 된다. 경제학적 분석에서는 한계적 변화에 따른 이익과 손해(비용)를 비교함으로써 현재 진행하는 행동을 바꿀지에 대한 판단을 하며 적응해나간다고 설명한다.

그런 점에서 한계효용이란, 소비자로 예를 들면 재화를 하나 더 소비할 때 추가로 얻는 효용(만족감)을 말한다. 예컨대 커피가 먹고 싶어서 한 잔 먹고 또 한 잔을 먹고 또 한 잔을 먹는다면, 처음 한 잔을 먹을 때는 아주 맛있고 만족스럽지만 계속된 한 잔이 주는 맛과 만족스러움은 첫 한 잔에 비해 점점 낮아진다. 이처럼 처음 상품을 구입했을 때 얻는 만족감은 동일한 상품을 하나 더 구입했을 때 얻는 만족감과 다르다. 이를 두고 한계효용이 줄어든다고 말한다. 상품 소비량이 늘어날수록 한계효용은 점점 더 줄어드는 한계효용체감의 법칙인 것이다.

한계이론의 핵심은 점증적 움직임을 탐구의 초점에 맞추려는 집요한 추구에 있다. 볼펜을 추가로 더 생산할지 말지의 여부를 기업은 어떻게 결정할까? 한계이론에 비추어보면, 볼펜 한 개를 더 생산함으로써 얻는 수입과 그 한 개를 더 생산하는 데 드는 비용이 같아질 때까지 생산을 계속하는 것이다. 즉, 한계비용과 한계편익이 같아지는 지점까지 계속 생산하다가 두 지점이 같아지면 멈춘다. 한 발 더 나아갈 때의 즐거움이 한 발 더 나아갈 때의 비용을 초과한다면 계속 나아가는 것이다. 영업시간을 더 연장할 것인지 말 것인지, 여행을 하루 더 할 것인지 말 것인지 등도 모두 한계적 사고로 판단할 수 있다.

추가될 때의 경비와 이득을 비교해서 이득이 더 크면 행위의 정당성이 확보된다고 보기 때문에, 이를 예산에 적용해 볼 때도 예산을 한 단위 더 사용함으로써 얻는 이익이 그에 따른 비용보다 크다면 추가되는 예산 사용은 정당성을 가지게 된다. 이익이 크다면 예산을 계속 할당하거나 사용해 나가게 된다. 특히 기존 사업에 추가해서 관련 사업을 진행하고자 하는 경우, 추가되는 사업에 따른 비용보다 편익이 크다면 추가 사업은 진행될 수 있다. 합리주의 예산이론에서는 자원배분에 따른 효용극대화를 위해 이와 같은 판단을 한다.

3. 합리성을 위한 가정과 한계

합리주의 예산이론은 몇 가지 가정에 기초하고 있다. 합리주의 예산이론이 설명되기 위한 가정들이다. 첫째, 합리주의 예산이론은 가능한 모든 대안을 분석해서 최적의 대안을 찾는 방법을 추구한다. 예측 모형이나 이론과 기법 등을 활용해서 예상할 수 있는 모든 것을 탐색한 다음, 그것들을 비교분석해서 결과를 도출한다. 적어도 합리적이라는 것은 가능한 모든 대안에 대한 탐색과

분석을 의미한다는 점에서 합리주의 예산도 그에 따라 이루어지는 관련된 활동들로 구성된다.

둘째, 합리주의 예산이론에서는 합리적이고 분석적인 행위자를 가정한다. 여기서 합리적이고 분석적인 행위자란 가능한 모든 대안을 탐색하고 분석할 수 있는 능력을 보유한 사람을 의미한다. 완전한 지식과 정보를 지닌 사람으로 가정하는 것이다. 예산결정과 집행에 관련되는 모든 행위자들이 여기에 해당될 수 있다. 이들은 합리적 분석을 할 수 있는 이들이기 때문에, 합리주의 예산이론에서는 이들이 결정한 예산은 그 자체로 정당성을 지닐 수 있다. 이들은 자원을 효율적으로 배분할 능력을 지녔고, 또 실제 그렇게 했을 것이라고 여겨지기 때문이다.

셋째, 합리주의 예산이론에서는 합리적인 행위자가 합리적인 예산배분을 위해 대안 탐색과 최적의 선택을 할 수 있을 만큼의 충분한 시간을 보유하고 있다고 가정한다. 이는 합리적 행위자의 합리적 행동을 위한 외부 여건과 관련된 가정이다. 앞의 첫째와 둘째 가정이 모두 충족된다고 해도 합리적 행위를 할 만큼의 여건 조성이 되어 있지 않다면 합리적 예산 활동은 불가능할 수도 있다. 그러한 여건 중 하나가 바로 충분한 시간의 여부이다.

넷째, 합리주의 예산이론은 자원배분의 결과를 파레토 최적(Pareto optimality)으로 가정한다. 파레토 최적은 자원이 가장 효율적으로 배분된 최적배분 상태를 말하는 것으로, 다른 사람의 후생을 감소시키지 않는 한 또 다른 사람의 후생을 증가시키는 것이 불가능하도록 자원이 배분되어 있는 상태를 말한다. 쉽게 말하면, 다른 사람을 현재보다 나쁘게 하지 않고서는 도저히 그 누구도 더 좋게 할 수 없는 상태를 말한다. 그와 반대의 상황 즉, 만일 자원이 배분된 상태에 변화를 가했을 때 어떤 사람의 경제적 후생(economic welfare)은 증가함에도 불구하고 다른 사람의 후생에는 아무런 변화(특히 손해)가 없다면, 변화를 가하기 전의 자원상태는 최적의 자원배분 상태가 아닌 것이다. 최적의 자원배분이란 변화를 가할 때 누군가의 후생 증가가 또 다른 누군가의 후생 감소로 이어지게 되어 있는 상태이다. 이 상태는 균형을 이룬 상태이기 때문에 가장 최적의 배분상태가 된다. 합리주의 예산이론에서는 합리적 예산배분의 결과는 이러한 파레토 최적의 상태라고 가정한다.

하지만, 합리주의 예산이론에서 말하는 합리성을 위한 가정들은 과연 현실적일까? 합리주의 예산이론의 가정들은 몇 가지 점에서 한계를 지니고 있다. 무엇보다도 가능한 모든 대안을 탐색하고 비교 분석하는 것이 쉽지 않다. 행위자의 합리성과 능력에도 한계가 있고, 또 설사 능력이 매우 뛰어나더라도 시간과 같은 외적 여건이 뒷받침되지 못하는 경우도 있다. 그리고 과연 파레토 최적과 같은 자원배분이 가능할 수 있겠는가에 대한 의문도 있다. 예산이 파레토 최적과 같이 가장 최적으로 배분된 상태란 어쩌면 현실적으로 존재하기 힘든 상태일 수도 있다. 후생을 측정하는 것도 쉽지 않고 후생의 변화를 사람마다 확인해서 비교하는 것도 상당히 어렵기 때문이다. 그런 점에서 최적의 자원배분 상태의 개념은 정치적·사회적 변수들이 존재하는 현실에서는 확인하는 것 자체가 어려울 수도 있다.

제4절 점증주의 예산이론[27]

1. 기준 예산과 소폭의 변화

점증주의 예산이론은 합리주의적 예산이론에서 강조하는 경제학적 합리성에 바탕을 둔 예산결정이나 변화에 대해 비판적 입장을 보이는 대표적인 이론이다. 윌다브스키(Aaron B. Wildavsky)에 의하면, 실제 정부부처가 예산결정을 할 때는 총체적이고 종합적으로 가능한 모든 대안을 분석하거나 검토하지 않

---

27) 점증주의 예산이론에 관한 내용은 '김민주(2014). 『원조예산의 패턴: 원조를 위한 돈은 어떻게 변화해 왔는가』, 한국학술정보, pp. 59-62'와 '김민주(2017). 『정부는 어떤 곳인가: 행정학의 이해와 활용』, 대영문화사, pp. 228-231'에서 발췌하여 보충 및 보완해서 작성하였다.

고 오히려 전년도 예산을 기준으로 하여 소폭의 증가에만 관심을 둔다.[28] 그래서 예산결정은 점증적으로 이루어진다는 것이다. 이를 간단히 나타내면, 'base+α'로 나타낼 수 있다. base가 전년도 예산으로서 기준의 역할을 하는 것이고 α가 소폭의 변화를 의미한다.

점증주의 예산이론은 예산결정과정에서 경제적 합리성을 지닌 인간이 현실적으로 존재하는 것이 가능한가에 대한 의문을 품는 것은 물론이고, 예산결정을 위한 대안 탐색과 보유한 정보도 완벽하지 않다는 것을 지적한다. 설사 완벽한 정보가 제공되었다고 하더라도 완전한 합리성이 아닌 비합리적이거나 제한된 합리성으로는 최적의 대안을 선택하는 것이 어렵다는 것이다. 그렇기 때문에 합리적인 목표와 수단에 대한 정확한 계산은 불가능하고, 그 결과 대안 분석 등은 대폭적으로 제한된다는 것이 점증주의 예산이론의 핵심주장이다.[29] 이처럼 비합리적인 인간 혹은 마치와 사이먼(James G. March and Herbert A. Simon)이 말하는 제한된 합리성을 지닌 인간이 현실의 인간적인 모습이라는 점에서,[30] 점증주의 예산이론은 합리주의적 예산이론의 기본 가정 자체에 의문을 제기하며 현실성을 추구한다.

점증주의 예산이론은 합리적 인간을 가정하는 것에 대해 비판적 입장을 지니는 것과 동시에, 합리주의 예산이론에서는 주의 깊게 살피지 않았던 예산과정에서의 이해관계자들과 관련자들의 참여 모습에도 주목한다. 그렇기 때문에 점증주의 예산이론에서는 예산관련자들을 무시하고 합리적인 경제인을 가정한 분석에 의해서만 예산결정이 이루어지는 것은 현실성이 낮다고 본다. 다양한 의견을 지닌 많은 관련자들과 이해관계자들이 존재하는 예산과정에서 경제적 합리성 기반의 최적의 예산결정은 더욱 더 어려운 일이라고 주장한다. 따

28) Wildavsky, Aaron B.(1984). *The Politics of the Budgetary Process*, 4th ed., Boston: Little, Brown & Company, pp. 13−16.

29) Lindblom, Charles E.(1959). The Science of "Muddling Through", *Public Administration Review*, 19(2): 79−88, pp. 81−87.

30) March, James G. and Herbert A. Simon(1958). *Organizations*, New York: John Wiley & Sons.

라서 예산결정은 기준(base) 예산에 기초해서 소폭의 변화가 이루어진 결과라고 본다. 여기서 기준은 예산과정의 참여자들이 자신들과 관련된 예산이 기존의 수준과 거의 유사한 수준에서 결정될 것이라고 믿는 기대를 의미한다. 그에 따라 예산과정의 참여자들은 그들 각자의 기준에 근거해서 협상하고 타협하는 등의 상호조절을 통해 소폭의 변화가 반영된 예산을 결정하게 된다.[31]

좀 더 포괄적으로 기준의 의미를 보면, 기준이 정해질 때 고려된 과거의 경험이나 선례, 표준운영절차, 역사 등이 그에 해당된다. 기존에 행해져 왔던 예산결정과정의 기준이나 표준, 그리고 선례를 참고해서 전년도의 예산에서 어느 정도의 변화를 통해 다음 연도의 예산을 산출하는 것이다. 이와 함께, 과거의 기준과 더불어 당해 연도의 증가분에 대해서는 어느 정도 자신들에게도 증가분이 반영될 것이라는 기대(공평한 몫, fair share)를 갖고 예산을 결정한다. 이 공평한 몫은 지금까지의 기준을 갖게 된다는 것은 물론이고, 다른 기관들의 예산 증감만큼의 일정 부분을 해당기관도 받게 될 것이라는 기대도 의미하는 것이다. 따라서 기준과 공평한 몫이라는 기대를 갖고 예산결정과정의 참여자들은 타협을 하고 협상에 참여하게 되면서 예산결정을 하게 되는 것이다.[32] 대개 타협과 협상은 소폭의 변화로 조정된다. 이렇게 본다면 예산은 정치과정이고 일종의 정치적 게임이기도 하다. 그 게임은 소폭의 변화가 반영된 기준예산의 점증적 결과로 나타나게 된다.

이러한 특징들로 인해 점증주의 예산이론은 기존 예산 뿐만 아니라 기존 예산에 기초해서 산출된 올해 예산도 다양한 정치세력들 간의 합의와 동의, 타협에 의해 나타난 것으로 보기 때문에 사회적 갈등을 제한하는 수단으로 여겨지기도 한다. 따라서 점증주의 예산이론에서 의미하는 예산결정은 이상적으로 바람직한 선택이라고 볼 수는 없지만 현실적으로 받아들일 수 있는 선택이라 할 수 있다. 사람들과 이해(interest)들 간의 갈등을 '관리'한 것이 예산이기 때문

---

31) Wildavsky, Aaron B.(1984). *The Politics of the Budgetary Process*, 4th ed., Boston: Little, Brown & Company, pp. 16-18.

32) Wildavsky, Aaron B.(1984). *The Politics of the Budgetary Process*, 4th ed., Boston: Little, Brown & Company, pp.16-18.

이다. 그런 점에서 점증주의 예산이론에서의 예산결정은 단지 '어떤' 사업이 공공자원을 얻게 되는가의 문제가 아니라 '누가' 공공자원을 얻게 되는가의 문제를 다루고 있는 것이라 할 수 있다.[33]

2. 점감주의

점증주의에서 말하는 소폭의 변화는 증가일 수도 있고 감소일 수도 있다. 그렇다면 점증주의 예산은 곧 점감주의 예산을 의미하는 것이지 않을까? 실제로 점증주의의 맥락에서 점감주의 예산에 관해서도 일부 논의가 있었다. 점증주의는 전년도 예산의 소폭 점증에 주로 초점을 두었다면, 점감주의는 전년도 예산의 소폭 점감에 초점을 두는 입장이다. 사실 점증주의에 대한 관심이 대두되었을 때 암묵적으로 이 점은 인식되었다고 볼 수 있다.

그 증거로 윌다브스키(Aaron B. Wildavsky)가 예산환경에 따라 점증주의가 다른 형태로 변형되기도 한다고 언급하였고,[34] 또 소폭의 증가를 말하면서 동시에 소폭의 감소도 언급하였다는 데서도 알 수 있다.[35] 쉬크(Allen Schick)는 시대별 경제상황에 비추어서 점증주의와 점감주의가 다르게 나타난다는 것을 구체적으로 보여주기도 했다. 성장의 시대에는 점증주의가 적합했지만 감축과 긴축이 강조되는 시대는 점감적인 예산 행태가 나타난다는 것이다. 또 점감주의와 점증주의는 재분배적 재원인가 분배적 재원인가, 그리고 불안정의 정도, 공평한 몫의 문제 등에서도 차이가 존재한다고 했다.[36] 그리고 벤(Robert D.

---

33) Good, David A.(2011). Still Budgeting by Muddling Through: Why Disjointed Incrementalism Lasts, *Policy and Society*, 30: 41−51, p. 50.

34) Wildavsky, Aaron B.(1975). *Budgeting: A Comparative Theory of Budgetary Processes*, Boston: Little, Brown & Company.

35) Wildavsky, Aaron B.(1984). *The Politics of the Budgetary Process*, 4th ed., Boston: Little, Brown & Company, pp. 16−18.

36) Schick, Allen(1983). Incremental Budgeting in a Decremental Age, *Policy Science*, 16: 1−25, p. 21.

Behn)도 점감주의적 예산과정은 점증주의적 예산과정과 차이가 있다는 점을 강조하고 있다.[37]

이처럼 점감주의는 점증주의와 세부적인 내용들에서 차이가 존재하고, 또 구분도 가능하다. 하지만 예산이론을 유형별로 나눌 때는 점감주의를 점증주의에 포함해서 생각해도 큰 무리는 없다. 따라서 포괄적으로 점증주의 예산이론으로 통일해서 사용해도 무방할 것으로 판단하여 이 책에서는 점증주의 예산이론에 점감적 특징도 내포된 것으로 전제한다. 다만, 필요에 따라 점증과 점감에 대한 구분은 언제든지 가능하다는 점만 이해하면 된다.

3. 의의와 한계

점증주의 예산이론의 가장 큰 의의는 예산과정에 대한 현실적 설명력을 높였다는 점이다. 예산과정의 현실적인 모습을 잘 나타내고 있다는 것으로, 이는 예산과정을 정치적 과정으로 보여주면서 가능했던 일이다. 예산이 정치적 과정을 통해 이루어진다는 점에 대해, 앞의 공공요구 예산이론이나 합리주의 예산이론에서는 간과하였거나 구체적으로 설명하지 못한 내용들이었다. 하지만 우리는 현실에서 예산배분을 둘러싼 이해집단의 갈등과 협상과 협의의 모습을 자주 목격하고 있으며, 전년도 예산을 고려한 예산배분 행태도 자주 경험한다. 그런 점에서 예산을 정치적 관점에서 과정 중심적으로 현실적 묘사를 잘하고 있다는 점에서 점증주의 예산이론은 큰 의의를 지닌다.

이때문에 점증주의 예산이론을 규범적 예산이론과 서술적 예산이론으로 구분할 때 서술적 예산이론에 더 가깝다고 분류한다. 하지만 점증주의 예산이론도 규범적 예산이론으로서의 성격을 지니고 있다는 주장도 있다. 점증주의 예산이론에 따른 예산활동의 장점에 비추어서 예산활동에 점증주의가 채택되

---

37) Behn, Robert D.(1985). Cutback Budgeting, *Journal of Policy Analysis and Management*, 4: 155—77.

어야 한다고 주장하는 것은 곧 규범적 이론을 가정하고 있다는 의미이다.[38]

여기서 점증주의 예산이론을 채택해서 예산활동이 이루어질 때 확인할 수 있는 장점이란, 예산과정의 갈등을 최소화시킬 수 있다는 점이다. 기준 예산은 이미 합의가 된 사항이기 때문에 새로운 예산결정은 소폭의 변화에 대한 정치적 과정만 진행될 뿐이다. 예산의 많은 비중을 차지하는 기준 예산은 이미 결정된 전년도 예산이므로 그만큼은 합의가 이루어져 있다고 볼 수 있다. 따라서 애초에 기준 예산 자체를 처음부터 결정하는 것과 비교해보면 예산결정에서 생길 수 있는 정치적 갈등을 상당히 줄일 수 있다. 예산은 곧 정치적 가치를 배분하는 활동이기 때문에 갈등발생은 필연적이라는 점에서 더욱 그러하다. 그리고 점증주의 예산이론에 따른 예산활동은 예측이 용이한 점도 장점이 된다. 이미 기준 예산이 주어져 있기 때문에 이어지는 예산활동에 대한 예측이 용이한 것이다. 따라서 예산에 관련된 이해관계자들은 예상되는 예측에 따라 행동할 수 있다. 이런 장점들로 인해 점증주의 예산활동을 채택하는 것을 하나의 규범으로 삼는다면 점증주의 예산이론을 서술적 예산이론으로만 말할 필요는 없다. 다만, 예산과정에 대한 설명과 예산활동의 결과가 서술적 관점에서 분석되기 때문에 서술적 예산이론으로 분류하는 경향이 더 강하다. 이에 대해서는 어떤 관점을 보느냐에 따라 달리 판단하면 된다.

점증주의 예산이론은 몇 가지 한계점도 지니고 있다. 무엇보다도 소폭의 변화에 대한 논란이다. 점증주의 예산이론에 기초해서 예산현상을 설명할 때 과연 점증의 변화를 어떻게 인식해야 하는가의 문제이다. 여기에 대해 주로 사용되는 기준은 점증주의 예산이론에 대한 초기 연구자이자 가장 먼저 그 기준을 적용해서 연구한 윌다브스키(Aaron B. Wlidavsky)의 기준이 있다.[39] 그의 기준을 그대로 적용하는 연구가 있는가 하면 연구에 맞게 조금씩 조정해서 사용하기도 한다. 윌다브스키(Aaron B. Wlidavsky)는 전년도 대비 10%의 증가를 점증과

---

38) 이문영·윤성식(2003). 『재무행정론』, 법문사, p. 58.

39) Wildavsky, Aaron B.(1984). *The Politics of the Budgetary Process*, 4th ed., Boston: Little, Brown & Company.

단절(비점증)의 기준으로 제시하고 있다. 10% 이하의 증가를 보인다면 점증적이라 할 수 있고 10%를 초과하는 증가를 보인다면 단절 발생으로 판단하는 것이다. 이 외에도 나름의 이유와 근거를 가지고 소폭의 기준을 제시하는 많은 연구들이 존재한다.[40] 하지만 어느 기준이 가장 적절한지에 대한 합의는 없다. 이처럼 점증주의 예산이론에 따라 예산현상을 설명할 때 통일된 점증성 판단의 기준이 마련되어 있지 않다는 한계점이 있다.

또 다른 한계로, 점증주의 예산이론은 주로 정치적 이해관계자들의 활동이 활발한 사회와 같이 비교적 다원화된 사회에서 잘 적용(설명)될 수 있다는 점이다. 다른 말로 하면 다원화되지 못한 사회에서 이루어지는 예산활동에 대해서는 이론 적용에 한계가 있다는 의미이다. 정치적 이해관계자들이 자신들의 목소리를 제대로 내지 못하는 상황에서 공평한 몫을 기대하는 것은 불가하며, 독재자와 같은 단독의 지도자가 예산결정을 독단적으로 해버리는 국가의 예산과정과 현상을 설명하기에도 적합하지 않다.

그리고 점증주의 예산이론은 점증적으로 변화되지 않는 예산에 대해서는 설명하지 못한다는 한계점도 지니고 있다. 다원화된 사회에서 정치적 이해관계자들 간의 합의와 타협 등으로 예산이 이루어지더라도 반드시 소폭의 변화로 예산변화가 나타나지 않는 경우가 있다. 여기에 대해 점증주의 예산이론에서 말하는 '정치적 과정이 소폭의 변화를 낳는 과정'이 아닐 수도 있다는 보다 근본적인 비판이 가능하고, 또는 외부적 요인 등으로 인해 예산에서 소폭의 변화가 항상 발생하는 것도 아니라는 현실적 비판도 가능하다. 다시 말해, 정치적 게임을 하는 행위자들 간에 서로 타협을 해도 그 결과는 대폭적인 변화가 생길 수도 있고, 또 국제정세나 경제상황 등에 따라 점증적인 변화를 벗어나는 경우도 있을 수 있다는 점이다. 점증주의 예산이론은 이러한 상황에 대한 설명력은 떨어진다.

---

40) 김민주(2014). 『원조예산의 패턴: 원조를 위한 돈은 어떻게 변화해 왔는가』, 한국학술정보, pp. 89-90.

제5절   단절균형 예산이론[41]

1. 균형과 단절의 현상

단절균형이론은 진화생물학(evolutionary biology)에서 처음 논의되었다. 지속적인 진화를 보여주는 화석기록이 충분하지 않다는 사실과 종들(species) 간에도 단절적 현상이 존재한다는 점을 확인하고 이에 대해 연구하면서 단절균형모델(model of punctuated equilibria)이 제시되었다.[42] 이 연구에 따르면, 진화는 안정적인 상태가 오랫동안 지속되다가 급격한 변화 과정을 겪게 되고 그 후 다시 안정적인 상태가 지속되면서 계속 이어지는 것이라고 했다. 점진적(gradualism)으로만 진화가 이루어지는 것이 아니라 단절적(puctuation)인 변화가 수반되어 종의 변화가 생기고 그것이 안정적인 상태로 이어지다가 다시 단절적 변화를 수반하는 등의 단절적 템포(tempo)와 균형적 상태의 불연속적인 과정의 반복으로 진화가 나타난다는 것이다.

여기서 점진적인 것은 점증주의 예산이론에서의 점증적인 현상과 유사한 것으로 볼 수 있고, 같은 종의 단절적 모양 변화는 점증적인 변화가 아닌 비점증적인 현상으로 볼 수 있다. 그래서 진화생물학에서의 단절균형모델은 정책변동과 예산변화에 적용되기 시작했다. 처음 단절균형이론이 행정학 영역에 적용된 이후, 점증주의의 한계를 극복하는 중심적인 이론이 되면서 많은 연구

---

41) 단절균형 예산이론에 대한 내용은 '김민주(2014).『원조예산의 패턴: 원조를 위한 돈은 어떻게 변화해 왔는가』, 한국학술정보, pp. 69-76'에서 발췌하여 보충 및 보완해서 작성하였다.

42) Eldredge, Niles and, Stephen Jay Gould(1972). Punctuated Equilibria: An Alternative to Phyletic Gradualism, In Thomas. J. Schopf(ed.). *Models in Paleobiology*, San Francisco: Freeman, Cooper and Co., pp. 85-97; Gould, Stephen Jay and Niles Eldredge(1977). Punctuated Equilibria: The Tempo and Mode of Evolution Reconsidered, *Paleobiology*, 3(2): 115-151, pp. 118-122.

자들에 의해 활용되었다.[43] 특히 예산은 '지속'과 '변화'로 특징지을 수 있다는 말처럼 예산연구에서 단절균형이론은 점증주의 예산이론에 대응하면서 하나의 예산이론으로 자리매김하고 있다.[44]

단절균형이론에 따르면, 정부는 제도적으로 이루어지는 안정성과 극적인 변화로 인한 정기적인 단절이라는 일련의 연속체로 가장 잘 이해된다고 본다.[45] 그래서 오히려 정부 정책과 예산과정에서 점증주의적인 현상만 나타나는 것은, 그보다 더 일반적인 현상이라고 할 수 있는 불균형적 정보과정 (disproportionate information processing)의 특별한 사례라는 것이다.[46] 물론 단절균형 예산이론에서도 점증주의 예산이론과 같이 제한된 합리성을 가진 정책결정자와 여러 관련자들의 제도적 마찰(institutional friction)을 가정하고는 있다. 하지만 차이는 단절균형 예산이론에서는 점증주의와 달리 종종 정책의제의 우선순위 변화나 균형규범이 붕괴되면서 대폭적인 예산변화가 나타난다는 것이다.

이는 점증주의에서 점증적 예산변화가 기준(base)에 의해 이루어진다고 한 데서 알 수 있는 것으로, 정책의제의 우선순위 변경으로 인해 기존의 우선적인 정책에서 형성되었던 기준이 아닌 다른 기준이 설정되거나 혹은 기준 없이 산출이 형성되기 때문이다. 점증적 변화가 기준에서 공평한 몫에 대한 기대로 이루어지는 매개구조를 지니므로, 새롭게 우선시된 정책은 기존에 우선시되었던 정책의 기준에 의해 예산이나 정책이 형성되는 것이 아니기 때문에 점증적 변화의 주요한 전제조건인 기준의 존재라는 것에 대한 전제가 사라진 상태가 된다.

---

43) Baumgartner, Frank R. and Bryan D. Jones(1993). *Agendas and Instability in American Politics*, Chicago: University of Chicago Press.

44) Patashnik, Eric M.(1999). Ideas, Inheritances, and the Dynamics of Budgetary Change, *Governance: An International Journal of Policy and Administration*, 12(2): 147 – 174.

45) Baumgartner, Frank R. and Bryan D. Jones(1993). *Agendas and Instability in Am2erican Politics*, Chicago: University of Chicago Press, p. 251.

46) Jones, Bryan D. and Frank R. Baumgartner(2005). A model of choice for Public Policy, *Journal of Public Administration Research and Theory*, 15(3): 325 – 351, p. 325.

그렇기 때문에 기존의 기준에 기반하여 합의나 협상으로 소폭적인 점증 혹은 점감으로만 예산변화의 패턴이 지속적으로 나타나는 것이 아니라, 기준이 없기 때문에 이전에 우선시되었던 정책 산출과는 다른 단절적 변화가 발생할 수 있는 것이다. 그리고 그 후에는 다시 점증적인 변화를 보이는 균형상태를 찾게 된다. 따라서 단절균형 이론에서는 점증주의와 달리 정책의 우선순위나 새로운 의제에 따라 기존의 기준(base)이 없어지거나 무용해지거나 새롭게 재설정되기 때문에 기존의 기준에 의한 점증적 변화가 아니라, 주로 장기간의 안정과 단기간의 간헐적 단절이 반복되면서 전반적으로 정책이나 예산 산출이 단절균형의 모습을 보이게 된다고 주장한다.[47)

2. 정책독점과 균형상태

단절균형 예산이론에서는 균형상태가 지속되다가 파괴되는 요인 중 하나로 정책독점(policy monopoly)의 약화와 붕괴를 들고 있다. 정책독점은 독점을 형성한 이들에게 유리한 정책결정이나 예산배분이 변함없이 지속되도록 하는 강력한 힘을 지닌 일종의 단일적 권력체이다. 정책독점 상황에서는 독점 참여자 이외에는 접근을 제한하는 제도가 구조화되어 있고, 동시에 그 제도와 관련된 지배적 아이디어가 뒷받침되고 있다. 따라서 정책독점은 독점적 정책결정을 위한 제도화의 견고성이나 지속성과 관련된다.

실제로 정책독점자들이 구조화된 제도를 바탕으로 그들의 활동이 고차원적이고 고상한 목표를 위한 것이라고 다른 사람들을 확신시킬 때 정책독점이 더 강하게 형성되기 쉽고 또 지속되기도 쉽다. 이때 제도적 구조와 제도를 지지하는 아이디어는 정책이미지를 형성하는데까지 나아간다. 이 정책이미지는

---

47) John, Peter and Helen Margetts(2003). Policy Punctuations in the UK: Fluctuations and Equilibria in Central Government Expenditure since 1951, *Public Administratio*n, 81(3): 411−432, pp. 413−414.

다시 제도적 구조와 아이디어를 더욱더 지지하고 견고화시킨다. 그 결과 기준
(base)의 유지가 강하게 기대되므로 그 기대 충족에 따른 정책 산출의 모습은
점진적 변화가 주를 이루게 될 뿐 급변의 모습은 쉽게 보이지 않게 되는 것이
다. 여기서 제도는 표준화된 절차로 나타날 수 있고 지배적 아이디어는 지배적
신념이나 사상이 될 수 있다. 이런 상황에서는 지속적인 안정을 유지하며 정책
독점이 원하는 정책의제만 채택되고 실행된다. 기존의 기준이 지속적으로 유
지되는 것이다. 그래서 전년도의 관행과 역사가 오늘과 내일의 점증적 변화를
지속적으로 유도하며 안정적인 균형상태가 계속되도록 하는 것이다.

3. 단절 발생

그러나 정책독점은 붕괴되거나 파괴될 수 있고 약화될 수 있다. 주로 기
존 사회문제에 대한 정의나 정책의제의 우선순위의 변화를 유인하는 공공의
관심이 집중될 때이다. 미디어의 역할이나 정치적 캠페인이 모두 이때 이루어
지며, 그에 따라 이때가 단절의 시작이 되는 기회의 창(windows of opportunity)이
열리는 때가 된다. 물론 기존의 정책독점을 완전히 약화시킬 정도의 강력한 힘
이 단기간에 수시로 나타나기는 어렵다. 그래서 장기적 균형과 단기적 단절의
반복인 것이다. 그렇지만 한편으로는 환경적 변화나 문제의 심각성 정도에 따
라 단절 발생 가능성의 여건이 쉽게 형성되어 기회의 창도 비교적 어렵지 않
게 열리는 경우도 있다.[48)

바로 여기에 단절 발생의 첫 번째 요인이 있다. 예산결정과정에 영향을
미치는 정책의제(아젠다)가 그것이다. 점증적 예산산출을 낳는 예산결정과정은
현재의 정책아이디어로 뒷받침되어 이미 형성되어 있는 기준(base)이 그 기반
이 된다. 그런데 새로운 정책의제에 영향을 받아 기존의 정책의제로 형성되었

---

48) Baumgartner, Frank R. and Bryan D. Jones(1993). *Agendas and Instability in American Politics*, Chicago: University of Chicago Press, pp. 1−55.

던 점증적 변화의 전제조건인 기존의 기준이 흔들리게 되면 기준 없는 예산산출을 낳는 즉, 기존과는 다른 단절적 예산변화를 보이게 되는 것이다. 새로운 사회문제에 대한 인식, 문제에 대한 새로운 정의, 새로운 우선순위 선정 등이 반영된 이전과는 다른 새로운 정책의제는 이전의 기준(base)에 의해 합의된 결과로 산출되었던 점증적 예산변화와는 더 이상 부합하지 않는 것이 된다. 실제 연구에 따르면 정책의제의 새로움은 기존 예산결정과정 하에서 약한 합의나 불합의의 가능성을 높이고, 또 새로운 의제이기 때문에 기준(base) 자체가 없는 데서 오는 불안정(volatility)으로 인해 단절적 예산변화를 발생시킨다.[49]

단절 발생은 정책의제 변화에 따른 영향 뿐 아니라 제도적 구조 변화에 의해서도 나타난다. 이것이 정책의제 변화 이외에 또 다른 단절 발생의 요인이 된다. 일단 기존의 제도적 구조에 변화가 생기면 정책 산출의 변화를 이끌게 되면서 단절이 발생하기 쉽기 때문이다.[50] 제도적 안정성은 과정적 점증성을 나타내면서 결과적 점증성의 가능성을 높이지만, 반대로 제도적 안정성이 낮아지면 결과적 비점증성의 가능성이 높아진다.[51] 그래서 단절균형 이론에서는 제도가 단절의 또 다른 중요 요인이라고 보고 있다.

여기서 말하는 제도는 앞의 단절 발생요인인 정책의제와 같은 무형의 구조적 제약이라기보다는 유형의 구조적 제약으로, 정책이나 예산결정의 산출을 낳는 시스템으로서 현재의 정책결정을 유도하는 구조를 의미한다. 아무리 기존의 정책이 잘못되었다는 목소리가 높더라도 그 정책이 계속 산출되는 제도적 구조가 그대로인 이상 잘못된 정책은 계속 나타날 수밖에 없는 것이다. 기존의 정책독점이 형성한 제도가 여론의 비판을 받더라도, 독점에 참여한 사람

49) Wildavsky, Aaron B.(1992). *The New Politics of the Budgetary Process*, second ed., New York: HarperCollins Publishers; Jones, Bryan D., James L. True and Frank R. Baumgartner(1997). Does Incrementalism Stem from Political Consensus or from Gridlock? *American Journal of Political Science*, 41(4): 1319–1339.

50) Baumgartner, Frank R. and Bryan D. Jones(1993). *Agendas and Instability in American Politics*, Chicago: University of Chicago Press, p. 12.

51) Padgett, John F.(1980). Bounded Rationality in Budgetary Research, *The American Political Science Review*, 74(2): 354–372.

들은 여전히 건재하고 있는 구조를 통해 자신들의 이익을 안정적으로 얻게 되는 것이다. 따라서 단절적 변화는 제도의 구조적 변화가 중요한 요인으로 작용한다고 볼 수 있다.

제도적 구조의 범위를 절차까지 아우르게 되면, 정책결정과정의 위약한 과정체계(표준이나 절차)가 단절적 변화를 이끌기도 한다. 기존에 설정된 표준절차와 규범이 제도적으로 적응되지 않았거나 그 절차가 바뀌게 되면 기존과 다른 급격한 변화를 동반할 수 있는 것이다. 이점은 사이버네틱스 이론(cybernetics theory)에서 기존의 표준운영절차에 따라 정해진 절차나 처리과정(recipe)을 통해 현상유지가 지속되다가 그 절차에 따라 처리할 수 없는 사례가 발생하면 기존의 정해진(의도된) 균형에서 일탈이 발생하는 것과 같다. 일탈에 다시 적응하기 위해서 그에 맞는 새로운 표준을 설정하게 될 때 단절이 발생하는 것이다.[52] 그리고 구조적 측면에서의 관료제화(bureaucratization)의 정도를 통해 볼 때 조직적으로 덜 구조화가 될수록 더 단절적이라는 연구 결과도 제도적 구조의 변화에 따라 단절의 가능성이 달라질 수 있다는 점을 보여준다.[53]

이와 같이 기존의 특정한 제도(의사결정과정)가 선택된 것을 관련자들 사이의 협상의 결과라고 본다면,[54] 새로운 협상에 따른 새로운 제도의 구성은 새로운 산출을 낳게 되는 것이다. 기존의 구조 자체를 기준(base)이라고 할 때 이러한 제도적 구조 변화도 넓게 본다면 기준의 변화에 따른 것이라고 할 수 있다. 그렇기 때문에 비점증적 변화가 동반되는 것이다.

52) Maruyama, Magoroh(1971). Cybernetics, In Fremont J. Lyden and Ernest G. Miller(ed.), *Planning Programing Budgeting: A Systems Approach to Management*, Chicago: Markham Publishing Company, pp. 330－332.

53) Robinson, Scott(2004). Punctuated Equilibrium, Bureaucratization, and Budgetary Changes in Schools, *The Policy Studies Journal*, 32(1): 25－39.

54) 하연섭(2003). 『제도분석: 이론과 쟁점』, 다산출판사, pp. 144－145.

4. 의의와 한계

단절균형 예산이론은 점증주의 예산이론에 대한 비판과 보완 차원에서 등 장하였다는 점에서 서술적 예산이론의 내용을 보다 풍부하게 보완해주고 있다 고 볼 수 있다. 물론 점증주의 예산이론을 서술적 이론으로만 볼 수 없고 규범 적 이론으로도 볼 수 있다는 주장이 있지만, 서술적 이론에 한정해서 본다면 이와 같은 의의를 지닌다고 볼 수 있다. 점증적인 예산변화 뿐 아니라 단절적 인 예산변화가 실제 발생하는 현상을 설명하는데 단절균형 예산이론이 유용하 게 활용될 수 있기 때문이다.

나아가 이는 점증주의 예산이론이 비교적 다원화된 사회, 즉 다양한 이해관 계자들이 존재하는 곳에서만 설명력이 발휘된다는 한계를 극복해주는 것이기도 하다. 다원화되지 못한 사회에서 발생되는 단절적 예산변화에 대해서는 단절균 형 예산이론이 설명을 보완해줄 수 있기 때문이다. 그런 점에서 단절균형 예산 이론은 단순히 점증주의 예산이론의 비판과 보완 측면의 의의를 넘어서, 예산현 상에 대한 예산이론의 설명을 보다 풍부하게 해주는 역할을 한다고 볼 수 있다.

하지만 단절균형 예산이론도 점증주의 예산이론이 갖는 일부 한계를 함께 지닌다. 과연 어느 정도의 수준을 단절 혹은 균형으로 볼 것인가의 문제와 단 절과 균형의 기간을 어느 정도로 볼 것인가도 의문으로 남는다. 또, 단절을 찾 을 수는 있어도 단절의 이유를 말해주는 것은 아니기 때문에 추가적인 분석이 따라야 한다는 점에서 이론의 불충분성도 지적된다. 이외에도, 단절만 발생되 는 현상에 대한 추가적인 설명이 필요할 수 있다는 점, 그리고 단절만 발생되 는 현상이 오히려 반복적 패턴으로 나타난다면 이를 반드시 단절적 현상으로 만 볼 수 없지 않는가에 대한 의문, 같은 맥락에서 단절과 균형을 하나의 사이 클로 볼 때 그것 자체를 일정한 패턴을 지닌 현상으로 여긴다면 이 역시 단절 적 현상으로만 볼 수 없지 않는가에 대한 의문 등이 제기될 수 있다.

제6장

재정관리제도

제6장

재정관리제도

제1절 정부재정관리의 의미

1. 재무관리의 의미

　　단어의 뜻으로 볼 때 재무(finance)라는 말은 돈과 관련된 사항 혹은 돈에 관한 일을 의미한다. 재무관리(financial management)는 돈과 관련된 사항이나 일을 관리하는 활동으로, 재무의 관리과정(management process)을 의미한다. 이러한 재무관리를 주로 다루는 학문영역은 재무학(theory of finance)이다. 재무학은 자금관리의 문제를 취급하며, 다시 기업재무, 투자론, 금융기관론, 금융제도론 등의 세부 영역들로 나누어진다. 이 영역들은 경영분석이나 국제재무관리, 파생상품 등과 같이 또 다시 세부 영역들로 구분되기도 한다. 이처럼 재무관리의 범위는 상당히 넓다. 하지만 재무관리를 좁은 의미로 보면 주로 기업재무(corporate finance)의 영역에 한정해서 본다.1) 여기서 말하는 기업재무는 기업활동 중에서도 자금흐름과 관련된 제반 의사결정을 보다 효율적으로 수행하기

---

1) 송교직(2017). 『재무관리의 이해』, 신영사, p. 23.

위한 이론과 기법을 취급하는 활동을 의미하고, 이를 관리하는 것이 기업의 재무관리가 된다. 따라서 재무관리의 일반적인 의미는 기업의 자금흐름과 관련된 여러 의사결정을 효율적으로 하기 위한 다양한 관리 활동을 의미한다.

재무관리 과정에서는 다양한 재무적 의사결정들이 이루어진다. 구체적으로 보면, 투자에 필요한 자금조달에 관한 의사결정으로서 자본조달결정(financing decision)이 있고, 자산 배분·운용의 의사결정으로서 투자결정(investment decision), 순이익의 배분(배당과 사내유보)에 관한 의사결정으로서 배당결정(dividend decision), 장기성 유형자산의 구입과 관련하여 발생하는 현금의 유입과 유출에 대한 투자의사결정으로서 자본예산결정(capital budgeting), 지급능력(solvency)의 적정수준 유지와 결정을 위한 유동자산(운전자본)의 관리에 관한 의사결정으로서 운전자본관리(working capital management) 등이 포함된다.[2]

이익을 극대화하려는 기업에게 이와 같은 재무적 의사결정은 기업의 존폐를 결정짓는 것과도 같기 때문에 매우 중요하게 다루어진다. 기업에게 재무는 그 자체가 목적일 수도 있을 만큼 중요하다. 재무관리를 위한 별도의 재무담당 최고책임자(CFO: Chief Financial Officer)를 두고 다양한 재무적 의사결정의 세부 영역들을 관리하고 있는 것도 이러한 이유 때문이다.

2. 정부재정관리의 의미

그렇다면 재무관리의 일반적 의미에 비추어 볼 때 정부영역에서는 재무관리가 존재할 수 없는 것일까? 정부나 기업이나 재무가 존재하고 재무의 중요성도 인식되고 있다면 재무관리가 반드시 기업의 재무활동에만 적용될 필요는 없지 않을까? 재무관리의 일반적인 의미에서 볼 때 기업의 재무가 재무관리의 대상이 된다고 하면 정부영역의 재무관리는 정부재무관리(government financial management)로 지칭하며 다룰 수 있지는 않을까?

---

2) 송교직(2017). 『재무관리의 이해』, 신영사, pp. 24 – 27.

사실, 정부재무관리의 명칭이 얼마나 자리 잡고 있는지에 대한 논의와는 별개로 이미 정부영역에서도 재무관리 활동은 이루어지고 있다. 오히려 기업보다 그 규모가 더 크다. 다만, 정부영역에서는 기업처럼 재무비율 분석이 중심이 된 좁은 의미의 재무관리 영역으로만 한정되어 있지 않다. 그보다는 제도가 기반이 된 재정관리로 이루어지고 있다. 정부의 재무관리라고 해도 전혀 이상할 것은 없지만, 정부는 기업과 다른 차원에서 재무관리 즉, 구별하자면 재정관리가 이루어지고 있다.

무엇보다도 정부는 이윤을 추구하는 것이 전부가 아니기 때문에 기업의 재무관리처럼 이윤 추구를 위한 재무비율 분석이 관리 활동의 초점에 있지 않다. 그리고 사회적 합의에 따라 구성된 제도에 기반해서 효율성과 사회 전체적인 후생 증가를 위해 재원을 마련하고 또 사용한다는 관점에서 볼 때, 기업의 재무관리 차원보다 더 넓은 영역을 아우르고 있다. 따라서 정부의 재무관리 활동은 보다 큰 범위를 포괄한다는 점에서 재정관리로 불리는 것이 더 적절하다.

정부재정관리는 일반적으로 재정관리제도의 형태로 존재하며 제도운영에 따라 재정관리가 이루어진다. 이 책에서는 예비타당성조사, 법안비용추계, 재정사업자율평가, 성인지예산제도, 조세지출예산, 민간투자사업, 총사업비관리, 예산성과금제도, 주민참여예산제도에 대해 살펴본다.

제2절   정부재정관리제도의 종류

1. 예비타당성조사

1) 의미와 배경

정부의 사업은 소규모인 경우도 있지만 대규모인 경우가 많다. 개인이 할수 없는 일을 해주는 주요 주체가 정부인만큼 그 규모도 크다. 규모가 크다는 것은 정부재원의 소요도 많다는 것을 의미한다. 납세자들의 납세에 의한 재원이 적지 않게 소요되기 때문에 정부는 대규모 사업을 할 때 예비타당성조사를 실시하고 있다. 이때 말하는 예비타당성조사란 대규모 신규 사업에 대한 예산편성 및 기금운용 계획을 수립하기 위하여 기획재정부 장관 주관으로 실시하는 사전적인 타당성 검증·평가를 말한다. 예비타당성조사는 대규모 재정사업의 타당성에 대한 객관적이고 중립적인 조사를 통해 재정사업의 신규투자를 우선순위에 입각하여 투명하고 공정하게 결정하도록 함으로써 예산낭비를 방지하고 재정운영의 효율성 제고에 기여함을 목적으로 한다.[3]

이러한 예비타당성조사는 1999년 대규모 정부사업의 비효율성을 줄이고 예산감축 등을 위한 노력에서 도입되었다. 특히 당시 주무관청에서 수행하던 타당성조사 결과의 신뢰성 문제에 대한 대안으로 기대를 모았던 제도이기도 했다. 그 후로부터 예비타당성조사는 대규모 사업으로 인해 국가의 재정규모가 증가하는 현실에서 일종의 문지기(gate-keeper) 역할을 하고 있다. 물론 예비타당성조사로 인해 사업기간의 연장과 사업 지연 및 사업시행 자체의 어려움 등이 지적되기도 하지만, 국가재정의 효율성을 높이고 대규모 사업의 적절성을 평가하는 하나의 장치로서 중요한 의의가 있다. 실제로 2006년도에 보도된 당시 기획예산처의 보도참고자료에 따르면, 1999년 예비타당성조사제도를 도

---

3) 「2018년도 예비타당성조사 운용지침」 제2조, 제3조.

입한 후 2005년까지 총 238개 사업에 대해 예비타당성조사를 실시하여 48조 원의 예산을 절감한 것으로 나타나기도 했다.[4]

　　기본적으로 예비타당성조사는 국가직접시행사업, 국가대행사업, 지방자치 단체보조사업, 민간투자사업 등 정부 재정지원이 포함되는 모든 사업을 대상 으로 한다.[5] 하지만 일정한 기준이 있는데, 그것은 「국가재정법」 제38조에 따른다. 그에 따르면, 기획재정부 장관은 총사업비가 500억 원 이상이고 국가의 재정지원 규모가 300억 원 이상인 신규 사업은 예산을 편성하기 전에 미리 예 비타당성조사를 실시하고, 그 결과를 요약하여 국회 소관 상임위원회와 예산 결산특별위원회에 제출하도록 되어 있다.[6] 즉, 총사업비가 500억 원 이상이면 서 국가의 재정지원 규모가 300억 원 이상인 건설사업이나 정보화 사업, 그리 고 중기사업계획서에 의한 재정지출이 500억 원 이상인 사회복지, 보건, 교육, 노동, 문화 및 관광, 환경보호, 농림해양수산, 산업·중소기업 분야의 사업 등 이 그 대상이 된다.[7]

　　여기서, 예비타당성조사 대상이 되는 신규 사업이란 타당성조사비, 설계 비 등의 국고지원이 없었던 사업을 말한다.[8] 그리고 총사업이란 사업 추진에 소요되는 모든 경비를 합한 금액을 말한다. 즉, 총사업비에는 국가 부담분, 지 방자치단체 부담분, 공공기관 부담분 및 민간 부담분 등을 포함한다. 다만, 사 업기간의 정함이 없이 계속 추진되는 사업의 경우에는 5년간의 사업비 합계를 기준으로 예비타당성조사 대상 여부를 판단한다. 사업유형별 총사업비를 보면, 건설사업은 토목, 건축 등 대규모 건설공사에 소요되는 모든 경비로서 공사비, 보상비, 시설부대경비 등으로 구성되고, 정보화사업은 시스템의 구축 등에 소 요되는 모든 경비로서 장비구입비, 임차료, 소프트웨어 개발비, 구축 후 5년간

---

4) 기획예산처(2006). "예비타당성조사제도 도입 후 48조 원 수준 절감", 10월 21일자 보도 참고자료.
5) 「2018년도 예비타당성조사 운용지침」 제5조.
6) 「국가재정법」 제38조.
7) 「2018년도 예비타당성조사 운용지침」 제4조.
8) 「2018년도 예비타당성조사 운용지침」 제8조.

유지보수비, 추가구축비 등으로 구성된다. 민간투자사업 중 BTL사업(임대형 민자사업)은 국가의 재정지원 규모 산정시 국가가 장래에 지불하는 임대료가 아닌 총사업비를 기준으로 한다.9)

물론 예비타당성조사가 면제되는 사업도 있다. 예컨대, '공공청사, 교정시설, 초·중등 교육시설의 신·증축사업', '문화재 복원사업', '국가안보에 관계되거나 보안을 요하는 국방 관련 사업', '남북교류협력에 관계되거나 국가 간 협약·조약에 따라 추진하는 사업', '도로 유지보수, 노후 상수도 개량 등 기존 시설의 효용 증진을 위한 단순개량 및 유지보수사업', '재난복구 지원, 시설 안전성 확보, 보건·식품 안전 문제 등으로 시급한 추진이 필요한 사업', '재난예방을 위하여 시급한 추진이 필요한 사업으로서 국회 소관 상임위원회의 동의를 받은 사업', '법령에 따라 추진하여야 하는 사업', '출연·보조기관의 인건비 및 경상비 지원, 융자 사업 등과 같이 예비타당성조사의 실익이 없는 사업', '지역 균형발전, 긴급한 경제·사회적 상황 대응 등을 위하여 국가 정책적으로 추진이 필요한 사업으로서 일정한 요건을 모두 갖춘 사업' 등이다.10)

2) 운용

예비타당성조사는 기획재정부 장관의 요청에 의해 한국개발연구원(KDI)의 공공투자관리센터(PIMAC)에서 총괄하여 수행한다. 다만, 기획재정부 장관은 효율적인 조사를 위해 필요한 경우 예비타당성조사 수행기관을 변경하거나 추가로 지정할 수 있다. 현재는 예비타당성조사의 대상이 되면 한국개발연구원(KDI) 공공투자관리센터(PIMAC)에서 총괄해서 수행하고, 국가연구개발사업의 경우에는 한국과학기술기획평가원(KISTEP)에서 총괄하여 수행하는 구조로 되어 있다.

초기의 국가연구개발사업과 관련한 예비타당성조사는 연구기반 구축에 국한하여 진행되었고 이 역시 한국개발연구원에서 수행하였다. 그러다 2008년

---

9) 「2018년도 예비타당성조사 운용지침」 제6조.
10) 「2018년도 예비타당성조사 운용지침」 제11조.

2월 정부조직개편으로 국가연구개발사업에 대한 예비타당성조사가 연구기반구축 뿐 아니라 연구개발 활동을 지원하는 순수 R&D 부문까지 확대되었다. 그래서 순수연구개발사업은 한국과학기술기획평가원(KISTEP)이 수행하고, 연구기반구축사업은 한국개발연구원(KDI)이 각각 총괄기관이 되어 수행하였으나, 2012년부터는 국가연구개발사업 전체를 한국과학기술기획평가원에서 총괄하여 수행하고 있다. 오늘날 국가연구개발투자 규모가 증대됨에 따라 비단 건설사업뿐 아니라 국가연구개발투자에 대해서도 기획단계에서부터 사업의 타당성에 대한 사전 검증의 중요성이 당연하게 받아들여지고 있다.[11]

    예비타당성조사 수행기간은 6개월을 원칙으로 한다. 다만, 기획재정부 장관의 승인을 거쳐 조사 수행기간을 따로 정하거나 연장할 수 있다. 그 경우에 해당하는 사례로는, 대상사업의 성격상 예비타당성조사 수행기간이 6개월을 초과할 것이 명백한 경우이다. 이때는 예비타당성조사 수행기관이 수행기간 종료 시점 등을 감안하여 사전에 기획재정부 장관에게 수행기간 연장을 요청하게 된다. 그리고 사업계획의 변경이 생기는 경우에도 연장이 가능하다. 이때 중앙관서의 장은 변경된 사업내용 등과 함께 기획재정부 장관에게 예비타당성조사 기한 연장을 요청하게 된다. 그 밖에 기획재정부 장관이 예비타당성조사 수행기간 연장이 불가피하다고 인정한 경우에 연장할 수 있다.[12]

    예비타당성조사는 크게 경제성 분석, 정책성 분석, 지역균형발전 분석의 세 분야로 나누어서 한다. 따라서 예비타당성조사 결과는 경제성 분석, 정책성 분석, 지역균형발전 분석에 대한 평가결과를 종합적으로 고려하여 제시하게 된다. 정보화 사업의 경우에는 이 평가항목 이외에도 기술성 분석을 포함한다. 하지만 이때 사업의 주요 내용이 건설사업이라면 그 경우에는 기술성 분석을 수행하지 않을 수도 있다. 그리고 해당 사업이 특정지역으로 정해져 있지 않거나 사업효과가 특정지역에 국한되지 않는 사업이라면 지역균형발전 분석을 생략할 수 있다. 예비타당성조사의 사업유형별 평가항목은 [표 6−1]과 같다. 기본적으로 건설사업은 경제성 분석, 정책성 분석, 지역균형발전 분석이 진행되고, 정보화사업은 경제성 분석, 정책성 분석, 기술성 분석(또는 지역균형발전 분석)이 진행된다. 기타 재정사업은 경제성 분석, 정책성 분석이 진행된다.13)

[표 6-1] 예비타당성조사의 사업유형별 평가항목

사업 유형	평가항목
건설사업	경제성 분석, 정책성 분석, 지역균형발전 분석
정보화사업	경제성 분석, 정책성 분석, 기술성 분석(또는 지역균형발전 분석)
기타 재정사업	경제성 분석, 정책성 분석

경제성 분석은 예비타당성조사 대상사업의 국민 경제적 파급효과와 투자 적합성을 분석하는 핵심적 조사과정으로서 비용편익분석(cost-benefit analysis)을 기본적인 방법론으로 채택하여 분석한다. 비용편익분석을 위해서 사업시행에 따른 수요를 추정하여 편익을 산정하고, 총사업비와 해당 사업의 운영에 필요한 모든 경비를 합하여 비용을 산정한다. 일반적으로 B/C비율(비용대비편익비율)이 1보다 클 경우 경제적 타당성이 있음을 의미한다. 비용편익분석이 적합하지 않다고 판단되는 사업의 경우에는 경제·사회적 파급효과 등을 산출하고 이를 통해 비용효과분석(cost-effectiveness analysis)을 실시할 수 있다.14) 한편, 여유자금 등을 활용하여 수입증대를 주요 목적으로 하는 사업은 경제성 분석 대신 수익성 분석으로 대체할 수 있다.15)

정책성 분석은 해당 사업과 관련된 정책의 일관성 및 사업 준비 정도, 사업 추진상의 위험요인, 고용효과, 사업별 특수평가 항목 등의 평가항목들을 정량적 또는 정성적으로 분석한다. 정책성 분석을 수행할 때 환경적 가치의 고려

13) 「2018년도 예비타당성조사 운용지침」 제32조.
14) 비용편익분석과 비용효과분석은 이 책의 제7장에서 자세히 다룬다.
15) 「2018년도 예비타당성조사 운용지침」 제33조.

가 필요하거나 저탄소·녹색성장에 기여하는 바가 큰 사업에 대해서는 사업 특수평가 항목에 반영하게 된다. 예를 들어, 환경적 가치를 고려하는 사업으로는 국가·시도지정문화재가 다수 분포하는 문화유적지나 갯벌·습지 등 생태적 중요성이 높은 지역의 보전 또는 친환경적 활용이나 관광을 촉진하는 사업 등이 해당된다. 그리고 저탄소·녹색성장 기여 사업으로는 환경오염 저감, 저탄소·에너지 효율개선 등 기후변화 대응 사업, 녹색위 지정 10대 기술 분야 사업 및 녹색기술인정 사업 등이 해당된다. 정책성 분석 과정에서 예비타당성조사 수행기관은 사업추진상 위험요인 분석 및 민간투자 추진 가능성 검토 등을 위해 재무성 분석을 실시하고 그 결과를 제시할 수 있고, 또 해당 사업의 구체적 사업 목적, 목적 달성 여부를 측정하는 수단인 성과지표(성과지표명, 측정산식, 측정방법 등)의 적절성을 검증하고 그 결과도 제시할 수 있다.[16]

　지역균형발전 분석은 지역 간 불균형상태의 심화를 방지하고 형평성 제고를 위해 지역낙후도 개선, 지역경제 파급효과, 고용유발 효과 등 지역개발에 미치는 요인을 분석한다. 그리고 기술성 분석은 업무요구 부합성, 적용기술 적합성, 구현·운영계획 적정성 등을 분석한다.[17]

　사업 타당성에 대한 종합평가는 평가항목별 분석결과를 토대로 다기준분석의 일종인 계층화분석법(AHP: Analytic Hierarchy Process)을 활용하여 계량화된 수치로 도출한다. 여기서 AHP는 항목 간 상대적 중요성을 감안하여 항목별 우선순위의 기준을 선정하는 다기준 의사결정방식의 하나를 말한다. 일반적으로 AHP가 0.5 이상이면 사업시행이 바람직함을 의미한다. AHP 수행시 각 평가항목별 가중치는 특별한 사유가 없는 한 사업유형별로 정해진 범위 내에서 적용한다.[18] 예비타당성조사의 사업유형별 가중치 범위는 [표 6-2]와 같다.

　그리고 종합평가 이외에 필요한 경우에는 사업추진상의 위험요인 및 기타 정책적 고려사항 등을 정책제언으로 제시할 수 있다. 또 기타 재정사업의 경우

---

16) 「2018년도 예비타당성조사 운용지침」 제34조.

17) 「2018년도 예비타당성조사 운용지침」 제35조, 제36조.

18) 「2018년도 예비타당성조사 운용지침」 제37조.

개별사업의 특성, 향후 재정지출의 확대 가능성, 시범사업 및 재평가에 소요되
는 비용 등을 종합적으로 고려하여 시범사업 및 재정사업의 심층평가 실시 필
요성 등을 정책제언으로 제시할 수도 있다.[19]

[표 6-2] 예비타당성조사의 사업유형별 가중치 범위

사업유형	가중치 범위
건설사업	• 경제성 35~50%, 정책성 25~40%, 지역균형발전 25~35%
정보화사업	• B/C 분석시: 경제성 40~50%, 기술성 30~40%, 정책성 20~30% • E/C 분석시: 경제성 30~40%, 기술성 40~50%, 정책성 20~30%
기타 재정사업	• B/C 분석시: 경제성 25~50%, 정책성 50~75% • E/C 분석시: 경제성 20~40%, 정책성 60~80%

예비타당성조사 결과에 대해서는 기획재정부 장관이 예비타당성조사 결
과가 예산편성 및 기금운용계획 수립에 효과적으로 활용될 수 있도록 조사 완
료 후 재정사업평가 자문위원회의 자문 등을 거쳐 조사결과를 해당 부처에 통
보하게 된다. 그에 따라 각 중앙관서의 장은 예비타당성조사 결과 타당성이 확
보된 사업(예: AHP≥0.5)의 추진을 위해 사업의 시급성, 재원여건, 지자체 협의
등 사업 추진여건을 감안하여 기획재정부 장관에게 해당 사업에 대한 예산 등
을 요구할 수 있다. 한편, 예비타당성조사 수행기관은 예비타당성조사 결과 보
고서와 수요예측 자료 등 예비타당성조사 결과에 관한 자료를 수행기관의 홈
페이지 등을 통해 공개하도록 되어 있다.[20]

---

19) 「2018년도 예비타당성조사 운용지침」 제38조.
20) 「2018년도 예비타당성조사 운용지침」 제42조, 제42조, 제43조.

2. 법안비용추계

1) 의미와 배경

법안비용추계란 의안이 시행될 때 예상되는 재정지출에 관한 추계를 의미한다. 「국회법」 제79조의 2에 "의원이 예산상 또는 기금상의 조치를 수반하는 의안을 발의하는 경우에는 그 의안의 시행에 수반될 것으로 예상되는 비용에 관한 국회예산정책처의 추계서 또는 국회예산정책처에 대한 추계요구서를 함께 제출하여야 한다."고 명시되어 있다. 국회의원뿐 아니라 위원회의 제안이나 정부가 제출하는 의안의 경우도 마찬가지이다. 실제 관련 규정에서도, "위원회가 예산상 또는 기금상의 조치를 수반하는 의안을 제안하는 경우에는 그 의안의 시행에 수반될 것으로 예상되는 비용에 관한 국회예산정책처의 추계서를 함께 제출하여야 한다.[21]", 그리고 "정부가 예산상 또는 기금상의 조치를 수반하는 의안을 제출하는 경우에는 그 의안의 시행에 수반될 것으로 예상되는 비용에 관한 추계서와 이에 상응하는 재원조달방안에 관한 자료를 의안에 첨부하여야 한다."고 명시하고 있다.[22] 여기서 말하는 비용추계서란 발의·제안 또는 제출되는 의안이 시행될 경우 소요될 것으로 예상되는 재정지출의 순증가액 또는 재정수입의 순감소액(비용)에 관하여 추계(비용추계)한 자료를 말한다.[23] 쉽게 말해 법안비용추계에 관한 사항을 따른다는 것은 법안에 따라 발생될 비용에 관해 추계한 자료를 제출한다는 것이다.

이러한 법안비용추계는 기본적으로 재정 여건을 고려하고 재정의 효율적 사용을 위한 목적에서 비롯되었다. 무엇보다도 복잡한 현대 사회에서 정부의 역할이 많아지고 그에 따른 관련 법안의 증가가 곧 재정지출의 확대를 의미하

---

21) 이 조항에는 "다만, 긴급한 사유가 있는 경우 위원회의 의결로 추계서 제출을 생략할 수 있다."는 단서가 함께 명시되어 있다.

22) 「국회법」 제79조의 2.

23) 「의안의 비용추계 등에 관한 규칙」 제2조.

는 것이어서, 재정을 고려한 법안 마련의 중요성이 강조된 결과였다. 정치적으로도 재정소요를 고려하지 않는 무분별한 법·규정의 양산이 자칫 재정위기를 불러올 수도 있기 때문에 그에 대한 경계 차원이기도 했다. 특히 의무지출 성격의 법안이라면 법안비용추계의 중요성은 더욱 높아진다.

2) 운용

비용추계서에는 기본적으로 비용추계의 결과, 재정수반요인, 비용추계의 전제 등이 포함되어야 하고, 정부가 제출하는 의안의 비용추계서에는 재원조달방안에 관한 자료가 포함되어야 한다.[24) 비용추계는 의안의 규정에 따라 의무적 또는 임의적으로 발생하는 비용과 하위 법령에 위임으로 발생하는 비용에 대해 실시한다. 그리고 비용추계의 기간은 해당 의안의 시행일부터 5년으로 하되, 재정소요기간이 5년 미만인 경우에는 그 기간으로 한다. 하지만 5년의 기간으로 비용의 추이를 파악하기 어려운 경우에는 추계기간을 연장할 수 있다. 기본적으로 비용추계서에는 장래에 확정되거나 합리적으로 예측되는 비용을 계량적으로 표시해야 한다. 다만, 계량적인 표시가 곤란한 경우에는 이를 대신하여 비용 측면에서 예상되는 결과를 기술하는 것도 가능하다.[25)

법안비용추계를 제출하는 주체로서 국회의원이나 위원회와는 달리 정부의 경우, 특정 사항에 대한 별도의 명시가 있다. 앞서도 짧게 언급되었는데, 그것은 재원조달방안을 포함하도록 하는 내용이다. 즉, 정부는 재정지출 또는 조세감면을 수반하는 법률안을 제출하고자 하는 때에는 법률이 시행되는 연도부터 5회계연도의 재정수입·지출의 증감액에 관한 추계자료와 이에 상응하는 재원조달방안을 그 법률안에 첨부해야 한다. 그래서 각 중앙관서의 장은 입안하는 법령이 재정지출을 수반하는 때에는 추계자료와 재원조달방안을 작성하여 그 법령안에 대한 입법예고 전에 기획재정부 장관과 협의하여야 한다.26) 이때 정부는 재원조달방안을 작성하되, 당해 의안에 수반되는 비용의 재원조달을 위한 조세수입, 세외수입, 국채발행, 일반회계·특별회계 및 기금으로부터의 전입 등 정부내부수입, 차입금, 예비비 등의 방안을 구체적으로 명시해야 한다.27)

이와 같이 주체별 차이는 있어도 중요한 것은 원칙적으로 국회의원·위원회 또는 정부가 비용을 수반하는 의안을 발의·제안 또는 제출하거나 위원회에서 수정된 의안이 비용을 수반하는 경우에는 비용추계서를 첨부해야 한다는 점이다. 하지만, 비용추계서를 제출하지 않는 경우도 있다. 예컨대, 예상되는 비용이 연평균 10억 원 미만이거나 한시적인 경비로서 총 30억 원 미만인 경우, 비용추계의 대상이 국가안전보장·군사기밀에 관한 사항인 경우, 의안의 내용이 선언적·권고적인 형식으로 규정되는 등 기술적으로 추계가 어려운 경우이다.28)

그동안 우리나라에 법안비용추계가 도입되어 운용된 역사는 [표 6-3]과 같다. 국회는 1973년에 「국회법」을 개정하여 재정을 수반하는 의원발의 의안에 대하여 예산명세서를 첨부하도록 하였다. 그러나 실제로 예산명세서가 첨부되기 시작한 것은 1988년도부터였고, 제13대 국회(1988. 5. 30 ~ 1992. 5. 29)부터 제16대 국회(2000. 5. 30 ~ 2004. 5. 29)까지 예산명세서가 첨부된 의원발의법안은 예산명세서 첨부가 필요한 전체 의안의 약 3.8%(121건/3,171건)에 불과할 정도로 미미했다. 정부제출 법률안의 경우는 1999년에 「법제업무운영규정」과 「법제업무운영규정 시행규칙」의 개정으로 2000년부터 비용추계가 시행되었으나 그 실적 역시 미미하였다. 비용추계서의 제출이 활성화된 것은 제17대 국회(2004. 5. 30 ~ 2008. 5. 29)부터였는데, 이는 2003년에 「국회법」 개정으로 국회예산정책처가 신설되었고, 2004년부터 법안비용추계를 시작하였기 때문이다. 2005년 「국회법」의 관련 규정 개정과 2006년에 「국가재정법」의 제정으로 정부

---

26) 「국가재정법」 제87조.

27) 「의안의 비용추계 등에 관한 규칙」 제6조.

28) 「의안의 비용추계 등에 관한 규칙」 제3조.

[표 6-3] 법안비용추계의 도입 역사[29]

일자	주요 내용
1973. 02. 07.	「국회법」 제73조 제2항을 개정하여 예산명세서제도 도입
1988. 07. 18.	예산명세서를 첨부한 최초의 법안인 「국회사무처법」 일부개정법률안(김 덕규 의원 대표발의)이 제출
1998. 03. 18.	「국회법」 제79조 제2항을 개정하여 예산명세서제도를 지속시킴
2003. 07. 18.	국회예산정책처 설치를 위한 「국회법」 및 「국회예산정책처법」 제·개정
2004. 06. 16.	국회예산정책처 법안비용추계팀·세수추계팀 비용추계업무 시작
2005. 07. 28.	「국회법」 제79조의 2를 신설하여 비용추계제도 도입
2006. 09. 08.	「의안의 비용추계 등에 관한 규칙」 제정
2006. 09. 26.	「의안의 비용추계 등에 관한 규정」 제정
2006. 10. 4.	「국가재정법」을 제정하여 제87조에서 정부가 제출하는 재정수반법안에 비용추계서를 첨부하도록 함
2010. 07. 14	「지방자치법」 제66조의 3 신설

가 제출하는 재정 부담을 수반하는 법률안에 대해 재정수입·지출의 증감액에 대한 추계자료와 이에 상응하는 재원조달방안을 법률안에 첨부하도록 하였다. 지방자치단체의 경우, 2010년에 개정된 「지방자치법」에서 지방자치단체의 장에게 예산 또는 기금상의 조치를 수반하는 의안을 발의할 경우 비용추계서를 의안에 첨부하도록 하고 있다.[30]

[표 6-4]는 법안비용추계서의 첨부현황을 보여준다. 회기가 종료되지 않은 제20대 국회를 제외하고 과거 제17대와 제18대, 제19대의 첨부 실적을 보면 대략 20~30% 사이라는 것을 알 수 있다. 법안비용추계의 실적이 그리 높다고는 볼 수 없다. 그중에서도 상대적인 비율을 고려해보면, 위원회제안에서 법안비용추계서의 첨부실적이 더 낮다는 것을 알 수 있다.

---

29) 국회예산정책처(2012). 『법안비용추계: 원리와 실제』, 국회예산정책처, p. 18.

30) 국회예산정책처(2012). 『법안비용추계: 원리와 실제』, 국회예산정책처, pp. 16-18.

[표 6-4] 법안비용추계서 첨부현황[31]

(단위: 건)

구분	의원발의		정부제출		위원회제안		합계	
제17대 국회 ('04.5.30~'08.5.29)	5,728	1,372	1,102	245	659	17	7,489	1,643(21.8%)
제18대 국회 ('08.5.30~'12.5.29)	11,191	3,897	1,693	522	1,029	9	13,913	4,428(31.8%)
제19대 국회 ('12.5.30~'16.5.29)	15,444	4,077	1,093	328	1,285	23	17,822	4,428(24.8%)
제20대 국회 ('16.5.30~) * 2018년 3월 기준	10,761	2,348	666	153	551	178	11,978	2,679(22.4%)

3. 재정사업자율평가

1) 의미와 배경

　재정사업자율평가 제도는 재정사업을 수행하는 부처가 스스로 재정사업에 대한 평가를 하고 그 결과를 예산에 반영하는 등 재정운용에 활용하도록 하는 제도이다. 우리나라는 2005년부터 시행되어 오고 있다. 재정사업자율평가는 「국가재정법」과 「국가재정법 시행령」에 근거를 두고 있는데, 「국가재정법」 제8조에 따르면 "기획재정부 장관은 대통령령이 정하는 바에 따라 주요 재정사업에 대한 평가를 실시하고 그 결과를 재정운용에 반영할 수 있다."고 명시하고 있고,[32] 「국가재정법 시행령」 제3조에서는 "기획재정부 장관은 각 중앙관서의 장과 기금관리주체에게 기획재정부 장관이 정하는 바에 따라 주요 재정사업을 스스로 평가(재정사업자율평가)하도록 요구할 수 있다."로 명시하고 있다.[33]

---

31) 국회예산정책처(2018). 『2018 미리 보는 법안 비용추계』, 국회예산정책처.

32) 「국가재정법」 제8조.

33) 「국가재정법 시행령」 제3조.

우리나라의 재정사업자율평가는 미국의 프로그램평가측정도구인 PART (Program Assessment Rating Tool)에 의해 영향을 받았다. PART는 각 부처가 매년 소관사업을 자체평가하고 관리예산처(OMB)가 그 평가결과를 점검하여 예산편성에 활용하는 제도이다. 이 제도는 일종의 조사 및 평가도구라고 할 수 있는데, 이는 1993년도에 제정된 정부성과결과법(GPRA: Government Performance Results Act)에 의한 연방정부의 성과평가의 한계를 개선하기 위해 부시 정부에 의해 도입된 것이다. 당시 GPRA에 따라 산출되는 연방정부의 프로그램 성과정보가 프로그램 관리나 예산 및 자원배분에 활용되는 경우가 적고, 성과지표도 모호하면서 의미 없는 지표들도 많다는 등의 비판이 있었다.[34] 무엇보다도 성과와 예산과의 통합(Budget and Performance Integration), 즉 이 둘 간의 연계성이 적다는 점이 크게 지적되었다.

그래서 2002년 당시 부시 정부는 성과와 예산의 통합과 연계성을 높이기 위한 방안으로 백악관 관리예산처가 자체 시행령으로 PART를 도입하게 된다. PART에 의한 평가가 갖는 기본적인 목적은 연방정부의 각종 사업과 프로그램에 대한 성과 측정과 예산과의 연계와 그에 따른 책임성 강화이다. 이를 위해 크게 네 부분으로 나누어진 평가 체계를 갖추고 있다. 프로그램 목적과 설계(Program Purpose and Design), 전략적 기획(Strategic Planning), 프로그램 관리 (Program Management), 프로그램 결과 및 책무성(Program Results/Accountability)이 그에 해당한다. 각 부문들은 다시 여러 개의 질문 항목에 따라 평가된다. PART는 기존의 GPRA에 의한 결과 및 성과 평가를 보다 효과적이고 용이하게 추진할 수 있도록 하는 목적도 지니고 있다.[35]

2) 운용

우리나라의 재정사업자율평가는 일반재정 사업과 정보화 사업 부문을 대

---

34) Office of Management and Budget(2001). *The President's Management Agenda*, OMB.

35) Office of Management and Budget(2003). *Completing the Program Assessment Rating Tool for the FY2005 Review Process*, OMB.

상으로 중앙정부는 물론이고 지방자치단체에서도 실시되고 있다. 중앙정부에 기초해서 보면, 평가지표는 계획 단계, 관리 단계, 성과 및 환류 단계로 크게 나누어지고 11개의 공통지표와 2개의 정보화 특성지표로 구성되어 있다. 계획 단계는 다시 사업계획의 적정성에 대한 항목과 성과계획의 적정성에 대한 항목으로 구분되고 각각에는 다시 세부적인 평가지표가 제시되어 있다. 관리단계에 대한 평가에는 공통지표 3개가 있고 추가적으로 정보화 특성지표 2개도 포함되어 있다. 정보화 특성지표는 일반재정 사업 이외에 정보화 사업에 해당될 경우에 적용된다. 성과 및 환류단계에 대한 평가는 3개의 지표를 포함하고 있다. 각 단계별 점수 배점은 계획단계 20%, 관리단계 30%, 성과 및 환류단계 50%이다. 각 단계의 평가지표별 배점은 [표 6-5]와 같다. 평가지표 중 가장 높은 배점은 성과 및 환류 단계의 4-1 지표("계획된 성과지표의 목표치를 달성하였는가?")로서 성과달성의 정도에 대한 지표이다.

　평가결과의 산출은 평가지표별로 평가된 점수를 모두 종합해서 5단계의 등급으로 나타낸다. 5단계는 '매우 우수', '우수', '보통', '미흡', '매우 미흡'으로 구분된다. 매우 우수는 90점 이상의 점수를 받았을 때이고 전체의 5%가 이 등급으로 배분된다. 우수는 90점 미만~80점 이상 사이의 점수를 받았을 때이고 전체의 15%가 여기에 해당된다. 보통은 80점 미만~60점 이상 사이의 점수를 받았을 때이고 전체의 65%가 이 등급으로 배분된다. 미흡은 전체의 10%이고 60점 미만~50점 이상 사이의 점수를 받게 되면 이 등급으로 분류된다. 매우 미흡은 50점 미만의 점수를 받았을 때이고 전체의 5%가 여기에 해당된다. 등급별 배분의 수치는 2015년에 변화가 있었는데, 미흡 이하의 사업 수를 기존의 10%에서 15%로 증가시킨 점이다.

　평가결과 미흡 이하의 등급을 받게 되는 사업은 원칙적으로 10% 이상 지출구조조정계획을 부처 자체평가 보고서 제출 후 10일 이내에 별도로 제출하도록 되어 있다. 물론, 예외적으로 사업의 특성이나 미흡 원인 등을 고려할 때 사업비 삭감이 곤란하다면 성과제고 및 집행관리 개선 대책 등에 대한 '성과관리개선 대책'이나 사업 통·폐합 등 '사업구조개선 또는 제도개선 대책' 중 하나

[표 6-5] 재정사업자율평가의 평가지표

단계	평가항목	평가지표	배점	
			일반재정	정보화
계획 (20점)	사업계획의 적정성 (10)	1-1. 사업목적이 명확하고 성과목표 달성에 부합하는가?	2.0	2.0
		1-2. 다른 사업과 불필요하게 유사·중복되지 않는가?	3.0	3.0
		1-3. 사업내용이 적정하고 추진방식이 효율적인가?	5.0	5.0
		소계	10.0	10.0
	성과계획의 적정성 (10)	2-1. 성과지표가 사업목적과 명확한 연계성을 가지고 있는가?	5.0	5.0
		2-2. 성과지표의 목표치가 구체적이고 합리적으로 설정되어 있는가?	5.0	5.0
		소계	10.0	10.0
관리 (30점)	사업관리의 적정성 (30)	3-1. 예산이 계획대로 집행되었는가?	15.0	12.0
		3-2. 사업추진상황을 정기적으로 모니터링하고 있는가?	5.0	4.0
		3-3. 사업추진 중 발생한 문제점을 해결하였는가?	10.0	8.0
		3-정보화①. 정보시스템을 적정하게 운영 및 개선하고 있는가?	-	3.0
		3-정보화②. 정보시스템에 대한 정보보호기반이 마련되어 있으며 관련 조치를 충실히 이행하였는가?	-	3.0
		소계	30.0	30.0
성과/ 환류 (50점)	성과달성 및 사업평가 결과의 환류 (50)	4-1. 계획된 성과지표의 목표치를 달성하였는가?	30.0	30.0
		4-2. 사업이 효과적으로 수행되는지 점검하기 위한 사업평가를 실시하였는가?	10.0	10.0
		4-3. 평가결과 및 외부지적사항을 사업구조개선에 환류하였는가?	10.0	10.0
		소계	50.0	50.0
계			100	

를 제시할 수도 있다. 반면에 우수 이상의 등급을 받은 사업은 원칙적으로 예산증액이 될 수 있다.[36] 따라서 재정사업자율평가 제도와 관련해서 사업 수행부처가 해야 하는 핵심적인 일은, 자체평가위원회를 구성해서 평가지표에 따라 자체평가를 수행한 후 자체평가보고서와 근거자료(자체평가보고서 내용에 근거가 되는 자료 등)를 준비하는 것이고 만일 해당된다면 '미흡' 이하 사업에 대한 관련 조치 계획 등을 제출하는 것이다.

재정사업자율평가 제도는 원칙적으로 예산과 기금이 투입되는 모든 재정사업을 평가대상으로 한다. 하지만 평가를 해서 실익이 적은 경우에는 기획재정부와 협의를 거쳐 평가에서 제외할 수 있다. 예를 들어, 「국가연구개발사업 등의 성과평가 및 성과관리에 관한 법률」에 따라 별도로 성과평가 등을 실시하는 국가연구개발사업이나, 지역발전특별회계의 생활기반계정사업 및 제주특별자치도계정, 세종특별자치시계정 중 지방자치단체에서 자율적으로 편성하는 포괄보조사업, 그리고 공무원에 대하여 지급하는 인건비, 기본행정경비·소규모 전산운영경비·사회복무요원 운영비 등의 기본 경비, 기금의 운용을 위한 기금 운용비, 또한 정부내부지출, 보전지출, 예비비 및 기타 세출비목만으로 구성된 사업 등은 제외된다.

평가사업의 단위는 예산구조상 '단위 사업'을 기준으로 하되, 필요한 경우 기획재정부와 협의를 거쳐 예외적으로 '세부 사업'을 평가대상으로 지정할 수도 있다. 평가의 주기는 성과계획서상 전체 성과목표 중 1/3(3년 주기)에 해당하는 성과목표 내 전체 관리과제(단위사업)를 평가대상사업으로 선정하여 3년마다 1회의 주기로 평가한다. 그리고 전년도에 미흡 이하의 등급을 받았다면 사업구조개선 등의 제도개선 대책 및 제도개선 권고사항 등의 이행 점검을 위해 다음 연도에 의무적으로 수정평가를 실시한다.[37]

그리고 재정사업자율평가에 따라 후속되는 심층평가를 할 수도 있다. 즉, 심층평가에 해당되는 사업에는, 재정사업자율평가 결과 추가적인 평가가 필요

---

36) 기획재정부(2015). 『2015 재정사업 자율평가 지침』, 기획재정부.
37) 기획재정부(2015). 『2015 재정사업 자율평가 지침』, 기획재정부.

하다고 판단되는 사업, 부처 간 유사·중복 사업 또는 비효율적인 사업추진으로 예산낭비의 소지가 있는 사업, 향후 지속적 재정지출 급증이 예상되어 객관적 검증을 통해 지출효율화가 필요한 사업, 그 밖에 심층적인 분석·평가를 통해 사업추진 성과를 점검할 필요가 있는 사업 등이다.[38] 심층평가는 기획재정부 장관이 실시하는 사후적인 성과평가로서, 주요 재정사업의 추진성과를 객관적으로 점검하고 성과에 영향을 미치는 원인을 분석하여 원활한 사업목적의 달성과 효율적인 사업 추진을 위한 방안을 도출함으로써 향후 예산편성 및 기금운용계획의 수립, 재정사업의 집행 및 성과관리 등 재정운용의 성과를 제고함을 목적으로 한다.[39]

심층평가는 평가의 목적, 평가 대상사업의 단위에 따라 개별사업 심층평가와 사업군 심층평가로 구분하여 수행할 수 있다. 여기서 개별사업 심층평가는 예산 및 기금운용계획의 단위사업을 대상으로 효과성·효율성 등을 중심으로 성과평가를 실시하고, 효율적인 재정운용 방안을 도출하기 위한 평가를 말한다. 그리고 사업군 심층평가는 사업의 소관부처 및 회계구분, 단위사업·세부사업 등을 불문하고, 정책목적 등 성격이 유사한 다수의 사업들을 하나의 사업군으로 묶어 사업군 및 개별사업의 효과성·효율성, 정책적 타당성 등에 대한 성과평가를 실시하고, 유사·중복사업 통폐합, 부처 간 역할분담, 중기 재원배분 등 재정운용과 관련한 종합적인 개선방안을 도출하기 위한 평가를 말한다.[40]

---

38) 「국가재정법 시행령」 제3조.
39) 「재정사업 심층평가 운용지침」 제3조.
40) 「재정사업 심층평가 운용지침」 제4조.

4. 성인지예산제도

1) 의미와 배경

특정한 성별에 치우친 정책은 사회의 성차별 요인을 더 강화시키는 원인이 된다. 양성평등을 위한 구호가 거창해도 성차별을 낳는 정책이 계속된다면 양성평등 실현을 위한 노력들은 무의미하다. 정책의 원동력이 예산이라고 할 때 예산에서부터 여기에 대한 고려가 필요하다. 성인지예산(gender sensitive budget 혹은 gender budgeting 혹은 gender-responsive budgeting)제도가 바로 그에 해당한다.

성인지예산제도는 정부 재원이 성평등에 기초해서 사용될 수 있도록 국가 재정운용에 성인지 관점을 도입해서 예산이 여성과 남성에게 미치는 효과를 고려하도록 하는 제도이다. 이 제도는 예산과정에 성평등 관점을 적용함으로써 국가재원이 양성에 평등하게 배분될 수 있도록 유도하는데 그 의의가 있다.[41] 이는 「국가재정법」에서 밝히고 있는 예산의 원칙 중 하나를 구현한 것이기도 하다. 「국가재정법」 제16조에 따르면, "정부는 예산이 여성과 남성에게 미치는 효과를 평가하고, 그 결과를 정부의 예산편성에 반영하기 위하여 노력하여야 한다."고 명시되어 있다.[42]

이러한 성인지예산이 실제 가시적으로 적용되는 모습은 성인지예산서와 성인지결산서를 통해서이다. 성인지예산서는 사업(예산)이 성평등을 제고하는 방향으로 시행될 수 있도록 성별 수혜분석과 성과목표를 설정해서 해당 사업(예산)이 여성과 남성에게 미칠 영향을 미리 분석한 보고서이며, 성인지결산서는 여성과 남성이 동등하게 사업(예산)의 수혜를 받았는지 또는 성평등을 제고하는 방향으로 사업(예산)이 집행되었는지를 평가하는 보고서이다.[43]

---

41) 대한민국정부(2018). 『2018년도 성인지(性認知) 예산서』, 대한민국정부, p. 3.

42) 「국가재정법」 제16조.

43) 기획재정부(2018). 『2019년도 성인지예산서 작성 매뉴얼』, 기획재정부, p. 6.

   양성평등 구현을 위한 하나의 도구로서 성인지예산은 1984년부터 도입해서 시행한 호주의 사례가 UN과 OECD 등의 국제기구를 통해 소개되면서 본격적으로 논의되었다. 이후 1995년 중국 베이징에서 개최된 유엔 세계여성대회에서 성 주류화(gender main-streaming) 전략의 주요 의제로 채택되면서 현재는 여러 국가에서 다양한 형태로 시행되고 있다.[44]

   우리나라의 경우 1990년대 후반에 여성단체에 의해 성인지예산의 필요성이 공론화되면서 시작되었다. 보다 실질적인 활동에 해당하는 것은 2002년 한국여성단체연합이 국회에 '성인지적 예산 정책마련을 위한 청원'을 제출한 사례를 들 수 있다. 이를 계기로 국회 여성위원회는 '성인지적 예산편성 및 여성관련 자료제출 촉구결의안'을 채택하였고, 그 결의안은 같은 해 11월 국회 본회의에서 의결되었다. 2006년에는 국회 예산결산특별위원회 내에 '성인지예산 관련 재정연구를 위한 TF'가 구성되었고, 국회 내 여성위원들의 적극적인 노력의 결과로 2006년과 2007년에 각 부처에 시달된 기획예산처의 예산편성 지침에 '성별영향이 중요하다고 판단되는 사업에 대해 성별영향평가 결과를 감안한 예산 편성'이라는 내용이 포함되었다. 특히 2006년 9월에는 「국가재정법」에 성인지적 예산 편성 및 집행의 원칙과 성인지예산서 작성의 의무가 포함됨으로써 성인지예산의 법적 근거가 마련되었다. 이 근거를 통해 국가수준의 성인지예산제도는 2010회계연도부터 시행되고 오고 있다. 지방자치단체 수준의 성인지예산제도는 2011년 「지방재정법」의 개정에 따라 2012년도 하반기부터 일반예산안 부속서류로 『2013년도 성인지예산서』를 작성하게 되면서 공식적으로 도입하게 되었다.[45] 따라서 현재 우리나라에서 성인지예산은 정부의 재정관리제도의 하나로 자리 잡고 있다. [표 6-6]은 성인지예산제도의 추진경과를 보여준다.

---

   44) 국회예산정책처(2010). 『국가재정제도: 원리와 실제』, 국회예산정책처, p. 133.
   45) 여성정책연구원(2014). 『2014 경제발전경험모듈화사업: 성별영향분석평가와 성인지예산제도』, 여성정책연구원, p. 18.

[표 6-6] 성인지예산제도의 추진경과[46]

연도	추진경과
2006	• 「국가재정법」에 성인지예산서, 성인지결산서 제출 조항 마련(2010회계연도 예산안 편성부터 시행)
2009	• 『2010년도 성인지예산서』 작성 – 29개 기관 195개 세부사업, 총 예산규모 7조 3,144억 원(전체 예산 202.8조 원 대비 3.6%) 편성
2010	• 『2011년도 성인지예산서』 및 『2011년도 성인지 기금운용계획서』 작성 – 34개 기관 245개 세부사업, 총 예산·기금규모 10조 1,748억 원(전체 예산 309.6조 원 대비 3.3%) 편성
2011	• 『2010회계연도 성인지결산서』 작성 – 29개 기관 195개 세부사업, 세출예산현액 기준 총 예산규모 7조 4,611억 원 중 7조 4,208억 원 집행 • 『2012년도 성인지예산서』 및 『2012년도 성인지 기금운용계획서』 작성 – 34개 기관 254개 세부사업, 총 예산·기금규모 10조 7,042억 원(전체 예산 326.1 조 원 대비 3.3%) 편성
2012	• 『2011회계연도 성인지결산서』 작성 – 34개 기관 241개 세부사업, 세출예산현액·지출계획현액 기준 총 예산·기금 규 모 10조 2,076억원 중 10조 296억 원 집행 • 『2013년도 성인지예산서』 및 『2013년도 성인지 기금운용계획서』 작성 – 34개 기관 275개 세부사업, 총 예산·기금규모 12조 9,137억 원(전체 예산 342.5조원 대비 3.8%) 편성
2013	• 『2012회계연도 성인지결산서』 작성 – 34개 기관 254개 세부사업, 세출예산현액·지출계획현액 기준 총 예산·기금 규 모 11조 4,456억 원 중 11조 426억 원 집행 • 『2014년도 성인지예산서』 및 『2014년도 성인지 기금운용계획서』 작성 – 42개 기관 339개 세부사업, 총 예산·기금규모 22조 4,349억 원(전체 예산 357.7 조원 대비 6.3%) 편성
2014	• 『2013회계연도 성인지결산서』 작성 – 35개 기관 278개 세부사업, 세출예산현액·지출계획현액 기준 총 예산·기금 규 모 13조 5,570억 원 중 13조 73억 원 집행 • 『2015년도 성인지예산서』 및 『2015년도 성인지 기금운용계획서』 작성 – 42개 기관 343개 세부사업, 총 예산·기금규모 26조 626억 원(전체 예산 376.0 조원 대비 6.9%) 편성
2015	• 『2014회계연도 성인지결산서』 작성 – 42개 기관 339개 세부사업, 세출예산현액·지출계획현액 기준 총 예산·기금 규 모 22조 9,401억 원 중 22조 6,097억 원 집행 • 『2016년도 성인지예산서』 및 『2016년도 성인지 기금운용계획서』 작성 – 43개 기관 332개 세부사업, 총 예산·기금규모 27조 7,602억 원(전체 예산 386.7 조 원 대비 7.2%) 편성

2016	• 『2015회계연도 성인지결산서』 작성 　- 42개 기관 343개 세부사업, 세출예산현액·지출계획현액 기준 총 예산·기금 규모 27조 3,275억 원 중 26조 4,348억 원 집행 • 『2017년도 성인지예산서』 및 『2017년도 성인지 기금운용계획서』 작성 　- 42개 기관 351개 세부사업, 총 예산·기금규모 29조 4,563억 원(전체 예산 400.7조 원 대비 7.4%) 편성
2017	• 『2016회계연도 성인지결산서』 작성 　- 43개 기관 331개 세부사업, 세출예산현액·지출계획현액 기준 총 예산·기금규모 29조 675억 원 중 28조 4,485억 원 집행 • 『2018년도 성인지예산서』 및 『2018년도 성인지 기금운용계획서』 작성 　- 41개 기관 345개 세부사업, 총 예산·기금규모 34조 3,961억 원(전체 예산 429.0조 원 대비 8.0%) 편성

[표 6-6]에 나타난 성인지예산의 현황을 보면, 2018년도의 경우(2017년도에 작성) 성인지예산안(기금운용계획 포함)의 대상사업은 41개 중앙관서의 장이 제출한 345개이며 전체규모는 34조 3,961억 원이다. [표 6-6]에는 적혀 있지 않지만, 회계별로는 예산사업이 260개 사업으로 총 23조 6,039억 원이고 기금사업은 85개 사업으로 총 10조 7,922억 원이다.[47) 이러한 수치는 2010년도의 경우(2009년도에 작성) 195개 사업을 대상으로 총 7조 3,144억 원이었다는 점과 비교할 때 약 5배 가까이 그 규모가 증가하였다는 사실을 보여준다. 그런데 중요한 것은 성인지예산을 통해 진정으로 의도하는 변화(양성평등)를 맞이하는 것이다. 자칫 성인지예산을 적용하고 있다는 것이 일종의 알리바이가 되어 책임회피의 수단이 되어서는 안 된다.[48)

2) 운용

성인지예산은 성인지예산서가 작성되면서 시작한다. 성인지예산서에 포함

---

46) 기획재정부(2018). 『2019년도 성인지예산서 작성 매뉴얼』, 기획재정부, pp. 7-8.
47) 대한민국정부(2018). 『2018년도 성인지(性認知) 예산서』, 대한민국정부, p. 4.
48) Frey, Regina(2008). *Institutionalizing Gender Mainstreaming*, Korean Women's Development Institute.

되어야 하는 것에는 성인지예산의 개요, 성인지예산의 규모, 성인지예산의 성평등 기대효과, 성과목표 및 성별 수혜분석 등이다. 그 외에는 기획재정부 장관이 정하는 사항도 포함된다. 이러한 성인지예산서는 기획재정부 장관이 여성가족부 장관과 협의하여 제시한 작성기준(성인지예산서 작성 대상사업 선정 기준 포함) 및 방식 등에 따라 각 중앙관서의 장이 작성하게 된다.49) [표 6-7]은 성인지예산서의 사례이다.

[표 6-7] 성인지예산서 사례50)

통계청

1. 성평등 목표
ㅁ 양성평등한 근무환경 조성
  ㅇ 성별 접근을 통한 안락한 시설 개선
    - 여성 이용자의 편의성을 고려한 관리

2. 성인지예산 사업총괄표

회계	세부사업	'17년 예산(A)	'18년안 (B)	증감 (B-A)	증감률 (%)	비고
일반회계	청사시설관리	3,043	3,173	130	4.3	
총계		3,043	3,173	130	4.3	

3. 사업설명자료

1. 청사시설관리

ㅁ 사업명(일반회계): 청사시설관리
ㅁ 2018년 예산안: 3,173백만 원
ㅁ 사업목적
  ㅇ 노후청사 시설 개선 및 비품 교체 등으로 쾌적한 근무환경 조성
    - 남·녀 별도 사용시설에 대한 특성관리를 통한 양성평등의 균형발전

---

49) 「국가재정법 시행령」 제9조.

50) 대한민국정부(2018). 『2018년도 성인지(性認知) 예산서』, 대한민국정부, pp. 879-882.

□ 정책대상
　○ 보유청사 시설 내 상시 근무하는 직원
　* 임차청사는 건물주의 허락 없이 시설개선을 할 수 없으며, 원상복구 비용 부담

□ 사업내용
　○ 사업기간: 매년(계속)
　○ 지원형태: 직접수행
　○ 사업시행주체: 통계청 소속기관(지방청 및 사무소 중 자체청사 보유기관)

□ 성평등 목표
　○ 성별 접근을 통한 근무환경 개선으로 생활 속 양성평등 실천 강화

□ 성평등 기대 효과
　○ 남·녀 별도 사용공간(화장실 등)에 대한 상호 존중과 배려로 이용편의 증가
　○ 생물학적 특성 등을 감안한 합리적 시설개선으로 성평등에 기여

□ 성별 수혜분석
　○ 사업대상자

		2015년	2016년	2017년
청사시설관리	전체	1,391명	1,384명	1,352명
	여성(비율)	844명(60.7%)	831명(60.0%)	825명(61.0%)
	남성(비율)	547명(39.3%)	553명(40.0%)	527명(39.0%)

* 통계출처: 보유청사 내 상시 근무직원/ '15년, '16년 집행기준, '17년 추정치.

　○ 사업수혜자

		2015년	2016년	2017년
청사시설관리	전체	1,391명	1,384명	1,352명
	여성(비율)	844명(60.7%)	831명(60.0%)	825명(61.0%)
	남성(비율)	547명(39.3%)	553명(40.0%)	527명(39.0%)

　○ 예산 현황

		2015년	2016년	2017년
청사시설관리	전체	–	15백만 원	25백만 원
	여성(비율)	–	10백만 원(66.7%)	18백만 원(72.0%)
	남성(비율)	–	5백만 원(33.3%)	7백만 원(28.0%)

　* 보유청사 화장실 환경개선 및 유지관리비 25백만 원 예산만 전체 예산에서 성인지예산으로
　　편성

□ 2018년 성과목표

성과목표(지표)	'16년 실적	'17년 추정치	'18년 목표치
여성 수혜비율*(%)	54.7	59.0	62.3

* '여성 수혜비율'은 일반적으로 여성의 화장실 사용 필요(시간 및 공간)가 남성보다 높을 것을 반영하여 여성대상자 비율에 2배의 가중치를 두었을 경우의 수혜율로 계산함

○ 산출근거
(성별수혜분석 또는 성별영향분석평가 결과) 본 사업은 청사시설관리사업으로 특히, 청사 내 화장실 환경개선 및 유지관리에 따른 성인지적 관점의 접근을 통한 이용개선이 이루어지고 있음. 따라서, 성과목표를 "여성 수혜비율 향상*"으로 설정함. 남녀별 합계치 수혜비율을 100%로 예정하고, 남녀별 특성을 고려하지 않을 경우 1인당 성별 수혜비율은 각 50%가 적정하나, 성별 생물학적 화장실사용 빈도 및 시간등을 고려하여 목표치를 설정함. 건수별 비용 격차가 크므로 질적인 수준을 파악하기 위해서는 건수보다 비용적 측면의 고려가 합리적이기 때문에 목표치 산출기준을 바탕으로 산출하였음. '17년 추정치 59.0%로 분석, 향후 이용자의 편의를 보다 더 고려할 예정임
* 산출식: 여성수혜비율(%) = (여성화장실 개선비용/전체 화장실 개선비용) × (전체인원/여성인원)/2 × 100

성인지예산서 작성을 위한 순차적인 체계를 보면, 먼저 기획재정부와 여성가족부가 성인지예산서 작성 기준에 대한 협의를 하면서 성인지예산서 작성 지침을 만들고 배포한다. 2019년도 성인지예산서의 경우 이 과정은 3월에 이루어졌다. 4~5월까지 해당 부처에서는 대상사업을 선정 및 확정한다. 이때 대상사업 선정기준은 기획재정부와 여성가족부에 의해 마련된 것이고, 대상사업의 적합성 여부는 여성가족부에 의해 판단된다. 해당 중앙관서의 장과 협의하여 대상사업을 조정할 수 있는데 이는 기획재정부에 의해 이루어진다. 이어서 성인지예산서 작성교육이 있는데, 이는 한국양성평등교육진흥원에 의해 해당 부처의 기획재정담당관실 및 사업담당자 교육을 실시하는 것으로 이루어진다. 사업담당자는 교육에 참여하여 작성 방법을 숙지한 후 성인지예산서를 작성하게 된다. 성인지예산서 작성은 한국여성정책연구원의 성인지예산센터에서 지원한다. 그 후 해당 부처는 기획재정부에 성인지예산서를 제출한다. 6~8월에는 기획재정부에 의해 해당 부처의 성인지예산서를 검토하게 되고, 9월에는

기획재정부가 성인지예산서를 국회에 제출하게 된다.[51)]

성인지예산의 대상사업과 관련하여 『2018년도 성인지(性認知) 예산서』에서는, "① 양성평등기본법 제7조에 따라 성평등 실현정책을 기획하는 국가계획인 「제1차 양성평등정책 기본계획」('15~'17)의 시행계획에 포함되어 추진하는 예산사업, ② 2017년도 성인지예산서 작성사업, 그리고 ③ 기타 성별영향분석이 가능한 사업으로서 2017년도 성별영향분석평가 대상사업 중 예산사업과 국정과제 등 해당기관의 주요사업 중 성별 수혜분석이 가능하고, 분석결과 성 불평등 개선 가능성이 큰 사업을 대상으로 작성하였다."고 밝히고 있다. 그리고 『2019년도 성인지예산서 작성 매뉴얼』에 따르면, 2019년도의 경우 2018년도 성인지예산서 작성사업은 원칙적으로 작성 대상으로 하되, 사업목적을 고려하여 직접목적 사업과 간접목적 사업에 따라 분류하도록 하고 있다. 직접목적 사업은 부처의 성평등 목표 달성에 직접적으로 기여하는 사업을 말하는 것으로, 여기에는 제2차 양성평등정책 기본계획('18~'22) 추진 사업이 해당된다. 간접목적 사업은 부처 성평등 목표 달성에 간접적으로 기여하는 사업으로서 성별영향분석평가 결과 개선이 필요한 사업과 기타 성별영향분석이 가능한 사업이 해당된다. 여기서 성별영향분석평가란 정부의 주요 정책을 수립·시행하는 과정에서 성별 특성과 사회·경제적 격차 등의 요인을 분석평가함으로써 정부 정책이 성평등 실현에 기여하도록 하는 제도를 말한다.[52)] [표 6-8]은 부처별 예산사업의 성인지예산 현황이다.

---

51) 기획재정부(2018). 『2019년도 성인지예산서 작성 매뉴얼』, 기획재정부, p. 14.
52) 기획재정부(2018). 『2019년도 성인지예산서 작성 매뉴얼』, 기획재정부, p. 10.

[표 6-8] 부처별 예산사업의 성인지예산 현황[53]

(단위: 개, 백만 원)

기관	2017년		2018년	
	대상사업	금액	대상사업	금액
국회	1	12,369	1	14,215
대법원	2	75,357	1	59,524
헌법재판소	1	130	1	112
중앙선거관리위원회	1	168	1	168
기획재정부	1	4,325	1	4,704
교육부	10	94,054	10	75,074
과학기술정보통신부	8	555,249	9	658,936
외교부	12	185,031	10	177,140
통일부	5	44,556	6	43,010
법무부	9	54,692	9	58,449
국방부	5	28,426	3	25,815
행정안전부	8	56,751	5	34,784
문화체육관광부	15	180,042	13	196,594
농림축산식품부	16	348,632	17	353,628
산업통상자원부	7	108,668	6	110,559
보건복지부	35	14,767,343	35	17,032,415
환경부	6	32,097	6	38,494
고용노동부	14	1,146,663	14	1,719,569
여성가족부	24	285,978	25	327,558
국토교통부	11	1,002,764	12	1,481,627
해양수산부	13	96,448	13	77,203
중소벤처기업부	14	686,165	18	877,050
국민안전처	1	1,750	-	-
국가보훈처	3	39,162	3	37,874

---

53) 대한민국정부(2018). 『2018년도 성인지(性認知) 예산서』, 대한민국정부, pp. 13-14.

법제처	1	289	1	292
식품의약품안전처	4	51,206	4	56,917
국가인권위원회	2	213	2	205
방송통신위원회	1	1,350	1	1,538
공정거래위원회	1	73	1	73
국민권익위원회	2	20	2	13
국세청	1	21	1	35
관세청	2	2,389	2	2,904
조달청	1	1,102	1	1,171
통계청	1	3,043	1	3,173
병무청	1	9,009	1	8,195
경찰청	4	25,724	4	43,869
문화재청	1	2,126	1	2,263
농촌진흥청	8	22,505	8	21,820
산림청	1	10,619	1	26,247
특허청	4	4,306	4	14,132
기상청	5	37,849	5	14,838
행정중심복합도시건설청	1	2,200	-	-
해양경찰청	-	-	1	1,750
총계	263	19,980,864	260	23,603,937

5. 조세지출예산

1) 의미와 배경

「국가재정법」에서 명시하고 있는 예산의 원칙 중 하나는 정부가 재정을
운용할 때 재정지출 및 조세지출의 성과를 제고해야 한다는 원칙이다.[54] 그리

---

54) 「국가재정법」 제16조.

고 정부가 국회에 제출하는 예산안의 첨부서류 중 하나에도 조세지출예산서가 포함되어 있다.[55] 여기서 말하는 조세지출(tax expenditure)이란 조세특례에 따른 재정지원을 말하는 것으로 조세감면·비과세·소득공제·세액공제·우대세율적용 또는 과세이연 등이 해당된다. 「국가재정법」에도 명시되어 있을 정도로 조세지출 역시 중요한 재정관리제도의 하나에 해당된다.

조세지출은 조세와 지출이라는 말의 합성어로서 자칫 모순처럼 들리는 용어이기도 하다. 조세는 세금을 거두어들이는 것이고 지출은 세금을 사용하는 것이므로 조세를 지출한다는 말이 이상할 수도 있다. 그러나 직관적으로 아주 쉽게 생각하면, 조세지출은 원래는 거두어들여야 할 정부의 재원인데 조세감면이나 비과세 등으로 인해 거두어들이지 않아서 마치 지출한 것과 같은 효과를 발생시키는 재원이다. 그래서 조세지출은 국가세입의 감소를 발생시키고, 조세체계의 일반적인 원칙으로서 세목별 과세대상, 세율구조, 과세구간, 과세단위, 과세기간, 국제조세규약 등을 의미하는 기준조세체계(benchmark tax system)를 벗어난 것이라고 말하기도 한다.

따라서 정부수입에 직접적인 영향을 주기 때문에 조세지출에 대한 현황은 물론이고 그 전망과 실적에 대한 추정이 중요하다. 조세지출예산을 별도로 작성하는 이유가 바로 그 때문이다. 그래서 조세지출예산서(tax expenditure budget)란 조세특례에 따른 재정지원(조세감면·비과세·소득공제·세액공제·우대세율적용 또는 과세이연)의 직전 연도 실적과 해당 연도 및 다음 연도의 추정금액을 기능별·세목별로 분석한 보고서를 의미한다.

조세지출예산은 재정관리제도 자체로서도 중요한 기능과 역할을 하지만, 정책수단으로 활용된다는 점에서 특징적이기도 하다. 정부는 정책효과를 위한 유인수단으로 조세지출을 많이 활용한다. 예컨대, 정부가 저소득층이나 취약계층 혹은 보호대상 계층 등에 대한 지원을 확대하기 위해 근로장려금과 자녀장려금의 지급대상과 지급액을 늘리거나 청년(15~34세) 우대형 주택청약종합저축과 장병내일준비적금에 대한 이자소득 비과세를 신설하는 것이다. 그리고 일

---

55) 「국가재정법」 제34조.

자리 창출과 같은 경제활력을 제고하기 위해 고용증대세제의 적용기간과 청년 고용시 공제금액을 확대하고, 지역특구 세액감면제도의 감면한도를 고용친화 적으로 재설계하고, 또 신성장동력·원천기술 사업화시설 투자세액공제 요건을 완화하고 그 대상을 확대하는 것 등이다.56)

한편, 우리나라의 조세 구조에 대해 간략히 살펴보면, 크게 국세와 지방세

[그림 6-1] 우리나라의 조세 구조57)

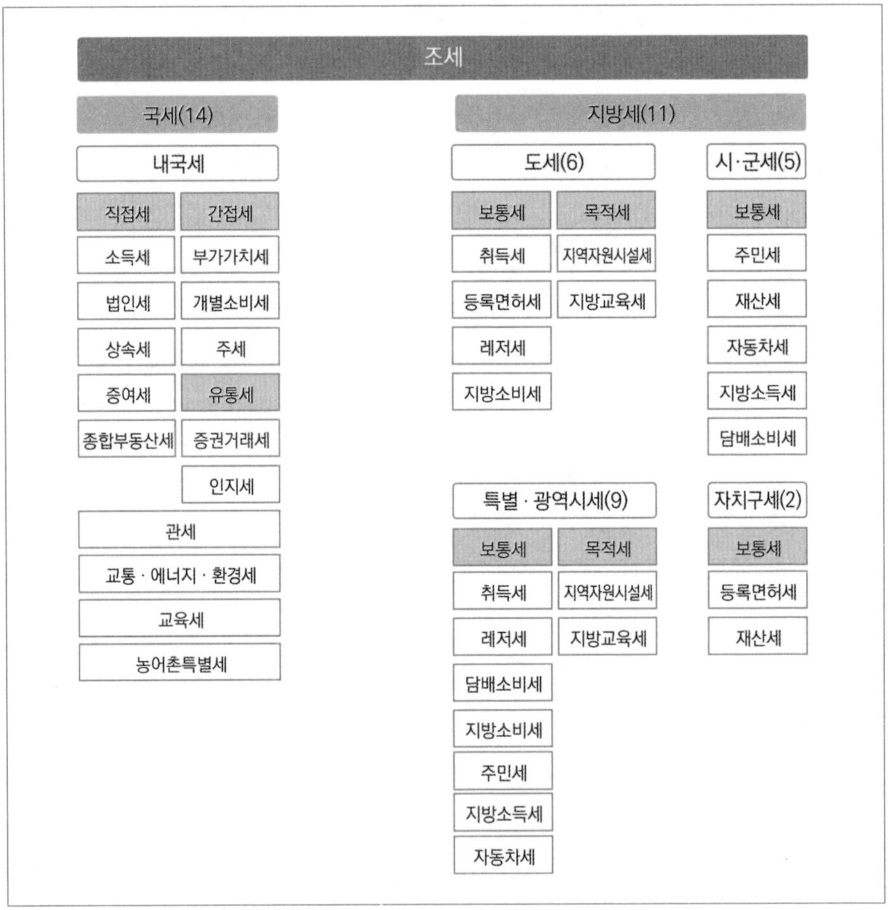

조세		
국세(14)	지방세(11)	

국세(14)
- 내국세
  - 직접세 / 간접세
  - 소득세 / 부가가치세
  - 법인세 / 개별소비세
  - 상속세 / 주세
  - 증여세 / 유통세
  - 종합부동산세 / 증권거래세
  - 인지세
- 관세
- 교통·에너지·환경세
- 교육세
- 농어촌특별세

지방세(11)

도세(6)
- 보통세 / 목적세
- 취득세 / 지역자원시설세
- 등록면허세 / 지방교육세
- 레저세
- 지방소비세

특별·광역시세(9)
- 보통세 / 목적세
- 취득세 / 지역자원시설세
- 레저세 / 지방교육세
- 담배소비세
- 지방소비세
- 주민세
- 지방소득세
- 자동차세

시·군세(5)
- 보통세
- 주민세
- 재산세
- 자동차세
- 지방소득세
- 담배소비세

자치구세(2)
- 보통세
- 등록면허세
- 재산세

---

56) 기획재정부(2019). 『2019년도 조세지출 기본계획』, 기획재정부, p. 6.
57) 국회예산정책처(2018). 『대한민국 지방재정 2018』, 국회예산정책처, p. 28.

로 나누어진다. [그림 6-1]은 우리나라의 조세 구조를 나타낸 것이다. 국세는 총 14개의 세목으로 구성되어 있고 지방세는 총 11개의 세목으로 구성되어 있다. 국세에는 내국세 10개 세목과 관세와 교통·에너지·환경세와 교육세와 농어촌특별세가 해당되는 4개의 목적세 세목이 있다. 지방세는 도세, 시·군세, 특별·광역시세, 자치구세로 구분되며 각각의 세목들로 나누어져 있다.

2) 운용

정부는 조세지출의 효율적 관리를 위해 매년 기본계획을 수립한다. 조세지출 기본계획은 매년 기획재정부 장관이 작성해 국무회의 심의를 거쳐 각 부처에 통보하는 조세특례의 운용 및 제한에 관한 계획을 말한다. 이를 통해 조세지출의 현황, 운영성과 및 향후 운영방향을 제시하고, 각 부처가 조세특례를 신규로 건의하거나 의견을 제출할 때 필요한 지침을 제공하기 위한 것이다.[58] 조세지출 기본계획의 운영절차를 보면, 우선 기획재정부 장관은 3월 31일까지 국무회의 심의를 거친 조세지출 기본계획을 각 부처에 통보한다. 이후 각 부처는 4월 30일까지 조세지출 기본계획에 따라 조세특례에 관한 건의·평가를 기획재정부 장관에게 제출하게 된다. 즉, 신규 조세특례의 목적, 기대효과, 연도별 예상 세수효과 등을 포함한 건의서와 일몰기한이 도래한 현행 조세특례 등에 대해 조세감면의 효과분석 및 존치 여부 등에 대한 자율평가 결과 및 의견을 제출하는 것이다.[59]

조세지출은 직접감면과 간접감면으로 구분된다. 직접감면은 영구적으로 세금을 감면하는 것이고 간접감면은 일정기간 과세를 연기하는 것을 말한다. 직접감면에는 비과세(특정소득을 과세대상소득에서 제외), 소득공제(소득금액에서 일정금액을 차감), 저율과세(일반세율보다 낮은 세율 적용), 세액공제(투자금액 등의 일정비율을 납부할 세액에서 차감) 등이 있다. 간접감면에는 준비금(기업이 특정한 목적을 위해 준비금을 사내 적립하는 경우

---

58) 기획재정부(2019). "2019년도 조세지출 기본계획 수립", 3월 19일자 보도자료.

59) 기획재정부(2019). 『2019년도 조세지출 기본계획』, 기획재정부, p. 2.

[표 6-9] **연도별 국세감면 추이**[60]

(단위: 억 원, %)

구분	2017년		2018년		2019년	
	실적	비중	전망	비중	전망	비중
• 국세감면액(A)	396,769	100.0	418,598	100.0	474,125	100.0
– 조특법상 조세지출	201,873	50.9	210,803	50.4	262,680	55.4
– 개별세법상 조세지출	184,201	46.4	195,678	46.9	208,134	43.9
– 경과조치에 따른 조세지출	10,694	2.7	12,117	2.9	3,311	0.7
• 국세수입총액(B)	2,653,849		2,681,290		2,993,235	
• 국세감면율[A/(A+B)]	13.0		13.5		13.7	
• 국세감면율 법정한도	14.4		14.0		13.8	

과세를 연기), 과세이연(자산을 대체 취득하는 경우 새로 취득한 자산의 처분시점까지 과세를 연기), 이월과세(개인이 사업용 고정자산을 현물출자 등으로 법인에 양도하는 경우 개인에 대해서는 양도소득세를 과세하지 않고, 법인이 그 출자받은 자산을 처분 시까지 과세를 연기) 등이 있다.[61]

　　[표 6-9]는 2018년도에 발표된 조세지출에 따른 연도별 국세감면 추이를 나타낸 것이다. 2018년과 2019년은 전망치이다. [표 6-9]에서는 3개 연도만 표시되어 있으나 그 이전 자료까지 보면 그동안의 조세지출의 규모는 점점 증가해오고 있다는 것을 알 수 있다. 최근에 특히 조세지출이 근로·자녀장려금을 중심으로 확대되면서 사회복지 분야의 조세지출 비중이 더 높아지고 있다.

　　[표 6-10]은 주요 조세지출 현황이다. 2018년도에 발표된 자료이기 때문에, 2018년도와 2019년도는 전망치를 나타낸 것이다. 시기별로 차이는 있겠지만, 대체로 상위에 위치하는 조세지출의 종류는 거의 일정하게 유지되고 있다는 것을 알 수 있다.

---

60) 기획재정부(2018). "2019년도 조세지출예산서", 8월 28일자 보도자료, p. 2.
61) 국회예산정책처(2019). 『2019 대한민국 재정』, 국회예산정책처, p. 145.

[표 6-10] **주요 조세지출 현황**[62)]

(단위: 억 원)

	2017년(실적)		2018년(전망)		2019년(전망)	
1	국민건강보험료 등 소득공제	28,185	국민건강보험료 등 소득공제	30,322	근로장려금 지급	49,017
2	연구·인력개발비에 대한 세액공제	25,468	면세농산물 등 의제매입세액공제	26,776	국민건강보험료 등 소득공제	32,279
3	면세농산물 등 의제매입세액공제	25,323	연구·인력개발비에 대한 세액공제	25,326	면세농산물 등 의제매입세액공제	28,290
4	중소기업에 대한 특별세액감면	20,603	중소기업에 대한 특별세액감면	22,277	중소기업에 대한 특별세액감면	25,760
5	신용카드 등 사용금액에 대한 소득공제	18,537	신용카드 등 사용금액에 대한 소득공제	20,400	연구·인력개발비에 대한 세액공제	24,608
6	연금보험료공제	18,496	연금보험료공제	20,116	신용카드 등 사용금액에 대한 소득공제	21,716
7	신용카드 등 사용에 따른 부가가치세 공제 등	16,271	신용카드 등 사용에 따른 부가가치세 공제 등	17,196	연금보험료공제	21,414
8	농·축·임·어업용기자재 부가가치세 영세율	16,090	농·축·임·어업용기자재 부가가치세 영세율	16,295	신용카드 등 사용에 따른 부가가치세 공제 등	18,271
9	자녀세액공제	12,959	자경농지에 대한 양도소득세의 감면	14,398	농·축·임·어업용기자재 부가가치세 영세율	17,065
10	자경농지에 대한 양도소득세의 감면	12,401	근로장려금	13,473	자경농지에 대한 양도소득세의 감면	15,327
11	국민건강보험료 등 사용자부담금 비과세	12,282	자녀세액공제	13,366	국민건강보험료 등 사용자부담금 비과세	13,976
12	근로장려금	12,034	국민건강보험료 등 사용자부담금 비과세	13,129	자녀세액공제	13,544
13	교육비 세액공제	11,825	교육비 세액공제	12,565	교육비 세액공제	13,376
14	농업용 석유류에 대한 개별소비세 면제 등	11,549	의료비 세액공제	11,751	의료비 세액공제	12,510
15	의료비 세액공제	10,775	농업용 석유류에 대한 개별소비세 면제 등	11,443	농업용 석유류에 대한 개별소비세 면제 등	11,973
16	연금계좌세액공제	10,229	연금계좌세액공제	10,897	연금계좌세액공제	11,600
17	개인기부금 세액공제	8,906	개인기부금 세액공제	9,239	개인기부금 세액공제	9,835
18	법인공장·본사의 수도권 밖 이전 법인세 감면	8,782	법인공장·본사의 수도권 밖 이전 법인세 감면	7,901	자녀장려금 지급	8,570
19	방위산업물자 부가가치세 영세율	6,189	재활용폐자원 등에 대한 부가가치세 매입세액공제	6,923	법인공장·본사의 수도권 밖 이전 법인세 감면	8,280
20	재활용폐자원 등에 대한 부가가치세 매입세액공제	6,163	고용창출(임시)투자 세액공제	6,049	재활용폐자원 등에 대한 부가가치세 매입세액공제	7,243
	합계 (전체조세지출 대비, %)	293,067 (73.9)	합계 (전체조세지출 대비, %)	309,842 (74.3)	합계 (전체조세지출 대비, %)	364,654 (77.4)

62) 기획재정부(2018). "2019년도 조세지출예산서," 8월 28일자 보도자료, p. 5.

6. 민간투자사업

1) 의미와 배경

정부의 예산은 고민 없이 사용할 만큼 풍부하지 않다. 예산 사용의 효율성을 강조하는 가장 근본적인 이유 역시 재원의 부족 때문이다. 또한 사회가 복잡해지고 그만큼 복잡한 문제가 발생되기 때문에 정부가 해야 할 일도 상당히 많아지고 있다. 정부예산이 필요한 곳이 많아진다는 뜻이다. 정부가 하는 일에는 거의 대부분이 예산이 소요된다고 보면 되는데, 그 중에서도 사회기반시설과 같이 대규모 공사가 수반되는 사업에는 특히 많은 예산이 투입된다. 그런데 정부는 모든 사업에 충분한 정도의 예산 충당이 가능하지 않다보니 다양한 방법을 활용해서 사업에 소요될 예산 마련의 방법을 찾게 된다. 그 중 하나가 민간투자의 방식이다. 민간의 투자를 활용해서 사회기반시설을 확충하고 때에 따라서는 운영하도록 하는 것이다.

이와 같이 진행되는 사업은 민간투자에 의한 사업이라고 해서 민간투자사업으로 불리는데, 전통적으로 정부의 재정으로 추진하던 도로, 철도, 항만, 교량, 학교, 상·하수시설 등 사회기반시설을 민간자금으로 건설하고 민간이 운영하는 제도를 말한다. 이렇게 하면 사회기반시설에 대한 수요가 증가하는 오늘날 정부재정의 한계를 극복하는데 효과적인 방법이자 대안이 된다. 그리고 사회기반시설에 민간부문의 자본과 기술과 경영과 관리 노하우를 도입하는 효과도 지닌다. 특히 민간의 창의적이고 효율적인 경영기법의 적용을 통해 사회기반시설이 제공하는 서비스의 질을 높일 수 있는 기회를 갖게 된다.

우리나라에서 민간투자사업은 1994년 「사회간접자본시설에 대한 민자유치촉진법」 제정에 따라 도입되었다. 당시 도입 초기에는 주로 도로·철도·항만 등 사회기반시설 즉 사회간접자본(SOC: Social Overhead Capital) 시설을 민간자본으로 건설하고 민간이 운영하는 수익형 민자사업(BTO: Build-Transfer-Operate) 중

심으로 시행되었다. 이후 1999년 외환위기 상황에서 민간투자 활성화를 위해
근거법률을 「사회간접자본시설에 대한 민간투자법」으로 개정하고 인프라펀드
및 최소운영수입보장제도(MRG: Minimum Revenue Guarantee) 등을 도입하였으며,
이후 2005년에 「사회기반시설에 대한 민간투자법」으로 개정하면서 학교·군
주거·보건의료시설 등 생활기반시설이 민간투자대상에 추가되고, 임대형 민자
사업(BTL: Build-Transfer-Lease) 방식이 도입되어 국민생활에 필요한 교육·문화·
복지시설 등에 대한 민간투자가 확대되었다.[63]

2) 운용

민간투자사업은 크게 4가지 일반 원칙에 의해 지정된다. 첫 번째, 수익자부
담능력원칙이다. 기존 저부담의 이용시설에 대비해 양질의 서비스 제공이 가능
하고, 이용자가 이와 같은 고편익에 상응하여 고부담 사용료를 부담할 의사가
있다고 판단되는 사업이 그에 해당될 수 있다. 두 번째, 수익성원칙이다. 정부가
허용 가능하고 이용자가 지불 가능한 사용료, 정부가 지원 가능한 건설보조금
범위 내에서 민간사업자의 투자를 충족시킬 수 있는 수익률을 확보할 수 있는
사업이 해당될 수 있다. 세 번째, 사업편익의 원칙이다. 정부재정사업 추진시 예
산제약 등으로 조기 시설건설과 서비스 제공이 어려우나 민간투자사업으로 추
진시 목표 연도 내에 사업을 완료함으로써 사업편익의 조기 창출효과가 기대되
는 사업일 경우이다. 네 번째, 효율성 원칙이다. 민간의 창의·효율을 활용함으
로써 정부재정사업으로 추진하는 경우에 비해 사업편익 증진 및 사업비용 경감,
정부재정시설과의 경쟁촉진으로 서비스 질 제고 등이 기대되는 사업이 해당될
수 있다.[64]

그리고 일반적으로 민간투자사업은 정부고시사업과 민간제안사업의 형태
로 행해진다. 정부고시사업은 사업의 내용과 추진방식 등을 정부가 고시하는

---

63) 국회예산정책처(2010). 『국가재정제도: 원리와 실제』, 국가예산정책처, p. 152.
64) 「민간투자사업 추진 일반지침」 제4조.

형태이다. 이 경우 주무관청은 국가정책상 중요한 사업 중 민간투자방식으로 추진하는 것이 효율적이라고 인정되는 사업에 대해 원칙적으로 사전계획을 수립하여 정부고시사업으로 추진하게 된다. 즉, 주무관청은 예비타당성조사단계에서 민간투자사업으로 추진 가능성이 있다고 판단되는 재정사업에 대해서는 재정여건, 사용료 수준, 그 밖에 정책방향 등을 고려하여 민자적격성 판단을 거쳐 정부고시사업으로 추진한다.65) 민간제안사업은 민간에서 사업과 추진방식 등을 제안하는 형태이다. 이에 따라 주무관청은 비용편익분석 등을 실시하여 국가 경제적으로 추진 타당성 확보 여부와 민간제안 및 민간투자실행대안이 재정사업으로 추진하는 것보다 정부부담을 줄이고 서비스 질의 제고 등이 가능할 것인가의 여부 등을 고려해서 민간부문이 제안한 사업을 민간투자사업으로 지정·추진할지의 여부를 결정하게 된다.66)

이러한 민간투자사업은 사업추진 방식에 따라 5가지 유형으로 구분될 수 있다.67) 첫 번째, BTO(Build-Transfer-Operate) 방식이다. 사회기반시설의 준공(신설·증설·개량)과 동시에 해당 시설의 소유권이 국가 또는 지방자치단체에 귀속되며 사업시행자에게 일정기간의 시설관리운영권을 인정하는 방식이다. 즉, 민간투자회사가 SOC 시설을 건설하여 소유권을 국가나 지방자치단체에 양도하고, 민간투자회사는 일정기간(통상 30년) 시설관리운영권을 부여 받아 운영하는 방식이다. 신분당선(강남-정자) 전철 사업이 대표적인 예이다.

두 번째, BTL(Build-Transfer-Lease) 방식이다. 사회기반시설의 준공(신설·증설·개량)과 동시에 해당 시설의 소유권이 국가 또는 지방자치단체에 귀속되며 사업시행자에게 일정기간의 시설관리운영권을 인정하되, 그 시설을 국가 또는 지방자치단체 등이 협약에서 정한 기간 동안 임차하여 사용하면서 수익을 내도록 하는 방식이다. 즉, 민간투자회사가 SOC 시설을 건설해서 당해 시설의 소유권을 정부에 이전(기부채납의 형식)하고, 그 대신 일정기간 동안 시설관리운영

---

65) 「민간투자사업 추진 일반지침」 제5조.
66) 「민간투자사업 추진 일반지침」 제6조.
67) 「민간투자사업 추진 일반지침」 제3조; 기획재정부(www.moef.go.kr).

권을 인정받아 임대를 통해 투자비를 회수하는 방식이다. 충주비행장 군인아파트 사업이 이에 해당된다.

세 번째, BOT(Build-Operate-Transfer) 방식이다. 사회기반시설 준공(신설·증설·개량) 후 일정기간 동안 사업시행자에게 해당 시설의 소유권이 인정되며 그 기간의 만료시 시설소유권이 국가 또는 지방자치단체에 귀속되는 방식이다. 즉, 민간투자회사가 SOC 시설을 건설·소유하여 시설을 운영하고 계약기간 종료시에 시설소유권을 정부에 양도하는 방식이다. 파주 수도권북부 내륙화물기지의 내륙컨테이너 건설사업이 이에 해당된다.

네 번째, BOO(Build-Own-Operate) 방식이다. 사회기반시설의 준공(신설·증설·개량)과 동시에 사업시행자에게 해당 시설의 소유권이 인정되는 방식이다. 즉, 민간투자회사가 SOC 시설을 건설하고 소유하여 그 시설을 운영하는 방식으로, 파주 수도권북부 내륙화물기지의 복합화물터미널 건설사업이 이에 해당된다.

다섯 번째, BLT(Build-Lease-Transfer) 방식이다. 이는 사업시행자가 사회기반시설을 준공(신설·증설·개량)한 후 일정기간 동안 타인에게 임대하고 임대기간 종료 후 시설물을 국가 또는 지방자치단체에 이전하는 방식이다.

7. 총사업비관리

1) 의미와 배경

예산이 소요되는 정부의 대규모 사업은 대규모인 만큼 예상치 못한 변수들로 인해 변동이 생길 수 있다. 세부적인 변동이 생길 수도 있고 큰 변동이 있을 수도 있다. 그중에서도 예산이 증가하는 변동은 비교적 큰 변동에 해당된다. 계획된 예산 이외의 추가 예산이 투입되어야 하기 때문에 재정 부담을 가중시킬 수 있기 때문이다. 사업시행 후 예산을 증가하는 것은 단순히 재정부담을 키우는 것은 물론 근본적으로 재정지출의 효율성과도 관련된다. 만일 낭비적 예산 증액인 경우는 더욱 그러하다.

그래서 국가의 예산 또는 기금으로 시행하는 대규모 재정사업에 대해 사업추진 단계별로 변경요인이 발생한 경우 사업시행 부처와 기획재정부가 협의해서 총사업비를 조정하는 총사업관리제도를 운영하고 있다. 이 제도는 대규모 사업의 총사업비를 사업추진 단계별로 합리적으로 조정·관리함으로써 재정지출의 효율성을 제고하기 위한 목적을 지니고 있다. 특히 도로·철도·항만 등 대규모 SOC 공공건설 사업을 추진하는 과정에서 총사업비가 증가하는 것을 엄격히 관리하기 위해 1994년에 도입되었다.[68] 무엇보다도 총사업비관리제도는 정치적인 이유나 사업 착수의 수월성을 위해 사업의 재원이 전략적으로 활용되는 행태를 바로 잡는데 기여할 것으로 기대되며 시행되었다.

총사업비관리의 대상 사업으로서 대규모 사업에 해당하는 것은 국가가 직접 시행하는 사업, 국가가 위탁하는 사업, 국가의 예산이나 기금의 보조·지원을 받아 지자체, 공기업, 준정부기관, 기타 공공기관 또는 민간이 시행하는 사업 중 완성에 2년 이상이 소요되는 사업으로서, 총사업비가 500억 원 이상이고 국가의 재정지원규모가 300억 원 이상인 토목사업 및 정보화사업이거나, 총사업비가 200억 원 이상인 건축사업(전기·기계·설비 등 부대공사비 포함), 혹은 총사업비가 200억 원 이상인 연구시설 및 연구단지 조성 등 연구기반구축 R&D사업(기술개발비, 시설 건설 이후 운영비 등 제외)들이다.[69] 여기에 해당된다면 각 중앙관서의 장은 사업규모와 총사업비 및 사업기간을 정하여 미리 기획재정부 장관과 협의해야 하고, 협의를 거친 사업규모와 총사업비 또는 사업기간을 변경하고자 하는 때에도 기획재정부 장관과 협의해야 한다.[70] 실무적으로는 총사업비 관리 대상사업에 해당이 되면 담당 부처는 d−Brain에 있는 총사업비관리시스템을 통해 총사업비 관리대상 사업정보, 사업비 조정내역 및 해당 사업의 계약정보를 사후 입력해야 한다.[71]

---

68) 기획재정부(www.moef.go.kr);「총사업비관리지침」제1조.

69)「총사업비관리지침」제1조.

70)「국가재정법」제50조.

사업유형별 총사업비의 구성은 세부적으로 차이가 있는데, 건설사업의 경우 토목, 건축 등 건설공사에 소요되는 모든 경비로서 공사비, 보상비, 시설부대경비 등으로 구성된다. 정보화사업은 시스템의 구축 등에 소요되는 모든 경비로서 장비구입비, 임차료, 소프트웨어 개발비, 구축 후 5년간 유지보수비, 추가구축비 등으로 구성된다. 연구기반구축 R&D 사업은 연구시설 및 연구장비 구축 등에 소요되는 모든 경비로서 공사비, 특수설비·연구장비비, 보상비, 시설부대경비 등으로 구성된다.72)

2) 운용

총사업비관리제도에서 말하는 사업추진 단계는 예비타당성조사, 타당성조사, 기본계획 수립, 기본설계, 실시설계, 발주 및 계약, 시공의 각 단계를 말한다. 이 단계들은 원칙적으로 독립기관(국회, 대법원, 헌법재판소, 중앙선거관리위원회) 및 중앙관서의 장이 총사업비관리대상 사업을 추진할 때 따라야 하는 단계들이다. 바로 이러한 각 사업추진 단계별 총사업비의 관리가 총사업비관리제도에 의해 이루어지는 것이다.73) 따라서 총사업비관리 절차도 단계별로 이루어진다.

우선, 기본적으로 중앙관서의 장은 사업구상 단계에서 유사사업의 예 등을 참조하여 사업규모, 총사업비, 사업기간 등을 적정하게 책정하여야 한다. 그리고 총사업비 등을 책정할 때에는 향후 설계 및 시공단계에서 총사업비의 변경이 최소화될 수 있도록 사업추진 과정에서 제반여건 등을 충분히 고려하여야 한다.74) 이후 예비타당성조사를 시행하고 타당성조사를 실시하게 된다. 이때 중앙관서의 장은 타당성조사 결과 사업규모, 총사업비, 사업기간 등이 예

71) 박소영(2017). 『총사업비관리제도 개선을 통한 효율적 재정관리 방안』, 한국재정정보원, p. 5.
72) 「총사업비관리지침」 제2조.
73) 「총사업비관리지침」 제3조.
74) 「총사업비관리지침」 제9조.

비타당성조사 결과와 차이가 발생한 경우 기획재정부 장관과 총사업비 등의 변경에 대하여 협의하여야 한다.75) 이어서 기본계획 수립을 하게 되는데, 기본계획을 수립할 때 사업규모 및 총사업비는 원칙적으로 예비타당성조사(타당성재조사 포함) 또는 타당성조사(예비타당성조사가 면제되는 사업의 경우)에서 정한 규모 및 금액을 초과할 수 없다. 중앙관서의 장은 기본계획이 수립되면 기본계획 고시 이전에 기획재정부 장관과 사업규모, 총사업비 또는 사업기간 등을 협의하게 된다.76)

기본설계 단계에서는 중앙관서의 장은 기본설계 과정에서 예비타당성조사, 타당성조사 또는 기본계획에서 정한 총사업비를 감안하여 설계 내용이 적절히 관리될 수 있도록 노력하여야 하며, 당해 사업추진에 반드시 필요하지 않는 내역이 포함되거나 필수적인 사항이 누락되는 등 부적절한 설계가 발생하지 않도록 해야 한다. 그리고 기본설계는 기본계획 수립 후 기획재정부 장관과 협의된 사업규모, 총사업비, 사업기간 등을 기준으로 하여야 하며, 합리적인 사유 없이 기본계획에 의한 사업규모를 변경해서는 안 된다. 하지만 중앙관서의 장은 기본설계 과정에서 대형 신규 구조물 설치, 일부 구간의 차로 수 변경(도로사업 및 철도사업의 경우), 신규 내역 및 공종 추가, 전체 노선의 1/3 이상 변경 등 사업내용과 규모 등에 중대한 변경이 불가피한 경우 미리 기획재정부 장관과 사업규모, 총사업비, 사업기간 등을 협의하여야 한다.77)

실시설계 단계에서도 중앙관서의 장은 충분하고 합리적인 사유 없이 기본설계 단계에서 기획재정부 장관과 협의된 사업규모를 변경해서는 안 된다. 하지만 중앙관서의 장은 실시설계 과정에서 대형 신규 구조물 설치, 일부 구간의 차로 수 변경(도로사업 및 철도사업의 경우), 신규 내역 및 공종 추가, 전체 노선의 1/3 이상 변경 등 사업내용과 규모 등에 중대한 변경이 있는 경우 미리 기획재정부 장관과 사업규모, 총사업비, 사업기간 등을 협의하여야 한다. 이후 실시설

75) 「총사업비관리지침」 제13조.
76) 「총사업비관리지침」 제14조.
77) 「총사업비관리지침」 제17조.

계 용역이 완료되면 중앙관서의 장은 조달청장에게 공사계약체결 의뢰 이전에 필요 서류를 첨부하여 기획재정부 장관과 사업규모, 총사업비, 사업기간 등을 협의하여야 한다.[78]

발주 및 계약단계에서는 중앙관서의 장은 조달청장에게 당해 사업에 대한 계약체결을 의뢰할 때에는 기획재정부 장관과 협의를 거친 총사업비 내역서를 첨부하여야 한다. 조달청장은 공사를 입찰·발주할 때 예산상 총공사금액의 범위 안에서 예정가격을 결정하여야 한다. 하지만 조달청장은 의뢰받은 총사업비가 기획재정부 장관이 통보한 총사업비를 초과한 경우에는 입찰공고 이전에 기획재정부 장관과 협의하여야 한다. 중앙관서의 장은 계약체결 결과 총사업비로 책정된 금액과 실제 계약금액과의 차액(낙찰차액)이 발생한 경우 불가피한 경우를 제외하고 계약체결일로부터 30일 이내에 일정한 절차에 따라 총사업비를 감액하여야 한다.[79]

시공단계에서는 중앙관서의 장은 공사 착공 이후 불가피한 사유로 기획재정부 장관과 기존에 협의된 사업규모, 총사업비, 사업기간 등을 변경하고자 하는 경우에는 공사계약 변경 이전에 기획재정부 장관과 협의하여야 한다. 그리고 중앙관서의 장은 다음 연도에 완공예정 사업에 대한 사업규모, 총사업비, 사업기간 등을 불가피하게 변경할 필요가 있는 경우에는 다음 연도 정부 예산안 또는 기금운용계획안에 반영될 수 있도록 당해 연도 5월 31일까지 기획재정부 장관에게 총사업비 등의 조정을 요구하여야 한다.[80]

이처럼 각 단계별 총사업비관리가 이루어진다. 하지만 때에 따라서는 중앙관서의 자율조정도 있다. 중앙관서 자율조정이란 사업 소관부처에서 당초 사업구상 또는 설계단계에서 예상할 수 없거나, 구체화하기 어려운 상황에 대처할 수 있도록 일정한 설계변경 항목에 대하여는 기획재정부 장관과의 사전 협의 절차를 생략하여 중앙관서의 장의 책임 하에 총사업비를 조정하고, 사후

---

78) 「총사업비관리지침」제19조, 제23조.
79) 「총사업비관리지침」제25조, 제26조.
80) 「총사업비관리지침」제27조, 제28조.

[그림 6-2] 총사업비관리 신규등록 예시[81]

사업명 :

총사업비 신규등록 보고서

0000. 00. 00

○ ○ ○ ○ 부

사업명:

Ⅰ. 사업관리 항목

① 사업관리 코드

회계	소관	계정	분야	부분	프로그램	단위사업	세부사업
회계명	소관명	계정명	분야명	부문명	프로그램명	단위사업명	세부사업

② 관리항목

사업유형				사업수행 (대행기관명)	총액계상 예산사업	R&D 사업
토목사업	정보화	건축사업	연구기반 구축 R&D 사업			

③ 사업 추진현황

(단위: 백만 원)

구분	수행기간		용역 수행기관	용역결과 총사업비	B/C	AHP	비고
	착수	완료					
기본계획(구상)							
예비타당성조사							
타당성조사							
기본설계							
실시설계							
공사착공 (총공정률 %)							· 낙찰자 선정방법 · 낙찰률 등

에 기획재정부 장관이 중앙관서의 총사업비 자율조정 실적을 점검·평가하는 일련의 절차를 말한다.[82] 자율조정은 전체 사업추진단계 중 계약체결 이후 시공단계에 대해서만 적용한다. 다만, 설계비의 낙찰차액에 대하여는 시공단계 이전에도 자율조정할 수 있다.[83]

그리고 총사업비관리제도 역시 제외되는 사업이 있다. 국고에서 정액으로 지원하는 사업, 국고에서 융자로 지원하는 사업, 민간투자사업, 도로유지·보수,

---

81) 기획재정부(2018). 『총사업비관리지침』, 기획재정부.
82) 「총사업비관리지침」 제97조.
83) 「총사업비관리지침」 제98조.

노후 상수도 개량 등 기존 시설의 효용증진을 위한 단순개량 또는 유지·보수사업 등이 그에 해당한다.84) [그림 6-2]는 총사업비관리 신규등록의 예시이다.

8. 예산성과금제도

1) 의미와 배경

정부예산은 기본적으로 한정되어 있고 국민들의 납세에 의한 것이기 때문에 헛되게 사용하지 않는 것이 가장 중요하다. 보다 생산적으로 사용하고 절감할 수 있는 방법이 있다면 적극적으로 실천하도록 노력해야 한다. 그런데 정부영역에서는 그렇게 할 유인이 별로 크지 않다. 이미 국회의 의결로 확정된 예산이라서 집행절차와 과정에서 규정에만 어긋나지 않으면 비록 생산적이지 않더라도 사용하는 것 자체가 문제되지 않는다. 굳이 남길 필요도 없이 모두 사용해도 문제될 것이 없고, 때로는 남기면 애초에 불필요한 예산을 요구한 것으로 비춰져서 오히려 비난을 받을 수도 있다. 그러다 보니 굳이 할당된 예산을 다 써야 한다는 의무감에서 비생산적인 사용도 하게 된다. 이는 분명 재정관리의 비효율적 모습이다.

그래서 이런 모습을 최소화하고 보다 적극적으로 예산절감을 유도하기 위해 도입된 제도 중 하나가 예산성과금제도이다. 예산성과금제도는 예산을 집행하는 방법이나 제도 개선을 통해 국고수입을 증대시키거나 지출을 절약하는데 기여한 사람에게 그 성과의 일부를 인센티브로서 일정 금액의 성과금을 지급하는 제도이다. 「국가재정법」 제49조에 근거를 두고 있는데, 그에 따르면 "각 중앙관서의 장은 예산의 집행방법 또는 제도의 개선 등으로 인하여 수입이 증대되거나 지출이 절약된 때에는 이에 기여한 자에게 성과금을 지급할 수 있으며, 절약된 예산을 다른 사업에 사용할 수 있다."고 명시

---

84) 「총사업비관리지침」 제3조.

하고 있다.[85]

우리나라에서는 1998년에 제도가 도입되었다. 최초에는 예산절약에만 성과금 지급이 적용되었으나, 1년 후인 1999년에는 예산절약 뿐 아니라 국고수입 증대에 기여한 경우도 해당되었다. 예산성과금 지급대상은 국가공무원과 지방자치단체 공무원을 포함한 국가위임사무를 담당하는 기관의 임·직원이 된다. 그리고 국민제안제도를 통해 제안하거나 예산낭비신고 또는 예산낭비방지와 관련된 제안을 한 국민이다.

2) 운용

예산성과금이 지급되는 요건은 제도의 뜻에서도 명시되어 있듯이 국고수입 증대와 지출 절약이 된 경우이다. 성과금을 지급할 수 있는 국고수입의 증대란, 새로운 세입원의 발굴 또는 제도 개선 등 특별한 노력을 통해 국채발행수입금과 차입금을 제외한 국세·관세 및 세외수입 등 일체의 세입재원이 늘어난 경우나 국유재산이 늘어난 경우이다. 성과금을 지급할 수 있는 지출의 절약이란, 자발적인 노력을 통해 정원감축이나 예산의 집행방법 또는 제도 개선 등으로 업무성과를 종전 수준 또는 그 이상으로 유지하면서 경비를 적게 사용하여 예산이 남게 된 경우나 예산편성과정에서 절약예상액을 미리 감액 편성하거나 반영하지 않은 경우이다.[86]

예산성과금을 지급하는 심사를 위해서는 예산성과금 심사위원회를 구성해야 한다. 성과금을 지급하는 것에 대한 심사 이외에 절약된 예산을 다른 사업에 사용하고자 하는 때에도 예산성과금 심사위원회의 심사를 거쳐야 한다.[87] 구체적으로 위원회에서 심의하는 사항에는, 예산성과금 지급 심사기준 및 규모에 관한 사항, 예산성과금 지급 대상 여부에 관한 사항, 지출절약액 및

---

85) 「국가재정법」 제49조.

86) 「예산성과금 규정」 제4조.

87) 「국가재정법」 제49조.

수입증대액 규모의 산정, 예산성과금 지급규모의 산정, 지출절약으로 인한 예산성과금 지급에 따른 예산조치 사항, 그 밖에 기획재정부 장관(혹은 지방자치단체장)이 위원회의 심의를 거칠 필요가 있다고 인정하여 심의에 부치는 사항이다. 중앙정부의 경우 기획재정부 장관 소속으로 위원회를 두고, 지방자치단체는 각 지방자치단체장 소속으로 위원회를 둔다.

예산성과금의 지급 규모는 수입증대에 기여한 자에 대해서는, 수입증대액의 10% 범위에서 지급하되 1명당 6천만 원을 초과할 수 없다. 지출절약에 대해서는, 정원감축으로 인건비를 절약한 경우에는 감축된 인원의 인건비 1년분, 경상적 경비를 절약한 경우에는 절약된 경비의 50%, 주요사업비를 절약한 경우에는 절약된 경비의 10%로 지급하되 이 역시 1명당 6천만 원을 초과할 수 없다. [표 6-11]은 예산성과금의 지급 규모를 간략히 나타낸 것이다.

[표 6-11] 예산성과금의 지급 규모

사유		지급 한도	최대 한도
수입증대		수입증대액의 10%	1명당 6천만 원 이하
지출 절약	정원 감축	감축된 인원의 인건비 1년분	
	경상적 경비 절약	절약된 경비의 50%	
	주요사업비 절약	절약된 경비의 10%	

하지만 이 두 사유(수입증대 기여자에 대한 성과금 지급 규모 조건, 지출절약 기여자에 대한 성과금 지급 규모 조건)에 따라 산정된 금액의 100분의 130의 범위에서 예산성과금을 지급할 수 있는데, 이때는 1명당 지급액은 7천800만 원을 초과할 수 없다. 이 사례가 가능한 경우는, 지출절약 또는 수입증대의 내용이 유사 사업 또는 다른 행정기관 등에 확대 적용됨에 따라 지출절약 또는 수입증대의 효과가 현저한 경우, 지출절약 또는 수입증대의 내용이 「행정 효율과 협업 촉진에 관한 규정」 제41조에 따른 행정협업과제를 통하여 나타난 경우, 그리고 지출절약 또는 수입증대의 내용이 직전 회계연도에 「정부업무평가 기본법」 제2조 제4호에

[그림 6-3] 예산성과금 지급신청서 예시[88]

예산성과금 지급신청서

○ 기 관 명:
○ 회계구분:

1. 지출절약 또는 수입증대 총괄표

사업명	유형	예산액	실집행액	지출절약액 또는 수입증대액	성과금 요구액
계					

※ 유형은 인건비 절약, 경상적 경비 절약, 주요사업비 절약, 수입 증대 등으로 적습니다.

2. 예산성과금 지급계획

소속	직급	성명	직접 기여 정도	성과금 지급계획	비고

※ 직접 기여 정도는 개인별로 기여 정도를 100분율(%)로 적고, 직접 기여 정도의 총합이 100%가 되게 나눕니다.

「지방자치단체 예산성과금 운영규칙」 제12조에 따라 위와 같이 예산성과금 지급을 신청합니다.

년   월   일

신청인: (서명 또는 인)

시장·도지사
시장·군수·구청장   귀하

첨부서류	1. 지출절약이나 수입증대의 내용 및 금액에 관한 자료 　가. 인건비 절약의 경우: 직급별 정원 감축의 내용·사유·추진경위·근거법령과 인건비 절약의 내용과 그 증명자료와 그 밖에 예산성과금 지급사유를 증명하는 자료 　나. 경상적 경비 절약이나 사업비 절약의 경우: 해당 사업의 개요(사업내용, 총사업비, 사업기간, 사업명세별 소요예산 및 집행실적 등)와 지출절약의 배경·경위·내용 및 금액과 그 증명자료와 그 밖에 예산성과금 지급사유를 증명하는 자료 　다. 수입증대의 경우: 수입증대의 규모와 내용과 그 증명자료와 그 밖에 예산성과금 지급사유를 증명하는 자료 2. 지출절약이나 수입증대에 기여한 자에 관한 자료 3. 예산성과금의 지급신청내용과 집행계획

88) 「지방자치단체 예산성과금 운영규칙」 별지서식.

따른 특정평가 대상에 해당하여 나타난 경우, 지출절약 또는 수입증대의 내용이 「민원 처리에 관한 법률」 제45조 및 「국민 제안 규정」에 따른 국민제안과 또 중앙관서의 장에게 예산낭비에 대한 신고를 하거나 예산낭비 방지와 관련한 신고 또는 제안을 통하여 나타난 경우이다.[89] [그림 6-3]은 「지방자치단체 예산성과금 운영규칙」에 나타나 있는 예산성과금 지급신청서의 예시이다.

9. 주민참여예산제도[90]

1) 의미와 배경

예산은 정부 관료에 의해서만 편성되는 것이 아니다. 시민이나 주민이 예산과정에 일정부분 직접 참여하여 예산을 편성하는 것이 가능하다. 그 제도가 주민참여예산제도이다. 사실, 예산을 편성하는데 직접적인 영향력을 발휘할 수 있는 관료들에게 예산 행위는 그 자체가 하나의 권력이나 힘이 되기 때문에 그 권한을 나누거나 그 과정을 개방하는 것은 쉽지 않은 일이다. 하지만 이에 대해 주민들에게 예산과정에 참여할 수 있는 기회를 보장해주는 것이 주민참여예산제도이다. 어쩌면 납세자인 주민들이나 시민들이 예산과정에 참여하는 것이 당연한 것인데도 불구하고, 실제 현실에서 제도화된 것은 그리 오래되지 않았다.

최초의 주민참여예산제도는 1989년 브라질에서 시작되었다. 브라질의 포르투 알레그레(Porto Alegre) 시는 주민들이 사업예산을 편성하는 과정에 직접 참여하도록 했다. 2000년에 집계한 통계에 따르면 주민참여예산에 참여한 인원은 지속적으로 증가하여 전체 인구 120만 명 중 약 4만 5천여 명이 참여했다고 한다. 그래서 그에 대한 긍정적인 평가를 통해 상파울루와 벨로리존찌 같

---

89) 「예산성과금 규정」 제16조.
90) 주민참여예산제도의 내용은 '김민주(2019). 『공공관리학』, 박영사, pp. 257-259'의 내용을 발췌해서 일부분을 보충 및 보완하여 작성하였다.

은 브라질의 대도시들로도 확산되었다. 이후에는 세계의 여러 도시들에서도 적용하게 된다. 우리나라에서는 2003년 광주 북구에서 처음으로 시작했고 이후 점차 다른 지자체들도 도입하였다. 주민참여예산제도 실시가 의무화된 것은 2011년 「지방재정법」 개정을 통해서이다.

따라서 법적 정당성 측면에서 볼 때, 주민참여예산제도는 지방자치단체장이 지방예산 편성 등 예산과정에 주민이 참여할 수 있는 제도를 마련하여 시행하도록 규정하고 있다는 점(「지방재정법」 제39조)에 근거를 두고 있다.91) 그런 점에서 주민참여예산제도란 예산과정에 주민이 참여할 수 있는 절차를 마련하여 운영하는 제도를 말한다. 이를 위해 지방자치단체장은 주민참여예산제도를 통해 수렴한 주민의 의견서를 지방의회에 제출하는 예산안에 첨부해야 하고, 그에 대해 행정안전부 장관은 지방자치단체의 재정적·지역적 여건 등을 고려하여 지방자치단체별 주민참여예산제도의 운영에 대하여 평가를 실시할 수도 있다.92)

2) 운용

예산편성과정에 주민이 참여할 수 있는 방법은 다양하다. 예컨대, 주요사업에 대한 공청회 또는 간담회, 주요사업에 대한 서면 또는 인터넷 설문조사, 사업공모, 그 밖에 주민의견 수렴에 적합하다고 인정하여 조례로 정하는 방법 등이 있다. 지방자치단체장은 이렇게 수렴된 주민의견에 대해 검토하고 그 결과를 예산편성시 반영할 수 있다.93) 주민참여예산제도에서 핵심은 주민들의 의견을 수렴하고 반영하는 것인 만큼 지방자치단체장의 책무도 그와 관련해서 규정하고 있다. 예컨대, 서울시는 주민참여예산이라는 용어 대신 시민참여예산이라는 용어를 사용하면서 "서울특별시장은 예산을 편성하는 단계부터 시민이

---

91) 「지방재정법」 제39조.
92) 「지방재정법」 제39조.
93) 「지방재정법 시행령」 제46조.

충분한 정보를 얻고 의견을 표명할 기회를 가질 수 있도록 정보공개와 시민
참여 보장을 위해 노력하여야 한다. 시장은 시민참여예산위원회와 서울특별시
의회의 상호 협력을 위한 방안을 모색하여야 한다. 시장은 시민들이 예산편성
과정에 참여하여 반영한 예산편성 내용을 공개하여야 한다."고 조례에 명시해
놓고 있다.[94] 행정안전부에서 각 지자체에 제시한 '주민참여예산제 운영 조례
모델안'의 주요 내용도 그와 관련된다. 즉, 행정안전부는 주요 내용에 "주민에
게 예산편성 단계에서부터 충분한 정보와 의견 표명의 기회를 제공해야 하는
자치단체의 의무와 예산편성 관련 의견을 제출할 수 있는 주민의 권리를 명시
하고, 자치단체의 '주민참여예산 운영계획' 수립 및 공시, '주민참여예산위원회'
설치 등 세부적인 주민참여 과정에 관한 지침을 상세히 규정하는 한편, 자치단
체는 의무적으로 참여 주민들에 대해서 관련 교육과 행·재정적 지원을 제공하
도록 하여, 보다 실질적인 주민참여예산제도의 운영이 될 수 있도록 했다."고
언급하고 있다.[95]

[표 6-12]는 참여예산사업의 편성 결과를 보여주는 사례로서, 서울시의
2018년도 참여예산사업 편성 결과이다. 총 747개의 사업에 약 541억 원이 편
성되었다. 문화 분야에 사업수가 가장 많고, 사업비의 규모는 공원 분야에 가
장 많이 편성되어 있다.

[표 6-12] **참여예산사업 편성 결과 사례[96]**

(단위: 건, 억 원)

구분		계	여성	경제·일자리	복지	교통	문화	환경	관광체육	도시안전	주택	공원
계	사업수	747	29	81	76	42	220	130	13	66	11	79
	사업비	541.8	45.7	56.3	41.5	43.9	55.1	74.1	47.3	52.4	25.2	100.4

94) 「서울특별시 시민참여예산제 운영 조례」 제5조.
95) 행정안전부(2010). 『주민참여 예산제 이렇게 만드세요: 행안부, 「주민참여 예산제 운용
조례 모델안」 마련 지자체 통보』, 행정안전부.
96) 서울특별시 참여예산(yesan.seoul.go.kr).

제7장

재정투자분석

재정투자분석

제1절 비용편익분석

1. 의미와 배경

　　비용편익분석(Cost-Benefit Analysis)이란 정부가 공공목표를 달성하기 위해 사업을 시행할 때 예상 가능한 여러 사업 대안들의 비용과 편익을 측정·비교·평가하여 최선의 대안을 선택하는 기술적인 방법을 말한다. 비용편익분석은 사업에 대한 경제적 분석의 한 분야로서 기업차원의 재무적 분석과는 달리 사회적 관점 혹은 국민경제 전체의 관점에서 비용과 편익을 파악한다. 이때 비용과 편익은 단기적 시각이 아닌 장기적 시각에서 종합적 평가에 기초해서 측정된다는 특징을 지니고 있다.[1] 정부사업은 곧 정부의 재원으로서 국민들의 납세에 기반하고 있기 때문에, 적어도 정부가 시행하는 사업의 경우 비용이 편익보다 더 초과되지는 않도록 해야 한다는 생각에서 실시되고 있는 것이 비용편익분석이다. 그런 점에서 비용편익분석에서는 정부가 최선의 사업을 추구한다는

---

1) 김동건(2012). 『비용·편익분석』, 박영사, pp. 2-3.

것을 가정하고 있다.

비용편익분석의 기초 개념이 공식적으로 처음 등장한 것은 19세기 말이다. 당시 소비자잉여(consumer surplus)라는 개념이 등장하면서 그에 기여하였다. 이후 보다 본격적으로 비용편익분석이 개발된 것은 20세기 후생경제학(welfare economics)이 발전되면서부터이다. 후생경제학에서는 제한된 자원의 합리적 사용을 위한 공공지출의 효율성 문제를 중요하게 다루었고, 이는 비용 대비 편익에 대한 고려를 강조하는데 적합한 논리였다.[2] 후생경제학의 관점에서 보면 비용편익분석은 정부사업에 따라 영향을 받는 사람들의 후생을 측정하기 위한 것이 된다.

그런데, 사실 후생은 직접적으로 측정하는 것이 어렵다. 그래서 후생을 측정하는데 도움을 주는 것으로 화폐를 이용하게 된다. 화폐는 단순히 측정에 도움을 준다는 것을 넘어 측정을 가능하게 해주고 비교도 가능하게 해준다. 즉, 대안들 간의 비교는 공통적인 측정단위가 사용될 때 가능하다. 이질적인 항목들을 동질적인 흐름으로 표현하기 위해서는 공통적인 측정단위가 필요한데, 그 역할을 하는 것이 화폐인 것이다. 따라서 오해하지 않아야 할 것 중에 하나는, 비용편익분석에서 화폐는 비용편익분석에 도움을 주는 역할을 하는 것이지 비용편익분석 자체가 화폐에 대한 것은 아니라는 점이다.[3]

이처럼 후생경제학의 영향에 따라 비용편익분석이 크게 발전되었고 이후 1950년대와 1960년대를 거치면서 더 확대되어 활용되었다. 특히 1965년에 미국의 존슨(Lyndon B. Johnson) 대통령의 위대한 사회(The Great Society) 건설 프로젝트에 의해 각종 사회프로그램들과 정부사업들이 시행되었는데, 바로 이때 재정 팽창의 우려에 따라 주요 정부프로그램이나 사업들에 대해 비용과 편익 분석을 실시하게 되었다. 이후 1970년대에는 개발도상국과 빈곤국 대상의 개발계획 등에도 널리 활용되면서 비용편익분석은 정부사업의 경제적 분석의 일

---

2) 김동건(2012). 『비용·편익분석』, 박영사, p. 6.
3) De Rus, G.(2012). *Introduction to Cost−Benefit Analysis: Looking for Reasonable Shortcuts*, Edward Elgar Publishing.

반적 방법으로 자리를 잡게 되었다.4)

　우리나라도 1999년 예비타당성조사를 실시하면서 비용편익분석의 개념이 사용되었다. 예비타당성조사를 수행하는 기본 절차 중 하나에 수요·편익·비용 추정 등을 하는 경제성 분석을 포함시킨 것이다.5) 그래서 「예비타당성조사 수행 총괄지침」 제49조에도 "사업을 수행하는 기관은 경제적 타당성이 있는지를 판단하기 위해 원칙적으로 비용과 편익분석을 수행해야 한다."고 명시하고 있다.6) 비단 규정이나 지침이 아니더라도 실무에서도 대상 사업의 국민경제적 파급효과와 투자적합성을 분석하는 핵심적 조사과정인 경제성 분석을 위해 비용과 편익분석을 그 기본적인 방법론으로 채택하는 경우가 많다.7) 현재 우리나라의 경우 국책사업과 관련한 여러 비용편익분석은 한국개발연구원(KDI)의 공공투자관리센터(PIMAC)에서 많이 수행하고 있다.

　물론, 정부사업이나 재정투자 및 재정의 효율성 등과 같은 경제적 측면의 분석을 위해 비용편익분석만을 하는 것은 아니다. 다양한 형태의 기법들이 존재한다. 절대적 평가 기준 이외에 상대적 효율성 등을 비교하는 방법들도 있다.8) 다만, 가장 일반적이고 대표적인 경제성 분석의 방법으로 활용되고 있는 것이 비용편익분석 방법이다. 그리고 다른 방법들도 비용편익분석의 개념을 토대로 해서 적용되는 경우가 많다.

---

4) 김동건(2012). 『비용·편익분석』, 박영사, pp. 7-8.

5) 「예비타당성조사 수행 총괄지침」 제6조.

6) 「예비타당성조사 수행 총괄지침」 제49조.

7) KDI 공공투자관리센터(2019). 『예비타당성조사 제도 및 분석방법론 개요』, KDI 공공투자관리센터, p. 10.

8) 김민주(2012). 대북지원 NGO 활동의 성장과 정부 재정지원의 상대적 중요도, 『한국행정연구』, 21(1): 73-94; 김민주(2010). 공공문화기관의 예산효율성 측정과 평가: 공공도서관 사례를 중심으로, 『한국사회와 행정연구』, 21(3): 77-101; 김민주(2009). 주민자치센터의 운영효율성 비교분석: 효율성 점수와 효율적 프론티어를 중심으로, 『정책분석평가학회보』, 19(4): 209-231.

2. 기본 원칙

비용편익분석이 이루어지기 위해서는 몇 가지 원칙이 지켜져야 한다. 첫 번째, 비용과 편익이 화폐단위로 측정되어야 한다. 비용과 편익의 범위를 정한 뒤 해당되는 비용과 편익을 화폐단위로 나타내야 한다. 금전적인 비용과 편익이 있을 수 있고 비금전적인 비용과 편익도 있을 수 있는데, 이때 비금전적인 비용과 편익 역시 화폐로 측정해서 나타내야 한다. 비용편익분석에서 힘들게 여겨지는 작업 중 하나가 바로 이 작업이다. 비금전적인 비용과 편익을 화폐단위로 측정하기 위해 어떤 기준을 적용하고 어디까지를 비용과 편익으로 볼 것인가의 문제이다. 그에 따라 비용편익분석의 결과 값이 완전히 달라지기도 한다. 단순히 금전적인 비용 및 편익과 비금전적인 비용 및 편익의 구분 이외에도, 무형의 비용 및 편익과 유형의 비용 및 편익, 그리고 직접적인 비용 및 편익과 간접적인 비용 및 편익까지 다양한 차원의 비용과 편익을 모두 화폐단위로 측정해내는 것이 쉽지 않다. 결국은 이론에 기초하거나 실제 적용 선례에 기초한 근거를 제시하는 등 관련자들에게 설득력 있게 설명해서 정당성을 확보하는 것이 최선의 방법이다. 비록 어려운 작업이긴 해도 비용편익분석은 비용과 편익이 화폐단위로 측정되어야 계산이 가능해지므로 반드시 지켜야 하는 원칙이다.

두 번째, 비용과 편익 계산에서 반드시 시간을 고려해야 한다. 비용편익분석을 시행하는 사업은 소규모의 사업이라기보다는 대규모의 사업이다. 대규모의 사업인 만큼 공사기간(비용 발생 기간)도 길며 완공 후 편익을 발생시키는 기간도 길다. 정부사업의 특징 중 하나가 특히 편익이 장기적으로 발생된다는 점이기도 하다. 따라서 비용과 편익을 고려해서 가장 적절한 대안을 선택할 때, 비용과 편익이 발생되는 시간 차원의 요인을 반드시 고려해야 한다.

여기서 시간을 고려한다는 것은 사람들이 기본적으로 미래보다는 현재를 더 중시하는 시간 선호(time preference)를 반영한다는 것을 말한다. 쉽게 예를 들면, 지금의 100만 원과 10년 뒤의 100만 원은 다른 가치를 지닌다. 지금의 100만 원이 10년 뒤의 100만 원보다 더 가치 있는 돈이 된다. 10년 뒤의 100만 원은 사실 지금의 100만 원보다 더 적은 돈이다. 물가 수준만 고려해도 이해할 수 있다. 그리고 10년 뒤에 100만 원을 가지는 것보다 지금 100만 원을 가지고 있으면 이 돈에 이자가 붙어서 10년 뒤에는 100만 원 이상의 돈이 된다. 그래서 기본적으로 사람들은 지금 현재 시점의 가치를 미래보다 더 중요하게 생각하며 더 선호한다.

따라서 비용편익분석을 위해 비용과 편익을 계산할 때 미래 시점의 비용 혹은 편익인가 아니면 현재 시점의 비용 혹은 편익인가를 구별해야 한다. 미래에 발생될 비용과 편익을 현재의 시점에 그대로 적용해서 사용해서는 안 된다. 미래 시점이라고 한다면 어느 정도의 미래인가도 고려해야 한다. 5년 뒤와 10년 뒤는 미래의 정도가 다르기 때문이다. 비용과 편익을 조사해서 계산할 때 시점을 일치시켜야 하며, 이때 사용되는 것이 할인율(discount rate)이다.

할인율은 미래 시점의 가치를 현재 시점에서 지니는 가치로 변환시키는 비율이다. 10년 뒤의 100만 원이라는 가치를 현재 시점의 가치로 변환시킬 때 적용하는 비율이 할인율인 것이다. 이는 이자율의 반대라고 생각하면 쉽게 이해된다. 지금 100만 원이 있으면 연 이율 10%일 때 1년 뒤에는 110만 원이 된다. 이를 반대로 생각해 보면, 1년 후의 110만 원에 할인율 10%를 적용하면 현재 시점에서 지니는 가치는 100만 원이다. 이 말은 1년 뒤의 110만 원은 현재 시점의 100만 원의 가치를 지닌다는 것이다. 이와 같이 정부가 비용편익분석을 할 때는 미래에 발생되는 비용이나 편익에 대해 할인율을 적용해서 현재 시점에 맞는 가치로 변환시켜야 한다.

할인율은 그 속성상 너무 높게 설정되면 순현재가치가 낮아지므로 정말 필요한 사업을 하지 못하게 되는 경우가 발생될 수 있고, 반대로 너무 낮게 설정하면 사실은 불필요한 사업임에도 불구하고 타당성 있는 사업으로 평가될 수도 있다. 그만큼 할인율을 어떻게 설정하는가는 비용편익분석의 결과에 상당한 영향을 미치게 된다. 할인율을 어떻게 설정할 것인가가 중요한 이유가 바로 이 때문이다.

일반적으로 할인율로 사용될 수 있는 것에는 시장이자율(market rate of in-terest), 정부공채이자율(government borrowing), 기업할인율(corporate discount rate), 사회적 할인율(social discount rate) 등이 있다. 어떤 할인율이 가장 적절하다는 정답이 있는 것은 아니고, 상황과 여건에 맞추어서 설득력 있는 이유를 들어 선택하면 된다.

시장이자율은 민간의 자본시장에서 형성된 이자율로서, 자본시장이 완전경쟁상태라면 이때 형성된 이자율은 소비자들의 시간 선호를 적절하게 반영하고 있다고 볼 수 있으므로 이를 이용하는 것이다. 그러나 현실적으로 자본시장이 완전경쟁상태라고 보기 힘들기 때문에 이를 그대로 공공사업의 할인율로 사용하기에는 어려운 점이 있는 것이 사실이다.

정부공채이자율은 국공채에 적용되는 이자율을 말한다. 정부가 민간부문으로부터 차입한 금액(차입금)에 대해 지불하는 이자율이다. 공채이자율을 할인율로 활용할 수 있다는 논리는, 국민들이 일정 이자율을 통해 국공채를 구입하는데 만족한다면, 이는 곧 정부가 공공사업을 추진할 때 최소한 그만큼의 수익을 달성한다면 국민들도 만족할 수 있는 수준이라고 볼 수 있다는 것이다.

기업할인율은 투자 사업에서 최소 기대되는 수익률에 위험부담률과 기업이 부담하는 세금(법인세)을 포함시킨 값을 의미한다. 위험이 없는 국공채 이자율에 위험프리미엄과 법인세율을 고려한 값까지 모두 포함되므로 앞의 정부공채이자율보다 더 높다. 공공투자도 민간기업투자와 경쟁을 하는 것으로 간주하며 국가자원의 효율적 사용이라는 측면에서 기업할인율을 강조하기도 한다. 기업할인율은 자본의 기회비용(opportunity cost of capital)을 강조한데서 유래한 것이다.

사회적 할인율은 두 입장으로 나누어지는데, 하나는 사회적 할인율은 시장이자율보다 비교적 낮게 잡아야 한다는 것이고 다른 하나는 반드시 낮게 잡아서는 안 되며 자본의 기회비용으로 파악해야 한다는 것이다. 사회적 할인율은 어느 수준이라는 것이 정해져 있다기보다는 관점에 따라 선택되는 경우가 많다. 사회적 할인율을 낮게 설정해야 한다는 입장은 공공사업의 특성을 강조한다. 공공사업은 여러 가지 긍정적인 외부효과를 낳는 경우가 많고 먼 미래의 세대까지 복지와 후생이 이어지는 경우가 많기 때문에 시장이자율보다 낮게 적용해야 한다는 것이다. 할인율을 낮게 하는 만큼 미래의 편익이 더 반영될 수 있기 때문이다. 다른 관점인 자본의 기회비용으로 사회적 할인율을 적용할 것을 강조하는 입장은 공공사업이라고 해서 민간사업에 비해 무작정 우대하는 것은 자원 사용의 효율성 측면에서는 적절하지 않다고 본다. 그래서 공공투자와 민간투자 간의 자본의 기회비용으로 파악하는 것이 적절한데, 이는 해당 자원이 공공사업에 사용되지 않고 만일 민간사업에 사용된다면 발생되는 수익률을 공공사업의 사회적 할인율로 해야 한다는 것이다. 이 입장에 따르면 민간기업이 통상적으로 기대할 수 있는 전 산업의 평균수익률을 측정해서 그것을 공공사업의 할인율로 사용할 수 있다고 본다.[9] [표 7-1]은 할인율의 종류와 의미를 간단히 정리한 것이다.

[표 7-1] 할인율의 종류와 의미

할인율의 종류	의미
시장이자율	민간의 자본시장에서 형성된 이자율(자본시장의 완전경쟁상태, 소비자들의 시간선호 반영)
정부공채이자율	국공채에 적용되는 이자율
기업할인율	투자 사업에서 최소 기대되는 수익률에 위험부담률과 세금(법인세)을 포함시킨 값
사회적 할인율	사회적 할인율은 시장이자율보다 비교적 낮게 잡아야 한다는 관점
	사회적 할인율은 시장이자율보다 반드시 낮게 잡아서는 안 되며 자본의 기회비용으로 파악해야 한다는 관점

확정적이거나 언제나 바람직한 것이라고는 볼 수 없지만, 할인율은 대체로 미국과 같은 선진국에서는 7~10%, 개발도상국이나 우리나라 등의 중진국에서는 8~15% 수준에서 결정되는 경우가 종종 있다. 그리고 할인율은 프로젝

---

9) 김동건(2012). 『비용·편익분석』, 박영사, pp. 191-196.

트별로 달리 적용되기도 하는데, 농업개발 프로젝트에는 5%, 수자원 프로젝트에는 7%, 제조업 프로젝트에는 10% 정도의 할인율이 적용되기도 한다.[10]

　세 번째, 비용보다 편익이 더 큰 것을 선택한다는 원칙이다. 여기서 말하는 더 크다는 의미는 절대적인 값만을 의미하는 것은 아니다. 간단히 비용과 편익의 차를 통해 편익이 더 큰 것을 선택하는 경우도 있고, 비용과 편익의 상대적인 비의 값을 통해 선택할 수도 있다. 이 방법들에 대해서는 이어지는 제2절에서 더 자세히 다룬다. 중요한 것은 비용편익분석이 경제성 분석이라는 점에서, 가장 큰 편익을 초래하는 사업 대안이건 아니면 예산 제약 등으로 인해 차선으로 편익을 낳는 사업 대안이건 비용보다 편익이 더 많이 발생되는 결과를 보여야 그 대안이 선택될 수 있다는 점이다. 편익이 아무리 많이 발생한다고 해도 비용이 그보다 더 많이 소요된다면 선택되지 않으며, 또 고려되는 모든 대안들이 비용보다 편익이 적다면 그 모든 대안들을 선택하지 않는다. 적어도 경제성 분석 측면에서는 그렇다.[11]

제2절　비용편익분석의 의사결정 방법

　비용편익분석에 기초한 재정투자사업을 진행할 때, 비용과 편익을 측정하였다면 그 다음에 이어지는 과정은 비용과 편익의 관계를 분석해서 가장 적절한 대안을 선택하는 것이다. 대안을 선택하는 것은 의사결정을 하는 것으로서, 그 방법에는 순현재가치법, B/C 비율법, 내부수익률법, 회수기간법이 있다.

---

10) 김동건(2012). 『비용 · 편익분석』, 박영사, pp. 204 - 205.

11) 물론 경제성 분석에서 편익이 비용보다 더 낮음에도 불구하고 정책성 분석이나 지역균형 발전 측면에서 해당 사업 대안이 선택되는 경우도 있을 수 있다.

1. 순현재가치법

　순현재가치법(NPV: Net Present Value Method)은 순현재가치를 근거로 해서 재정투자사업을 위해 제시된 대안 중에서 가장 적절한 대안을 결정하는 방법이다. 사업에 수반된 모든 비용과 편익을 기준연도의 현재가치로 할인하여 총 편익에서 총 비용을 뺀 값이며 순현재가치가 0 이상이면 경제성이 있다고 판단한다. 즉, 재정투자사업에 따라 미래에 기대되는 경제적 가치(편익)에 할인율을 적용해서 할인한 현재가치를 구하고, 이와 함께 해당 사업에 투입된 자원(비용)에 대해서도 현재가치를 구한 다음 그 두 값의 차이를 계산해서 그 결과를 놓고 의사결정을 하게 된다. 현재가치화된 총 편익과 총 비용의 차이를 통해 구하는 것이다. 이는 [표 7-2]의 표현①로 나타낼 수 있다.

　현금의 유입을 놓고 보면, 미래의 기대 현금유입(편익에 따른 현금유입 - 비용에 따른 현금유출)에 할인율을 적용해서 현재가치를 구한 다음, 초기에 발생한 투자액(현재 시점이므로 할인율이 필요 없는 현금)을 뺀 값을 구하는 것이다. 쉽게 말해서 미래의 현금유입금액의 현재가치에서 초기 투자금액을 빼는 것이다. 이는 [표 7-2]의 표현②로 나타낼 수 있다.

[표 7-2] 순현재가치법의 공식

표현방식	공식
표현①	$NPV = \sum_{t=o}^{n} \frac{B_t - C_t}{(1+r)^t}$ 여기서 B는 편익, C는 비용, r은 할인율, t는 시점
표현②	$NPV =$ 미래 현금유입(현금유입 - 현금유출)금액의 현재가치 - 초기 투자금액 $= \sum_{t=1}^{n} \frac{CI_t}{(1+r)^t} - I_0$ 여기서 $CI_t = t$시점에 예상되는 현금유입금액, $I_0 =$ 초기 투자금액(현재시점에서 발생), $r =$ 할인율

재정투자사업에서 독립적인 하나의 투자 대안만 있다면, 순현재가치가 0 보다 크면(NPV>0) 해당 대안을 채택하고 0보다 작으면 채택하지 않는다. 「예비타당성조사 수행 총괄지침」에서는 앞서 언급한 대로 순현재가치가 0 이상(NPV≥0)이면 경제성이 있다고 판단한다.[12] NPV가 0과 동일하다고 해도 경제성이 있다는 것인데, 경제학적 의미에서는 경제성은 0보다 크다고 할 때만 적용될 수 있다. 또 다른 상황으로서 만일 2개 이상의 상호배타적인 투자 대안들이 존재한다면, 순현재가치가 0보다 크면서 동시에 순현재가치가 가장 큰 대안을 선택하게 된다. 이와 같이 순현재가치법은 화폐의 시간가치가 적극적으로 고려된 방법으로, 투자의 순가치를 직접적으로 표시(비율 등으로 나타내는 것이 아니라)한다는 점에서 특징적이다.

표현①에 해당하는 단순한 예를 들면, 2019년을 현재시점으로 터널공사를 할 때 [표 7-3]과 같이 연도별로 비용과 편익이 발생한다고 하자. 이때 할인율을 10%로 해서 NPV에 기초한 비용편익분석을 통해 판단할 때, 이 터널공사는 시행하는 것이 적절하다고 볼 수 있을까?

[표 7-3] 순현재가치법 적용 사례: 터널공사

(단위: 억 원)

구분	항목	2019년	2020년	2021년	2022년	2023년	2024년	2025년	2026년
비용	토지보상비	110	100	–	–	–	–	–	–
	공사비	290	300	190	–	–	–	–	–
	예비비		10	10	–	–	–	–	–
	소계	400	410	200	–	–	–	–	–
편익	에너지절약	–	–	–	200	200	170	130	90
	시간절약	–	–	–	100	100	100	100	90
	교통편의성에 대한 시민만족향상효과	–	–	–	90	50	30	20	20
	소계	–	–	–	390	350	300	250	200

---

12) 「예비타당성조사 수행 총괄지침」 제47조.

NPV를 계산해 보면 다음과 같다. 편익의 총 현재가치는 약 962억 원이고 비용의 총 현재가치는 약 938억 원이다. 따라서 NPV는 약 (+)24억 원이므로 공사를 진행하는 것이 적절하다.

$$NPV = [\frac{390}{(1+0.1)^3} + \frac{350}{(1+0.1)^4} + \frac{300}{(1+0.1)^5} + \frac{250}{(1+0.1)^6} + \frac{200}{(1+0.1)^7}]$$
$$- [400 + \frac{410}{(1+0.1)^1} + \frac{200}{(1+0.1)^2}]$$

표현②의 단순한 예를 들면, 어떤 기관에서 커피머신을 새것으로 교체하려고 한다. 구입할 수 있는 커피머신은 두 회사의 제품 중 하나이다. 두 회사의 각각의 커피머신이 대안으로 제시되어 있는 것이다. 2019년이 현재시점이며 내용연수는 모두 5년이고, 각 해당 커피머신으로 발생되는 현금유입금액은 [표 7-4]와 같다. 할인율을 10%로 적용해서 순현재가치법으로 커피머신을 결정한다면 어떤 것을 선택할 수 있을까?

[표 7-4] 순현재가치법 적용 사례: 커피머신 구입

(단위: 만 원)

연도	2019년	2020년	2021년	2022년	2023년	2024년
A 커피머신의 현금흐름	−450	660	800	980	880	550
B 커피머신의 현금흐름	−400	690	820	1,000	710	420

먼저 A 커피머신을 구입했을 때 발생되는 비용과 편익에 대한 현재가치는 약 2,490만 원이다. 이에 대한 계산은 아래와 같다. 연도별로 현금유입된 금액을 현재가치로 전환하여 초기 투자액인 450만 원을 뺀 금액이다. 0보다 크기 때문에 구입하는 것이 적절하다. 하지만 또 다른 대안인 B 커피머신의 현금흐름도 확인해봐야 한다.

$$NPV = \frac{660}{(1+0.1)^1} + \frac{800}{(1+0.1)^2} + \frac{980}{(1+0.1)^3} + \frac{880}{(1+0.1)^4} + \frac{550}{(1+0.1)^5} - 450$$

B 커피머신을 구입했을 때 발생되는 비용과 편익에 대한 현재가치는 약 2,402만 원이다. 이는 아래의 계산에 따라 도출된 값이다. B 커피머신 역시 순현재가치는 0보다 크다. 하지만 A 커피머신과 비교해보면 순현재가치의 값이 A 커피머신을 구입했을 때보다 약 88만 원이 더 적다. 따라서 A 커피머신을 구입하는 대안을 선택하는 것이 더 적절하다.

$$NPV = \frac{690}{(1+0.1)^1} + \frac{820}{(1+0.1)^2} + \frac{1000}{(1+0.1)^3} + \frac{710}{(1+0.1)^4} + \frac{420}{(1+0.1)^5} - 400$$

터널공사의 예나 커피머신 구입의 예는 매우 단순한 예에 해당된다. 정부사업에는 관련되는 비용과 편익을 모두 고려하는 것도 쉽지 않고, 고려한다고 해도 그것을 화폐가치로 측정해 내는 것도 결코 쉬운 일이 아니다. 비용과 편익의 포괄범위를 합리적인 근거에 기초해서 설득력 있게 측정하는 것이 중요하다. 그만큼 쉽지 않은 작업이긴 해도 계산하는 기본 원리는 위의 예들과 동일하다.

2. B/C 비율법

B/C 비율법(B/C Ratio Method)은 총 편익의 현재가치와 총 비용의 현재가치의 비율 값으로 나타내는 비용편익분석 방법이다. 현재가치화된 총 편익과 총 비용의 비율로 구하기 때문에 그 값이 1인가를 기준으로 대안의 선택 여부를 결정하게 된다. 값이 1이라면 비용과 편익이 동일하다는 의미이고 1보다 크면 편익이 비용보다 더 크다는 의미이다. 1보다 작으면 편익보다 비용이 더 크다는 의미다.

현금유입을 기준으로 보면, 현금유입(편익)의 현재가치를 현금유출(초기 투자액)로 나눈 비율로서, 투자액단위당 투자이익의 현재가치의 크기를 상대적으로 비교하여 투자결정을 하는 방법이다. 이를 수익성지수(PI: Profitability Index)라고도 한다. 만일 독립적인 하나의 투자안이라면 PI값이 1보다 크다면 그 투자안을 채택하고, 2개 이상의 상호배타적 투자안일 경우에는 PI가 1보다 큰 투자안 중에서 PI가 가장 큰 투자안을 채택한다. [표 7-5]는 B/C 비율법 공식을 나타낸 것이다.

[표 7-5] B/C 비율법 공식

표현방식	공식
표현①	$B/C\,ratio = \sum_{t=0}^{n} \dfrac{B_t}{(1+r)^t} / \sum_{t=0}^{n} \dfrac{C_t}{(1+r)^t}$ 여기서 B는 편익, C는 비용, t는 시점
표현②	$PI = \dfrac{\text{현금유입(편익)의 현재가치}}{\text{초기투자액(비용)의 현재가치}}$

앞의 [표 7-3]에서 든 터널공사의 예시를 그대로 여기서도 적용해보면, B/C 비율은 약 1.026이 된다. 1보다 크기 때문에 터널공사 사업은 진행 가능하다. 이는 순현재가치법을 적용했을 때와 동일한 선택 결과이다.

$$B/C\,ratio = [\frac{390}{(1+0.1)^3} + \frac{350}{(1+0.1)^4} + \frac{300}{(1+0.1)^5} + \frac{250}{(1+0.1)^6} + \frac{200}{(1+0.1)^7}]$$
$$/ \ [400 + \frac{410}{(1+0.1)^1} + \frac{200}{(1+0.1)^2}]$$

현금유입을 기준으로 한 수익성지수법을 이용해서 두 투자안 중 하나를 선택하는 경우를 보면, 투자규모와 현금유입의 현재가치에 대한 정보는 [표 7-6]과 같다. A 투자안은 $\frac{2,002,000}{2,000,000} = 1.001$로 계산되고, B 투자안은 $\frac{400}{200} = 2$로 계산된다. PI에 의하면 B 투자안을 선택하는 것이 더 유리하다.

[표 7-6] 수익성지수법 적용사례

(단위: 천 원)

투자안	투자규모	현금유입의 현재가치
A 투자안	2,000,000	2,002,000
B 투자안	200	400

한편, B/C 비율법과 NPV법은 하나의 공식에 함께 표현되기도 한다. 이 둘의 관계는 아래와 같이 나타낼 수 있다. 그래서 투자액을 아는 상황에서 NPV나 PI 중 어느 하나만 알아도 나머지 하나를 구할 수 있다.

$$NPV = (PI - 1.0) \times (투자액)$$

3. 내부수익률법

내부수익률법(IRR: Internal Rate of Return Method)은 편익과 비용의 현재가치로 환산된 값이 같아지는 할인율을 구하는 방법으로서, 사업의 시행으로 인한 순현재가치를 0으로 만드는 할인율이다. 즉, 내부수익률은 현재가치화된 총 편익과 총 비용이 동일하게 되는 할인율을 의미한다. 내부수익률이 할인율보다 크면 경제성이 있다고 판단한다.

현금흐름을 기준으로 보면 내부수익률은 기대 현금유입의 현재가치와 현금유출의 현재가치를 동일하게 하는 할인율을 말한다. 그래서 이때의 내부수익률과 할인율을 비교해서 투자대안을 결정하게 된다. [표 7-7]은 내부수익률을 구하는 공식이다. 공식에 비추어 보면, 내부수익률은 미래에 발생될 현금유입금액의 현재가치와 초기 투자금액을 일치시키는 할인율로서 화폐의 시간가치가 반영된 예상투자수익률이라고도 볼 수 있다. 즉, 화폐의 시간가치가 감안된 평균투자수익률로 투자대안을 평가하는 것이다.

[표 7-7] 내부수익률법의 공식

표현방식	공식
표현①	$$\sum_{t=0}^{n}\frac{B_t}{(1+IRR)^t}=\sum_{t=0}^{n}\frac{C_t}{(1+IRR)^t}$$ 여기서 B는 편익, C는 비용, IRR은 내부수익률, t는 시점
표현②	$$\sum_{t=1}^{n}\frac{CI_t}{(1+IRR)^t}=I_0$$ 여기서, $CI_t = t$시점에 예상되는 현금유입금액 $\quad\quad I_0 =$ 초기 투자금액(현재시점에서 발생) $\quad\quad IRR=$ 내부수익률

내부수익률은 현가표를 이용하여 시행착오법으로 구할 수 있고, 만일 현가표에 정확한 값이 없다면 보간법 또는 재무계산기를 이용하여 계산할 수 있다. 결과에 따른 의사결정은 독립적인 하나의 투자안일 경우 내부수익률이 할인율보다 크면(IRR>R) 그 대안을 채택하고, 그 반대라면 채택하지 않는다. 만일 상호배타적인 2개 이상의 투자안일 때는 내부수익률이 할인율보다 클 때 내부수익률이 가장 큰 투자대안을 채택하게 된다.

표현①에 대해 앞의 [표 7-3]의 터널공사를 예로 들어보면 아래와 같다. 여기서 IRR를 구하면 약 10.745%가 된다. 따라서 할인율 10%보다 크기 때문에 터널공사를 진행하는 것이 적절하다는 판단이 가능하다.

$$[\frac{390}{(1+IRR)^3}+\frac{350}{(1+IRR)^4}+\frac{300}{(1+IRR)^5}+\frac{250}{(1+IRR)^6}+\frac{200}{(1+IRR)^7}]$$

$$=[400+\frac{410}{(1+IRR)^1}+\frac{200}{(1+IRR)^2}]$$

표현②에 대한 간단한 예를 들면, 정부가 초기 연도에 770억 원이 투자되는 도로공사를 추진하려고 한다. 도로공사 후 예상되는 연도별 현금유입금액은 [표 7-8]과 같다. 현재시점은 2019년이고 자본비용이 연 10%라고 할 때

내부수익률을 고려해서 추진 여부를 결정한다면 어떤 결론을 내릴 수 있을까?

[표 7-8] 내부수익률법 적용 사례: 도로공사

(단위: 억 원)

연도	2019년	2020년	2021년	2022년
현금흐름	−770	500	125	250

우선, $\dfrac{500}{(1+r)^1}+\dfrac{125}{(1+r)^2}+\dfrac{250}{(1+r)^3}=770$의 식에서 r값을 시행착오법에 의해 구하면, r이 7%일 때 약 780.6억 원이 되고 8%일 때 768.6억 원이 된다. 따라서 770 억 원에 가까운 내부수익률을 구하기 위해 보간법을 이용하면 $IRR = 7\% + \dfrac{780.6-770}{780.6-768.6}\% = 7\% + 0.88\% = 7.88\%$가 된다. 이는 약 7.88%의 투자수익률이 예상되는 사업이라는 의미이기 때문에, 자본비용 10%보다 작은 결과이므로 채택하지 않는다. 도로공사를 시행하지 않는 결정을 하는 것이다.

4. 회수기간법

회수기간법(PP: Payback Period Method)은 투자된 원금을 미래에 회수하는데 소요되는 기간을 계산하여 의사결정하는 방법이다. 사업에 투입된 비용금액이 그 사업으로부터 발생되는 편익에 의해 회수되기까지 얼마나 시간이 소요되는 가를 측정하는 것이다. 독립적인 하나의 투자대안이라면 목표한 회수기간보다 짧을 경우 그것을 선택한다. 2개 이상의 상호배타적인 투자안이 있다면 목표 회수기간보다 짧은 투자안들 중에서 회수기간이 더 짧은 투자안을 선택하게 된다.

그런데 이때도 할인율이 적용된 현재가치가 고려되어야 한다. 다시 말해 회수되는 금액이 현재시점 이외에 미래시점에 발생된 것이라면 현재가치로 변환시켜서 비용이 회수되는 기간을 계산해야 한다. 미래 현금유입의 현재가치로부터 투자원금을 회수하는 데 소요되는 기간으로 대안들에 대한 의사결정을 진행하는 방법이다. 이를 단순히 회수기간법이라고 부르기보다는 할인회수기간법(discounted payback period method)이라고 부른다. 현재가치로 변환되지 않은 회수기간법을 사용하면 화폐의 시간가치가 반영되지 않은 문제점이 있지만 할인회수기간법을 사용하면 그 문제는 해결된다.

하지만 할인회수기간법 역시 한계를 지니고 있는데, 그것은 회수기간 이후에 발생되는 편익 등의 현금흐름에 대한 고려 없이 대안을 선택하는 결정을 하게 된다는 점이다. 예컨대, 두 대안으로 A와 B가 있을 때, A가 B보다 회수기간은 조금 길지만 그 회수기간이 지나고 난 뒤에 발생되는 편익은 B보다 더 많다고 하더라도 A가 아닌 B가 선택된다. B 대안의 회수기간이 더 짧기 때문이다. 물론 회수기간이 중요한 사업이라면 이러한 선택이 문제되지 않는다. 그러나 전체 편익을 고려하는 사업에서는 적절하지 못한 선택이 된다.

할인회수기간을 구하는 공식은 아래와 같다. 할인을 적용한 투자금액의 현재가치를 역시 할인을 적용한 연간 현금유입액의 현재가치로 나누면 할인회수기간이 구해진다. 할인회수기간으로 사업 대안을 선택하는 예는 [표 7－9]에 나타나있다.

$$할인회수기간 = \frac{투자금액(현재가치)}{연간 현금유입액(현재가치)}$$

예컨대, A와 B대안이 [표 7－9]와 같이 초기 현재시점(2019년)에만 각각 95억 원과 105억 원의 비용이 들고 이후부터는 모두 편익이 발생된다고 하자. 할인회수기간법을 적용해서 대안을 선택한다면 어느 대안이 더 적절할까? 할인율은 10%로 한다.

[표 7-9] 할인회수기간법 적용 사례

(단위: 억 원)

대안	2019년	2020년	2021년	2022년	2023년
A 대안	−95	30 (현재가치 약 27)	40 (현재가치 약 33)	50 (현재가치 약 38)	60 (현재가치 약 41)
B 대안	−105	56 (현재가치 약 51)	68 (현재가치 약 56)	65 (현재가치 약 49)	70 (현재가치 약 48)

　　A 대안의 회수기간은 약 2.92년이다. 현재 시점에 사용된 총 비용 95억 원을 회수하기 위해 우선 60억 원이 회수되는 2년(2020년 + 2021년)이 걸리고 나머지 35억 원은 2022년에 회수되기 때문이다. 2022년에 발생되는 편익의 현금 38억 원 중에서 나머지 35억 원이 회수되는 것이다. B 대안의 회수기간은 약 1.96년이다. 현재시점에 사용된 총 비용 105억 원은 2020년과 2021년에 모두 회수될 수 있다. 두 연도에 발생되는 편익에 따른 현금이 모두 107억 원이기 때문이다. 따라서 회수기간이 더 짧은 B 대안을 선택한다. 두 대안의 계산은 다음과 같다.

$$A\,대안: 2+\frac{35억\,원(95억\,원-60억\,원)}{38억\,원}=2+0.92=2.92년$$
$$B\,대안: 1+\frac{54억\,원(105억\,원-51억\,원)}{56억\,원}=1+0.96=1.96년$$

　　앞의 [표 7−3]의 터널공사 사례를 회수기간법에 적용해 보면, 총 비용의 현재가치는 약 938억 원이고, 편익은 현재가치 기준으로 2022년부터 각각 약 293억 원, 239억 원, 186억, 141억 원, 103억 원으로 총 962억 원이다. 따라서 회수기간은 4년(859억 원 = 293억 원(2022년) + 239억 원(2023년) + 186억 원(2024년) + 141억 원(2025년))에 79억 원(938억 원 − 859억 원)을 103억 원(2026년)으로 나눈 기간인 약 0.8년을 더한 4.8년이 된다. 다음의 계산 식이 이를 보여준다. 따라서 회수기간은 4.8년이다. 만일 다른 사업과 비교해서 선택한다면 4.8년보다 회수기간이 더 긴지 혹은 더 짧은지를 놓고 판단하면 된다.

$$PP = 4 + \frac{79억\ 원(938억\ 원 - 859억\ 원)}{103억\ 원} = 4 + 0.8 = 4.8$$

5. 사례 종합

비용편익분석의 의사결정을 위해 사용되는 순현재가치법, B/C 비율법, 내부수익률법, 회수기간법을 동일한 사례에 적용한 결과를 종합해서 보면 아래 [표 7-10]과 같다. 앞서 다룬 내용들의 종합이다.

[표 7-10] 비용편익분석의 의사결정 사례 종합

〈사례〉

(단위: 억 원)

구분	항목	2019년	2020년	2021년	2022년	2023년	2024년	2025년	2026년
비용	토지보상비	110	100	–	–	–	–	–	–
	공사비	290	300	190	–	–	–	–	–
	예비비		10	10	–	–	–	–	–
	소계	400	410	200	–	–	–	–	–
편익	에너지절약	–	–	–	200	200	170	130	90
	시간절약	–	–	–	100	100	100	100	90
	교통편의성에 대한 시민만족향상효과	–	–	–	90	50	30	20	20
	소계	–	–	–	390	350	300	250	200

〈적용〉

$$\bullet\ NPV = \left[\frac{390}{(1+0.1)^3} + \frac{350}{(1+0.1)^4} + \frac{300}{(1+0.1)^5} + \frac{250}{(1+0.1)^6} + \frac{200}{(1+0.1)^7}\right]$$
$$- \left[400 + \frac{410}{(1+0.1)^1} + \frac{200}{(1+0.1)^2}\right] = 약\ 24억\ 원$$

$$\bullet \, B/C \, ratio = [\frac{390}{(1+0.1)^3} + \frac{350}{(1+0.1)^4} + \frac{300}{(1+0.1)^5} + \frac{250}{(1+0.1)^6} + \frac{200}{(1+0.1)^7}]$$
$$/ \, [400 + \frac{410}{(1+0.1)^1} + \frac{200}{(1+0.1)^2}] = 1.026$$

$$\bullet \, IRR : [\frac{390}{(1+IRR)^3} + \frac{350}{(1+IRR)^4} + \frac{300}{(1+IRR)^5} + \frac{250}{(1+IRR)^6} + \frac{200}{(1+IRR)^7}]$$
$$= [400 + \frac{410}{(1+IRR)^1} + \frac{200}{(1+IRR)^2}] \, , \, IRR = 약 \, 10.745\%$$

$$\bullet \, PP = 4 + \frac{79억 \, 원(938억 \, 원 - 859억 \, 원)}{103억 \, 원} = 4 + 0.8 = 약 \, 4.8년$$

제3절 비용효과분석

1. 의미

비용편익분석은 비용과 편익을 화폐단위로 변환시키는 것이 기본이다. 그런데 공공사업의 경우 화폐단위로 변환시키는 것이 쉽지 않다. 복지를 담당하는 공무원이 취약계층에 해당하는 한 사람을 돕는 것은 얼마의 편익을 발생시켰다고 봐야 할까? 감염병 예방을 위해 한 마을에 방역을 한다면 이때 발생된 편익은 얼마일까? 군인에게 지급되는 훈련비용에 따른 편익도 마찬가지이다. 복지, 보건, 국방 분야는 물론이고 그 외 여러 분야의 정부사업들에서도 비용과 편익을 화폐단위로 변환시키는 것은 쉽지 않은 일이다.

특히 비용보다 편익이 더욱 그렇다. 비용을 측정하는 것은 그나마 상대적으로 수월한 편이다. 문제는 편익인 것이다. 그래서 적어도 편익을 측정할 때, 편익을 무리하게 화폐단위로 변환시키지 않고 물리적인 단위 혹은 서비스 제공 단위를 그대로 사용해서 대안을 비교 및 평가하는 방법으로 비용효과분석

(cost-effectiveness analysis)을 사용한다. 비용편익분석의 편익에 해당하는 것을 물리적 혹은 서비스 단위를 그대로 사용해서 나타내기 때문에 이를 굳이 편익이라고 지칭하지 않고 효과라고 지칭한다. 효과는 해당 사업을 통해 달성하고자 하는 목표로서 의미를 갖기도 한다.

따라서 비용효과분석은 목표(효과)가 알려져 있을 때 이를 달성하는데 가장 적은 비용이 들어가는 대안을 찾거나, 예산(비용)이 알려져 있을 때 이 예산제약 상황에서 목표를 최대로 달성하게 해주는 대안을 찾을 때 사용된다.[13] 예를 들면, 1만 명에게 예방접종을 할 때 적은 비용이 드는 대안을 찾거나, 혹은 1억 원의 예산으로 최대한 많은 사람들에게 예방접종을 할 수 있는 대안을 찾을 때 사용된다. 어떤 공공기관의 청소를 3일간 실시하고자 할 때 가장 적은 비용이 소요되는 경우를 찾거나, 반대로 짧은 기간 내에 청소를 끝내는 것을 선호할 때는 주어진 예산 내에서 가장 짧은 기간 내에 청소를 끝내는 경우를 찾는 것이다.

2. 특징

비용효과분석의 특징은 다음의 간단한 예를 통해 보다 구체적으로 이해할 수 있다. 의료기기를 구입한다고 하자. 두 종류(A, B)의 의료기기가 있고 이 중 하나를 선택한다. A의 구입비용은 2백만 원이고 B의 구입비용은 4백만 원이다. A를 구입하면 100,000명이 그 의료기기가 제공하는 의료혜택을 받을 수 있고, B는 250,000명이 의료혜택을 받을 수 있다. 비용효과분석 방법을 적용하는 것은 두 가지 측면에서 가능한데, 하나는 효과당 비용(비용/효과)으로 분석하는 것이고 또 다른 하나는 비용당 효과(효과/비용)를 분석하는 것이다. 효과당 비용으로 분석하면, A를 구입함으로써 1단위(명)의 의료혜택(효과)당 20원의 비용이 들고 B를 구입하면 1단위의 의료혜택(효과)당 16원의 비용이 든다. 동일한 한

---

13) 김동건(2012). 『비용·편익분석』, 박영사, pp. 249-250.

단위의 의료혜택당 비용이 B가 더 적기 때문에 B를 선택하는 것이 적절하다. 마찬가지로 비용당 효과로 분석해보면, A의 1단위(원)당 효과는 0.05명의 의료 혜택이고 B의 1단위(원)당 효과는 0.063명이 의료 혜택을 받는 효과를 낳기 때문에 B를 선택한다. [표 7-11]은 비용효과분석의 예시를 나타낸 것이다.

[표 7-11] 비용효과분석 예시

대안	효과당 비용(비용/효과)	비용당 효과(효과/비용)
A: 구입 비용 2백만 원, 100,000명 혜택	$\dfrac{2,000,000원}{100,000명} = 20원/1명$	$\dfrac{100,000명}{2,000,000원} = 0.05명/1원$
B: 구입 비용 4백만 원, 250,000명 혜택	$\dfrac{4,000,000원}{250,000명} = 16원/1명$	$\dfrac{250,000명}{4,000,000원} = 0.063명/1원$

이러한 비용효과분석은 두 가지의 특징을 지니고 있다. 첫 번째, 비용효과분석에서 비용은 화폐단위로 측정되는 경우가 많고 효과는 물리적 단위나 서비스 단위로 측정되기 때문에 무리한 화폐측정의 과정을 거치지 않아도 된다는 장점이 있다. 그런데, 이렇게 분석했을 때 정부재원이 얼마나 효율적으로 사용되었는가에 대해서는 알기 어렵다는 단점이 있다. 다시 말해, 4백만 원의 구입비용을 들여서 구입한 의료기기가 250,000명에게 혜택을 제공한다는 것이, 과연 비용보다 효과가 더 크다는 의미라고 단정할 수 있을 것인가라는 의문이다. 250,000명의 혜택이 4백만 원을 들여서 발생시킬 수 있는 효과의 크기라고 결론짓기는 어렵다는 것이다. 이는 비용효과분석의 경우 총 효과가 총 비용을 상회하는 정도의 수준인가를 확인할 수 있는 판단을 어렵게 해준다는 의미다. 자원의 효과성은 확인하는데 도움이 되지만 효율성을 확인하는 데는 제약이 따른다.

두 번째, 비용효과분석은 물리적 단위 혹은 서비스 단위를 그대로 표현해서 나타내기 때문에 단위가 다른 사업들 간 비교는 불가능하다. 100억 원의 예산을 어느 사업에 사용하는 것이 더 적절한가에 대한 판단을 비용편익분석으로는 가능하지만 비용효과분석으로는 불가능하다. 즉, 비용과 편익을 모두 화폐단위로 변환시켜서 분석하는 비용편익분석으로는 판단이 가능하지만, 각 사업별 재화나 서비스의 단위를 그대로 표현해서 나타내는 비용효과분석으로는 불가능하다. 단위가 다르면 비교가 될 수 없다. 따라서 비용효과분석은 단위가 다른 사업들 간 비교 분석에는 사용될 수 없다는 한계점을 지니고 있다.

이러한 특징으로 인해 「예비타당성조사 수행 총괄지침」 제48조에서도 "수행기관은 편익의 계량화 등의 문제로 비용-편익 분석이 어려울 경우 대체 분석기법으로서 비용-효과 비율(효과 한 단위당 비용) 또는 효과-비용 비율(비용 한 단위당 효과)을 측정하여 사업의 경제성을 분석하는 비용-효과분석을 시행할 수 있다."로 명시하고 있다.14) 어느 방법이 더 우수하다고 결론지을 수는 없지만, 기본은 비용편익분석을 시행하고 상황(사업 분야, 화폐단위 구현 여부, 측정의 어려움 등)에 따라 비용효과분석을 진행하는 것으로 이해하면 된다.

---

14) 「예비타당성조사 수행 총괄지침」 제48조.

제8장

국가재산관리

국가재산관리

제8장

제1절   국유재산관리

1. 의미와 종류

넓은 의미에서 국유재산은 국가에 귀속하는 경제적 가치가 있는 모든 권리를 말한다. 국가의 소유에 속하는 모든 재산권으로서 부동산, 동산, 물권, 채권 등이 해당될 수 있다.[1] 이를 좀 더 좁혀서 현행 법규에 나타나 있는 국유재산의 의미를 보면, "국유재산이란 국가의 부담, 기부채납이나 법령 또는 조약에 따라 국가 소유로 된 재산"을 말한다.[2] 여기에는 '부동산과 그 종물(從物)', '선박, 부표(浮標), 부잔교(浮棧橋), 부선거(浮船渠) 및 항공기와 그들의 종물', '정부기업이나 정부시설에서 사용하는 기계와 기구 중 대통령령으로 정하는 것', '지상권, 지역권, 전세권, 광업권, 그 밖에 이에 준하는 권리', '증권', '특허권, 실용신안권, 디자인권 및 상표권', '저작권, 저작인접권 및 데이터베이스제작자의

---

1) 유훈·조택·김재훈(2012). 『재무행정론』, 법문사, p. 582.
2) 「국유재산법」 제2조.

- 265 -

권리 및 한국저작권위원회에 등록된 권리', '품종보호권' 등이 포함된다. 국유
재산이 되는 방법 중 하나인 기부채납(contributed acceptance)은 국가 외의 자가
바로 이러한 것들에 해당하는 재산의 소유권을 무상으로 국가에 이전하여 국
가가 이를 취득하는 것을 말한다.[3]

　　국유재산을 관리한다는 것도 바로 이러한 국유재산의 취득·운용과 유지·
보존을 위한 모든 행위를 말한다. 국유재산의 관리와 함께 처분은 매각, 교환,
양여, 신탁, 현물출자 등의 방법으로 국유재산의 소유권이 국가 외의 자에게
이전되는 것을 말한다.[4] 그런데 기본적으로 국가가 국유재산을 관리 및 처분
할 때는 다음의 몇 가지 원칙에 따라야 한다. 국가 전체의 이익에 부합되도록
할 것, 취득과 처분이 균형을 이룰 것, 공공가치와 활용가치를 고려할 것, 경제
적 비용을 고려할 것, 투명하고 효율적인 절차를 따를 것 등이다.[5]

　　국유재산의 종류는 용도에 따라 크게 두 가지로 구분된다. 행정재산과 일
반재산이 그것이다. 행정재산은 다시 공용재산, 공공용재산, 기업용재산, 보존
용재산으로 나누어진다. 공용재산은 국가가 직접 사무용·사업용 또는 공무원
의 주거용(직무수행을 위하여 필요한 경우로서 대통령령으로 정하는 경우로 한정)으로 사용하거
나 대통령령으로 정하는 기한까지 사용하기로 결정한 재산을 말한다. 예컨대,
청사, 관사, 학교 등이 해당된다. 공공용재산은 국가가 직접 공공용으로 사용
하거나 대통령령으로 정하는 기한까지 사용하기로 결정한 재산이다. 도로, 하
천, 제방, 항만, 공항, 구거 등이 그 예가 된다. 기업용재산은 정부기업이 직접
사무용·사업용 또는 그 기업에 종사하는 직원의 주거용(직무수행을 위하여 필요한 경
우로서 대통령령으로 정하는 경우로 한정)으로 사용하거나 대통령령으로 정하는 기한까
지 사용하기로 결정한 재산을 말한다. 보존용재산은 법령이나 그 밖의 필요에
따라 국가가 보존하는 재산이다. 문화재, 사적지 등이 해당된다. 행정재산과
구분되는 일반재산은 행정재산 외의 모든 국유재산을 말한다.[6] [그림 8-1]은

---

3) 「국유재산법」 제2조, 제5조.
4) 「국유재산법」 제2조.
5) 「국유재산법」 제3조.

[그림 8-1] 국유재산의 종류[7]

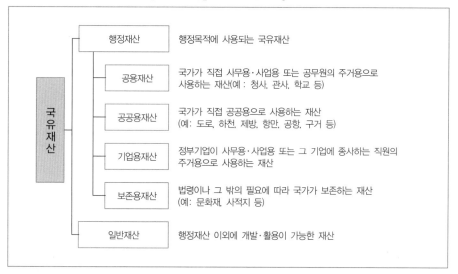

국유재산의 종류와 의미를 간략히 나타낸 것이다. 유사한 용어들로 혼란을 겪는 경우가 있는데, 참고로 지방자치단체가 소유한 재산은 '공유재산'이라고 한다.

2. 현황

국유재산의 현황은 관리의 출발점이 된다. 우선 현황 파악이 되어야 유지를 하건 보존을 하건 개발 및 활용을 할 수 있다. 그래서 정부는 매년 그 현황을 파악하고 있다. 2017 회계연도 국유재산관리운용총보고서(d-Brain 기준)에 따른 국유재산의 현황은 [표 8-1]과 같다. 정부에서 발표한 자료인 [표 8-1]에서 국유재산은 국유지로 표시되어 있다. 국유지 용어 역시 행정재산과 일반재산을 포괄하는 것으로 국유재산과 같은 의미이다.

---

6) 「국유재산법」 제6조.

7) 경제관계장관회의(2018). 『혁신성장 지원 등을 위한 국유재산 관리 개선방안』, 경제관계장관회의 자료.

구체적인 현황을 보면, 국유재산의 면적은 총 24,940㎢이고 전체 국토면적(100,209㎢)의 약 24.9%를 차지하고 있다. 전체 국토면적의 1/4에 해당하는 정도이다. 국토면적을 국유지, 공유지, 사유지로 나눌 때 사유지(67.1%)가 가장 많고 다음으로 국유지(24.9%), 공유지(8%) 순이다. 국유재산의 종류별 구성비를 보면 행정재산이 국유재산의 거의 대부분을 차지하고 있다는 것을 알 수 있다. 그리고 행정재산 중에서는 공용재산이 가장 큰 비중을 차지하고 있다.

[표 8-1]　국유재산 현황 [8]

(단위: ㎢, %)

| 구분 | 국유지 | 행정재산 | | | | | 일반
재산 | 공유지 | 사유지 | 국토면적
합계 |
		소계	공용	공공용	기업용	보존용				
면적	24,940	24,109	15,208	7,689	0.4	1,212	831	8,003	67,266	100,209
구성비	24.9	24.1	15.2	7.7	0.0	1.2	0.8	8.0	67.1	100.0

국유재산의 세부 종료별 현황은 [표 8-2]와 같다. 토지, 건물, 공작물, 입목죽, 선박 및 항공기, 기계기구, 유가증권, 무체재산으로 그 종류가 나누어져 있다. 이 중에서 전체의 43.1%에 해당하는 것이 토지이며, 금액도 약 463조 원으로 가장 많다. 다음으로 공작물, 유가증권, 건물 순이다.

[표 8-2]　국유재산의 세부 종류별 현황 [9]

(단위: 조 원, %)

구분	토지	건물	공작물	입목죽	선박 및 항공기	기계기구	유가증권	무체재산	계
금액	463.2	67.7	282.2	12.8	2.3	0.9	244.8	1.1	1,075.0
구성비	43.1	6.3	26.2	1.2	0.2	0.1	22.8	0.1	100.0

---

8) 경제관계장관회의(2018). 『혁신성장 지원 등을 위한 국유재산 관리 개선방안』, 경제관계
　　장관회의 자료.
9) 경제관계장관회의(2018). 『혁신성장 지원 등을 위한 국유재산 관리 개선방안』, 경제관계
　　장관회의 자료.

국유재산 관리에서 현황 파악이 중요한 만큼 오늘날 다양한 방식과 정교하고 첨단화된 방식으로 현황 파악을 하는데, 그중 하나로 드론(drone)을 이용하기도 한다. 드론은 원격조종 또는 자율적으로 지정된 업무를 수행하는 동력비행체를 말한다. 군사와 방송 분야 등에서 다양하게 사용되고 있는데, 이를 국유재산 현황 조사를 위해서도 활용하는 것이다. 보통 국유재산 조사는 인력이 직접 방문하거나 항공사진 등을 이용해서 이루어졌다. 그런데 인력이 방문해서 조사할 때 육안으로 재산 상태를 확신하는 것이 불가능한 경우도 있고 또 접근성의 제약이 큰 경우가 많았다. 그리고 항공사진을 통한 조사도 1년 이상이 소요되고 화질도 낮은 경우가 있어서 적시성과 활용성이 떨어진다는 문제점이 있었다. 반면 드론 조사를 하게 되면 GIS와 연계한 비행을 통해 복수의 재산을 연속해서 촬영한 후에 촬영 데이터(사진, 좌표, 시간, 고도 등)를 DB로 업로드하여 각 재산 담당자들이 실시간으로 활용할 수 있다. 그래서 최근 정부는 드론을 활용해서 국유재산 현황의 적시성과 정확성 및 정밀성을 높이려는 노력을 하고 있다.[10]

3. 관리

국유재산은 하나의 정책수단이 될 수 있다. 특히 경제적 가치를 지니고 있기 때문에 국가재정 운용에서도 중요하다. 보존과 유지도 중요하지만 이를 적극적으로 활용하고 개발한다면 그 가치가 더욱 높아질 수 있다. 따라서 정부에서는 국유재산관리를 위한 별도의 계획을 수립해서 관리의 기본 지침으로 삼고 있다. 이를 국유재산종합계획이라고 한다. 국유재산종합계획의 수립은 총괄청에 의해 이루어진다. 여기서 총괄청은 국유재산에 관한 사무를 총괄하고 그 국유재산을 관리·처분하는 관청을 말한다.[11] 현재 우리나라에서는 기획재

10) 기획재정부(2015). "드론을 활용한 국유재산 전수조사 실시: 2016년 국유재산종합계획(안) 등 심의·의결", 9월 1일자 보도자료.

정부가 담당하고 있다.

국유재산종합계획을 위해 총괄청은 다음 연도의 국유재산의 관리·처분에 관한 계획 작성을 위한 지침을 매년 4월 30일까지 중앙관서의 장에게 통보하게 된다. 이에 따라 중앙관서의 장은 국유재산의 관리·처분에 관한 다음 연도의 계획을 작성하여 매년 6월 30일까지 총괄청에 제출해야 한다. 이후 총괄청은 제출된 계획을 종합·조정하여 수립한 국유재산종합계획을 국무회의의 심의를 거쳐 대통령의 승인을 받아 확정하고, 회계연도 개시 120일 전까지 국회에 제출하게 된다. 국유재산종합계획에는 국유재산을 효율적으로 관리·처분하기 위한 중장기적인 국유재산 정책방향, 대통령령으로 정하는 국유재산 관리·처분의 총괄 계획, 국유재산 처분의 기준에 관한 사항, 국유재산특례 종합계획에 관한 사항, 그 외 국유재산의 관리·처분에 관한 중요한 사항 등이 포함되어 있다.[12) [그림 8-2]는 국유재산의 관리체계를 보여주고 있다. 총괄청으로서 기획재정부의 주요 관리 내용을 비롯해서 조달청과 해당 중앙관서의 주요 관리 내용과 그 체계도를 나타내고 있다.

그리고 정부는 국유재산의 원활한 수급과 개발 등을 통한 국유재산의 효용을 높이기 위해 국유재산관리기금을 설치하고 있다. 국유재산관리기금은 총괄청이 관리·운용하되, 한국자산관리공사에 위탁할 수 있다. 기금은 정부의 출연금 또는 출연재산, 다른 회계 또는 다른 기금으로부터의 전입금, 차입금, 총괄청 소관 일반재산(증권은 제외)과 관련된 수입금(대부료, 변상금 등 재산관리에 따른 수입금, 매각, 교환 등 처분에 따른 수입금), 총괄청 소관 일반재산에 대한 개발에 따른 관리·처분 수입금, 그 외 국유재산관리기금의 관리·운용에 따른 수입금 등의 재원으로 조성한다. 이렇게 조성된 기금은 국유재산의 취득에 필요한 비용의 지출, 총괄청 소관 일반재산의 관리·처분에 필요한 비용의 지출, 차입금의 원리금 상환, 국유재산관리기금의 관리·운용에 필요한 위탁료 등의 지출, 총괄청 소관 일반재산 중 부동산의 관리·처분에 관한 사무의 위임·위탁에 필요한 귀

---

11) 「국유재산법」 제8조.
12) 「국유재산법」 제9조.

[그림 8-2] **국유재산 관리체계**[13)]

기관	관리 내용
총괄청 (기획재정부)	• 국유재산 총괄 및 종합계획 수립 • 일반회계 국유재산 관리·처분 　※ 일반재산: 한국자산관리공사(KAMCO)에 위탁 관리('13. 6월 관리기관 일원화) 　　행정재산: 중앙관서에 사용승인 및 관리 위임
조달청	• 국유재산 현황의 조사 및 관리 실태 확인·점검 • 소관 중앙관서의 장의 지정 • 비축용 토지의 취득 • 행정재산의 무상귀속 사전협의 • 청사, 관사 신축에 필요한 토지·건물의 조사 • 은닉 재산, 소유자 없는 부동산의 사실조사와 국가환수 및 귀속
중앙관서	• 일반회계 행정재산 관리 • 특별회계·기금 소관 국유재산 관리·처분 　※ 소관사무를 지자체, 공사·공단 등에 위임·재위임·위탁하여 관리

속금 또는 위탁료 등의 지출, 개발에 필요한 비용의 지출, 다른 회계 또는 다른 기금으로의 전출금, 그 외에 국유재산관리기금의 관리·운용에 필요한 비용의 지출 등에 사용된다.[14)] 2018년 국유재산관리기금의 조달·운용 규모는 약 1조 1,118억 원에 이른다. [그림 8-3]은 국유재산관리기금의 운용구조를

---

13) 기획재정부(2018). "혁신성장 지원, 사회적 가치 제고 위해 국유재산 활용·개발 확대: 제19차 국유재산정책심의위원회에서 '19년 국유재산 정책방향' 발표", 8월 20일자 보도자료; 조달청(www.pps.go.kr).

14) 「국유재산법」 제26조의 2, 제26조의 3, 제25조의 5, 제26조의 6.

[그림 8-3] 국유재산관리기금 운용구조[15]

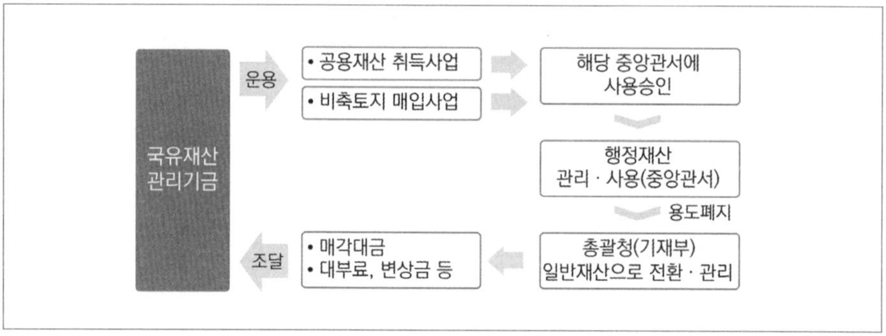

나타낸 것이다.

2018년에 발표된 정부의 국유재산관리방안을 보면, 기본적인 방향으로 "국유재산은 국가재정 운용에 중요한 정책수단으로서 적극적 활용·개발을 통해 가치 증대 및 혁신성장 등 지원 필요"를 언급하면서, "종전의 재정 충당 및 유지·보존 등 소극적 관리에서 벗어나 혁신성장 및 일자리 창출과 국민의 기본수요 충족을 위해 국유재산의 적극적 활용 필요"라고 강조하고 있다. 특히 최근에 청사나 군부대, 그리고 교도소 등 공공시설의 노후화 및 이전·통합에 따라 대규모 유휴 국유지가 증가하는 추세이기 때문에 적극적인 활용이 더욱 필요한 것으로 판단하고 있다. 그래서 도시재생 등과 연계한 국유지 개발을 통해 혁신성장 지원 및 지역경제 활성화의 마중물 역할을 수행하는 것이 중요하다고 강조하고 있다. 그동안 단순히 유휴 국유지를 매각하는데 치중한 것과는 달리 다양한 방식의 개발을 통해 국유재산의 가치를 높이는 노력도 강화되어야 한다고 강조하고 있다.[16] 그래서 국유 일반재산의 유형별 구분을 통해 체계적으로 관리하기 위해 노력하고 있다. 유형별 관리 예시를 보여주는 것

---

15) 기획재정부(2018). "혁신성장 지원, 사회적 가치 제고 위해 국유재산 활용·개발 확대: 제19차 국유재산정책심의위원회에서 '19년 국유재산 정책방향' 발표", 8월 20일자 보도자료.

16) 경제관계장관회의(2018). 『혁신성장 지원 등을 위한 국유재산 관리 개선방안』, 경제관계장관회의 자료.

[표 8-3] 국유재산의 유형별 관리 예시[17)]

유형	재산별 특성
개발형	• (즉시개발 가능) 수익성·공익성 분석 • (제한사항 존재) 용도지구, 도시계획시설 등 해결 가능성 검토
활용형	• (경쟁입찰) 경쟁입찰을 통한 대부계약 등 민간활용기회 제공 • (수의계약) 정책목적 달성을 위한 수의계약 활용
보존형	• (행정목적 사용) 활용·처분 제한 • (관리효율화) 중앙관서 간 관리전환·사용승인, 지자체 점유재산 상호교환 등
처분형	• 독립적 활용가치가 적고, 보존부적합한 경우 처분

이 [표 8-3]이다. 유형은 크게 개발형, 활용형, 보존형, 처분형으로 나누어져 있다.

    아래 [참고 자료]는 신문에 실린 기획재정부 2차관의 글로써 정부의 국유재산관리의 방향을 이해하는데 도움이 된다. 국유재산의 활용 사례를 보여주면서 국유재산의 관리 방향으로서 적극적인 개발 및 활용의 필요성을 언급하고 있다.

[참고 자료][18)]

잠자는 국유재산 흔들어 깨운다

    몇 년 전 케이블 방송에서 교도소를 배경으로 한 '슬기로운 감빵생활'이라는 드라마가 큰 인기를 끌었다. 드라마 내용도 내용이지만 교도소의 모습이 실감나게 묘사돼 눈길을 모았다. 그런데 알고 보니 촬영장소가 실제 교도소로 사용됐던 예전의 장흥교도소였다. 옛 장흥교도소는 지난 2015년 새로운 교도소가 건립되면서

---

17) 기획재정부(2018). "혁신성장 지원, 사회적 가치 제고 위해 국유재산 활용·개발 확대: 제19차 국유재산정책심의위원회에서 '19년 국유재산 정책방향' 발표", 8월 20일자 보도자료.
18) 서울경제(2019). "잠자는 국유재산 흔들어 깨운다", 4월 11일자 기사.

쓸모없는 국유지로 전락했다. 그러나 최근 영화·드라마 촬영장 등으로 활용되면서 인구 4만 명의 장흥이 연간 수만 명이 찾아오는 지역의 관광명소로 탈바꿈했다.

장흥교도소 사례에서 보듯이 유휴 국유재산을 잘 활용하면 국민들의 수요를 충족시켜 지역경제를 활성화시키면서도 재정수입도 증대시킬 수 있는 '꿩 먹고 알 먹고'가 될 수 있다. 국유재산은 국가가 소유하는 재산으로 현재 우리나라 전체 국토의 약 4분의 1이 국유재산이다. 전체 가치로는 2018년 기준 1,077조 원에 달한다.

국유재산에 대한 정책 방향은 그동안 시대적 상황과 요구에 따라 변화돼왔다. 정부 수립 직후에는 국가 운영에 필요한 재원을 확보하기 위해 국유재산을 '매각'하는 데 치중했다. 1970년대에는 경제가 성장하고 조세를 통한 재원조달이 가능해지면서 매각보다는 '유지·보존'하는 데 힘을 써 왔다. 최근에는 급증하는 재정수요와 국민의 새로운 요구에 부응하기 위해 국유재산을 적극적으로 '개발·활용'하는 데 정책의 주안점을 두고 있다.

정부는 정부 수립 이후 최초로 2018년도에 국유재산 이용현황에 대한 총조사를 했다. 조사 결과 유휴 상태로 있거나 행정 목적으로 활용되지 않는 국유재산은 적극적으로 개발·활용할 계획이다. 도심 내 접근성이 좋은 국유지는 지역밀착형 생활 사회간접자본(SOC)으로, 집적화된 대규모 국유지는 지방자치단체의 도시계획 등과 연계해 개발할 계획이다. 또 4차 산업 혁신파크, 바이오·헬스케어 산업단지 등 지역경제 성장의 새로운 거점으로도 활용할 계획이다.

아울러 정부는 국유재산 관리체계도 효율화해 나갈 계획이다. 개별적으로 운용되고 있는 토지·건물·등기·도시계획 정보시스템 등을 서로 연계할 예정이다. 중앙행정기관·공공기관·지방자치단체로 나뉘어 복잡하게 관리되고 있는 관리시스템도 정비할 것이다.

이러한 노력을 통해 국유재산의 1%만 수익을 올려도 연간 10조 원에 이를 것이다. 국유재산을 단순히 '유지·보존'하는 소극적 입장에서 벗어나 앞으로는 적극적으로 '개발·활용'해 생산성을 높일 것이다. 정부는 잠자는 국유재산을 더 이상 방치하지 않을 것이다. 국유재산이 경제 활력 제고 및 국민의 삶의 질 개선은 물론, 재정수입도 올릴 수 있도록 '잠자던 국유재산을 흔들어 깨울 것'이다.

제2절 물품관리

1. 의미

　　정부가 활동하기 위해서는 여러 물품(物品)이 필요하다. 여기서 말하는 물품이란 국가가 소유하는 동산(動産)과 국가가 사용하기 위하여 보관하는 동산을 말하는데, 동산 중에서도 현금과 법령에 따라 한국은행에 기탁(寄託)하여야 할 유가증권과 「국유재산법」에 따른 국유재산에 해당하는 것은 제외한다.19) [표 8-4]를 보면 물품의 의미를 보다 명확히 알 수 있다.

　　정부는 다양한 활동을 하기 위해 물품을 취득하고 보관하고 사용하고 또 경우에 따라서는 처분하게 된다. 물품은 정부의 재정투입에 의한 것이기 때문에 적정하고 효율적으로 관리되어야 한다. 물품에 대한 관리가 필요한 것이 그 때문이다. 2016년 말 기준으로 볼 때 국가기관의 보유물품은 1,230만 점이고 금액으로 보면 약 17조 원 정도이며, 보유금액은 최근 5년간 평균 5.3%씩 증

[표 8-4] 물품의 범위20)

구분	물건의 내용	적용법규
동산	• 국가 소유 동산, 국가 사용·보관 동산	물품관리법
	• 현금 및 유가증권	국고금관리법
	• 국유재산으로서 동산 　- 부동산의 종물인 동산 　- 선박, 부표, 부잔교, 부선거 및 항공기와 그 종물 　- 정부기업이나 정부시설에서 사용하는 기관차, 전차, 객차, 화차, 기동차 등 궤도차량	국유재산법
부동산	• 토지와 건물 등의 부동산	국유재산법
	• 토지와 정착물과 그 종물	

19) 「물품관리법」 제2조.
20) 조달청(2018). 『물품관리업무 매뉴얼』, 조달청, p. 15.

가하고 있다고 한다. 그런 만큼 물품관리의 중요성은 더 높아지고 있다.[21)

물품은 크게 내구성물품과 소모품으로 분류된다. 이는 각 기관이 고유한 행정활동에 사용할 목적으로 취득한 물품에 대한 성질별 분류에 해당한다. 내구성물품은 사무용 집기·비품·차량운반구 등과 같이 1년 이상 계속 사용할 수 있는 물품으로, 취득시 물품취득원장에 등재하고 처분할 때까지 관리해야 한다. 소모품은 사용에 따라 다시 사용할 수 없거나 소모되어 1년 이상 계속 사용할 수 없는 물품이거나, 혹은 일반수용비로 취득한 물품 중 취득단가 50만 원 미만인 물품을 말한다. 물품은 성질별 분류 이외에도 관리기관별로 중앙관서의 장, 물품관리관, 분임물품관리관 소관 물품으로 분류해서 관리하고, 또 회계별로 일반회계, 특별회계, 기금의 물품으로 분류하여 관리한다.[22) [표 8-5]는 물품의 분류를 보여준다.

[표 8-5] 물품의 분류

분류기준	분류
성질별	내구성물품, 소모품
관리기관별	중앙관서의 장 소관 물품, 물품관리관 소관 물품, 분임물품관리관 소관 물품
회계별	일반회계의 물품, 특별회계의 물품, 기금의 물품

2. 관리

정부가 물품을 관리한다는 것은 행정서비스를 제공하거나 관련된 활동이나 사업을 수행할 때 필요한 물품을 적극적으로 활용하면서 효율적으로 관리하여 행정의 생산성을 높이는 관리기술을 적용한다는 의미이다. 일반적으로

---

21) 조달청(2018). 『물품관리업무 매뉴얼』, 조달청, p. 10.
22) 「물품분류지침」 제2조.

물품관리는 4단계로 구분되는데, 취득, 보관, 사용, 처분이 그에 해당된다.[23]

　물품관리가 이루어지는 이러한 과정에서 기획재정부 장관은 물품관리의 제도와 정책에 관한 사항을 관장하고, 물품관리에 관한 정책 결정을 위해 필요하면 조달청장이나 각 중앙관서의 장으로 하여금 물품관리 상황에 관한 보고를 하게 하거나 필요한 조치를 할 수 있다. 그리고 조달청장은 각 중앙관서의 장이 수행하는 물품관리에 관한 업무를 총괄·조정한다. 조달청장이 각 중앙관서의 장이 수행하는 물품관리에 관한 사항에 대해 조치를 취할 수 있는 것들에는, 물품관리 상황에 관한 자료의 요구 및 감사의 실시, 물품관리에 관한 모범사례 등 주요 사항의 관보게재, 불용(不用) 결정된 물품의 재활용촉진에 관한 조치, 그 밖에 물품관리에 필요한 사항으로서 대통령령으로 정하는 조치 등이다.[24] 그리고 물품의 관리기관으로서 각 중앙관서의 장은 그 소관 물품을 관리한다. 이때 각 중앙관서의 장은 소관 물품관리에 관한 사무를 소속 공무원에게 위임할 수 있고, 필요하면 다른 중앙관서의 소속 공무원에게 위임할 수도 있다. 혹은 각 중앙관서의 장은 소관 물품관리에 관한 사무를 지방자치단체의 장이나 그 소속 공무원에게 위임할 수도 있다. 이때 중앙관서의 장으로부터 물품관리에 관한 사무를 위임받은 공무원을 물품관리관(物品管理官)이라고 한다.[25] [그림 8-4]는 물품관리의 흐름과 체계를 보여주고 있다.

　오늘날 물품관리는 관리기술의 발달에 따라 RFID 기반의 물품관리시스템으로 운영되고 있다. RFID 물품관리시스템이란 전자태그와 리더기를 이용하여 물품정보를 기록·보관·활용할 수 있도록 조달청장이 구축한 물품관리 전자업무처리시스템을 말한다. 여기서 전자태그(RFID Tag: Radio Frequency Identification Tag)란 사물의 정보를 무선주파수로 전송·처리하기 위하여 물품에 부착하는 반도체 소자가 포함된 태그를 말한다.[26] RFID 기반의 물품관리시스템을 이용

---

23) 조달청(2018). 『물품관리업무 매뉴얼』, 조달청, p. 10.

24) 「물품관리법」 제7조.

25) 「물품관리법」 제7조, 제8조, 제9조, 제13조.

26) 「전자태그의 부착 및 RFID 물품관리시스템의 이용에 관한 규정」 제2조.

[그림 8-4] 물품관리의 흐름과 체계[27]

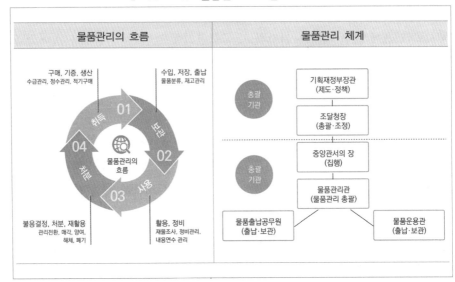

하는 것은 「물품관리법」 제25조에 명시하고 있듯이, "각 중앙관서의 장은 대통령령으로 정하는 바에 따라 물품관리에 관한 사무를 전산화하여 물품을 효율적으로 관리하여야 한다."에 근거하고 있기 때문이다. RFID 기반의 물품관리시스템은 실물확인과 정보저장의 자동화를 통해 물품 취득에서 처분까지 업무 프로세스의 효율화를 높여준다는 평가를 받고 있다. 그래서 각 중앙관서의 장은 RFID 기반의 물품관리시스템을 이용하여 전자태그 발행, 정수관리, 소관별 내용연수 관리, 관리전환 소요조회, 미술품 관리 등 물품관리 업무를 처리할 수 있고 또 정기재물조사보고서 및 물품수급관리계획서를 작성·제출하는데도 유용하게 활용하고 있다.[28]

　　기본적으로 물품관리시스템의 관리와 운영에 관한 책임은 조달청장에게 있다.[29] 그래서 조달청장은 RFID 물품관리시스템을 이용하여 물품관리 서면

27) 조달청(2018). 『물품관리업무 매뉴얼』, 조달청, p. 10.
28) 조달청(2018). 『물품관리업무 매뉴얼』, 조달청, p. 160.
29) 「전자태그의 부착 및 RFID 물품관리시스템의 이용에 관한 규정」 제4조.

감사(e-감사) 및 생애주기별 모니터링을 실시하여 각 기관의 물품관리 현황을 점검한다.30) [표 8-6]은 물품관리 감사의 종류(실지감사, 서면감사, 정기감사, 특별감사)를 보다 자세히 구분한 내용이다. 감사에 해당되는 사항(감사의 범위)들에는, 물품의 분류 및 표준화, 물품의 정수관리 및 내용연수, 물품의 수급관리계획, 재물조사, 재고관리, 불용품 처분 및 재활용, 물품관리기준의 설정 및 운용, 물품에 관한 표준서식 등의 기록과 보고, 물품관리조직 및 그 운용, 물품의 취득·분배·보급, 그 밖에 물품관리에 관련된 사항 등이다.31)

[표 8-6] **물품관리 감사의 종류**32)

구분	종류	내용
실시방법	실지감사	감사담당자가 감사대상기관을 방문하여 실시
	서면감사	RFID 물품관리시스템(e-감사시스템)으로 온라인 실시
실시시기	정기감사	매년 조달청장이 수립한 감사계획에 따라 실시
	특별감사	조달청장이 특별한 사유로 필요하다고 인정할 때 실시

물품관리는 감사 이외에도 평가를 통해 점검 등의 활동이 이루어진다. 정부의 물품관리 상황에 대한 평가가 그것이다. 「물품관리법 시행령」 제5조의 2에 따라, 조달청장은 각 중앙관서의 장의 물품관리 상황을 조달청장이 정하는 기준에 따라 평가한다. 평가한 결과는 각 중앙관서의 장에게 통보되고, 각 중앙관서의 장은 평가결과에 물품관리 상황에 대한 문제점이 포함되어 있으면 그에 필요한 조치를 하여야 한다.33) [표 8-7]은 2018년 정부물품관리 종합평가의 평가지표를 나타낸 것이다. 평가지표에서 ↑표시는 퍼센트(%)가 높을수록, ↓표시는 퍼센트(%)가 낮을수록 관리가 양호하다는 의미이다.

30) 조달청(2018). 『물품관리업무 매뉴얼』, 조달청, p. 160.
31) 「물품관리법 시행규칙」 제16조.
32) 조달청(2018). 『물품관리업무 매뉴얼』, 조달청, p. 56.
33) 「물품관리법 시행령」 제5조의 2.

[표 8-7]　정부물품관리 종합평가의 평가지표 예시[34]

분야별	배점	평가지표	평가지수	비고
재정절감 (3개 항목)	20	내용연수 연장 사용률(%)↑	조달청 고시 내용연수 연장 사용 물품/ 조달청 고시 보유물품×100	• 연장사용 신규구매 억제 • 평가대상: 금액, 금액+수량
	16	관리전환(취득) 활용률(%)↑	관리전환 취득실적/전체 취득실적×100	• 관리전환 활성화 • 평가대상: 금액, 금액+수량
	6	불용품매각 국고세입 회수금액(%)↑	국고세입액(매각)/처분금액×100	• 국고세입 회수 증대 • 평가대상: 금액
계	42			
물품관리 (4개 항목)	7	온라인 물품감사	온라인감사 지적 건수에 따라 차등 점수 부여(0~12건)	• 평가대상: 지적 건수 • 지적 건수 없는 기관은 만점, 지적건수에 따라 3~5점 부 여(8단계)
	9	생애주기별 모니터링	물품관리시스템의 생애주기별모니터링 점수에 따라 차등 적용(1~8등급)	• 평상시 물품관리 관심 유도
	3	불용처분 적시성	불용결정일 이후 불용처분까지 실제 처리기간 (건별 합산일수/수량=평균 처리기간)	• 불용품 신속처리 유도 • 평가대상: 처리기간
	1	미술품 관리 실태	사이버갤러리 등재 작품수	• 미술품관리 관심 유도 • 평가: 등재 작품 수
계	20			
물품활용 (3개 항목)	8	관리전환(처분) 활용률(%)↑	관리전환(처분) 실적/처분실적×100	• 관리전환 활성화 • 관리전환, 양여, 매각, 폐기 • 평가대상: 금액, 수량
	7	무상양여 활용 및 매각(처분)률(%)↑	무상양여실적+매각실적/처분실적×100	• 무상양여 등 활성화 • 처분: 양여, 매각, 폐기 • 평가대상: 금액, 수량
	5	내용연수 미경과 물품 처분율(%)↓	조달청 고시 내용연수 미경과물품처분 실적/조달청 고시 처분물품(전체)×100	• 내용연수 준수 유도 • 양여, 매각, 폐기 • 평가대상: 금액, 수량
계	20			
정책평가 (2개 항목)	6	불우서민 무상지원율(%)↑	무상지원수량/무상지원대상 처분수량× 100	• 불우서민 무상지원 유도 • 평가대상:수량 • 처분: 양여, 매각
	4	물품관리 교육	물품관련 교육수료 여부	• 물품관리 관심도 제고 • 평가대상: ① 물품결산 교육, ② 물품관리교육
계	36			

---

34) RFID 기반 물품관리시스템(rfid.g2b.go.kr).

재물조사	4	태그 부착률(%)↑	발행물품수/보유물품수×100	• RFID시스템 정착 유도 • 평가대상: 수량
(2개항목)	4	RFID 인식률(%)↑	리더기 인식 건수/보유물품수×100	• RFID 활용도 제고 • 평가대상: 수량
계	5			
합계	100	14개 지표		
	3	보유재물	보유재물 규모(수량,금액)	• 전체 기관을 10개 등급화 • 평가: 금액50%, 수량50%
	2	온라인감사 이행	온라인 감사 회보 완료 일자	• 온라인 감사의 빠른 조치 유도
가산점 (4개항목)	2	수범사례(예산절감 또는 행정능률 향상)	창의성, 노력도, 지속성, 파급효과	• 물품관리 관심 유도 • 수범사례평가기준 참조 (4개 등급화)
	2	수시재물조사	자율적인 물품관리계획을 통한 수시재물조사 실적 (정기 및 특별재물조사를 제외한 재물 조사 계획 및 확정)	• 자율적 물품관리 유도
계	36			
총계	109	18개 지표		

3. 물품관리의 용어

물품관리에 사용되는 주요 용어들은 별도로 정리해서 익힐 필요가 있다. [표 8-8]은 각 용어들의 핵심적인 의미를 나타낸 것이다. 앞서 이미 언급되었던 용어와 그 내용도 포함되어 있다.

[표 8-8] 물품관리의 주요 용어와 의미[35]

용어	의미
물품관리	국가가 행정서비스의 제공 또는 사업수행에 필요한 물품을 취득·보유하여 적극적으로 활용하고 효율적으로 관리하여 행정의 생산성을 높이는 관리기술을 말한다.

---

35) 조달청(2018). 『물품관리업무 매뉴얼』, 조달청, pp. 206-207.

물품총괄기관	물품관리에 대한 제도와 정책사항을 관장하는 기획재정부 장관과 각 중앙관서의 장이 관장하는 물품관리의 조정 및 집행운용의 총괄에 관한 사항을 관장하는 조달청장을 말한다.
물품관리기관	각 중앙관서의 장은 소관에 속하는 물품을 관리하며, 그 산하 관리기관으로 총괄물품관리관, 물품관리관, 물품출납공무원, 물품운용관 등을 두고 있다.
물품관리관	물품의 관리책임과 권한을 가진 중앙관서의 장으로부터 물품관리에 관한 구체적인 사무를 위임받은 공무원을 말한다.
물품출납공무원	물품관리관으로부터 물품의 출납과 보관에 관한 사무를 위임받은 공무원으로서 물품관리관을 겸직할 수 없다.
물품운용관	물품관리관이 그 소관에 속하는 물품을 목적과 용도에 따라서 사용하게 하거나 사용 중인 물품의 관리에 관한 사무를 위임한 공무원을 말한다.
물품	물품관리법상 국가가 소유한 동산과 국가가 사용하기 위하여 보관하는 동산(현금, 유가증권 및 국유재산에 속하는 물품 제외)을 말한다.
물품목록정보	물품을 체계적인 기준에 따라 분류·식별하여 마치 사람의 주민등록번호와 같이 물품에 번호를 부여하고 관련된 정보를 목록화하여 관리하는 것을 말한다.
물품의 표준화	정부 각 기관에서 다수의 기관이 공통적으로 사용하는 주요 품목에 대하여 통일성과 호환성을 확보하여 그 활용도를 제고할 수 있도록 일정한 표준(규격 제정 등)을 정하는 것을 말한다.
정수물품	조직의 목적을 능률적으로 수행하는 데에 사용되는 비소모품의 적정 보유수량으로서 조직의 임무, 정원 및 사무량 등을 고려하여 정한다.
자연감모율	물품의 장기보관이나 운송 및 기타 불가피한 사유로 인하여 수량이 감소되는 것을 자연감모라고 하고 그 감소되는 양의 비율을 감모율이라 한다.
재고관리	① 사용할 물품의 소요량 산정으로부터 발주, 수입(입고), 저장(보관), 청구, 출급(출고), 분배, 수령, 반납, 정비, 불용결정에 이르기까지의 광범위한 보유(재고) 물품의 관리행위나, ② 계속적으로 공급하여야 할 물품의 과부족을 방지하고 적기에 공급할 수 있는 체계를 유지하기 위한 재고품의 경제적 관리행위를 말한다.
재물조사	현재 보유하고 있는 물품의 품목별 수량과 상태 및 위치를 조사하여 물품관리 장표와 대사하는 절차로서, 착오기재품의 수정, 과부족품의 재물조정 및 손망실처리, 상태불량품의 불용처리, 과장품의 관리전환 또는 구매통제 등의 정보자료로 활용된다.
재물조정	재물조사 결과 발견된 동일한 품명의 상호 간에 증감량이 발생한 경우에 한하여 그 원인이 사무상 착오임이 명백한 때 관계장부 또는 전산서식에 현재 수량 및 가액으로 조정하여 정리하는 것을 말한다.
불용품	사용 또는 보관중인 물품이 사용할 필요가 없게 되거나, 사용할 수 없게 되어 물품관리관이 불용의 결정을 한 물품(처분의 대상이 되는 물품)을 말한다.

불용처분	불용품을 매각, 양여, 해체·폐기, 보존 또는 조달청에 무상 관리전환하여 소유권을 소멸시키는 행위를 말한다.
내용년수	최소의 수리비로 물품의 기능을 계속 유지할 수 있는 경제적 사용기간을 말한다.
물품수급관리계획	매 회계연도마다 수립하는 물품의 취득과 처분에 대한 계획으로서 불요불급품의 구매를 억제하고 잉여품 및 과장품의 발생을 예방하여 물자예산을 효율적으로 집행하기 위한 물품관리계획을 말한다.
관리전환	물품의 효율적인 사용 및 처분을 위하여 소유주체(국가) 내부에서 물품관리관 상호 간 물품의 소속을 변경하여 물품의 관리권을 이동하는 것을 말한다.

제3절 국가채권과 채무관리

1. 국가채권

국가도 개인처럼 금전 지급을 받을 수 있는 권리를 지닐 수 있으며 동시에 행사할 수도 있다. 이를 국가채권이라고 한다. 즉, 국가채권이란 금전의 지급을 목적으로 하는 국가의 권리를 말한다.[36] 채권을 가지고 있다는 것은 곧 경제적 가치가 발생되는 재산을 가지고 있다는 것을 의미한다. 그래서 이에 대한 관리로서 국가채권관리도 국가재산관리의 하나에 해당된다. 그런데, 여기서 말하는 국가채권은 국가라는 행위 주체와 관련된 모든 채권을 의미하지는 않는다. 이는 채권의 구분에 따라 한정된 의미의 국가채권만을 일반적인 의미에서 일컬어지는 국가채권관리의 대상으로 삼는다는 의미이다.

국가채권을 구분해보면, 근거 법령 및 관리체계 등에 따라 크게 조세채권, 벌금류 채권, 「국가채권관리법」상 국가채권으로 나누어진다. 조세채권은 「국세징수법」과 「관세법」, 벌금류 채권은 「형사소송법」과 「질서위반행위규제법」

---

36) 「국가채권관리법」 제2조.

등이 근거 법령이 되고, 「국가채권관리법」상 국가채권은 「국가채권관리법」이 근거법령이 된다. 이 중에서 국가채권관리의 대상은 「국가채권관리법」상 국가 채권이다. 조세채권과 벌금류 채권은 「국가채권관리법」에 적용되지 않는 것으로, 국가채권관리에서 논의되는 국가채권으로 분류하지 않는다. 그 이유는 조세채권의 경우 징수체계가 잘 갖추어져 있기 때문인데, 실제로 관리법규(「국세징수법」, 「관세법」)와 관리체계(국·관세청)가 잘 정비되어 있다고 평가된다. 그리고 벌금류 채권은 형벌적 성격을 지니고 있다는 점을 감안해서 「형법」 및 「재산형 등에 관한 검찰집행사무규칙」에 따라 관리하며 형벌적 성격으로 노역장 유치나 사회봉사 대체 등이 가능하여 단순 금전지급을 목적으로 하는 일반채권과 구분되기 때문이다.[37] 그래서 이 둘은 「국가채권관리법」의 적용대상에서 제외되지만, 채권결산서(채권현재액총계산서)에는 조세채권 금액이 포함된다. 따라서 「국가채권관리법」상의 국가채권에 한정해서 볼 때, 국가채권은 사회보장기여금, 경상이전수입, 융자회수금, 예금 및 예탁금, 그 외 기타 채권으로 구성되어 있다.[38] [표 8-9]는 「국가채권관리법」상의 국가채권의 종류를 나타낸 것이다.

[표 8-9] 국가채권의 종류

채권 종류	내용
사회보장기여금	고용보험료, 산재보험료
경상이전수입	법정부담금(환경개선부담금, 개발부담금, 과밀부담금 등), 변상금, 가산금(국세가산금 등) 등
융자회수금	재정자금 융자원금(국민주택기금 등), 전대차관원금
예금 및 예탁금	기금의 여유자금 운용을 위한 시중은행 예치금
기타	재화 및 용역 판매수입(면허료 및 수수료, 병원수입 등), 재산수입(토지 및 건물대여료 등), 관유물매각대(토지 및 무형자산 매각대) 등

---

37) 기획재정부(2011). 『국가채권관리 개선방안』, 기획재정부.
38) 기획재정부(2011). 『국가채권관리 개선방안』, 기획재정부.

국가채권관리의 사무(채권관리사무)는 국가채권에 대하여 채권자로서 행하는 채권의 보전(保全), 행사(行使), 내용 변경 및 소멸에 관한 사무를 의미한다. 물론 이때 제외되는 사무가 있는데, 그것은 「국가를 당사자로 하는 소송에 관한 법률」에 따라 법무부 장관의 권한에 속하는 사무, 법령에 따라 체납처분을 집행하는 자가 수행하는 사무, 변제(辨濟)의 수령에 관한 사무, 「물품관리법」에 따른 동산(動産)의 보관에 관한 사무이다.[39] 이러한 국가채권관리 사무에 대해 기획재정부 장관은 채권관리를 적정하게 하기 위하여 채권관리에 관한 제도 정비나 채권관리사무에 관한 통일적인 기준 설정 그리고 채권관리사무의 처리에 관한 조정과 채권관리사무에 대한 성과관리 등의 사무를 수행한다. 그리고 각 중앙관서의 장은 그 소관에 속하는 채권을 관리하고 채권관리관의 사무를 감독한다. 이때, 기획재정부 장관은 채권관리를 적정하게 하도록 하기 위해 필요하다고 인정하는 경우에는 각 중앙관서의 장에게 그 소관에 속하는 채권의 내용 및 관리 상황에 관하여 보고를 요구하거나, 소속 직원으로 하여금 실지(實地) 지도·조사를 하게 하며 그 밖에 필요한 조치를 할 수 있다.[40]

국가채권관리는 각 중앙관서나 관련 일선관서의 채권관리관에 의해 주로 이루어지며 이들은 개별법과 「국가채권관리법」에 따라 채권관리 및 회수 업무를 수행한다. 만일 연체가 발생된다면 개별법에서 국세체납처분의 예에 따르도록 한 경우(주로 법률에 의해 부과하는 부담금, 면허료, 보험료 등의 공과금 채권), 납부독촉, 재산압류·매각 등 절차에 따라 회수한다. 개별법 및 별도규정이 없는 경우(주로 계약에 의해 채권이 발생하는 매각대, 대여료, 판매료 등)에는 「국가채권관리법」에 따라 담보물처분 또는 소송을 통한 강제이행을 통해 회수한다.[41]

여기서 독촉과 강제이행에 대해 좀 더 구체적으로 살펴보면, 우선 독촉의 경우 채권관리관은 채권의 전부 또는 일부가 고지된 납입기한이 지나도 이행되지 않을 때 수입징수관에게 이행의 독촉을 요청하게 된다. 이 경우 독촉장은

---

39) 「국가채권관리법」 제2조.

40) 「국가채권관리법」 제5조.

41) 기획재정부(2011). 『국가채권관리 개선방안』, 기획재정부.

납입기한이 지난 날부터 7일 이내에 발급하고 독촉에 의한 납입기한은 독촉장 발급일부터 15일 이내로 정하게 된다. 그런데 각 중앙관서의 장은 채권의 전부 또는 일부가 독촉을 한 후 그 독촉기한이 지나도 이행되지 않는 경우에는 별 도의 조치를 하게 된다. 강제이행의 청구가 진행되는 것이다. 그에 해당되는 사항은 다음과 같다. 담보가 있는 채권(보증인의 보증이 있는 채권 포함)에 대하여는 채 권의 내용에 따라 그 담보물을 처분하거나 법무부 장관에게 경매나 그 밖의 담보권 실행 절차를 요청하는 일 또는 보증인에게 이행을 청구하는 일, 혹은 집행권원(執行權原)이 있는 채권에 대하여는 법무부 장관에게 강제집행 절차를 요청하는 일이다. 이 두 경우에 해당하지 않는 채권에 대하여는 법무부 장관에 게 소송절차(비송사건 절차 포함)에 따른 이행청구를 요청하는 일 및 공정증서(公正證 書) 작성 등 집행권원 취득 절차를 요청하는 일이다. 한편, 중앙관서의 장은 독 촉에도 불구하고 납입되지 않은 금액(체납액)을 회수하기 위하여 한국자산관리 공사 또는 신용정보회사에 체납액의 회수를 위한 최소한의 범위에서 일부 업 무를 위탁할 수 있다. 그 업무에는, 체납액 회수대상 채무자(체납자)의 주소 또 는 거소 확인, 체납자의 재산조사, 체납액의 납부를 독촉하는 안내문 발송과 전화 또는 방문 상담이 해당된다.[42]

국가채권은 이행연기가 될 수도 있다. 채권관리관은 채권으로서 그 채권 또는 채무자가 아래의 4가지 사항 중 어느 하나에 해당할 때에는 소속 중앙관 서의 장의 승인을 받아 대통령령으로 정하는 바에 따라 그 이행기한을 연장하 는 특약이나 처분(이행연기특약)을 할 수 있다. 그 사항에는, 첫 번째 채무자가 무 자력(無資力)할 때, 두 번째 채무자가 채무의 전부를 일시에 이행할 수 없고 현 재 보유하고 있는 자산 상황에 비추어 이행 기한을 연장하는 것이 징수하는 데에 유리하다고 인정될 때, 세 번째 계약에 의한 채권으로서 채무자가 채무의 전부를 일시에 이행할 수 없고 정해진 기한까지 이행하게 하는 것이 공익상 현저한 지장을 줄 우려가 있다고 인정될 때, 네 번째 손해배상금 또는 부당 이 득에 따른 반환금에 관한 채권으로서 채무자가 채무의 전부를 일시에 이행할

---

42) 「국가채권관리법」 제14조, 제14조의 2, 제15조.

수 없으나 변제를 하려는 성의가 특히 있다고 인정될 때, 다섯 번째 대부금에
속하는 채권으로서 채무자가 대부금의 용도에 따라 제3자에게 대부한 경우에
그 제3자가 앞의 첫 번째부터 세 번째 중 어느 하나에 해당하여 그 제3자로부
터 대부금을 회수하는 것이 현저하게 곤란하여 그 채무자가 그 채무의 전부를
일시에 이행할 수 없다고 인정될 때이다.[43]

2. 국가채무

국가채무는 부채(liabilities)에 해당된다. 엄밀히 구분하면 부채가 보다 포괄
적인 개념이며 채무(debt)는 그 중 하나에 포함된다. 이는 정부가 부채통계를
산출할 때도 적용되는데, 실제로 부채 통계를 국가채무, 일반정부 부채, 공공
부문 부채로 3가지 유형으로 나누어서 관리하고 있다. 이 3가지 구분은 각각의
포괄범위와 산출기준 및 활용에서 서로 차이가 있다. [표 8-10]이 이를 보여
주는데, 특히 산출기준에서 국가채무는 현금주의가 적용되고 나머지 부채는
발생주의가 기준이 된다는 것을 알 수 있다. 2017년의 각 유형별 규모를 보
면, 중앙정부 및 지방정부의 회계·기금을 포괄하는 국가채무는 약 660.2조 원
이고, 국가채무 범위에 비영리 공공기관을 포괄하는 일반정부 부채는 약
735.2조 원이다. 그리고 앞의 두 유형에 비금융공기업까지 포괄하는 공공부문
부채는 1,044.6조 원이다. 국내총생산(GDP) 대비 국가채무비율은 약 38.2%이
다. 여기서 논의되는 국가채무관리는 국가채무로 지칭되는 유형에 초점을 두
고 있다.[44]

---

43) 「국가채권관리법」 제27조.
44) 기획재정부(2019). 『월간 재정동향』, 제64호, 기획재정부.

[표 8-10]   부채유형과 국가채무[45]

유형	포괄범위	산출기준	활용
국가채무(D1)	중앙 및 지방정부의 회계·기금	국가재정법, 현금주의	국가재정운용계획
일반정부 부채(D2)	D1+비영리공공기관	국제지침, 발생주의	국제비교(IMF, OECD)
공공부문 부채(D3)	D2+비금융공기업	국제지침, 발생주의	공공부문 재정건전성 관리

국가채무는 국가의 회계 또는 기금이 발행한 채권인 국채, 국가의 회계 또는 기금의 차입금, 국가의 회계 또는 기금의 국고채무부담행위로 구분될 수 있다. 국채와 차입금, 국고채무부담행위가 국가채무가 되는 것이다. 하지만 「국고금관리법」에 따른 재정증권 또는 한국은행으로부터의 일시차입금, 국가의 회계 또는 기금이 발행한 채권 중 국가의 회계 또는 기금이 인수 또는 매입하여 보유하고 있는 채권, 국가의 회계 또는 기금의 차입금 중 국가의 다른 회계 또는 기금으로부터의 차입금은 국가채무에 포함시키지 않는다.[46]

국채는 재정수지상 세입부족액을 보전하고 정책집행 등에 필요한 재원을 조달하기 위하여 국가가 발행하는 채권을 말한다. 현재 크게 세 종류가 발행되고 있는데, 국고채, 국민주택채, 외화표시 외국환평형기금채(외평채)가 그것이다. 국고채는 국가의 재정정책 수행에 필요한 자금을 조달하기 위해 공공자금관리기금의 부담으로 발행하는 채권이고, 국민주택채는 주택도시기금의 주요 재원으로 사용되는 채권이다. 주로 임대주택 건설, 전세자금 대출 지원 등 서민 주거생활 안정을 위한 목적으로 발행된다. 외평채는 1998년 외환위기 이후 외환보유액 확충을 위해 발행되었다. 현재는 외국인 투자자 저변 확대 등을 목적으로 발행되고 있고 국제 금융시장에서 발행되는 민간기업의 채권에 대한 기준금리 역할도 하고 있다.[47] 그 이외에도 제2종·제3종 국민주택채권과 출자재정

---

45) 기획재정부(2019). 『월간 재정동향』, 제64호, 기획재정부.

46) 「국가재정법」 제91조.

47) 대한민국정부(2018). 『2017회계연도 국가채무관리보고서』, 대한민국정부, p. 6.

[표 8-11] **국채의 종류**[48]

종류	발행조건		발행방법	발행목적	소관 기금	근거법령
	금리	만기				
국고채	낙찰금리	3~50년	경쟁입찰	재정자금 조달	공공자금관리기금 (기획재정부)	국채법, 공공자금고 나리기금법
제1종 국민주택채	연 1.75%	5년	첨가소화	주택건설 촉진 재원조달	주택도시기금 (국토교통부)	주택도시기금법
외평채	낙찰금리	3~30년	경쟁입찰	외환시장 안정 등	외국환평형기금 (기획재정부)	외국환거래법

증권도 제도상 발행은 가능하지만 실질적으로 발행되지 않고 잔액만 남아 있는 상태이다. [표 8-11]는 현재 발행되고 있는 국채의 종류를 나타낸 것이다.

차입금은 정부가 한국은행이나 민간기금 또는 국제기구 등으로부터 법정 유가증권의 발행 없이 직접 차입한 금액을 말한다. 차입대상에 따라 국내차입금과 해외차입금으로 구분된다. 국내차입금은 정부가 한국은행 등 국내 금융기관이나 민간기금 등으로부터 차입한 것을 말하고, 해외차입금은 국제부흥개발은행(IBRD), 아시아개발은행(ADB) 등 국제기구와 외국정부 등으로부터 차입한 것을 말한다.

국고채무부담행위는 국가가 법률에 따른 것과 세출예산금액 또는 계속비의 총액의 범위 안의 것 외에 채무를 부담하는 행위를 말하는 것으로, 이때에는 미리 예산으로써 국회의 의결을 얻어야 한다. 그 외에 재해복구를 위하여 필요한 때에는 회계연도마다 국회의 의결을 얻은 범위 안에서 채무를 부담하는 행위를 할 수 있다. 이 경우 그 행위는 일반회계 예비비의 사용절차에 준하여 집행하게 된다. 그리고 기본적으로 국고채무부담행위는 사항마다 그 필요한 이유를 명백히 하고 그 행위를 할 연도 및 상환연도와 채무부담의 금액을 표시해야 한다.[49] 국고채무부담행위를 위한 사전의결은 채무를 부담할 권한만

---

48) 기획재정부(2018). 『2018~2022년 국가채무관리계획』, 기획재정부.
49) 「국가재정법」 제25조.

을 부여하는 것이기 때문에 다음 연도 등에 국고채무부담행위를 상환하는 지출을 하기 위해서는 예산에 반영하여 국회의 의결을 다시 받아야 한다.[50]

이러한 국가채무는 상환의무가 전제된 재정의 상태를 나타내는 것이기 때문에 현재의 재정상태 파악과 진단은 물론이고 미래의 재정상태에 관한 정보도 알려준다. 재정정보이자 상태 진단의 지표로서 국가채무가 관리되고 있는 것은 당연하다. 그래서 정부는 매년 당해 회계연도부터 5회계연도 이상의 기간에 대한 재정운용계획인 국가재정운용계획을 수립해서 회계연도 개시 120일 전까지 국회에 제출할 때, 함께 첨부되는 서류 중 하나가 국가채무관리계획이다.[51] 그만큼 국가채무는 별도로 관리되며 중요하게 다루어지고 있다. 채무자로서 상환의 의무가 부과된 것이고 또 중장기 재정건전성을 보여주는 지표가 되기 때문에 더욱 그렇다. [그림 8-5]는 국가채무 추이를 나타낸 것이다.

국가채무관리계획에 포함되는 사항에는, 전전년도 및 전년도 국채 또는 차입금의 차입 및 상환실적, 당해 회계연도의 국채 발행 또는 차입금 등에 대한 추정액, 해당 회계연도부터 5회계연도 이상의 기간에 대한 국채 발행 계획

[그림 8-5] 국가채무 추이[52]

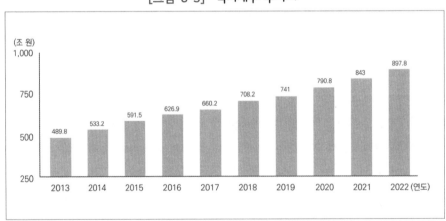

50) 기획재정부(2018). 『2018~2022년 국가채무관리계획』, 기획재정부.

51) 「국가재정법」 제7조.

52) e-나라지표(www.index.go.kr).

또는 차입 계획과 그에 따른 국채 또는 차입금의 상환 계획, 해당 회계연도부터 5회계연도 이상의 기간에 대한 채무의 증감 전망과 근거 및 관리계획, 그 밖에 대통령령이 정하는 사항 등이다.[53] 한편, 지방자치단체의 경우는 지방채를 발행하며 이때 기본적으로 지방채발행총액한도제가 적용되고 있다.[54]

---

53) 「국가재정법」 제91조.

54) 김민주·윤성식(2009). 우리나라 지방채발행변화에 대한 신제도론적 분석, 『한국지방자치학회보』, 21(2): 79-99.

제9장

정부조달

정부조달

제1절 정부조달의 의미와 영역

1. 정부조달의 의미

정부조달(government procurement)이란 정부가 공공서비스를 제공하기 위해 필요한 물품이나 용역, 시설공사 등의 계약 및 구매를 통해 자원을 획득하는 활동을 말한다. 주로 민간으로부터 자원을 획득하는 활동으로 이루어진다. 다양하고 수많은 활동을 하는 정부는 물품은 물론이고 용역이나 시설공사 등을 위해 필요한 자원조달이 전제되어야 비로소 계획된 활동을 할 수 있다는 점에서, 정부조달은 정부활동의 출발점이 되기도 한다. 물론 정부조달 행위는 그 자체가 정부활동이기도 하다. 그래서 「조달사업에 관한 법률」에서 규정하고 있는 정부조달 사업의 범위에도 '조달물자의 구매, 물류관리, 공급 및 그에 따른 사업', '수요기관의 시설공사 계약 및 그에 따른 사업', '수요기관의 시설물 관리, 운영 및 그에 따른 사업' 등이 포함된다. 여기서 말하는 수요기관은 조달 물자, 시설공사계약의 체결 또는 시설물의 관리가 필요한 국가기관이나 지방

자치단체나 그 외 대통령령으로 정하는 기관을 의미한다.[1]

[표 9-1]은 국가종합전자조달시스템인 나라장터에 등록된 수요기관의 현황을 보여주고 있다. 결국 정부가 일을 할 때 필요한 자원을 획득하는 것이 정부조달인데, 정부가 다양한 일을 한다는 점에서 정부조달은 그 규모가 상당하다는 것을 알 수 있다. [표 9-1]에 제시된 수요기관의 등록수와 거래실적을 봐도 알 수 있다. 따라서 정부조달은 적지 않은 예산 소요가 동반되기 때문에 정부재정관리 측면에서도 중요하게 여겨진다.

[표 9-1] 수요기관의 등록수와 거래실적[2]

(단위: 개, 억 원)

구분		2015년	2016년	2017년	2018년	거래실적
국가기관		5,467	5,529	4,894	4,968	149,931
지방자치단체		7,012	7,051	6,735	6,807	361,097
교육기관		11,530	11,658	11,597	11,695	91,351
기타	공기업	1,015	1,028	947	975	32,781
	준정부기관	1,338	1,368	1,325	1,377	63,141
	기타 공공기관	483	499	438	442	28,254
	지방공기업	210	219	236	235	45,562
	기타 기관	23,311	24,871	26,223	28,541	35,803
합계		50,366	52,223	52,395	55,040	807,920

정부조달은 가장 유리한 조건 하에서 수요기관이 요구하는 품질 좋은 물품과 서비스를 제공하는 것이 핵심이다. 이를 위해 중요하게 여겨지는 정부조달의 가치는 반부패와 투명성이다.[3] 정부조달은 부정부패에 특히 취약한 분야 중 하나로 여겨지는데, 실제로 전체 계약 비용의 약 10~20%를 뇌물로 추정하

---

1) 「조달사업에 관한 법률」 제2조, 제3조.

2) 조달청(www.pps.go.kr).

3) 최태희·김대식(2013). 『2012 경제발전경험모듈화사업: 조달행정 법제도』, 조달청, p. 19, p. 22

는 통계도 있다.[4] 정부조달의 경우 규모가 크기 때문에 만일 부정부패가 발생
된다면 단순한 부정부패 문제로만 끝나는 것이 아니다. 정부조달의 규모만큼
이나 국가경제에 미치는 부정적인 영향도 상당하기 때문이다. 2017년 기준으
로 공공시장 전체 조달규모는 약 1,234,078억 원이다.[5] 그 이전과 비교할 때
규모는 증가하는 추세이다. 그리고 [표 9-2]에 나타나 있는 바와 같이 조달기
업의 수도 많고 거래실적도 적지 않다. 따라서 정부조달에서 반부패와 투명성
확보가 매우 중요하다. 이는 곧 정부가 국가차원의 공정거래환경을 조성하는
일의 중요성을 의미하는 것이기도 하다.

[표 9-2] 조달기업의 등록수[6]

(단위: 개, 억 원)

구분	2015년	2016년	2017년	2018년	거래실적
상호출자제한기업	955	773	694	701	67,247
중견기업	1,294	2,129	2,292	1,840	50,336
중소기업	311,971	337,541	362,872	389,154	653,321
비영리법인 등	6,763	7,626	7,975	9,220	37,016
전체 조달기업	320,983	348,069	373,833	400,915	807,920

2. 조달영역: 구매, 용역, 시설공사, 비축

정부의 조달은 물품을 구매하거나 용역이나 시설공사 등을 요청하여 필요
한 자원을 획득하면서 이루어진다. 이에 따라 조달이 이루어지는 영역을 크게
물품 등의 구매, 용역서비스 획득, 시설공사 수행 요청, 그리고 비축업무로 나
눌 수 있다.

4) OECD(2009). *OECD Principles for Integrity in Public Procurement*, OECD, p. 9.
5) 조달청(www.pps.go.kr).
6) 조달청(www.pps.go.kr).

1) 구매

정부가 물품을 구입하는 구매 행위는 그 대상에 따라 내자와 외자로 나누어진다. 내자는 국내에서 생산 또는 공급되는 물품이나 일반용역 및 임대차를 말한다. 반면, 외자는 국내에서 생산 또는 공급되지 않거나 차관자금으로 구매하는 물자나 용역을 말한다. 국제무역을 통해 외국산 물품이나 용역을 구매하는 것이 외자 구매인 것이다.

내자 구매는 조달청이 구매하거나 수요기관이 구매하는 경우로 다시 나누어진다. 국가기관에 의해 필요한 1억 원 이상의 물품이나 용역 및 임차, 그리고 단가계약된 물품일 때는 조달청이 구매한다. 하지만 국가기관에 의해 필요한 1억 원 미만의 물품, 천재나 지변 등에 의한 긴급구매물자, 국방목적수행 등 비밀을 요하는 물자, 조달청장이 구매위임한 경우 등으로 음·식료품류, 동·식물품류, 농·수산물, 그리고 무기 등 총포, 화약류와 그 구성품, 그리고 차량용 유류 등은 수요기관이 구매한다. 지방자치단체의 경우 단가계약된 물품일 때는 조달청이 구매하고 단가계약 이외의 물품은 수요기관이 구매한다. 여기서 단가계약이란 일정기간 동안 계속해서 제조, 수리, 가공, 매매, 공급, 사용 등의 계약을 할 필요가 있을 때에는 해당 연도 예산의 범위에서 단가(單價)에 대하여 계약을 체결하는 것을 말한다.[7] 수요빈도가 높은 물품에 대해 이런 단가계약을 하는데, 단가로 계약 체결을 하고 수요기관이 해당 물품에 대해 조달 요청을 하면 조달청이 계약자에게 납품을 요구하면서 공급한다. [그림 9-1]은 수요기관의 조달 요청에 따라 조달청을 통한 구매업무의 전반적인 절차를 나타낸 것이다.

[표 9-3]은 구매사업실적과 정책지원 실적을 나타낸 것이다. 총 구매실적은 점점 증가하고 있다. 정부의 구매는 결국 공공서비스 제공을 그 목적으로 한다는 점에서 정부가 제공하는 공공서비스의 규모가 증가하고 있다는 것을 알 수 있다. 사회가 복잡해짐에 따라 정부의 역할도 증가하고 그에 따른 구매 행위도 증가하는 것이다. 정부가 구매를 할 때는 중소기업이나 지방기업이나

---

7) 「국가를 당사자로 하는 계약에 관한 법률」 제22조.

[그림 9-1] 구매업무의 절차[8]

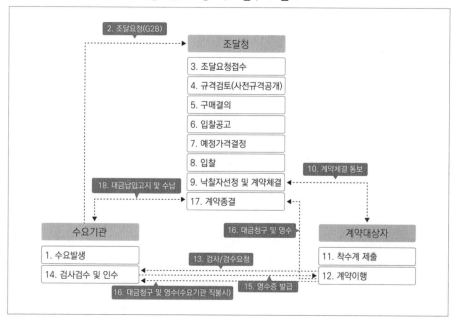

여성기업에 대한 정책적 지원을 함께 하는데, [표 9-3]은 그에 대한 각각의 실적도 보여주고 있다.

[표 9-3] 구매사업 실적과 정책지원 실적[9]

(단위: 억 원, %)

구분	2014년	2015년	2016년	2017년	2018년
총 구매실적(A)	225,396	240,168	242,638	263,026	273,283
중소기업(B)	174,355	191,837	197,028	211,947	217,132
지원율(B/A)	77.40	79.90	81.20	80.60	79.50
지방기업(C)	151,969	165,965	172,884	192,243	195,121
지원율(B/A)	67.40	69.10	71.30	73.10	71.40
여성기업(D)	19,052	21,083	23,481	25,741	27,478
지원율(B/A)	8.50	8.80	9.70	9.80	10.10

8) 조달청(www.pps.go.kr).

9) 조달청(www.pps.go.kr).

외자는 앞서 언급한 대로 해외 자본이나 자본재를 통칭하는 것으로, 국내에서 생산 또는 공급되지 않거나 차관자금으로 구매·공급하는 물품 및 용역을 말한다. 그래서 기본적으로 외자를 구매할 수 있는 자금은 국회의 승인을 얻은 세출예산과 외국의 정부나 경제협력기구 또는 외국법인으로부터 도입되는 공공차관 자금이 해당된다. 그런데 현재 각종 차관자금 수혜대상에서 우리나라는 제외되었고, 1999년 집행이 완료되어 실질적으로 차관자금에 의한 외자 구매는 하지 않고 있다.[10)]

외자는 국내에서 생산되지 않는 연구·개발을 위한 첨단장비(예: 동물세포배양 시스템, 인공위성 레이저 추적시스템, 지진관측장비 등)가 주종을 이루고 있다. 물론 이 외에도 헬기, 선박 뿐만 아니라 코끼리 등 살아있는 동물까지 그 종류는 다양하다. 외자계약을 할 때는 공동계약의 형태로 이루어지는데 즉, 국내업체(bidder)가 국외업체(supplier)의 물품을 납품하겠다는 약속으로 입찰시 국외업체의 공급확약서(supplier certificate)를 발급받아 입찰에 참여한다.[11)] 그리고 외자 구매를 위한 인도조건은 국제 간 물품구매에서 많이 사용되는 것으로, 지정장소 운송인인도(FCA), 지정선적항 본선인도(FOB), 지정목적항 운임포함인도(CFR), 지정목적지 운송비지급인도(CPT), 지정목적항 운임·보험료포함인도(CIF), 지정목적지 운송비·보험료지급인도(CIP), 지정목적지 도착장소인도(DAP), 지정목적지 관세지급인도(DDP) 등을 활용하고 있다.[12)] 이는 무역거래조건에 관한 국제규칙 INCOTERMS 2010에 따른 방법들이다. [그림 9−2]는 외자 구매 절차를 나타낸 것이다.

국제무역을 통해 이루어지는 외자는 국내거래와는 다른 특징을 지니고 있다. 무역상대 국가마다 언어와 관습과 문화와 법률 등이 다르기 때문이다. 예컨대, 구매물품의 거래 실례 가격이 없어서 예정가격 작성이 곤란한 경우에는 예정가격을 작성하지 않을 수밖에 없고, 또 일반적인 조달절차 수행을 하면서

---

10) 조달청(www.pps.go.kr).

11) 조달청(2015). 『외자업무 수요기관 설명자료』, 조달청, p. 7.

12) 조달청(www.pps.go.kr).

[그림 9-2] 외자 구매 절차13)

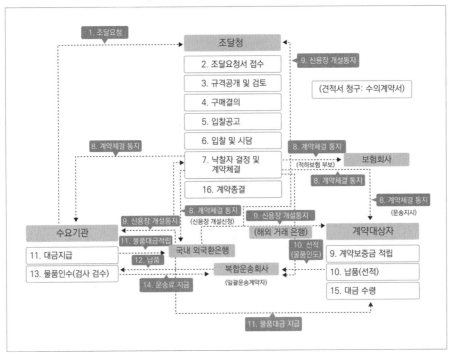

불가피한 경우에 국제 상·관례를 적용해서 그에 따르기도 한다.14) [표 9-4]
는 지역별로 외자 구매 현황을 나타낸 것이다.

[표 9-4] 지역별 외자 구매 현황(원산지 기준)15)

(단위: 억 원)

구분	2013년	2014년	2015년	2016년	2017년	2018년
합계	4,790	5,087	3,963	4,457	5,615	4,530
한국	209	140	385	492	826	513
미주	1,401	2,445	1,473	1,199	1,363	1,455

13) 조달청(www.pps.go.kr).
14) 조달청(2015). 『외자업무 수요기관 설명자료』, 조달청, p. 8.
15) 조달청(www.pps.go.kr).

유럽	2,050	1,639	1,266	1,867	2,264	1,523
일본	550	327	329	405	514	493
동남아	440	310	340	363	300	401
기타	437	235	170	131	348	145

2) 용역

　　구매와 함께 용역도 정부조달의 영역이 된다. 용역은 크게 일반용역과 기술용역으로 구분된다. 일반용역의 종류에는 정보화사업 용역, 폐기물처리 용역, 시설물 관리·청소·경비 용역, 조경관리 용역, 육상운송 용역, 학술연구 용역, 전시 및 행사대행 용역, 광고 및 디자인 용역, 감리 및 검사 용역, 장비 유지·보수 용역, 보험 용역 등이 있다. 기술용역에는 건설기술 용역, 「엔지니어 링기술진흥법」에 의한 기술용역으로서 엔지니어링 활동, 기타 개별법에서 정한 기술용역 등이 해당된다. 여기서 건설기술 용역에는 건설공사에 관한 계획·조사(측량포함)·설계(건축설계 제외), 시설물의 검사·안전점검·정밀안전진단·유지·보수·철거·관리 및 운용, 건설사업관리, 건설공사에 관한 시험·평가·자문 및 지도, 건설장비의 시운전, 건설기술에 관한 타당성 검토 등이 포함된다. 「엔지니어링기술진흥법」에 의한 기술용역으로서 엔지니어링 활동은 과학기술의 지식을 응용하여 사업 및 시설물에 관한 연구·기획·타당성조사·설계·분석·구매·조달·시험·감리·시운전·평가·자문·지도와 시설물의 검사·유지 및 보수에 관한 활동 및 그 활동에 대한 사업관리를 의미한다. [그림 9-3]은 용역조달의 절차를 나타낸 것이다.

[그림 9-3] **용역조달의 절차**16)

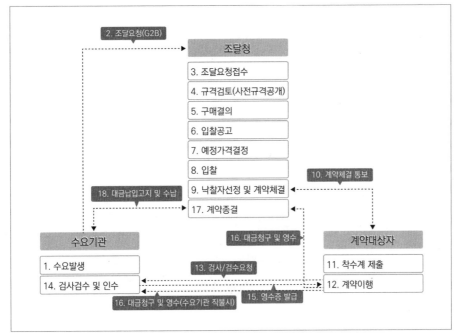

3) 시설공사

　시설공사 역시 또 다른 정부조달의 영역이 된다. 여기에는 토목공사, 건축공사, 산업설비공사, 조경공사, 환경시설공사, 그 밖에 명칭에 관계없이 시설물을 설치·유지·보수하는 공사 및 기계설비나 그 밖의 구조물의 설치 및 해체공사 등이 해당된다. 그리고 전기공사나 정보통신공사, 소방시설공사, 문화재수리공사 등도 포함된다. 시설공사의 경우 그 규모가 큰 경우가 많은데, 특히 총 공사비 추정가격이 300억 원 이상인 신규복합공종공사는 대형공사라고 한다.17) [그림 9-4]는 시설공사의 절차를 나타낸 것이다.

[그림 9-4] **시설공사의 절차**[18]

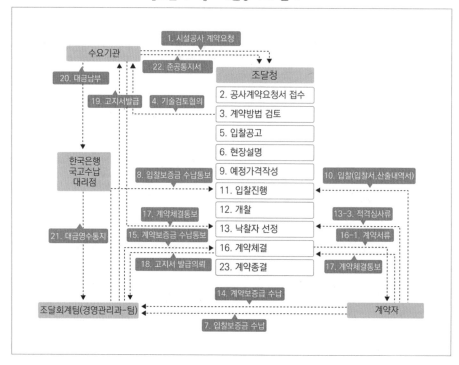

4) 비축

비축업무 역시 정부조달의 하나이다. 조달물자를 크게 수요물자(需要物資)와 비축물자(備蓄物資)로 나누는 만큼 정부의 비축업무는 중요한 정부조달 행위가 된다. 비축은 정부가 장·단기의 원활한 물자수급과 물가안정을 위해 필요한 물자를 사전에 미리 확보해 놓는 것으로, 정부가 단독으로 또는 정부와 민간이 협력해서 비축하거나 공급하는 생활필수품, 원자재 및 시설자재 등을 비축물자라고 한다. 비축물자에는 주로 해외 의존도가 높은 물자이거나 국민생활 안정에 매우 중요한 물자, 또는 그 밖에 물가안정과 수급조절을 위하여 긴급히

대처할 필요가 있다고 인정하는 물자 등이 해당된다.[19] 기획재정부고시 제 2014-6호에 따른 비축대상물자에는 알루미늄, 구리류, 아연류, 연류, 주석류, 니켈류, 희소금속류(실리콘, 망간, 코발트, 바나듐, 인듐, 리튬, 탄탈럼, 스트론튬, 비스무스), 방산물자용원자재, 재활용원자재, 긴급수급조절물자 등이 있다.

  이처럼 비축물자들을 확보하는 비축업무의 목적은 원자재나 생활필수품 등을 정부가 구매하고 비축하여 공급함으로써 장·단기 물자수급의 원활과 물가안정을 도모하고 국민경제의 안정적 발전과 정부의 정책을 지원하는 데 있다. 즉, 자원이 한정되어 있을 뿐 아니라 지역적 편차도 크기 때문에 필요한 자원을 미리 확보해 놓는 것이 필요하며, 특히 국제적 거래는 다양한 변수들에 의해 가격과 공급 및 수요량에서 변동이 생길 수 있어서 사전에 관련 물자를 비축해 놓는 것이 필요하다. 이는 필요한 물자 공급을 원활하게 하는 것이기도 하지만 나아가 비축한 물자를 통해 국내시장의 가격안정을 도모하는데도 활용될 수 있다. 예컨대, 정부는 가격안정기에 구매해서 비축해두었다가 시중가격이 상승하는 경우 또는 수급 애로기에 기업에 방출하거나 또는 직접 비축하고 있는 원자재를 수요업체에 일정기간 대여하였다가 현물로 상환받는 등의 활동으로 물자공급과 가격안정 등을 도모하는 것이다.[20] 이러한 과정에서 기본적으로 비축물자의 판매가격은 구매원가(물품대금, 물류관리비 등 관리에 직접 드는 경비를 포함)와 해당 물자의 수급 및 가격의 동향 등을 고려하여 조달청장이 정한다. 만일 비축물자의 판매가격이 구매원가를 넘는 경우가 생기면 그 초과분은 조달특별회계의 세입으로 한다.[21] [그림 9-5]는 조달청에서 공고한 비축물자의 원자재 판매 가격을 공고한 사례이다.

  한편, 조달청장은 비축사업을 활성화하기 위해 필요하면 민간과 협력하여 민관 공동 비축사업을 할 수 있다. 이때 조달청장은 민관 공동 비축사업에 참여하는 민간사업자가 비축하는 물자에 대해 필요한 지원을 할 수 있으며, 비축

---

19) 「조달사업에 관한 법률」 제2조; 「조달사업에 관한 법률 시행령」 제3조.

20) 조달청(www.pps.go.kr).

21) 「조달사업에 관한 법률」 제11조.

[그림 9-5] 비축물자(원자재)의 판매가격 공고 사례[22]

품명	판매지방청	판매가격 (부가세포함)	판매한도	판매기간	대여	
					대여 가격	기준 일자
알루미늄(서구산)	부산,인천,대구,대전,전북	2,530,000 원	통합50톤/주	2019.06.05	0.0	
알루미늄(비서구산)	부산,인천,대구,전북	2,520,000 원	통합50톤/주	2019.06.05	0.0	
구리(99.99% 이상)	부산,인천,대구,대전,전북	7,760,000 원	50톤/주	2019.06.05	0.0	
납(99.99% 이상)	부산,인천,대구,전북	2,630,000 원	50톤/주	2019.06.05	0.0	
아연	부산,인천,대구,전북	3,690,000 원	30톤/주	2019.06.05	0.0	
주석(99.85% 이상)	부산,인천,대구,전북	25,610,000 원	6톤/주	2019.06.05	0.0	
주석(99.90% 이상)	부산,인천,대구,전북	25,950,000 원	4톤/주	2019.06.05	0.0	
니켈(합금용)	부산,인천,대구	16,270,000 원	5톤/주	2019.06.05	0.0	
니켈(도금용)	부산,인천	16,400,000 원	3톤/주	2019.06.05	0.0	
페로실리콘 75%	대구, 대전, 부산, 인천	1,600,000 원	1000톤/주	2019.06.05	0.0	
페로실리콘 75%	광주	1,569,000 원	1000톤/주	2019.06.05	0.0	
페로실리콘 75%	충북	1,579,000 원	200톤/주	2019.06.05	0.0	

물자의 특성, 물량, 비축기간 등이 대통령령으로 정하는 기준에 해당하는 경우
에는 비축시설의 사용료를 감면할 수 있다.[23]

제2절   계약방식

1. 경쟁계약 방식: 일반경쟁, 제한경쟁, 지명경쟁

정부조달은 기본적으로 경쟁계약 방식에 따른다. 그래서 각 중앙관서의

---

22) 조달청(www.pps.go.kr).
23) 「조달사업에 관한 법률」 제12조.

장 또는 계약담당공무원이 계약을 체결하려면 일반경쟁에 부쳐야 한다. 일반경쟁이란 불특정다수의 입찰희망자를 경쟁입찰에 참가하도록 해서 그 중 가장 유리한 조건을 제시한 자를 선정하여 계약을 체결하는 방법이다. 하지만 불특정 다수라고 해도 이러한 경쟁입찰에 부치는 경우, 계약이행의 난이도, 이행실적, 기술능력, 재무상태, 사회적 신인도 및 계약이행의 성실도 등 계약수행능력평가에 필요한 사전심사기준, 사전심사절차, 그 밖에 대통령령으로 정하는 바에 따라 입찰 참가자격을 사전심사하고 적격자만을 입찰에 참가하게 할 수 있다. 여기서 말하는 경쟁입찰은 2인 이상의 유효한 입찰로 성립한다.[24]

하지만 한편으로는, 계약의 목적, 성질, 규모 등을 고려하여 필요하다고 인정되면 참가자의 자격을 제한하거나 참가자를 지명(指名)하여 경쟁에 부치거나 아니면 수의계약(隨意契約)을 할 수 있다.[25] 자격을 제한하는 것과 참가자를 지명하는 경쟁은 경쟁계약이지만, 수의계약은 경쟁계약이 아니다. 여기서는 우선 제한경쟁과 지명경쟁을 살펴보고 수의계약은 그 뒤에 별도로 다룬다.

우선, 제한경쟁입찰은 계약의 목적이나 특징 및 성질 등에 비추어 볼 때 필요한 경우 경쟁참가자의 자격을 일정한 기준에 의해 제한하여 입찰하도록 하는 방법이다. 이때 각 중앙관서의 장 또는 계약담당공무원이 경쟁참가자의 자격을 제한하고자 할 때에는 입찰공고에 그 제한사항과 제한기준을 명시해야 한다. 구체적으로, 경쟁참가자의 자격을 제한할 수 있는 경우와 그 제한사항은 다음과 같다.

> ① 기획재정부령이 정하는 금액의 공사계약의 경우에는 시공능력 또는 당해 공사와 같은 종류의 공사실적, ② 특수한 기술 또는 공법이 요구되는 공사계약의 경우에는 당해 공사수행에 필요한 기술의 보유상황 또는 당해 공사와 같은 종류의 공사실적, ③ 특수한 설비 또는 기술이 요구되는 물품제조계약의 경우에는 당해

---

24) 「국가를 당사자로 하는 계약에 관한 법률 시행령」 제11조.

25) 「국가를 당사자로 하는 계약에 관한 법률」 제7조.

물품제조에 필요한 설비 및 기술의 보유상황 또는 당해 물품과 같은 종류의 물품 제조실적, ④ 특수한 성능 또는 품질이 요구되어 해당 품질 인증 등을 받은 물품을 구매하려는 경우에는 그 품질 인증 등을 받은 물품인지 여부, ⑤ 특수한 기술이 요구되는 용역계약의 경우에는 당해 용역수행에 필요한 기술의 보유상황 또는 당해 용역과 같은 종류의 용역수행실적, ⑥ 추정가격이 기획재정부령으로 정하는 금액 미만인 계약의 경우에는 법인등기부상 본점소재지, ⑦ 공사의 성질별·규모별 제한에 의한 공사계약을 하는 경우에는 그 제한기준, ⑧ 「중소기업제품 구매촉진 및 판로지원에 관한 법률 시행령」 제6조에 따라 중소벤처기업부 장관이 지정·공고한 물품을 제조·구매하는 경우에는 「중소기업기본법」 제2조에 따른 중소기업자, ⑨ 「중소기업제품 구매촉진 및 판로지원에 관한 법률」 제7조의2 제2항 제1호에 따른 제한경쟁입찰 방법에 따라 물품 제조·구매 계약 또는 용역 계약을 체결하는 경우에는 같은 호에 따른 공동사업에 참여한 소기업 또는 소상공인, ⑩ 각 중앙관서의 장 또는 계약담당공무원이 계약이행의 부실화를 방지하기 위하여 필요하다고 판단하여 특별히 인정하는 경우에는 경쟁참가자의 재무상태, ⑪ 특정지역에 소재하는 자가 생산한 물품을 구매하려는 경우에는 지방중소기업 특별지원지역에 입주한 자나 농공단지에 입주한 자 등이다.[26]

또 다른 경쟁입찰의 한 형태로 지명경쟁입찰도 있다. 지명경쟁입찰은 지명이 선행된 입찰로서, 주로 기술력·신용 등에서 적당하다고 인정하는 특정 다수의 경쟁입찰참가자를 지명하여 입찰하게 하는 방법이다. 지명경쟁입찰에 부칠 수 있는 경우는 다음과 같다.

① 계약의 성질 또는 목적에 비추어 특수한 설비·기술·자재·물품 또는 실적이 있는 자가 아니면 계약의 목적을 달성하기 곤란한 경우로서 입찰대상자가 10인 이내인 경우, ② 「건설산업기본법」에 의한 건설공사(전문공사 제외)로서 추정가격이 3억 원 이하인 공사, 「건설산업기본법」에 의한 전문공사로서 추정가격이 1억 원 이하인 공사 또는 그 밖의 공사관련 법령에 의한 공사로서 추정가격이 1억 원 이하인 공사를 하거나 추정가격이 1억 원 이하인 물품을 제조할 경우, ③ 추정가격

---

26) 「국가를 당사자로 하는 계약에 관한 법률 시행령」 제21조.

이 5천만원 이하인 재산을 매각 또는 매입할 경우, ④ 예정임대·임차료의 총액이 5천만원 이하인 물건을 임대·임차할 경우, ⑤ 공사나 제조의 도급, 재산의 매각 또는 물건의 임대·임차외의 계약으로서 추정가격이 5천만 원 이하인 경우, ⑥「산업표준화법」제15조에 따른 인증을 받은 제품 또는 같은 법 제25조에 따른 우수한 단체표준제품, ⑦「자원의 절약과 재활용촉진에 관한 법률」제33조의 규정에 의한 기준에 적합하고「산업기술혁신 촉진법 시행령」제17조 제1항 제3호에 따른 품질 인증을 받은 재활용제품 또는「환경기술 및 환경산업 지원법」제17조의 규정에 의한 환경표지의 인증을 받은 제품을 제조하게 하거나 구매하는 경우, ⑧「중소기업제품 구매촉진 및 판로지원에 관한 법률 시행령」제6조에 따라 중소벤처기업부 장관이 지정·공고한 물품을「중소기업기본법」제2조에 따른 중소기업자로부터 제조·구매할 경우, ⑨「중소기업제품 구매촉진 및 판로지원에 관한 법률」제7조의2 제2항 제2호에 따라 각 중앙관서의 장의 요청으로「중소기업협동조합법」제3조 제1항에 따른 중소기업협동조합이 추천하는 소기업 또는 소상공인(해당 물품 등을 납품할 수 있는 소기업 또는 소상공인을 말한다)으로 하여금 물품을 제조하게 하거나 용역을 수행하게 하는 경우 등이다.27)

2. 수의계약 방식

수의계약은 경쟁입찰 방식과는 달리 경쟁입찰에 부치지 않고 특정의 상대를 선정해서 그 자와 계약을 체결하는 것이다. 일반적으로 계약은 경쟁계약 방식이 기본이기 때문에 이러한 수의계약은 특수목적을 위하여 예외적으로 인정하는 경우이다. 수의계약에 의해 계약을 할 수 있는 경우는 다음과 같다.

① 경쟁에 부칠 여유가 없거나 경쟁에 부쳐서는 계약의 목적을 달성하기 곤란하다고 판단되는 경우로서 예컨대 천재·지변, 작전상의 병력 이동, 긴급한 행사, 긴급복구가 필요한 수해 등 비상재해, 원자재의 가격급등, 그 밖에 이에 준하는 경

---

27)「국가를 당사자로 하는 계약에 관한 법률 시행령」제23조.

우, 국가안전보장, 국가의 방위계획 및 정보활동, 군사설물의 관리, 외교관계, 그 밖에 이에 준하는 경우로서 보안상 필요가 있거나, 국가기관의 행위를 비밀리에 할 필요가 있는 경우, 방위사업청장이 군용규격물자를 연구개발한 업체 또는 「비상대비자원 관리법」에 따른 중점관리대상업체로부터 군용규격물자를 제조·구매하는 경우, 비상재해가 발생한 경우에 국가가 소유하는 복구용 자재를 재해를 당한 자에게 매각하는 경우이다. ② 그리고 특정인의 기술이 필요하거나 해당 물품의 생산자가 1인뿐인 경우 등 경쟁이 성립될 수 없는 경우로서 예컨대 공사와 관련하여 장래 시설물의 하자에 대한 책임 구분이 곤란한 경우로서 직전 또는 현재의 시공자와 계약을 하는 경우, 작업상 혼란이 초래될 우려가 있는 등 동일 현장에서 2인 이상의 시공자가 공사를 할 수 없는 경우로서 현재의 시공자와 계약을 하는 경우, 마감공사와 관련하여 직전 또는 현재의 시공자와 계약을 하는 경우, 접적지역 등 특수지역에서 시행하는 공사로서 사실상 경쟁이 불가능한 경우, 특허공법을 적용하는 공사 또는 「건설기술 진흥법」 제14조에 따라 지정·고시된 신기술, 「환경기술 및 환경산업 지원법」 제7조에 따라 인증받은 신기술이나 검증받은 기술 또는 「전력기술관리법」 제6조의2에 따른 신기술을 적용하는 공사로서 사실상 경쟁이 불가능한 경우, 해당 물품을 제조·공급한 자가 직접 그 물품을 설치·조립 또는 정비하는 경우, 이미 조달된 물품의 부품교환 또는 설비확충 등을 위하여 조달하는 경우로서 해당 물품을 제조·공급한 자 외의 자로부터 제조·공급을 받게 되면 호환성이 없게 되는 경우, 특허를 받았거나 실용신안등록 또는 디자인등록이 된 물품을 제조하게 하거나 구매하는 경우로서 적절한 대용품이나 대체품이 없는 경우, 해당 물품의 생산자 또는 소지자가 1인뿐인 경우로서 다른 물품을 제조하게 하거나 구매해서는 사업목적을 달성할 수 없는 경우, 특정인의 기술·품질이나 경험·자격을 필요로 하는 조사·설계·감리·특수측량·훈련 계약, 특정인과의 학술연구 등을 위한 용역 계약, 관련 법령에 따라 디자인공모에 당선된 자와 체결하는 설계용역 계약의 경우, 특정인의 토지·건물 등 부동산을 매입하거나 재산을 임차 또는 특정인에게 임대하는 경우이다. ③ 또 「중소기업진흥에 관한 법률」 제2조 제1호에 따른 중소기업자가 직접 생산한 제품을 해당 중소기업자로부터 제조·구매하는 경우, ④ 그리고 국가유공자 또는 장애인 등에게 일자리나 보훈·복지서비스 등을 제공하기 위한 목적으로 설립된 다음 해당하는 단체 등과 물품의 제조·구매 또는 용역 계약(해당 단체가 직접 생산하는 물품 및 직접 수행하는 용역에 한정)을 체결하거나, 그 단체 등에 직접 물건을 매각·임대하는 경우이다. ⑤ 그리고 그 외에 계약의 목적·성질 등에 비추어 경쟁에 따라 계약을 체결하는 것이 비효율적이라고 판단되는 경우에도「국가를 당사자로 하는 계약에 관한 법률 시행령」에 근거해서 수의계약이 가능하다.[28]

그리고 애초에 경쟁입찰이었으나 수의계약이 가능하게 되는 경우도 있다. 다시 말해, 경쟁입찰을 실시한 결과에 따라 수의계약을 할 수도 있다. 예컨대, 경쟁입찰을 실시하였으나 입찰자가 1인뿐인 경우로서 재공고입찰을 실시하더라도 입찰참가자격을 갖춘 자가 1인밖에 없음이 명백하다고 인정되는 경우이거나, 재공고입찰에 부친 경우로서 입찰자 또는 낙찰자가 없는 경우이다.[29] 이와 함께 낙찰자가 계약을 체결하지 않았을 때에도 그 낙찰금액보다 불리하지 않은 금액의 범위 안에서 수의계약을 할 수 있다. 이는 낙찰자가 계약체결 후 소정의 기일 내에 계약의 이행에 착수하지 않거나, 계약이행에 착수한 후 계약상의 의무를 이행하지 않아서 계약을 해제 또는 해지한 경우에 적용될 수 있다.[30] 그러나 어디까지나 수의계약은 기본적으로 예외에 해당되므로 그에 해당되는 경우들에 한해서만 인정되고 있다.

[표 9-5]는 2014년 이후 계약방식별 비중을 나타내고 있다. 크게 경쟁계

[표 9-5] 계약방식별 비중[31]

(단위: 억 원, %, 합계는 내자, 외자, 시설, 비축을 모두 포함)

구분	2014년	2015년	2016년	2017년	2018년
합계	342,639	365,109	356,532	387,668	393,016
경쟁계약 (비율)	288,107 (84.1)	308,747 (84.60)	290,018 (81.3)	318,952 (82.3)	323,097 (82.2)
수의계약 (비율)	54,527 (15.9)	56,362 (15.4)	66,514 (18.7)	68,716 (17.7)	69,919 (17.8)

28)「국가를 당사자로 하는 계약에 관한 법률 시행령」제26조.

29)「국가를 당사자로 하는 계약에 관한 법률 시행령」제27조.

30)「국가를 당사자로 하는 계약에 관한 법률 시행령」제28조.

31) 조달청(www.pps.go.kr).

약 방식과 수의계약 방식으로 구분되어 있다. 경쟁계약이 기본인 만큼 경쟁계약의 비중이 더 높다는 것을 알 수 있다. 대략 경쟁계약이 80% 이상을 차지하고 있다.

3. 다수공급자계약

정부조달은 궁극적으로 합리적인 가격에서 질 좋은 물품 등을 선택하는 것이다. 그에 해당하는 공급자 1인을 선택한다면 최상의 결과가 된다. 그런데 최저가 1인을 낙찰자로 선정하는 방식이 언제나 좋은 방법은 아닐 수도 있다. 낮은 가격이라고 해서 그 선택이 언제나 좋은 것은 아니며, 오히려 비록 최저가는 아니지만 다른 면에서 최저가격을 훨씬 상회하는 또 다른 장점을 지닌 공급자가 있을 수 있다. 그래서 최저가 1인을 낙찰하는 기존 선정방식의 문제점을 극복하기 위해 도입된 제도가 다수공급자계약 방식이다.

다수공급자계약은 각 수요기관에서 공통적으로 필요로 하는 수요물자를 구매할 때 수요기관의 다양한 수요를 충족시키기 위해 필요하다고 인정되는 경우에는 품질, 성능 또는 효율 등이 같거나 비슷한 종류의 수요물자를 수요기관이 선택할 수 있도록 2인 이상을 계약 상대자로 하는 공급계약을 체결하는 것을 말한다. 이때 다수공급자계약의 계약 상대자는 입찰자의 재무상태 및 납품 실적 등을 평가하여 기준에 적합한 자를 대상으로 가격협상을 통해 낙찰자로 결정된 자가 된다.[32]

계약담당공무원이 다수공급자계약 대상으로 검토할 수 있는 수요물자에는, 규격(모델)이 확정되고 상용화된 물품이나 단가계약(제3자단가계약 포함)이 가능한 물품, 기타 조달청장이 필요하다고 판단하는 물품이다. 이러한 수요물자에 대한 다수공급자계약 추진 여부를 결정하기 위해 계약담당공무원은 상용화 여부 및 관련 시험기준이나, 거래실례가격 형성 여부 및 가격 추이, 시장에서의

---

32) 「조달사업에 관한 법률 시행령」 제7조의 2.

경쟁성 여부, 전년도 구매수량 및 수요기관 예상 수요량, 관련 업체의 현황 등 기타 필요한 사항에 대해 조사할 수 있다.[33]

다수공급자계약은 수요기관의 선택권을 보장해주는 것으로, 최저가 1인을 낙찰자로 선정하는 방식보다는 다수의 공급자를 선정하기 때문에 품질 경쟁을 유도하는 효과가 있다. 정보통신기술의 발달은 다수공급자계약 방식을 적용하는데 유리하도록 하기 때문에, 현재 우리나라는 물론이고 세계적으로도 널리 활용되고 있는 추세이다. 우리나라의 경우 다수공급자계약을 체결하면 수요고객은 '나라장터 홈페이지'의 종합쇼핑몰(나라장터에서 개설한 온라인 쇼핑몰)에서 직접 자유롭게 물품을 선택할 수 있다. [그림 9-6]은 종합쇼핑몰에 공지된 다수공급자계약 구매입찰공고의 실제 사례이다.

[그림 9-6] 다수공급자계약 구매입찰공고 사례[34]

No.	입찰공고번호	공고명	실수요기관	게시일
3321	20160907981	공기청정기외 2종	각 수요기관	2019/06/05
3320	20190539594	병포장또는보존처리된주스	각 수요기관	2019/06/04
3319	20190508540	구명조끼	각 수요기관	2019/05/27
3318	20160322124	흄콘크리트	각 수요기관	2019/05/23
3317	20190126328	방수재킷또는우비외 5종	각 수요기관	2019/05/22
3316	20190126345	점복외 4종	각 수요기관	2019/05/22
3315	20170126353	태양광발전장치	각 수요기관	2019/05/20
3314	20190509801	이중바닥마루틀	각 수요기관	2019/05/16
3313	20160611122	사무용기기임대서비스	각 수요기관	2019/05/02
3312	20170815753	명상감시장치	각 수요기관	2019/05/01

---

33) 「물품 다수공급자계약 업무처리규정」 제4조.
34) 나라장터 종합쇼핑몰(shopping.g2b.go.kr).

제3절   전자조달시스템

1. 의미

전자조달시스템은 정부가 조달업무를 진행할 때 전 과정을 온라인으로 처리하는 시스템을 말한다. 현재 우리나라의 전자조달시스템 명칭은 국가종합전자조달시스템(KONEPS: Korea ON-line e-Procurement System)이고 이를 '나라장터'라고 부르기도 한다. 국가종합전자조달시스템에서는 구매 및 계약을 위한 업체등록과 입찰, 계약, 검사, 대금지급 등이 모두 온라인으로 처리되며, 모든 공공기관의 입찰관련 정보(입찰 공고 등)를 여기서 확인할 수 있다. 그래서 국가종합전자조달시스템은 정부조달의 단일 창구 역할을 수행하고 있다.

국가종합전자조달시스템은 1997년 전자문서 교환시스템부터 1998년 온라인 쇼핑몰 시스템, 2000년에 전자입찰시스템, 그리고 2001년에는 전자보증 및 전자지불시스템이 마련되었다가 2002년에 현재의 국가종합전자조달시스템인 나라장터시스템이 구축되었다. 당시 정부는 전자정부 11대 사업의 일환으로 전자조달의 모든 업무를 단일 온라인 창구를 통해 전사적으로 처리하도록 하였다. 이후 시스템의 확산이 이루어졌고 2013년부터는 차세대 나라장터 시스템 구축에 노력을 가하고 있다.[35]

전자조달시스템은 무엇보다도 시간과 비용을 절약하는데 크게 기여한다. 특히 조달기업은 이 시스템에 1회의 등록으로 모든 공공기관의 입찰에 참가할 수 있고, 입찰과정을 곧바로 진행할 수도 있다. 이는 모든 과정이 인터넷으로 처리되고 166종의 관련 서류도 전자화해서 빠르게 처리하고 있기 때문이다. 그리고 약 156개 기관의 조달관련 정보가 연계되어 있어서 조달기업은 별도의 문서나 증빙서류의 제출 없이 입찰, 계약, 대금지급 등 조달 전 과정에 쉽게

---

35) 나라장터 국가종합전자조달시스템(www.g2b.go.kr).

[그림 9-7] **국가종합전자조달시스템의 연계 현황**36)

참여할 수 있다. 시스템 연계를 통한 'One–Stop' 체제로 이루어지고 있는 것이다.37) [그림 9–7]은 국가종합전자조달시스템이 관련 기관들과 연계되어 있는 모습을 보여주고 있다.

---

36) 나라장터 국가종합전자조달시스템(www.g2b.go.kr).
37) 나라장터 국가종합전자조달시스템(www.g2b.go.kr).

2. 주요 기능

　　국가종합전자조달시스템은 크게 전자입찰, 전자계약, 전자지불, 종합쇼핑
몰, 목록정보 제공 등의 기능을 수행한다. 전자입찰의 기능은 입찰공고나 조달
기업의 입찰참가 신청, 투찰, 개찰 및 자격심사를 통해 낙찰자 선정 등이 이루
어지도록 한다. 전자계약은 공인인증이나 최신 생체지문인식 기술을 적용하여
계약서 작성 및 전자서명, 그리고 각종 보증서 처리 인지세 납부, 채권매입 등
계약 체결에 필요한 모든 업무를 처리하는 기능을 한다. 전자지불은 제품, 서
비스, 시설물에 대한 검사, 대금청구, 지불까지 전 과정을 국가, 지자체, 교육
기관 등 3대 주요 재정정보시스템과 연계하여 처리하는 기능을 한다. 종합쇼
핑몰에서는 수시 구매가 필요한 상용 물품이나 서비스 등의 경우 조달기업은
자사의 상품을 종합쇼핑몰에 등록하고, 공공기관은 종합쇼핑몰에서 직접 검색
하여 원하는 상품 구매가 이루어지도록 한다. 목록정보는 약 250만 개 품목의
상품 정보를 UNSPSC 분류체계를 활용하여 빠르게 등록하고 조회하여 공공기
관과 조달기업에게 구매 대상이 되는 물품, 서비스 등의 설명, 규격, 품질 정보
등에 대한 공유가 이루어지도록 한다.[38]

　　이에 따라 2015년을 기준으로 나라장터의 이용현황을 보면, 연간 약 5만
여 곳의 공공기관과 약 32만여 곳의 조달업체가 이용하고 있는 것으로 집계되
었고,[39] 주말을 제외하고 매일 약 20만여 명이 나라장터를 방문하는 것으로
나타났다. 이 과정에서 약 21만여 건의 서류를 온라인으로 교환하는 것으로 조
사되었다. 그리고 역시 2015년 기준으로, 공공기관 전체 거래규모의 62.6%에
해당되는 74.6조 원 상당의 물품 납품 및 공사계약이 나라장터를 통해 이루어

---

38) 나라장터 국가종합전자조달시스템(www.g2b.go.kr).
39) 여기서 말하는 공공기관은 넓은 의미의 공공기관으로서 국가 또는 지방자치단체의 공무
　　를 수행하는 모든 공기업·준정부기관 등이 포함된 것이다.

진 것으로 나타났다.[40] 과거부터 그 추이를 보면 비중은 비슷한 수준으로 유지되고 있지만 절대액 규모는 점점 증가하고 있다. 그리고 국가종합전자조달시스템은 외국에 수출되기도 하였다. 2008년 베트남을 시작으로 코스타리카, 몽골, 튀니지, 카메룬, 르완다, 요르단 등에 시스템을 수출하였다. 그 외에도 2011년에 OECD & ITU의 M-Gov 보고서에서 모바일 전자정부 사례의 세계 4대 모범 사례 중 하나로 우리나라의 국가종합전자조달시스템이 선정되기도 했다.[41]

한편, 조달청에 의한 국가종합전자조달시스템 이외에도 기관별 자체조달시스템도 있다. 자체조달시스템은 내부업무처리시스템과 연계되어 업무처리의 수월성을 높이고, 동시에 업무의 특수성을 반영할 수 있다는 점에서 선호하는 기관이 있다. 하지만 국가종합전자조달시스템과의 중복에 따른 예산의 비효율성 문제나 조달업체의 접근 불편함에 대한 문제도 제기되고 있다. 2015년 기준으로 볼 때 자체조달시스템의 연간 이용현황은 약 65만여 건이며 금액으로는 약 73조 원 규모에 달하는 것으로 나타났다.[42]

---

40) 정도영·김민창·권순조(2016). 『공공기관 자체조달시스템 운영 현황 및 조달시스템 통합
    방안』, 국회입법조사처, p. 8.
41) 나라장터 국가종합전자조달시스템(www.g2b.go.kr).
42) 정도영·김민창·권순조(2016). 『공공기관 자체조달시스템 운영 현황 및 조달시스템 통합
    방안』, 국회입법조사처, pp. 9-10.

제10장

정부회계

제10장

정부회계

제1절   회계의 의미와 구분

1. 회계의 의미와 기능

예산은 회계(accounting)와 연동해서 이루어진다. 예산이 있다면 반드시 회계
가 이루어지고, 회계정보는 다시 예산 수립에 활용된다. 예산이 재정 운용에 관
한 계획이라면 회계는 재정을 운용한 결과에 대한 검토를 의미하기 때문에 둘은
매우 밀접한 관계를 맺고 있다. 마치 동전의 양면처럼 예산과 회계는 언제나 함
께 한다. 그래서 정부재정에 대해 예산만 알면 반쪽짜리 지식을 아는 것과 같다.
재무행정을 학습한다는 것은 예산과 회계 모두를 배우고 익히는 것을 의미한다.

회계란 경제적 실체가 행한 경제적 거래나 사건을 화폐액으로 측정 및 분
류하고 요약·정리하여 의사결정에 유의미하게 활용되는 일체의 체계를 일컫
는 말이다. 여기서 경제적 실체는 정부일 수도 있고 기업일 수도 있고 가계일
수도 있으며 개인일 수도 있다.[1] 정부회계나 기업회계 등으로 불리는 것은 이

---

1) 김민주·윤성식(2016). 『문화정책과 경영』, 박영사, pp. 384-385.

러한 경제적 실체에 따른 명칭들이다. [그림 10-1]은 회계의 개념에서 비롯된 회계의 흐름도를 나타낸 것이다. 회계를 한다는 것은 경제적 실체에 의해 이루어진 사건과 거래를 인식하고 측정하고 기록 및 요약과 정리를 하는 것을 말하며, 회계를 배운다는 것은 곧 이런 것들을 할 수 있다는 것과 그 결과를 해석해서 유용한 정보를 읽어낼 수 있다는 것을 의미한다.

[그림 10-1] 회계의 흐름도

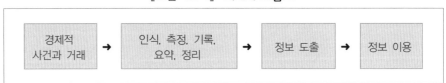

흔히 회계에 대한 오해 중 하나가 돈 사용에 대한 수동적이고 기계적인 기록으로만 회계를 이해하는 것이다. 회계 장부를 떠올리며 숫자 기록 정도로만 여기는 것으로, 단순한 장부기록인 부기(book-keeping)로만 생각하는 것이다. 그런데 그렇게 생각하면 회계의 다양한 기능들을 제대로 이해하지 못하게 된다. 사실, 회계는 중요한 여러 기능들을 수행하며 국가와 근현대 사회 형성과 작동에 중요한 영향을 미쳤다. 재무보고의 수단으로서 회계는 자본주의 사회에서 특히 중요한 역할을 하였다. 회계의 기능을 몇 가지로 나누어 보면 다음과 같다.[2]

첫째, 회계에 따른 재무보고는 예산의 효율적 배분에 도움이 된다. 회계를 통해 재정상태나 재정운영의 성과를 알 수 있게 되므로 부족한 공공재원의 효율적 사용을 통제하는 기능을 한다. 전년도 회계정보는 다음 해의 예산배분이 보다 효율적으로 이루어지도록 하는데 기여한다.

둘째, 회계는 사업이나 정책이나 기타 재정투입 활동을 평가하는 기능을 한다. 회계를 통해 도출된 정보는 해당 사업이 적절한지(adequacy) 혹은 적합한지(appropriateness)에 관한 판단을 가능하게 해준다. 예컨대 예산이 사용된 사업

2) 김민주·윤성식(2016). 『문화정책과 경영』, 박영사, pp. 385-386.

이나 정책을 시행한 결과 자산, 부채, 자본의 변화나 비용과 수익의 발생이 어떠한지를 알게 되면 해당 정책으로 인한 예산의 적합성과 적절성을 판단할 수 있게 된다. 이런 정보들은 모두 회계를 통해 얻을 수 있다.

셋째, 회계는 예산의 투명성과 책임성을 확보하는 기능을 한다. 예산만 있고 회계가 없다면 예산이 실제로 어떻게 사용되었는지에 관해서는 전혀 알 길이 없다. 예산이 투명하지 못하게 사용될 가능성도 매우 높아진다. 이는 국민들이 납부한 세금 사용에 관한 책임을 다하지 못하는 행동과도 같다. 회계를 하지 않는 것은 그 자체가 곧 책임을 다하지 않는 행동이다. 사실 회계를 하는 행위가 책임성을 보여주는 활동이기는 하지만, 더 현실적으로 볼 때 회계가 이루어져야 그 다음에 비로소 책임 여부나 책임의 경중 등을 구체적으로 판단할 수 있다.

넷째, 회계는 재정투입 활동의 결정을 위한 기반이 된다. 아무리 거창한 계획이 있더라도 돈이 있어야 계획 실현이 가능하다. 그러나 돈이 있다고 해서 모든 것이 다 해결되는 것은 아니다. 어느 정도의 돈이 어떤 상태로 있는지, 즉 재정상태를 정확히 알아야 계획이나 정책을 만들 수 있다. 그런 점에서 회계정보는 가용한 예산에 기초한 현실적인 사업과 정책이 만들어지는데 유용한 정보를 제공한다. 경제적 의사결정에서 회계정보는 그 기초가 된다.

다섯째, 회계는 의사소통의 기능을 한다. 회계를 통해 도출된 정보는 정보제공자와 회계정보이용자들 간에 의사소통을 하도록 해준다. 회계는 통일된 기준에 따라 기록되기 때문에 회계지식이 있는 사람들이라면 회계정보를 공유하고 그에 따라 투자와 같은 경제적 활동의 결정과 판단을 하게 된다. 그래서 국제회계기준(IFRS: International Financial Reporting Standards)은 1973년부터 시작되어 오늘날 많은 국가에서 채택하고 있다. 따라서 회계는 화폐단위에 기초한 의사소통의 행위라고도 할 수 있다.

회계의 이러한 기능들은 역사적 사례를 통해서도 그 중요성이 드러난다. 특히 회계가 제 기능을 발휘하지 못해서 발생된 엄청난 파멸의 사례는 회계의 기능이 제대로 작동되는 것이 중요하다는 것을 더 일깨워준다. 그 한 예로, 태

양왕으로 불리던 프랑스 국왕 루이 14세는 당시 재무총감인 장 바티스트 콜베르에 의해 수입과 지출과 자산을 기록한 회계장부를 1년에 두 번씩 받았다. 당시 콜베르는 루이 14세가 주머니에 넣고 다닐 수 있는 금박으로 장식한 조그만한 회계장부를 따로 의뢰해서 만들었다. 회계에 대해 관심을 보인 전제군주로는 루이 14세가 처음이라고 한다. 그래서 루이 14세는 언제라도 국가의 재정상태를 확인할 수 있었다. 그런데 1683년에 콜베르가 사망하면서 루이 14세는 회계장부 기록을 중단했다. 당시 막대한 비용이 드는 전쟁과 베르사유 같은 호화로운 궁전을 애호한 탓에 늘 재정 적자에 시달리던 루이 14세에게 회계장부 기록이 한편으로는 두려웠던 것이다. 그는 이제 회계장부를 행정을 성공으로 이끄는 도구가 아니라 국왕으로서 자신의 결점을 여실히 보여주는 증거로 여기기 시작했다. 그래서 과거 콜베르가 했던 것처럼 모든 부서의 회계 기록을 단일한 중앙 등록부로 통합하는 일이 어려워졌다. 그러다 보니 대신들이 왕의 재정 관리를 효과적으로 비판하는 것 뿐 아니라 그것을 이해하는 일도 불가능해졌다. 당시 루이 14세는 상황이 좋지 않은 시기에 회계가 드러내는 내키지 않는 진실에 직면하기보다 차라리 모르는 것이 약이라고 생각했을 수도 있다. 이후 1715년에 임종을 앞둔 루이 14세는 자신이 과도한 지출로 사실상 프랑스를 파산시켰음을 인정했다.[3]

이처럼 회계를 의도적으로 멀리한 결과는 엄청난 재정적 부담으로 다가오고 나아가 파멸을 불러올 수도 있다. 즉, 건전한 회계 관행은 안정적인 정부와 역동적인 자본주의 사회를 건설하는 데 꼭 필요한 높은 수준의 신뢰를 낳지만 부실한 회계와 그로 인한 책임성의 부재는 재정 혼란과 경제 범죄와 사회 불안을 낳게 된다.[4] 과거는 물론이고 오늘날에도 회계가 중요한 이유는 바로 회계가 제 기능을 다하지 못할 때 발생될 수 있는 이러한 부작용들 때문이다.

---

3) Soll, Jacob(2016). 정혜영 옮김, 『회계는 어떻게 역사를 지배해왔는가』, 메멘토, pp. 8-9.
4) Soll, Jacob(2016). 정혜영 옮김, 『회계는 어떻게 역사를 지배해왔는가』, 메멘토, pp. 12-13.

2. 회계의 구분[5]

회계는 회계정보이용자의 유형에 따라서 재무회계(financial accounting)와 관리회계(managerial accounting)로 구분된다. 재무회계는 외부 정보이용자의 의사결정에 유용한 재무적 정보를 제공하는 것을 목적으로 하는 회계이고, 관리회계는 내부 정보이용자의 경영적 의사결정에 유용한 회계정보를 제공하는 것을 목적으로 하는 회계이다. 그런 점에서 재무회계는 외부보고를 목적으로 하는 회계이고, 관리회계는 내부보고를 목적으로 하는 회계이다. 일반적으로 인정된 회계원칙이나 원리에 따라 작성되는 것이 재무회계라면, 관리회계는 통일된 회계원칙이나 원리가 없다. 대외적인 정보제공 측면에서 통상적으로 회계라고 하면 재무회계를 지칭하는 경우가 많다. 이 책에서도 재무회계에 초점을 둔다.

정부회계의 경우 재무회계와 함께 예산회계라는 용어가 별도로 사용된다. 즉 정부회계에서는 예산회계와 재무회계라는 용어를 사용하는 경우가 많은데, 이는 정부영역에서 결산(예산과정의 마지막 단계로 1회계연도의 세입세출예산의 집행실적을 확정된 계수로 표시하는 행위)이 이원화되어 이루어지기 때문에, 그 구분에서 비롯된 용어이다. 예산회계는 세입예산, 징수, 수납, 세출예산, 예산배정 및 원인행위, 지출 등 예산의 집행내용을 기록하는 예산의 결산으로서 '세입세출결산서'로 나타나고, 재무회계는 발생주의 회계원리에 따라 자산, 부채, 수익, 비용 등을 기록하고 보고하는 재정의 결산활동으로서 '재무보고서'로 나타난다. 그래서 재무회계와 함께 예산회계라는 용어가 사용된다.

정부회계는 이처럼 이원화되어 결산이 이루어지지만 서로 연계되어 있다. 다시 말해, 예산회계는 재무회계와 밀접하게 관련된다. 그 이유는 예산의 경우 국민의 세금으로 마련되는 것이기 때문에 명확히 검토되어야 하고(예산회계), 동시에 세금을 납부한 국가의 주인인 국민들에게 재정운영에 관해 정확한 정보

---

[5] 회계의 구분에 대한 내용은 '김민주·윤성식(2016). 『문화정책과 경영』, 박영사, pp. 386－387'의 내용을 발췌해서 일부분을 보충 및 보완하여 작성하였다.

를 제공해주어야 할 의무가 있기 때문이다(재무회계). 따라서 우리나라 국가회계
는 한편으로는 예산집행 및 관리통제 등을 위해 예산회계에 따라 예산집행 결
과를 기록하고 보고하며, 다른 한편으로는 d-Brain의 자동분개 시스템에 의
하여 자산이나 부채관리, 정부활동의 원가 정보 등을 제공하는 발생주의 재무
회계에 의한 재무보고를 병행하는 이원화된 시스템을 운용하고 있다.6) [표
10-1]은 재무회계와 예산회계를 비교한 것이며, 여기에 등장하는 발생주의,
복식부기, 현금주의, 단식부기라는 용어는 제3절에서 자세히 다룬다.

한편, 회계의 영역별 분류에 따라 재무회계와 관리회계 이외에도 세무회
계와 비영리회계 등도 있다. 세무회계는 세금의 계산이나 납부 및 계획을 위한
회계이고, 비영리회계는 학교나 종교단체나 사회복지법인 등과 같은 비영리법
인의 회계를 말한다.

[표 10-1] 재무회계와 예산회계

	재무회계	예산회계
의미	• 재정운영성과 및 재정상태 보고 (수익과 비용, 자산과 부채 등)	• 예산의 집행실적 기록
회계방식	• 발생주의·복식부기	• 현금주의·단식부기 (기업특별회계, 책임운영기관 특 별회계 및 기금은 발생주의 복 식부기)
결산보고서	• 재무제표 　- 재정상태표 　- 재정운영표 　- 순자산변동표	• 세입세출결산서 • 국가채무관리보고서 등

---

6) 기획재정부(2012). 『재정상태표 계정과목 회계처리지침』, 기획재정부.

제2절 재무제표

1. 재무정보와 재무제표

회계정보는 회계의 다양한 기능들이 말해주듯이 여러 곳에 유용하게 활용된다. 그렇다면 회계정보는 구체적으로 어디서 얻을 수 있을까? 회계처리를 통해 유용한 정보가 도출된 일종의 회계장부가 그 역할을 한다. 이때의 회계장부를 재무제표(financial statements)라고 한다. 다시 말해, 회계정보가 필요한 외부의 정보이용자들이 공통적으로 관심을 가지고 있는 핵심적인 정보를 일정한 기준에 따라 기록하고 요약해서 보고하는 것을 일반목적의 재무보고(general purpose financial reporting)라고 하고 이때 작성되는 보고서가 재무제표이다. 회계처리를 한다는 것은 곧 재무제표를 산출하기 위한 것이라고 말할 수도 있다. 회계처리를 통해 다양한 재무정보를 제공해주는 산출물(재무제표)들이 만들어지기 때문이다. 회계를 배우는 것도 재무제표를 작성하기 위해서이고, 또 재무제표를 읽기 위해서이고, 재무제표를 기초로 재무분석을 하기 위해서이다.

재무제표에 담겨져 있는 정보는 특정시점에 경제적 실체(지방자치단체, 기업 등)가 보유하고 있는 재산 상태에 대한 정보인 '재무상태', 일정기간 동안의 경제적 실체의 성과에 대한 정보인 '경영성과', 일정기간 동안의 경제적 실체의 자본변동에 대한 정보인 '자본변동', 그리고 일정기간 동안의 경제적 실체의 현금변동에 대한 정보인 '현금흐름' 등에 대한 정보들이다. 재무제표를 통해 많은 사람들이 공통적으로 알고 싶어 하는 정보들이 바로 이 4가지(재무상태, 경영성과, 자본변동, 현금흐름)이다. 이 4가지 정보는 경제적 의사결정을 할 때 중요한 재무정보가 된다. 4가지 정보는 각각 별도의 재무보고서에 담겨 있는데, 그에 해당하는 것이 재무상태표(statement of financial position), 손익계산서(income statement), 자본변동표(statement of changes in equity), 현금흐름표(statement of cash flow)이다. 이 이외에도 재무제표는의 종류는 많지만 가장 대표적인 재무제표는 이 4가지

[표 10-2] 기본 재무제표의 종류와 내용[7]

재무제표 종류	재무보고의 주요 내용(재무정보)
재무상태표 (대차대조표)	특정시점에 경제적 실체가 보유하고 있는 자산, 부채, 자본 등 재무상태에 관한 정보를 제공해주는 회계보고서
손익계산서	일정기간 동안 경제적 실체의 경영성과에 대한 정보를 제공해주는 회계보고서
자본변동표	특정시점에서 경제적 실체의 자본의 크기와 일정기간 동안의 경제적 실체의 자본의 변동에 대한 정보를 제공해주는 회계보고서
현금흐름표	일정기간 동안 발생한 경제적 실체의 경영활동에서 현금유입과 유출에 관한 정보를 제공해주는 회계보고서

다. [표 10-2]는 재무제표의 종류와 주요 내용에 관한 대략적인 설명이다.

재무상태표, 손익계산서, 자본변동표, 현금흐름표의 명칭은 기업회계를 기준으로 한 것으로, 정부회계에서는 용어를 약간 달리 사용한다. 하지만 제공하는 정보는 거의 동일하다. 기업회계의 재무상태를 나타내는 것을 재무상태표 혹은 대차대조표라고 한다면 정부회계에서는 재정상태표(중앙정부)와 재정상태보고서(지방자치단체)라고 한다. 그리고 경영(운영)성과에 대한 정보를 나타내는 것은 기업회계의 경우 손익계산서이고 정부회계에서는 재정운영표(중앙정부)와 재정운영보고서(지방자치단체)이다. 자본의 변동에 관한 재무보고는 기업회계에서는 자본변동표로 나타나고 정부회계에서는 순자산변동표(중앙정부)와 순자산변동보고서(지방자치단체)로 나타난다. 현금흐름을 나타내는 재무보고서의 경우 기업회계에서는 현금흐름표이고 정부의 경우 중앙정부의 재무보고에는 제외되어 있지만 지방자치단체에서는 현금흐름보고서로 존재한다.

사실, 이들의 차이는 그리 크지 않다. 그런데 그 외 재무보고서 중 정부회계와 기업회계의 차이를 더 극명히 드러내는 재무보고서가 따로 있는데, 그 대표적인 것이 이익잉여금처분계산서와 국세징수활동표이다. 이익잉여금처분계산서는 기업회계에서는 존재하지만 정부회계에서는 없다. 반대로 기업회계에

7) 김민주·윤성식(2016). 『문화정책과 경영』, 박영사, p. 388.

는 없고 중앙정부 회계에만 있는 것이 국세징수활동표이다. 국세징수활동표는 국세징수활동과 관련된 것으로 국세청과 관세청에서 작성한다.[8] [표 10-3]은 기업회계와 정부회계의 재무제표 용어를 비교한 것이다.

그런데 여기서 이익잉여금처분을 자본의 변동으로도 볼 수 있기 때문에 기업의 자본변동(자본변동표)에 대응하는 정부의 자산변동(순자산변동표, 순자산변동보고서)으로 생각할 수 있지 않을까라는 의문이 들 수 있다. 하지만, 이익잉여금처분계산서를 중앙정부의 순자산변동표나 지방자치단체의 순자산변동보고서와 대등하게 비교하는 것은 다소 무리가 있다. 왜냐하면 기업회계에서 이익잉여금처분계산서는 자본항목 중에서 이익잉여금항목의 변동을 나타내는데 반해, 정부의 순자산변동표나 순자산변동보고서는 순자산 항목 전체의 변동을 나타내기 때문이다. 이런 차이는 기업의 경우 주주가 존재하기 때문에 자본항목이 자본금, 자본잉여금, 이익잉여금으로 구분되는데 반해서, 정부의 경우 주주가 없으므로 자본금과 자본잉여금이 존재할 수 없기 때문이다. 그렇기 때문에 순자산항목이 곧 자본의 변동을 나타내는 것이 되므로 기업의 이익잉여금처분계산서는 정부회계의 자본의 변동을 의미하는 순자산변동표(혹은 순자산변동보고서)와

[표 10-3] **기업회계와 정부회계의 재무제표 용어 비교[9]**

정보의 성격	기업회계	정부회계	
		중앙정부	지방자치단체
재무상태(재정상태)	대차대조표	재정상태표	재정상태보고서
경영성과(운영성과)	손익계산서	재정운영표	재정운영보고서
자본(순자산)의 변동	자본변동표	순자산변동표	순자산변동보고서
현금흐름의 내용	현금흐름표	·	현금흐름보고서
이익잉여금처분	이익잉여금처분계산서	·	·
국세징수활동	·	국세징수활동표	·

8) 김민주·윤성식(2016). 『문화정책과 경영』, 박영사, p. 389.
9) 김민주·윤성식(2016). 『문화정책과 경영』, 박영사, p. 389.

는 그 성격을 달리한다.[10]

아래에서 이어지는 재무제표 각각에 대한 설명에서는 기업회계에서 사용되는 용어를 그대로 나타내기로 한다. 기업회계의 원리가 기본이 되어 정부회계에서도 사용되기 때문이다. 따라서 경제적 실체를 기업에 가정하고 설명하지만 중앙정부나 지방자치단체로 생각해도 회계의 기본 지식과 원리를 익히는데는 큰 무리가 없다.

2. 재무상태표

재무상태표는 특정시점의 경제적 실체의 재산상태(자산, 부채 및 자본)를 나타낸 재무보고서이다. 특정시점에서 기업의 재무상태, 즉 기업이 특정시점까지 필요한 자금을 어떻게 조달했으며, 조달된 자금을 어떻게 운용하여 특정시점의 재산을 보유하고 있는가에 관한 정보를 요약해서 제공해주는 재무제표가 바로 재무상태표이다.[11]

재무상태표는 자산(assets)과 부채(liabilities)와 자본(owners' equity)으로 구성된다. 자산이란 경제적 실체가 경제적 활동을 수행하기 위해 소유하고 있는 경제적 자원을 말하는 것으로, 현금이나 기계설비나 공장건물 등이 해당되며 주로 수익을 창출하는데 기여할 수 있는 능력을 가지고 있는 경우에 해당된다. 부채란 상대방에게 현금을 빌리거나 재화 또는 용역을 제공받았지만 그에 대한 대가를 아직 지급하지 않아서 미래에 갚아야 하는 경제적인 의무를 말한다. 예컨대 차입금이나 매입채무 등이 그에 해당한다. 자본은 기업의 경우 기업의 소유주가 투자한 자금(자본금 및 자본잉여금)이나 영업활동을 통한 자금의 증가분(이익잉여금)을 말한다. 자본은 자산에서 부채를 뺀 후에 남는 몫을 의미하는 것으로 순자산, 잔여지분, 소유주지분, 주주지분이라고도 한다.

---

10) 김민주·윤성식(2016). 『문화정책과 경영』, 박영사, pp. 389 – 390.

11) 최관 외(2018). 『회계와 사회』, 신영사, p. 44.

재무상태표에 포함되어 있는 자산과 부채와 자본 간 관계는 하나의 등식으로 표현된다. 즉, 자산은 부채와 자본의 합이다. 이를 재무상태표 등식(balance sheet equation)이라고도 한다. 이 등식은 회계정보를 얻을 때 유용하게 사용된다. 예를 들어, 자산이 10억 원이고 자본이 7억 원이라면 부채는 자연스럽게 3억 원이 된다는 것을 알 수 있다. 따라서 재무상태표는 자산과 부채와 자본에 관한 정보가 포함되어 있고, 이들은 일정한 등식 관계에 놓여있는 모습을 지니고 있다.

$$자산 = 부채 + 자본$$

다음의 [그림 10-2]는 재무상태표의 예시이다. 재무상태표의 왼쪽에는 자산이 있고 오른쪽에는 부채와 자본이 포함되어 있다. 자산에는 유동자산과 비유동자산이 있다. 1년 이내에 현금화되거나 현금흐름이 발생하면 유동자산이라고 하고 그렇지 않으면 비유동자산이 된다. 부채에도 유동부채와 비유동부채가 있는데, 이 역시 1년 이내에 상환해야 하는 부채라면 유동부채라고 하고 그렇지 않으면 비유동부채라고 한다. 자본에는 자본금과 이익잉여금이 있는데, 자본금은 기업의 경우 주주들이 납입한 금액을 나타내는 항목이고 이익잉여금은 역시 기업의 경우 영업활동을 통해 벌어들인 이익 중에서 배당으로 지급된 것을 제외한 금액의 누적액을 말한다. 재무상태표 등식에 따라 자산이 부채와 자본의 합이라고 할 때, 실제 자산총계 7억 5천만 원과 부채와 자본의 합인 7억 5천만 원은 동일하다.

[그림 10-2]   재무상태표 예시

재무상태표

회사명: 가덕대항(주)　　　　　　2020년 12월 31일 현재　　　　　　(단위: 천 원)

자산			부채		
Ⅰ. 유동자산		310,000	Ⅰ. 유동부채		70,000
현금	110,000		매입채무	20,000	
매출채권	50,000		단기차입금	10,000	
재고자산	150,000		미지급비용	40,000	
Ⅱ. 비유동자산		440,000	Ⅱ. 비유동부채		80,000
투자자산	150,000		장기차입금	80,000	
유형자산	250,000		부채총계		150,000
무형자산	40,000		자본		
			Ⅰ. 자본금		510,000
			Ⅲ. 이익잉여금		90,000
			자본총계		600,000
자산총계		750,000	부채와 자본총계		750,000

3. 손익계산서

　　손익계산서는 일정기간 동안의 경제적 실체의 경영성과에 대한 정보를 제공해준다. 쉽게 말해, 일정기간 동안에 발생한 수익과 비용에 대한 정보를 알려준다. 앞서 살펴본 재무상태표에서는 특정시점에 경제적 실체의 재무상태에 관한 정보는 알 수 있지만, 그 외 수익과 비용에 관한 정보는 알 수 없다. 바로 이 점에 대해 손익계산서가 그 역할을 한다.

　　손익계산서의 기본 구조는 수익(revenues)과 비용(expenses)으로 구성되어 있다. 그리고 수익과 비용의 차는 이익이 된다. 예를 들어, 수익이 10억 원이고 비용이 8억 원이라면 이익은 2억 원이 된다. 따라서 이 역시 하나의 등식으로 표현할 수 있다.

$$이익 = 수익 - 비용$$

수익은 다시 매출액과 영업외수익 등으로 구성된다. 매출액은 기업의 경우 영업활동인 매출활동을 통하여 상품이나 제품 등 재화를 판매하거나 용역을 제공하고 그 대가로서 받는 수익을 말하고, 영업외수익은 경영활동의 결과로 인해 부수적으로 발생하는 경상적인 수익을 말한다. 예컨대, 이자수익과 같은 금융수익이나 유가증권처분이익 그리고 배당금수익이나 임대료수익 등이 해당된다.

비용은 매출원가와 판매비와 관리비 그리고 영업외비용과 법인세비용 등으로 구분된다. 매출원가는 매출액이 발생하기 위해 직접 소비된 비용을 말한다. 당기에 매출된 제품의 제조원가이거나, 상품의 경우에는 구입원가가 그에 해당된다. 판매비와 관리비는 매출 및 영업활동을 수행하기 위해 간접적으로 소요되는 모든 비용으로서, 광고비나 전기료나 사무실 임차료 등이 해당된다. 영업외비용은 영업활동과 직접 관련이 없지만 기타 주변적으로 이루어지는 경영활동과 관련하여 정상적으로 발생하는 비용을 말하는 것으로, 이자비용과 같은 금융비용이나 유가증권처분손실 등이 해당된다. 법인세비용은 법인으로서 정해진 세율에 따라 이익금에서 국가에 납부하는 세금을 말한다.

[그림 10-3]은 손익계산서의 예시를 보여준다. 여기서 볼 수 있듯이 손

[그림 10-3] 손익계산서 예시

손익계산서

회사명: 율길(주)	2020년 1월 1일부터 2020년 12월 31일까지	(단위: 천 원)
Ⅰ. 매출액		600,000
Ⅱ. 매출원가		440,000
매출총이익		160,000
Ⅲ. 판매비와 일반관리비		100,000
영업이익		60,000
Ⅳ. 금융수익		11,000
Ⅴ. 금융비용		10,000
법인세비용차감전순이익		61,000
Ⅵ. 법인세비용		9,000
당기순이익		52,000

익계산서에는 일정기간 동안 발생한 여러 수익과 비용들이 나타나있고 차례로 차감하면서 당기순이익(net income)을 계산하게 된다. 당기순이익은 모든 수익에서 모든 비용을 차감한 값을 말한다.

4. 자본변동표

자본변동표는 일정기간 동안 자본의 변동에 관한 정보를 담고 있는 재무보고서이다. 기업의 경우 자본은 자본금과 이익잉여금으로 구성되는데, 여기서 자본금이란 주주들이 납입한 자본을 말하고 이익잉여금은 경영활동으로 벌어들인 이익의 유보분을 의미한다. [그림 10-4]는 자본변동표의 예시를 나타낸 것이다.

예시에 따르면, 이 경제적 실체의 기초자본금은 2억 원이며 한 해 동안 4천만 원의 유상증자를 실시하여 기말자본금이 2억 4천만 원으로 증가하였다. 기초이익잉여금은 7천만 원이었으며 한 해 동안 영업활동의 결과로 생긴 당기순이익 6천만 원을 합하여 기말이익잉여금은 1억 3천만 원으로 증가하였다. 주주들에게 배당금을 지급하지 않았으며 당기순이익 6천만 원이 모두 이익잉여금에 편성되었으므로, 그에 따라 기말자본은 3억 7천만 원이 되었다.

[그림 10-4] 자본변동표 예시

자본변동표

회사명: 동두영주(주)　　2020년 1월 1일부터 2020년 12월 31일까지　　(단위: 천 원)

	자본금	이익잉여금	총계
2020.1.1.(보고금액)	200,000	70,000	270,000
유상증자	40,000		40,000
당기순이익		60,000	60,000
2020.12.31	240,000	130,000	370,000

5. 현금흐름표

현금흐름표는 경제적 실체의 현금이 일정기간 동안에 어떻게 변화했는가를 보여주는 재무보고서이다. 현금흐름표는 영업활동(operating activities)에 따른 현금흐름과 투자활동(investing activities)에 따른 현금흐름과 재무활동(financing activities)에 따른 현금흐름으로 구성되어 있다. 영업활동으로 인한 현금흐름은 기업의 경우 주된 수익창출활동인 제품의 생산 및 재화와 용역의 판매와 관련되어 변동된 현금액을 말한다. 투자활동으로 인한 현금흐름은 현금을 대여하고 이를 회수하는 활동과 유가증권이나 투자자산 및 유형자산의 취득과 처분활동 등에 따른 현금의 증감액을 말한다. 여기에는 유가증권의 처분이나 기계장치의 구입 그리고 공장부지의 취득에 따라 발생된 현금의 변동이 포함된다. 재무활동에 따른 현금흐름은 자금의 유입·유출에 관련된 현금의 변동액으로서 차입금, 신주 발행, 차입금 상환, 배당금 지급 등이 그에 해당한다. [그림 10-5]는 현금흐름표의 예시를 나타낸 것이다.

[그림 10-5] **현금흐름표 예시**

현금흐름표

회사명: 이문회기(주)	2020년 1월 1일부터 2020년 12월 31일까지		(단위: 천 원)
I. 영업활동으로 인한 현금흐름			60,000
매출로부터의 유입액		590,000	
매입에 대한 유출액		(450,000)	
영업비의 지급		(50,000)	
이자지급		(10,000)	
법인세지급		(20,000)	
II. 투자활동으로 인한 현금흐름			(70,000)
유형자산의 취득		(70,000)	
III. 재무활동으로 인한 현금흐름			40,000
차입금		40,000	
IV. 현금의 증가			30,000
V. 기초의 현금			21,000
VI. 기말의 현금			51,000

경제적 실체의 경제활동에서 현금은 매우 중요한 역할을 한다. 기업의 경우 생존을 위해 가장 필요한 것은 바로 현금을 보유하는 일이다. 기업이 소위 말하는 도산되는 것은 바로 이 현금이 부족하기 때문이다. 비록 수익이 발생한다고 해도 현금이 부족하면 큰 어려움을 겪을 수도 있다. 예를 들어 재고자산을 7천만 원에 현금으로 구입하고, 1주일 후에 8천만 원에 외상으로 판매했다고 하자. 이때 이익은 1천만 원이 발생했지만 외상으로 판매했기 때문에 현금 유입은 전혀 없다. 오히려 현금이 7천만 원이 유출되었다. 따라서 회계상 이익은 1천만 원이 발생되었다 해도 현금은 마이너스가 되어 현금부족 사태가 발생할 수도 있다. 이처럼 현금흐름표는 현금의 유입과 유출에 대한 정보를 별도로 제공해준다.

제3절 회계의 기본 원리[12]

1. 기본 개념: 현금주의, 발생주의, 단식부기, 복식부기

회계원리의 기본 개념들을 이해하고 숙지하는 것은 회계처리를 위한 기초가 된다. 이 기본 개념들은 재무제표를 읽고 이해하는데 필수적이다. 회계와 관련된 여러 의사소통이 이루어지기 위해서도 기본 개념들에 대한 지식은 필요하다. 우선 알아야 할 개념은 회계처리에서 '인식기준'을 어떻게 할 것인가에 대한 현금주의와 발생주의에 관한 개념이다. 거래 또는 경제적 사건에 대한 회계처리 '시점'을 결정하는 것과 관련된 개념이다. 이와 함께 역시 알아야 할 개념은 회계처리를 위한 '기록방식'을 어떻게 할 것인가에 대한 단식부기와 복식부기에 관한 개념이다. 거래를 일정한 원리에 따라 자산, 부채, 자본, 수익, 비

---

12) 회계의 기본 원리에 대한 내용은 '김민주·윤성식(2016). 『문화정책과 경영』, 박영사, pp. 398-402'의 내용을 발췌해서 일부분을 보충 및 보완하여 작성하였다.

용 등으로 구분하여 회계장부에 기입하는 과정에 관한 것으로 부기와 관련된 개념이다. 따라서 가장 기본적인 개념은 현금주의, 발생주의, 단식부기, 복식부기의 개념이다. 구체적인 회계처리에 앞서 이 개념들에 대한 이해는 필수적이다.

현금주의(cash basis)는 현금이 유입되면 수입으로 인식하고 현금이 유출되면 지출로 인식하는 방법을 말한다. 현금의 수취와 지출 시점에 인식하는 것이다. 그래서 만일 재화와 서비스를 제공했다 하더라도 현금으로 회수가 되지 않는 동안은 수익으로 계상하지 않는다. 같은 맥락에서 재화와 서비스를 제공받았다 하더라도 현금으로 지급되기 전에는 비용으로 계상하지 않는다. 현금의 유입 여부가 그 기준이 되는 것이다. 그런 점에서 현금주의는 우리가 가장 직관적으로 이해할 수 있는 인식방법이다. 지갑에서 돈이 나가거나 들어오면 회계처리를 하는 것으로 생각하면 되기 때문이다.

발생주의(accrual basis)는 현금의 수수와 관계없이 거래가 발생된 시점에 인식하는 방법이다. 현금의 수취나 지급시점이 인식의 기준이 아니라는 점에서 현금주의와 차이가 있다. 따라서 현금거래 이외의 비현금거래에 대해서도 거래를 인식하여 회계처리를 한다. 반드시 현금거래가 동반되지 않더라도 거래가 발생되었다는 점이 중요하게 고려되는 것이다. 이에 따라, 거래는 발생하였으나 현금의 유입과 유출이 이루어지기 이전 시점에 인식되는 미수채권, 미수수익, 미지급금, 선수수익, 선급비용 등의 발생주의 계정이 사용된다.

단식부기(single entry bookkeeping)는 단일 항목의 증감변화를 기록하고 계산하는데 중점을 두고 거래나 사건을 기록하는 방법이다. 즉, 현금, 채권, 채무 등을 대상으로 발생된 거래의 한쪽 면만을 기록하는 방식으로서 그동안 정부회계에서 사용해온 전통적인 기록방식이다.

복식부기(double entry bookkeeping)는 거래를 이원적으로 파악하여 하나의 거래를 둘 이상 계정(account)의 왼쪽(차변)과 오른쪽(대변)에 이중 기록하는 방식이다. 복식부기에서는 모든 거래의 차변금액 합계와 대변금액 합계가 항상 일치하도록 기록하게 되며, 이를 거래의 이중성이라고 한다. 이때 각 계정의 잔액을 합계하는 경우 '자산=부채+자본'이라는 등식이 성립되는데, 이를 대차평균의 원리(principle of equilibrium)라고 한다. 앞서 재무상태표에서 설명한 바와 같이 재무상태표 등식이라고도 한다. 자산과 부채와 자본이 이 등식에 따라 작성되어 유용한 정보를 보여주는 재무제표가 재무상태표이기 때문이다. [표 10-4]는 회계처리 방식의 분류를 보여준다.

[표 10-4] 회계처리 방식의 분류

인식기준의 차이	현금주의
	발생주의
기록방식의 차이	단식부기
	복식부기

이와 같이 회계처리에서 인식기준의 차이와 기록방식의 차이는 회계를 읽고 이해하는데 가장 기본이 되는 개념이다. 현재 우리나라의 경우 발생주의·복식부기를 적용하고 있다. 우리나라 정부부문에 발생주의·복식부기 회계 도입은 1998년 5월에 정부가 발생주의 회계제도의 도입 방침을 공식적으로 발표함에 따라 시작되었다. 같은 해 6월에 기획예산위원회에서 중앙정부와 지방정부의 회계제도를 동시에 개혁하는 것을 목표로 발생주의 회계제도의 도입을 정부 국정과제로 확정하였다. 이후 발생주의·복식부기 회계방식을 근간으로 하는 새로운 국가회계제도 도입을 위한 「국가회계법」이 2007년 10월에 최초 제정되었고, 이에 따라 2009년 회계연도부터 국가결산보고서에 발생주의·복식부기 방식에 의한 재무제표가 함께 포함되어 본격적으로 적용되고 있다.

한편, 많은 사람들이 현금주의·단식부기 방식이 서로 짝을 이루고 발생주의·복식부기 방식이 서로 짝을 이루는 것으로 생각하고 이들끼리만 서로 관계를 형성하고 있는 것으로 여기는 경우가 많은데, 반드시 그렇지는 않다. 현금주의·복식부기 방식도 가능하다.

2. 회계의 순환과정과 계정별 기입방법

회계는 경제적 실체가 경제적 행위 등의 회계상 거래를 하여 그것을 인식하고 회계장부에 기록 및 정리한 후에 재무제표를 작성하여 정보이용자들에게 정보를 제공하는 일련의 회계과정으로 이루어진다. 1회계기간을 주기로 하여 이를 회계의 순환과정이라고 하며, 이 과정을 이해하는 것이 회계원리를 이해하는 것이다.

이를 좀 더 구체화해서 보면 다음과 같은 회계순환 과정을 거친다. 우선 경제적 사건이 생기고, 그에 따른 거래가 발생된다. 이후 분개와 전기가 이어서 이루어지며 마지막으로 결산을 통해 재무제표를 작성한다. [그림 10-6]은 회계의 순환과정을 나타낸 것이다.

[그림 10-6] 회계의 순환과정

먼저 거래(transaction)가 발생되었다는 것(복식부기 회계)은 '국가실체의 자산, 부채 및 순자산과 수익이나 비용의 증감변화를 일으키는 모든 경제적 사건'이 발생되었다는 의미이다. 거래가 발생되면 분개(journalizing)가 이루어지는데, 분개란 거래 발생시 분개장에 거래 내용을 차변 기록 요소와 대변 기록 요소로 구분하여 기록하는 것을 말한다. 여기서 분개장은 회계자료를 인식하고 측정하여 최초로 기록하는 장부로서 하나의 거래를 원인과 결과로 구분하여 따로 기록하는 원시데이터를 말한다. 그런데 이러한 분개는 거래가 발생한 순서대로 기록되어 있는 장부이기 때문에 계정과목별로 잔액을 파악하기는 어렵다. 따라서 계정과목별로 잔액을 파악하고 계산하기 위해 분개장을 기초로 해서

해당 계정에 내용을 기록하는 과정을 거치게 되는데, 이를 전기(posting)라고 한다. 즉, 전기는 분개장에 기록된 거래내용을 총계정원장(각 계정들을 모두 모아 놓은 장부)의 각 계정에 이기(移錄)하여 계정과목별로 금액을 계산하는 회계처리 과정을 의미한다. 전기의 절차는 분개장에 기록된 계정과목을 총계정원장에서 찾은 뒤, 분개장의 각 계정과목별 금액을 총계정원장의 각 계정에 전기하는 것으로 이루어진다. 이후 결산이 이루어지며 순환과정의 한 주기가 마감된다.

이러한 과정에서 '각 계정'의 '기입방식'이 중요한 회계원리 중 하나가 된다. 계정(account)이란 기록하고 계산하는 장소적 단위를 말하고, 계정의 명칭을 계정과목이라고 하고 계정기입의 장소를 계정계좌라고 한다. 계정계좌는 좌·우 2개의 계산 장소가 있다. 왼쪽을 차변(debit), 오른쪽을 대변(credit)이라고 한다. 대차대조표 계정과 손익계산서 계정을 예로 들어보면 [표 10-5]와 같다.

[표 10-5] 계정의 분류와 계정과목

계정의 분류		계정 과목
대차대조표 계정	자산계정	현금, 매출채권, 대여금, 선급금, 상품, 건물, 기계장치 등
	부채계정	매입채무, 단기차입금, 사채, 미지급금, 선수금 등
	자본계정	자본금, 자본잉여금, 이익잉여금, 자본조정 등
손익계산서 계정	수익계정	상품매출이익, 임대료, 이자수익, 유가증권처분차익 등
	비용계정	급여, 임차료, 감가상각비, 대손상각비, 이자비용 등

그리고 계정의 기입방법은 [그림 10-7]과 같이 자산계정, 부채계정, 자본계정, 수익계정, 비용계정의 기록원칙에 따라 각각 차변과 대변에 기록해야 한다. 자산계정의 기록원칙은 자산의 증가액은 차변에 기록하고 감소액은 대변에 기록한다. 부채계정의 기록원칙은 부채의 증가액은 대변에 기록하고 감소액은 차변에 기록한다. 자본계정의 기록원칙은 자본의 증가액은 대변에 기록하고 감소액은 차변에 기록한다. 수익계정의 기록원칙은 수익의 증가액은 대

[그림 10-7] **계정별 기입방법**

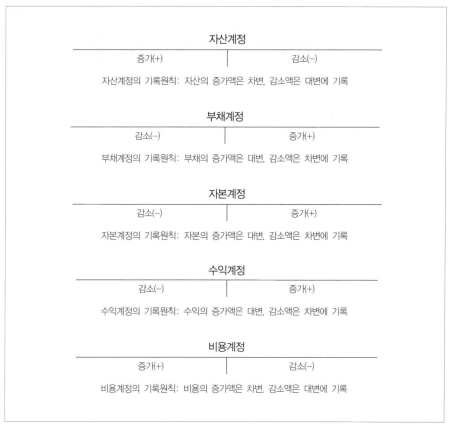

변에 기록하고 감소액은 차변에 기록한다. 비용계정의 기록원칙은 비용의 증
가액은 차변에 기록하고 감소액은 대변에 기록한다.

계정별 기입방식이 잘못되면 이후에 이루어지는 모든 회계처리 과정이 잘
못되므로 차변과 대변 각각에 해당되는 내용을 정확히 기입하는 것이 중요하
다. [그림 10-7]은 계정별 기입방법을 보여주는 것이고, 이를 달리 표현해서
차변과 대변에 해당되는 자산, 부채, 자본, 수익, 비용의 분개 방식을 간략히
나타낸 것이 [표 10-6]이다.

[표 10-6] 차변과 대변의 분개 방식

차변	대변
자산 증가	자산 감소
부채 감소	부채 증가
자본 감소	자본 증가
수익 감소	수익 증가
비용 증가	비용 감소

제4절 회계처리

　회계의 기본 원리와 원칙에 입각해서 실제 분개와 전기를 해보면 다음과 같다. 먼저 거래가 발생하면 거래를 분석해서 어느 계정의 어느 쪽에 얼마의 금액을 기입할 것인지를 결정하는 분개를 한다. 쉽게 말해, 자산, 부채, 자본의 증가와 감소를 왼쪽(차변)과 오른쪽(대변)으로 나누어 적는 것이다.

　[표 10-7]은 분개 순서를 자세히 설명해 놓은 것이다. 예를 들어, 정부가 공공도서관을 건립하기 위한 자금 마련의 일환으로 은행으로부터 현금 5,000,000원을 차입했다고 하자. 이 일은 경제적 거래로서 회계처리의 대상이

[표 10-7] 분개 순서: 공공도서관 건립 사례

거래 발생	공공도서관 건립 자금 마련을 위해 은행으로부터 현금 5,000,000원을 차입하다.	
거래 분석	자산 증가	부채 증가
계정과목 결정	현금	차입금
차변과 대변 결정	현금 계정의 차변	차입금 계정의 대변
금액 결정	5,000,000	5,000,000
분개 내용	(차변) 현금 5,000,000	(대변) 차입금 5,000,000

된다. 이 거래는 현금이라는 자산이 5,000,000원 증가하고 차입금이라는 부채
가 5,000,000원 증가한 결과를 낳는다. 복식부기의 기록방법에 의해 자산 증가
는 현금계정의 차변에 기록하고 부채 증가는 차입금 계정의 대변에 기록하게
되어 차변과 대변의 금액은 각각 5,000,000원이 된다.

　　분개 순서에 따라 분개를 하고 분개장에 기록된 내용을 보여주는 것이
[그림 10-8]이다. 9월 3일에 이루어진 거래라고 할 때 차변과 대변에 각각 해
당되는 금액이 적혀 있는 것을 볼 수 있다.

[그림 10-8] 분개장: 공공도서관 건립 예시

일자	적요	차변	대변
9월 3일	현금 5,000,000원을 차입하다.	-	
	현금	5,000,000	
	차입금		5,000,000

　　분개장에 기입한 후 이루어지는 전기는 분개장에 기록된 거래내용을 총계
정원장의 각 계정에 이기하여 계정과목별로 금액을 계산하는 회계처리 과정이
라고 했다. 따라서 분개장에 기록된 계정과목을 총계정원장에서 찾은 뒤, 분개
장의 각 계정과목별 금액을 총계정원장의 각 계정에 전기하는 것으로 이루어
진다. 이때 분개장의 상대 계정과목을 총계정원장에 전기한다. 즉, 분개된 차
변금액은 원장의 해당 계정의 차변에 기입하되 계정과목란에는 상대 계정과목
을 기입한다. 마찬가지로, 분개된 대변금액은 원장의 해당 계정의 대변에 기입
하되 계정과목란에는 상대 계정과목을 기입한다. [그림 10-9]는 공공도서관
건립 사례에 해당하는 총계정원장의 예시를 보여준다.

　　분개와 전기를 또다른 여러 사례들을 통해 동시에 해보자. 우선, [표
10-8]은 각 거래 사례와 분개 결과를 보여준다. ①의 거래는 자산인 현금이
증가하고 자본인 자본금이 증가한 거래이다. 그래서 자산인 현금은 차변에 기

[그림 10-9] **총계정원장: 공공도서관 건립 예시**

현금
_____
차입금 5,000,000 |

차입금
_____
                          | 현금 5,000,000

록하고, 자본인 자본금은 대변에 기록한다. ②의 거래는 자산인 현금이 증가하고 부채인 차입금이 증가하는 거래이다. 따라서 현금 증가는 자산의 증가이므로 차변에 기록하고, 차입금의 증가는 부채 증가이므로 대변에 기입한다. ③의 거래는 자산인 임차보증금이 증가하고 자산인 현금이 감소하는 거래이다. 그래서 임차보증금 증가는 자산의 증가이므로 차변에 기록하고, 현금 역시 자산이지만 감소하기 때문에 대변에 기록한다. ④의 거래는 자산인 상품이 증가하고, 동시에 자산인 현금이 감소하는 거래이다. 따라서 상품이라는 자산이 증가하므로 차변에 기록하고, 현금이라는 자신이 감소하므로 이는 대변에 기록한다.

[표 10-8] **거래 사례와 분개**

① 9월 1일 거래: A기관 소유주인 S씨가 자기 돈 8천만 원을 A기관에 투자하다.
 (차) 현금 8천만 원   (대) 자본금 8천만 원

② 9월 2일 거래: A기관은 새 사무실을 짓기 위해 은행에서 7천만 원을 차입하다.
 (차) 현금 7천만 원   (대) 차입금 7천만 원

③ 9월 3일 거래: A기관은 현재 임차해서 사용하고 있는 사무실의 임차보증금으로 3천만 원을 지불하다.
 (차) 임차보증금 3천만 원   (대) 현금 3천만 원

④ 9월 4일 거래: A기관은 H마트에 주문한 상품을 받고 4천만 원을 지급하다.
 (차) 상품 4천만 원   (대) 현금 4천만 원

분개 결과를 전기하면 [그림 10−10]과 같다. 거래 내용에 나타난 현금, 자본금, 차입금, 임차보증금, 상품 각각의 계정의 차변과 대변에 기록한 결과이다.

[그림 10-10] **총계정원장의 계정기록 결과**

현금

9/1 출자 8천만 원	9/3 임차보증금 3천만 원
9/2 차입금 7천만 원	9/4 상품 4천만 원
잔액 8천만 원	

자본금

	9/1 출자 8천만 원
	잔액 8천만 원

차입금

	9/2 은행차입 7천만 원
	잔액 7천만 원

임차보증금

9/3 사무실 임차 3천만 원	
잔액 3천만 원	

상품

9/4 H마트 4천만 원	
잔액 4천만 원	

이러한 각 계정의 잔액을 모아서 [그림 10-11]과 같이 재무상태표를 만들 수 있다. 왼쪽에 잔액이 있는 계정을 한 곳으로 모으고 동시에 오른쪽에 잔액이 있는 계정들을 한데 모으는 것이다. 이것이 바로 재무상태표이다. 차변과 대변의 합이 같다는 것을 알 수 있다. '자산＝부채＋자본'이 성립하는 것이다.

[그림 10-11] 재무상태표 기록 결과

A기관 재무상태표

왼쪽		2020년 9월 4일 현재	오른쪽
현금	8천만 원	차입금	7천만 원
임차보증금	3천만 원	자본금	8천만 원
상품	4천만 원		
자산합계	1억 5천만 원	부채와 자본합계	1억 5천만 원

지금까지가 재정상태를 보여주는 재무상태표(대차대조표) 작성을 살펴보았다면, 일정기간 동안 경제적 실체가 행한 경영성과를 보여주는 재정운영표(손익계산서)도 중요한 재무제표의 하나이기 때문에 이에 대한 작성방법도 알 필요가 있다. 그래서 재정운영표를 작성하는 방법도 간단히 예를 통해 살펴보자. 어떤 공공도서관 운영으로 8,000,000원의 매출(대관료, 식당 운영, 자판기 운영 등)이 발생하여 현금 8,000,000원이 생겼고, 도서관 직원들의 급여 5,000,000원을 현금으로 지급하였고, 공공도서관의 일부 공간 임차료 2,000,000원을 현금으로 지급했다고 하자. 이 거래에서 1,000,000원의 순이익이 생기게 되는데 이는 총수익 8,000,000원에서 총비용 7,000,000원을 차감해서 계산한 결과이다. 따라서 당기순이익에 총비용을 가산하면 총수익과 일치하게 된다. [그림 10-12]를 보면 차변과 대변의 총액이 같음을 알 수 있다.

[그림 10-12] 재정운영표(손익계산서): 공공도서관 운영 예시

(단위: 원)	
비용 　급여　5,000,000 　임차료　2,000,000 이익 　순이익　1,000,000 합계　8,000,000	수익 　매출　8,000,000 합계　8,000,000

제11장

재정정보

재정정보

제1절 재정정보의 공개와 관리

1. 재정정보의 공개

　　재정은 정부가 생산하는 하나의 자료(data)에 해당한다. 자료란 현상에 대한 설명(explanation)이나 기술(description)을 가능하게 하는 사실이나 정보를 의미하는 것으로, 대개 숫자, 문자, 소리, 그림, 사진, 행동 등의 형태를 띤다.[1] 재정에 관한 자료는 대체로 숫자의 형태를 띠면서 정부가 생산하는 정보로서 중요한 역할을 한다. 정부가 나라살림을 어떻게 꾸려나가는지에 관해 궁금하면 정부의 재정자료인 재정정보를 보면 된다. "어떤 기관의 재정을 알면 그 기관의 많은 것을 알 수 있다."고 했을 때, 여기서 재정을 안다는 말이 곧 재정자료로서 재정정보를 접하고 이해하는 것을 의미한다.

　　재정정보는 기본적으로 공공재(public goods)에 해당된다. 재화로서 비배제성과 비경합성을 지니고 있는 것이다. 국민이라면, 특히 납세자라면 누구나 이

---

1) 김민주(2015). 『행정계량분석론: 통계분석의 기초, 응용, 실습』, 대영문화사, p. 49.

를 이용하는데 제약이 없고 이용에 따른 경합도 발생하지 않는다. 그래서 재정 정보에 대해서도 공공기관의 정보공개에 대한 기본 원칙이 적용된다. 즉, 공공 기관은 보유·관리하는 정보를 국민의 알권리 보장 등을 위해 적극적으로 공개 하도록 되어 있다.[2] 여기서 정보의 의미는 공공기관이 직무상 작성 또는 취득 하여 관리하고 있는 문서(전자문서 포함)·도면·사진·필름·테이프·슬라이드 및 그 밖에 이에 준하는 매체 등에 기록된 사항이며,[3] 재정정보도 그에 해당된다. 실제로 「공공기관의 정보공개에 관한 법률」 제7조에 따르면, 공공기관은 국민 생활에 매우 큰 영향을 미치는 정책에 관한 정보나 국가의 시책으로 시행하는 공사(工事) 등 대규모 예산이 투입되는 사업에 관한 정보, 그리고 예산집행의 내 용과 사업평가 결과 등 행정 감시를 위하여 필요한 정보 및 그 밖에 공공기관 의 장이 정하는 정보에 대해 공개의 구체적 범위와 공개의 주기·시기 및 방법 등을 미리 정하여 공표하고, 정기적으로 공개하도록 규정하고 있다.[4]

　　그래서 「국가재정법」 제9조에서도 "정부는 예산, 기금, 결산, 국채, 차입 금, 국유재산의 현재액 및 통합재정수지 그 밖에 대통령령이 정하는 국가와 지 방자치단체의 재정에 관한 중요한 사항(국가채권의 현황 및 그 변동내역, 국가재정운용계획, 주요 재정사업에 대한 평가 결과, 조세지출예산서, 국가채무관리계획 등)을 매년 1회 이상 정보통 신매체·인쇄물 등 적당한 방법으로 알기 쉽고 투명하게 공표하여야 한다."고 명시하고 있다.[5] 여기서 재정정보의 공표가 '알기 쉽도록' 해야 한다는 점은 눈여겨볼 만한 대목이다. 재정정보가 공공재인만큼 일반국민들이 이용할 때 인터넷 등의 발달로 기술적 접근에서의 한계가 사라지더라도, 어려운 용어나 복잡한 분류 방식 등으로 인해 이해하는데 어려움이 있다면 이는 진정한 정보 제공이 될 수 없다는 점을 말해주고 있다. 제공되는 정보가 투명해야 할 것은 말할 것도 없고, 이용자를 고려해서 이해의 수월성도 높여야 한다는 점을 명시

---

2) 「공공기관의 정보공개에 관한 법률」 제3조.
3) 「공공기관의 정보공개에 관한 법률」 제2조.
4) 「공공기관의 정보공개에 관한 법률」 제7조.
5) 「국가재정법」 제9조; 「국가재정법 시행령」 제5조.

하고 있을 만큼 재정정보 공개의 질도 고려하고 있는 것이다. 따라서 오늘날 적어도 알고 싶은 재정정보에 대해서는 담당하는 기관의 홈페이지에 가면 쉽게 이해할 수 있는 방식으로 확인할 수 있어야 한다. 이 점은 법에도 명시되어 있는 사항이다. 즉, 각 중앙관서의 장은 해당 중앙관서의 세입·세출예산 운용상황(세입징수상황 및 세출예산집행상황)에 대해, 그리고 각 기금관리주체는 해당 기금의 운용상황을 인터넷 홈페이지에 공개해야 한다.6) 이때는 단순한 공개가 아니라 이용자의 이용의 수월성이 전제된 공개이다.

이러한 공개를 통해 재정정보는 국민을 비롯해 다양한 정보 이용자들에게 유용한 정보로 활용되고 있다. 정부기관이나 관료들이 의사결정과 정책수립 및 평가에 활용하기도 하고, 정치가들이나 정치적 리더들이 정치적 목적에서 근거자료로 활용하기도 한다. 실제로 성과에 대한 중요성을 강조하는 오늘날 예산성과와 관련된 재정정보는 예산배분과정에서 다양하게 활용되기 때문에 그에 대한 정보획득이 중요한 활동으로 여겨지고 있다.7) 재정성과에 대한 정보를 얻느냐 얻지 못하느냐, 그리고 그 정보의 질이 좋은가 그렇지 않은가에 따라 의도하는 목적 달성의 결과는 달라진다. 물론, 재정정보가 모든 경우에 예외 없이 공개되는 것은 아니다. 비공개사유에 해당될 경우 공개되지 않을 수도 있다. 하지만 비공개에 해당되는 경우를 제외하고는 기본적으로 재정정보는 납세자들에게 공개되는 것을 원칙으로 삼고 있다.

한편, 재정정보는 특정 대상을 상대로 하는 공개의 일환으로 국회에 제공되기도 한다. 이때 제공되는 재정정보의 범위는 중앙관서별 세입징수상황 및 세출예산집행상황, 중앙관서별 기금운용상황, 그 밖에 국회에서 요구하는 사항으로서 국정감사 또는 국정조사 등의 원활한 수행을 위하여 필요하다고 인정하는 사항이다. 그리고 제공되는 방법은 전자문서 또는 컴퓨터의 자기테이프·자기디스크, 그 밖에 이와 유사한 매체를 통한 제공이나 정보공개시스템을

---

6) 「국가재정법」 제9조; 「국가재정법 시행령」 제5조.
7) Lu, Yi(2007). Performance Budgeting: The Perspective of State Agencies, *Public Budgeting & Finance*, 27(4): 1-17.

통해서 이루어진다.[8]

2. 재정정보관리: 통계와 투명성

데이터 기반의 정보는 그 중요성만큼이나 '관리'의 대상이 되어 관리되고 있다. 데이터 자체가 권력이 되는 시대이기 때문에 데이터를 어떻게 관리해서 유용한 정보를 얻을 것인가는 비단 정부영역에서 뿐 아니라 민간영역에서도 큰 관심의 대상이 되고 있다. 구글이 2013년 기준으로 데이터센터 운영에 210억 달러를 지출했다는 공공연한 사실도 존재한다.[9] 2013년에 그 정도였다면 점점 더 많은 데이터가 쌓이고 분석기법이 더 발달한 오늘날에는 더 많은 비용이 들 것이다. 정보전쟁으로 불릴 정도로 정보에 대한 중요성이 높아지기 때문에 정보관리의 정교함과 실용성에 대한 강조도 더욱 높아지고 있는 것이 현실이다. 재정정보에 대한 관리도 마찬가지이다.

재정정보관리는 형식상 '통계(statistics)'를 기본으로 하고, 내용상 '투명성(transparency)'을 기본으로 한다. 먼저, 통계란 복잡한 정보들을 숫자로 표현하는 간편한 도구라고 할 수 있다. 통계라는 말은 고대 로마의 '국가'를 의미하는 'status' 단어에서 유래했는데, 이는 군주가 통치의 일환으로 세금을 거두기 위해 기본적인 행정정보가 필요한데서 비롯되었다고 한다. 대표적인 통계 활동인 인구조사 센서스(census)의 어원인 라틴어 sensere도 taxation(세금 부과)의 의미를 지닌다.[10] 그런 점에서 통계라는 말은 이미 재정과 관련성이 높다고 볼 수 있다.

따라서 재정통계(finance statistics)란 재정과 관련된 복잡한 사실을 숫자로 표현해 놓은 것을 말한다. 돈을 거두어들인다, 돈을 지출한다, 돈을 빌린다, 돈

---

8) 「국가재정법 시행령」 제48조의 2.

9) Rumsey, Abby Smith(2016). 곽성혜 옮김, 『기억이 사라지는 시대』, 유노북스, p. 55.

10) 김민주(2015). 『행정계량분석론: 통계분석의 기초, 응용, 실습』, 대영문화사, pp. 16 - 17.

을 갚는다, 돈을 지원해준다, 비용이 얼마다, 이익이 얼마다 등과 같은 다양한 현상들을 숫자로 간단명료하게 나타낸 것이 재정통계인 것이다. 재정의 범위가 공공영역과 민간영역 모두를 아우를 수 있기 때문에 정부활동에 한정해서 본다면, 이때의 재정통계는 정부재정통계(government finance statistics)가 된다. 정부재정통계란, 예산, 집행, 결산, 회계, 국가채무, 재정수지, 국가보조금, 성과평가 등 정부의 재정운영 및 재정상태에 대한 다양한 재정정보를 수집하고 정리하고 분석한 활동을 말한다. 현재 우리나라의 경우 기획재정부에서 '열린재정', 행정안전부에서 '지방재정365', 교육부에서 '지방재정교육알리미' 등을 통해 정부의 다양한 재정통계를 공시하고 있다.11) 그리고 각 중앙부처의 홈페이지나 지방자치단체의 홈페이지를 비롯하여 다양한 공공기관들의 홈페이지에서도 해당 부처나 기관의 재정통계를 게시하고 있다.

재정통계는 국제통계기준에 맞추어서 작성된다. 국가 간 비교를 가능하게 하여 유의미한 함의를 이끌어 낼 수 있도록 하기 위해서이다. 국제통계의 기본적인 규칙에 따르는 것은 물론이고, 그와 동시에 보다 직접적으로 정부의 재정통계 관리를 위해 IMF에서 제정한 매뉴얼인 GFSM(Government Finance Statistics Manual)을 따른다. 이외에도 공공부문의 부채통계 작성의 지침서인 PSDS(Public Sector Debt Statistic)를 따른다. 국제통계기준은 필요하다면 수정과 보완을 거치며 개정되기도 한다. 실제로 그동안 GFSM은 1974년 제정 이후 3차례의 개정작업(1986년, 2001년, 2014년)이 있었다.12) 이 중 현재 우리나라는 2001년의 GFSM에 기초해서 재정통계를 작성하고 있다.

그 외 재정통계를 포함해서 일반 통계의 품질을 위한 IMF의 DQAF(Data Quality Assessment Framework) 원칙도 존재한다. 여기에는 질적 전제조건(Prerequisites of quality), 통합성(Integrity), 방법론적 건전성(Methodological soundness), 정확성과 신뢰성(Accuracy and Reliability), 봉사성(Serviceability), 접근성(Accessibility)이 주요 원칙으로 포함되어 있다. 각각의 내용을 간단히 보면 우선, 질적 전제조건이 마

---

11) 한국조세재정연구원(2017). 『2017 우리나라 재정통계의 이해』, 한국조세재정연구원, p. 3.
12) IMF(2014). *Government finance statistics manual 2014*, International Monetary Fund.

련되어야 한다. 이는 통계 작업이 가능하도록 제반 환경과 통계프로그램 등이 제대로 갖추어져야 한다는 것이다. 그리고 통합성은 통계정책과 실무는 전문적 원리에 의해 이루어져야 하고 투명성과 윤리적 기준에도 부합되어야 한다는 것을 의미한다. 방법론적 건전성은 국제적으로 받아들여지는 기준이나 지침이나 좋은 사례나 분류 등에 부합되도록 해야 한다는 내용이다. 정확성과 신뢰성은 올바르고 신뢰에 기초한 통계가 되어야 하며 이를 위해 정기적으로 평가가 이루어져야 한다는 것이다. 봉사성은 해당 주제에 적절한 정보를 다루고 있어야 한다는 것이며, 이는 정기적이고 공개적인 절차에 따른다는 의미이다. 접근성은 명확하고 이해 가능해야 한다는 원칙이다.[13]

형식상 통계에 기반한 재정정보관리와 함께 또 다른 측면으로서 내용상 재정정보관리의 핵심은 투명성이다. 재정정보가 투명하도록 관리되어야 하는 것은 재정투명성(fiscal transparency)을 확보하는 중요한 요인이 된다. 실제로 재정투명성은 그 정도가 높은 국가일수록 신용등급이 좋고 부패도 적다는 점에서 재정정보관리의 내용상 기본 원칙이 되고 있다.[14]

이와 관련하여 IMF의 재정투명성 규약은 재정정보관리의 투명성을 위한 지침으로 활용되고 있다. 재정투명서 규약은 4대 기본 구조(정부의 역할과 책임의 명확화, 공개된 예산과정, 정보에 관한 일반 국민의 이용가능성 보장, 재정정보의 완전성에 대한 보증) 아래에 10개의 원칙과 45개의 하위 항목으로 구성되어 있다. [표 11-1]은 IMF의 재정투명성 규약을 나타낸 것이다. 이 규약은 재정투명성 그 자체에 초점을 두고 있으나, 재정정보관리의 다양한 측면을 함께 포괄하고 있다. 재정이 그 자체로서 재정정보로 역할을 한다면 재정투명성은 재정정보의 투명성이자 재정정보관리의 투명성을 모두 아우른다고 볼 수 있다.

---

13) IMF(2003). *Data Quality Assessment Framework*, International Monetary Fund.

14) Hameed, Farhan(2005). *Fiscal Transparency and Economic Outcomes*, IMF Working Paper.

[표 11-1] IMF의 재정투명성 규약[15]

1. 정부의 역할과 책임의 명확화

1.1	정부부문은 여타 공공부문 및 민간경제와 구별되어야 하며, 공공부문 내에서의 정책과 관리 역할은 명확하여야 하고 일반에게 공개되어야 한다.
1.1.1	정부의 구조와 기능은 명확해야 한다.
1.1.2	재정과 관련한 행정부, 입법부, 사법부의 권한이 잘 정의되어야 한다.
1.1.3	서로 다른 단계의 정부 간의 책임과 그들간의 관계가 명확하게 특정되어야 한다.
1.1.4	정부와 공기업 간의 관계는 명확한 제도(clear arrangements)에 근거하여야 한다.
1.1.5	정부와 민간부문과의 관계는 명확한 규정과 절차에 따른 공개된 방식으로 수행되어야 한다.
1.2	재정운영을 위한 명확하고 공개된 법적, 규제적, 행정적 틀이 있어야 한다.
1.2.1	공공자금(public funds)의 징수, 계약(commitment), 사용은 포괄적인 예산, 조세 및 여타 재정법, 규제, 행정적 절차에 의해 관리되어야 한다.
1.2.2	조세 및 세외수입의 징수와 관련한 법·규정과 그것의 적용에서 행정부의 재량에 관한 기준은 접근 가능하고, 명확하고, 이해 가능해야 한다. 조세 또는 세외수입 부담에 대한 이의제기는 적시에 고려되어야 한다.
1.2.3	법 제정과 규제의 변화, 큰 정책적 변화에 관한 충분한 협의시간이 보장되어야 한다.
1.2.4	정부와 공공기관, 자원기업 및 정부 양여권의 운영자(operators of government concessions) 등 민간조직 간의 계약 제도(contractual arrangements)는 명확하고 일반이 접근 가능해야 한다.
1.2.5	공공자산 사용권의 양도를 포함하는 정부 부채 및 자산 관리는 명확한 법적 기반을 가져야 한다.

2. 공개된 예산과정

2.1	예산 준비는 기수립된 일정표를 준수해야 하며, 잘 정의된 거시경제 및 재정정책의 목적에 의해 조정되어야 한다.
2.1.1	예산 일정은 특정되고 준수되어야 한다. 입법부에 의한 예산안 심사에서 충분한 시간이 제공되어야 한다.
2.1.2	연간예산은 현실적이어야 하며, 종합적인 중기 경제 및 재정정책의 틀 내에서 준비되고 제출되어야 한다. 재정목표와 어떠한 재정규칙도 명확히 명시되고 설명되어야 한다.
2.1.3	주요 지출과 수입 수단에 대한 기술(description)과 이들이 정책목표에 기여하는 정도가 제공되어야 한다. 또한, 현재와 미래 재정과 거시경제적 영향에 대한 추정(estimates)이 제공되어야 한다.

---

15) IMF Fiscal Affairs Department(2007). *Manual on Fiscal Transparency*, IMF; 서재만 (2010). 『재정정보 공개 현황 및 개선방안』, 국회예산정책처, pp. 48−51.

2.1.4	예산서는 재정의 지속가능성에 대한 평가를 포함하여야 한다. 경제성장과 정책에 대한 주요 가정들은 현실적이고 명확하여야 하며, 민감성 분석(sensitivity analysis)이 제출되어야 한다.
2.1.5	전체적인 재정정책의 틀 속에서 예산과 예산외 활동의 조정과 관리를 위한 명확한 메커니즘이 있어야 한다.
2.2	예산 집행, 감시(monitoring), 보고의 명확한 절차가 있어야 한다.
2.2.1	회계 제도는 수입, 계약(commitment), 지출, 연체, 부채 및 자산을 추적(tracking)하기 위한 신뢰가능한 기초를 제공하여야 한다.
2.2.2	예산 현황(budget development)에 관한 반기 보고서(midyear report)가 적절한 시점에 의회에 제출되어야 한다. 최소한 분기 수준의 좀 더 주기적인 업데이트가 제공되어야 한다.
2.2.3	예산주기 내의 추가경정예산안은 본예산과 일치하는 방식으로 의회에 제출되어야 한다.
2.2.4	승인된 예산과 조화되는 결산감사보고서(audited final accounts and audit reports)가 1년 이내에 의회에 제출되고 발간되어야 한다.

3. 정보에 관한 일반 국민의 이용가능성 보장

3.1	국민은 정부의 과거, 현재, 미래의 재정활동과 주요 재정 위기에 관한 종합적(comprehensive) 정보를 제공받아야 한다.
3.1.1	결산(final accounts)과 여타 발간되는 재정보고서를 포함하는 예산 문서(budget documentation)는 중앙정부의 예산 및 예산외의 모든 활동을 포괄하여야 한다.
3.1.2	최소 2년 전의 회계기간의 산출물과 최소 향후 2년간의 주요예산총액에 대한 전망과 민감성 분석이 연간 예산과 비교할 수 있는 정보 형태로 제공되어야 한다.
3.1.3	중앙정부의 조세지출, 우발채무, 준재정 활동의 현황과 재정적 중요도를 서술하는 내용이 다른 주요 재정위험에 대한 평가와 함께 예산 문서에 포함되어야 한다.
3.1.4	자원과 관련한 활동과 해외 원조를 포함하는 모든 주요 수입항목이 연간 예산에 각각 구분 가능하게 규정되어야 한다.
3.1.5	중앙정부는 부채, 자산, 주요한 비채무 부담(연금수급권, 보증, 다른 계약상 의무)과 자연자원 자산(natural resource assets)의 수준 및 구성에 관한 정보를 제공하여야 한다.
3.1.6	예산 문서에서는 하위 국가 정부(subnational government)의 재정 상황과 공기업의 재정상황에 대한 보고가 포함되어야 한다.
3.1.7	정부는 장기 재정에 관한 주기적 보고서를 발행하여야 한다.
3.2	재정정보는 정책분석이 가능하고, 책임성을 강화하는 방식으로 제공되어야 한다.
3.2.1	예산에 대한 명확하고 간단한 요약이 연간예산의 시기에 널리 공표되어야 한다.
3.2.2	재정 자료(fiscal data)는 주요(distinguishing) 수입, 지출, 자금조달(financing)과 경제적, 기능적, 행정적 분류에 따른 지출로 구분되어 총계를 기반(gross basis)으로 보고되어야 한다.
3.2.3	일반정부(general government)의 총 수지와 총 부채 또는 발생주의적 동등치(their accrual equivalents)는 정부 재정 상황에 대한 표준적인 요약 지표가 되어야 한다. 또한 가능하다면 주요 수지(primary balance), 공공부문 수지(the public sector balance), 순채무(net debt) 등

	다른 재정 지표에 의해 보완되어야 한다.
3.2.4	주요 예산 사업(major budget program)의 목적과 관련한 결과는 의회에 매년 제출되어야 한다.
3.3	재정 정보(fiscal information)의 시기적절한(timely) 대외 공표에 관한 약속(commitment)이 있어야 한다.
3.3.1	재정정보의 시의적절한 발간(timely publication)은 정부의 법적 의무이어야 한다.
3.3.2	재정정보에 관한 사전 공표 일정이 발표되어야 하고, 준수되어야 한다.

4. 재정정보의 완전성에 대한 보증

4.1	재정데이터(fiscal data)는 일반적으로 받아들여질 수 있는 데이터 질에 관한 기준을 충족시켜야 한다.
4.1.1	예산 예측(budget forecasts)과 업데이트는 최근의 수입과 지출 경향, 기반 거시경제 동향, 잘 정의된 정책적 공약을 반영하여야 한다.
4.1.2	연간예산과 결산보고서는 재정데이터를 편찬하고 공표하는데 이용된 회계 베이스를 제시하여야 한다. 일반적으로 받아들여지는 회계기준이 첨부되어야 한다.
4.1.3	재정보고서에 담긴 데이터가 내적 일관성을 가지는지와 다른 출처로부터의 관련 데이터와 조화되는지 여부가 제시되어야 한다. 역사적인 재정 데이터의 개정과 데이터 분류의 주요 변화는 설명되어야 한다.
4.2	재정활동은 효과적인 내부 감시와 세이프가드에 의해야 한다.
4.2.1	공무원을 위한 행동 윤리 기준은 명확하고 잘 공표되어야 한다.
4.2.2	공공부문 고용절차와 현황은 문서화되어야 하며 관심 그룹이 접근 가능하여야 한다.
4.2.3	국제 기준에 부합하는 조달 규제(procurement regulations)가 접근 가능해야 하고, 실행에 있어 감독되어야 한다.
4.2.4	공공자산의 구매와 판매는 공개된 방식으로 이뤄져야 하고, 주요 거래는 별도로 확인 가능해야 한다.
4.2.5	정부의 활동과 재정은 내부적으로 감사되어야 하고, 감사 절차는 재검토될 수 있어야 한다 (audit procedures should be open to review).
4.2.6	국세 행정기관은 정치적 방향성에서 독립되어야 하며, 납세자의 권리를 보장하여야 한다. 또한 그들의 활동에 대해 정기적으로 국민에게 보고하여야 한다.
4.3	재정정보는 독립적인 감사를 받아야 한다.
4.3.1	재정과 정책은 행정부로부터 독립적인 국가 감사 기관 또는 그에 상응하는 기관에 의해 철저히 검토되어야 한다.
4.3.2	국가 감사 기관 또는 그에 상응하는 기관은 연간 보고서를 포함하는 모든 보고서를 의회에 제출하고, 발간하여야 한다. 향후 조치를 감독하기 위한 메커니즘이 존재해야 한다(Mechanisms should be in place to monitor follow-up actions).

4.3.3	재정 예측, 재정 예측의 기초가 된 거시경제 예측, 그리고 모든 기초적 전망치를 평가하기 위해서 독립적인 전문가가 초빙되어야 한다.
4.3.4	재정 데이터의 질을 검증하기 위해 독립기구로서의 국가통계 기관이 설립되어야 한다.

제2절 디지털예산회계시스템

1. 의미

디지털예산회계시스템(Digital Budget & Accounting System)은 국가의 재정업무 전 과정을 포괄적으로 지원하는 재정정보시스템이다. 예산의 편성과 집행, 자금 및 국유재산 관리, 결산, 성과관리 등 국가재정 전반에 대한 정보화를 통해 재정업무의 효율화를 지원하는 시스템이다. 디지털예산회계시스템은 「국가재정법」 제97조의 2에 운영근거를 두고 있는데, 해당 규정에 따르면 "기획재정부 장관은 재정에 관한 업무를 원활하게 수행하기 위하여 정보통신매체 및 프로그램 등을 개발하여 중앙관서의 장이 사용하게 할 수 있다."고 명시하고 있다.[16]

그래서 디지털예산회계시스템은 재정운용계획에서부터 예산편성과 재정집행, 회계 및 결산과 성과관리까지 재정이 투입되어 운용되는 전 과정을 정보시스템으로 구축해놓고 있다. 이는 세계은행이 권장하는 재정정보시스템(FMIS: Financial Management Information System) 모델을 체계적으로 구현한 것이라고 볼 수 있다. 간단히 영문으로 d-Brain으로 불린다.

그동안 우리나라에 국가재정을 관리하는 정보통신기술 기반의 시스템이 없었던 것은 아니었다. 대표적으로 '재정정보시스템(살리미)'과 '국가재정정보시스템(NAFIS: National Finance Information System)'이 있었다. 각 시스템 모두 나름의

---

16) 「국가재정법」 제97조의 2.

기여를 하며 운용되었다. 예컨대, 2007년 당시 재정경제부의 발표에 따르면, NAFIS의 구축 및 운영(4년 6개월)에는 710억 원의 예산이 소요되었지만 NAFIS 운영으로 연간 행정비용 절감(2,035억 원/년)과 재정수입 증대(2,590억 원/년), 그리고 기타 민간비용 절감 등 연간 약 9,000억 원 내외의 비용절감 효과가 발생하였다.17) 그렇지만 보다 혁신적이고 성과중심의 재정관리를 위한 노력의 일환으로 디지털예산회계시스템이 개발되어 오늘에 이르고 있다. 그동안 재정정보시스템의 변화를 보여주는 것이 [표 11-2]이다.

[표 11-2] 재정정보시스템의 변화18)

구분	재정정보시스템 (살리미)	국가재정정보시스템 (NAFIS)	디지털예산회계시스템 (d-Brain)
개발기간	1997~1998(2년)	2001~2002(2년)	2004~2006(3년)
사용기간	1999~2002(4년)	2003~2006(4년) * 결산제출을 위해 07.6까지 사용	2007~현재
개발·운영비	180억 원 (개발비 115억 원, 운영비 65억 원)	710억 원 (개발비 448억 원, 운영비 262억 원)	600억 원 (개발비)
관련법	예산회계법	국고금관리법, 예산회계법	국가재정법, 국가회계법(제정예정)
시스템 개요	• 단식부기·현금주의 지원 • 국고업무의 정보화	• 단식부기·현금주의 지원 • 발생주의 시범지원	• 발생주의·복식부기 기반
의미	• 정부 최초의 재정관리 시스템	• 웹기반의 실시간 재정관리 체제 • 재정혁신 과제 추진	• 재정통합정보관리체계 • 중앙과 지방재정 포괄
주요성과	• 수작업 업무체제를 정보화체제로 전환	• 재정현황관리: 연단위 → 일/월단위 파악 • 전자납부·전자이체 등 대국민편의개선	• 재정성과관리 기반마련

---

17) 재정경제부(2007). "국가재정정보시스템(NAFIS) 운영 종료", 7월 24일자 보도자료.
18) 재정경제부(2007). "국가재정정보시스템(NAFIS) 운영 종료", 7월 24일자 보도자료.

[그림 11-1] 디지털예산회계시스템의 운영 흐름도[19]

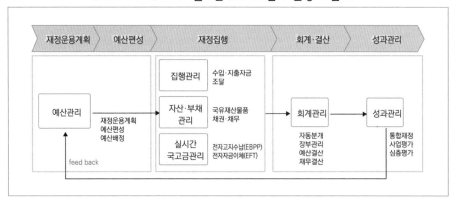

    디지털예산회계시스템은 특히 재정이 전략적으로 배분되고 성과중심으로
운영되는 것을 중요하게 여기고, 사업관리시스템 중심의 실시간 업무연계는 물
론 재정수입과 지출의 실시간 관리도 가능하게 하고 있다. 그리고 감사원, 한국
은행, 지방재정정보시스템, 지방교육재정정보시스템 등과 같은 외부시스템들과
도 재정정보를 연계하고 있다. 전반적인 운영 흐름도는 [그림 11 – 1]과 같다.
    국가재정시스템으로서 이러한 디지털예산회계시스템은 2017년에 IT서비
스 관리에 관한 국제 표준인 ISO20000 인증을 획득하였다. ISO20000은 IT서비
스의 체계적인 운영 및 품질관리를 위해 국제표준화기구(ISO)에서 정립한 국제
표준 인증규격을 말한다. 이에 대한 인증획득은 디지털예산회계시스템이 국제
표준 규격에 부합함을 대외적으로 공인받은 것을 의미한다.[20] 그래서 이 시스
템은 국제개발협력의 사례로도 활용되고 있다. 실제로 우리나라의 발전경험을
공유하는 KSP(Knowledge Sharing Programme) 사업의 일환으로 개발도상국가들에
게 디지털예산회계시스템의 개발 및 구축과 운용 노하우를 전수하기도 하였
다. 그 실적을 보면 2009년에 11건, 2010년에는 16건, 2011년에는 20건이며,

19) 기획재정부(2017). "디지털예산회계시스템(d – Brain), 국제표준 ISO인증 획득", 9월 29일
자 보도자료.
20) 기획재정부(2017). "디지털예산회계시스템(d – Brain), 국제표준 ISO인증 획득", 9월 29일
자 보도자료.

2012년에는 32건으로 계속 증가하고 있다.[21]

2. 구성[22]

　　디지털예산회계시스템은 사업관리·예산·회계·통계분석 등 단위업무 시스템과 외부 연계시스템으로 구성되어 있다. 세부적으로 보면, 사업관리시스템, 예산시스템, 회계시스템, 통계분석시스템, 그리고 기존 공공부문의 재정시스템을 포괄해서 연동한 연계시스템으로 구성되어 있다. [그림 11-2]는 디지털예산회계시스템의 전체 구성을 보여주고 있다.

[그림 11-2]　**디지털예산회계시스템의 전체 구성[23]**

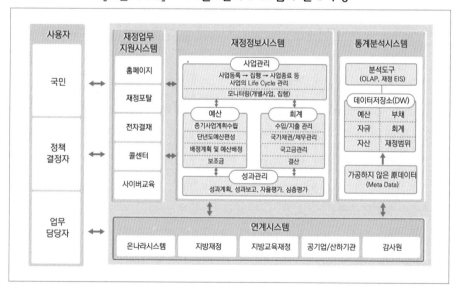

---

21) 기획재정부(2013). "기획재정부 'd-Brain', 세계 최고의 통합재정시스템으로 우뚝: 올해 UN 공공행정상(정보화시대 정부접근 방식 분야) 대상 수상", 5월 14일자 보도자료.
22) 아래 이어지는 내용은 한국재정정보원(www.kpfis.or.kr)의 설명 자료에 기반해서 작성하였다.
23) 한국재정정보원(www.kpfis.or.kr).

우선 사업관리시스템은 모든 재정사업의 시작부터 종료까지의 전 과정을 관리하며, 개별사업 및 집행내역 등 사업현황을 실시간으로 파악할 수 있게 해준다. 사업의 라이프 사이클(Life-Cycle)을 한 눈에 알 수 있게 해주는데 도움이 되는 시스템이다. 업무절차 및 관련 정보를 제공하고 예산·회계시스템과 연계되어 있어서 편리하게 이용할 수 있다.

예산시스템에서는 예산편성과 집행에 관한 주요 활동들이 이루어진다. 예산시스템을 통해 국가재정운용계획을 수립하고 이 계획에 따라 지출한도를 설정한 후, 각 부처별로 예산요구안을 작성하게 된다. 이에 재정당국은 사업별 집행상황, 성과정보, 예비타당성 정보를 검색하여 부처 요구안을 검토한 후 정부 예산을 확정하게 된다. 예산시스템은 자원의 효율적 배분과 소득재분배의 기반이 된다.

통계분석시스템은 분야별·부처별·기능별 등 여러 측면에서 통계분석을 수행하는 기능을 가지고 있다. 과거 실적과 현황 그리고 예측 등 다양하고 정확한 통계분석 자료를 제공하여 정부의 정책 결정이 올바르게 이루어질 수 있도록 지원하는 시스템이다. 통계분석의 결과는 국민들에게 상세한 정보를 투명하게 제공하는데 기여한다.

회계시스템은 재정자금 집행과 동시에 발생한 거래를 실시간으로 계정별 거래유형을 통하여 자동으로 분류(자동 분개)처리한 후, 해당 프로그램별로 원가를 계산하여 성과관리에 활용되도록 해주는 시스템이다. 자금관리는 물론이고 자산과 부채관리 등도 함께 이루어진다. 이 역시 실시간 재정관리가 가능하게 해준다. 2009년부터는 복식부기·발생주의 회계에 따라 운영되고 있다.

연계시스템은 기존 공공부문의 재정시스템을 포괄하는 것으로, 중앙부처와 지방정부, 산하기관, 공기업 등 전 공공부문의 재정정보를 투명하게 관리하는데 기여한다. 그리고 국가의 재정 전체를 통합적으로 관리하는데 유용한 시스템이다. 따라서 연계시스템은 국가재정의 전반적인 내용을 유기적이고 통합적으로 파악할 수 있게 해주기 때문에, 거시적 관점에서 우리나라 재정관리의 전체적인 흐름도를 보여주는 역할을 한다고 볼 수 있다. [그림 11-3]은 각 시스템별로 보다 세부적인 내용을 나타낸 것이다.

[그림 11-3] 디지털예산회계시스템의 세부 구성[24)]

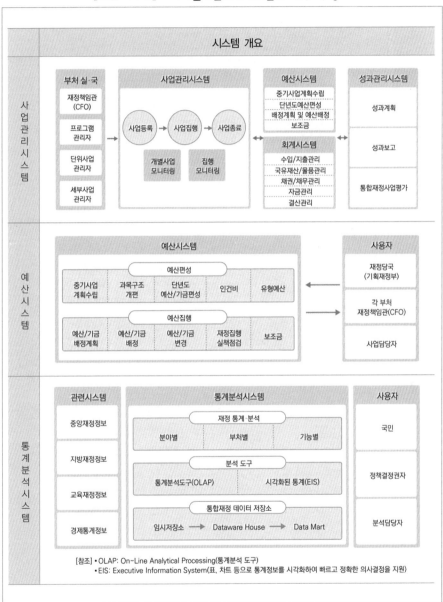

24) 한국재정정보원(www.kpfis.or.kr).

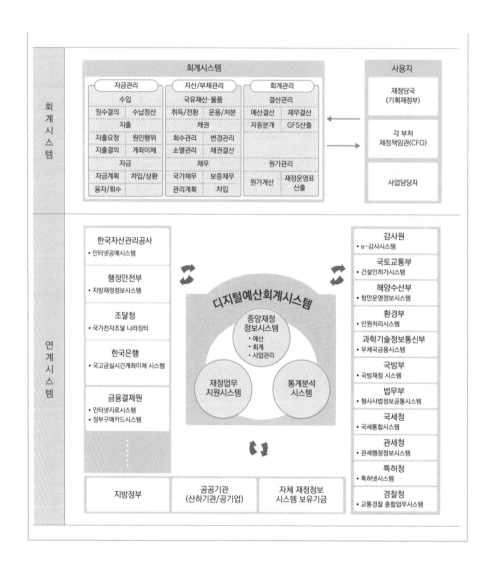

3. 특징

디지털예산회계시스템은 통합재정정보시스템으로서 정부재정활동에서 수입 발생부터 예산을 편성하고 집행하는 과정과 자금 및 국유재산관리, 그리고 결산 등 국가재정 업무의 전 과정을 포괄하고 있다. 그리고 이 과정에서 축적된 정보를 활용한 통계분석 자료도 함께 제공해준다. 그런 만큼 몇 가지 특징을 구분해서 살펴보면 다음과 같다.

첫째, 완전한 통합을 통한 사용자 편의성 및 정보의 정확성을 높여준다. 수입과 지출 그리고 국유재산과 결산이 한 시스템 내에 통합되어 있기 때문에 자동분개(auto journalizing) 기능을 통해 각종 원장(대장, ledger) 및 결산정보 등이 사용자의 추가입력 없이 관리된다. 예컨대, 사무기기 등을 취득한 후에 해당물품 등록을 위한 별도의 정보입력이 없이도 조달 및 지출절차를 정상적으로 수행 시 물품대장에 자동등록된다. 사용의 수월성을 높인 것이다. 그리고 예산요구 시 입력했던 정보가 이후의 예산편성과 집행단계까지 계속 연계되는 등 동일정보의 중복입력 소요를 방지하기 때문에 재정정보의 정확성을 높이기도 한다.[25]

둘째, 완전한 전산화를 통한 대국민 편의성 및 투명성을 제고한다는 점이다. 예컨대, 전자고지·수납시스템(EBPP: Electronic Bill Presentment and Payment) 기능을 통해 담당 공무원과의 대면 없이 인터넷 뱅킹, ATM 등 다양한 방법으로 세금, 과태료 등을 납부 가능하도록 하고 있다. 그리고 조달청의 '나라장터' 시스템과 연계하여 투명하고 공정한 입찰 및 계약을 가능하도록 하고, 전자자금이체(EFT: Electronic Funds Transfer) 기능을 통해 국고계좌로부터 민간업체의 계좌로 자금이체도 가능하다.[26]

---

25) 기획재정부(2013). "기획재정부 'd-Brain', 세계 최고의 통합재정시스템으로 우뚝: 올해 UN 공공행정상(정보화시대 정부접근 방식 분야) 대상 수상", 5월 14일자 보도자료.

26) 기획재정부(2013). "기획재정부 'd-Brain', 세계 최고의 통합재정시스템으로 우뚝: 올해 UN 공공행정상(정보화시대 정부접근 방식 분야) 대상 수상", 5월 14일자 보도자료.

셋째, 재정혁신을 뒷받침한다. 재정혁신을 위해서는 운영 및 관리에 따른 진단과 성과분석 등에 대한 재정정보가 필요하다. 그리고 그 정보의 질도 중요하다. 디지털예산회계시스템에서는 이에 대한 일정한 역할을 하고 있다. 즉, 디지털예산회계시스템은 기본적으로 국가재정운용계획수립, 예산총액배분 자율편성제도, 성과관리예산제도 등 재정혁신을 지원하기 위해 프로그램 예산체계를 기반으로 구축되었고, 자금과 자산·부채를 상호 연계관리하고 국가재정의 재무정보를 정확히 산출할 수 있도록 복식부기·발생주의 회계제도를 반영하여 재정위험관리 기반을 마련하고 있다.[27] 따라서 이러한 시스템 구축과 그에 따른 정보에 기반해서 재정혁신에 기여하게 된다.

넷째, 재정활동의 주요 기능인 수입, 예산, 국유재산 및 물품, 회계결산, 통계분석의 특징을 간략히 보면 다음과 같다. 이는 앞서 디지털예산회계시스템의 구성에서 각 시스템별 내용에 부합하는 것으로, 그 중 재정의 주요 기능별로 살펴보는 특징이다. 먼저 수입의 경우 대량징수기관(국세청, 관세청, 경찰청) 자체 시스템 및 금융망(금융결제원, 한국은행)과의 연계를 통해 국가수입을 총괄관리함으로써 편의성과 청렴도를 높인다. 예컨대, 전자고지·수납시스템(EBPP)을 탑재하여 납부편의성을 대폭 개선하고 부정부패를 사전에 차단할 수 있다. 그리고 예산의 경우 국가의 중장기 및 단기 지출계획을 수립하고 그에 따른 배정 및 집행을 관리할 수 있게 된다. 그래서 예산편성부터 집행까지 단일시스템 내에서 처리할 수 있게 되어 그 결과 자료의 중복입력이 불필요해짐으로써 정확성과 편리성이 개선된다. 국유재산 및 물품의 경우 예산·수입 등 타 단위시스템과의 통합으로 국가자산의 취득, 처분, 전환, 운용 등의 체계적 관리를 지원할 수 있게 된다. 국고금, 국유재산, 채권, 채무 등도 시스템상에서 관리할 수 있다. 회계결산의 경우 재정운용과정에서 발생하는 거래정보를 실시간으로 회계처리하여 원활한 결산이 이루어질 수 있도록 한다. 수입·지출, 자산취득·처분 등 거래정보를 자동 분개하여 회계 관련 전문지식이 없는 공무원도 손쉽게 회계 및 결산업무가 가능하도록 하고 있다. 통계분석의 경우 시스템 내 축적된

---

27) 한국재정정보원(www.kpfis.or.kr).

재정정보를 활용하여 재정현황을 분석하고, 이를 통해 정책결정을 지원함으로써 재정데이터 분석 기반의 효과적인 정책수립을 가능하게 한다.[28]

이와 같이 디지털예산회계시스템은 여러 특징들로 인해 현재에도 유용하게 사용되고 있다. 2013년 기준으로 시스템의 사용자는 중앙행정기관·지방자치단체 국고관리 담당 공무원 등 그 숫자가 55,000명(일평균 1.5만 명)에 이르고, 일평균당 업무처리는 36만 건이며 약 5.8조 원의 이체를 처리한다. 그리고 디지털예산회계시스템은 일정한 성과를 보이기도 하는데, 2013년에는 UN 공공행정상(UN Public Service Award) 대상에 선정되기도 하였다. UN 공공행정상은 매년 우수한 공공정책과 제도를 선정해서 각 부문별(Preventing and Combating Corruption in the Public Service, Improving the Delivery of Services, Fostering Participation in Policy-Making Decisions Through Innovative Mechanism, Promoting Gender Responsive Delivery of Public Services, Promoting Whole-of-Government Approaches in the Information Age)로 시상을 하는데, '정보화시대 정부 접근방식 제고(Promoting Whole-of-Government Approaches in the Information Age)' 부문에서 대상인 1위에 선정되었다.[29]

하지만 디지털예산회계시스템 역시 계속 수정 및 발전시켜 나가야 한다. 시스템상의 문제점도 지적될 수 있지만, 사용자 대상으로 실시한 설문조사의 결과는 앞으로 수정과 보완되어야 할 부분이 무엇인지를 알려주고 있다. 공공부문 사용자 총 235명을 대상으로 설문조사를 한 결과에 따르면, 시스템의 질, 사용의 편리성과 속도, 정보의 질, 정보의 충분성 등에 대해 보통 수준의 만족도를 보이거나 그보다 낮은 만족 수준을 보이기도 하였다. 시스템 활용의 경우도 입법부의 경우 높지 않은 수준이었다. 그리고 디지털예산회계시스템의 구성 시스템 중 하나인 통계분석시스템의 활용도도 낮은 것으로 나타났다. 하지만 시스템의 효과와 관련해서 재정정보의 투명성에 대한 만족도는 상당히 개

---

28) 기획재정부(2013). "기획재정부 'd-Brain', 세계 최고의 통합재정시스템으로 우뚝: 올해 UN 공공행정상(정보화시대 정부접근 방식 분야) 대상 수상", 5월 14일자 보도자료.

29) 기획재정부(2013). "기획재정부 'd-Brain', 세계 최고의 통합재정시스템으로 우뚝: 올해 UN 공공행정상(정보화시대 정부접근 방식 분야) 대상 수상", 5월 14일자 보도자료.

선된 것으로 나타났고, 효율성에 대한 만족도도 어느 정도 개선된 것으로 나타났다.[30] 따라서 디지털예산회계시스템은 과거의 시스템들보다 장점이 많은 것은 분명하지만 이 역시 계속 보완하며 발전시켜 나가야 한다.

제3절   지방재정관리시스템과 국고보조금통합관리시스템

1. 지방재정관리시스템

지방재정관리시스템은 지방자치단체의 예산·계약·지출·결산·성과평가 등 재정활동 업무의 전 과정을 표준화된 정보시스템으로 구축해서 지방재정 업무의 효율성을 높이기 위한 목적에서 도입된 시스템을 말한다. 'e호조'라고 불린다. 지방재정관리의 기본 시스템이라고 볼 수 있다. 이 역시 법적 근거에 기반하고 있는데 「지방재정법」 제96조의 2에 따르면, "① 지방자치단체의 장은 대통령령으로 정하는 사유가 없으면 지방재정에 관한 업무 전반을 행정안전부 장관이 정하는 정보시스템을 통하여 처리하여야 한다. ② 행정안전부 장관은 지방재정 운용상황 공개와 통합공시 등에 필요한 정보시스템을 개발·운영하여야 한다. 이 경우 지방공기업 및 지방자치단체 출자·출연기관의 경영상황을 포함할 수 있다."로 되어 있다.[31] 이에 근거해서 2006년에 구축되기 시작해서 2008년에 도입되었다.

현재 지방재정관리시스템은 시·군·구와 시·도 간 그리고 시·도와 중앙행정기관 간 유관 업무시스템과 정보연계를 통해 국가 및 지방자치단체의 재정분석과 통계관리 등을 하고 있다. 이를 통해 실질적인 정책 수립에 지원되도

---

30) 황혜신(2010). 『통합재정정보시스템(디지털예산회계 시스템) 평가 및 개선방안』, 한국행정연구원.

31) 「지방재정법」 제96조의 2.

록 하고 있다. 지방재정관리시스템의 업무현황은 15개 업무로 나누어 볼 수 있
는데, 이에 대해서는 [표 11-3]과 같다. 재정계획관리, 예산관리, 지출관리,
자금관리, 수입관리, 계약관리, 자산관리, 부채관리, 재무결산관리, 원가관리,
상시모니터링, 통합재정통계, 재무통계분석, 기준정보, 사업관리카드가 해당된

[표 11-3] **지방재정관리시스템의 업무현황**[32)

업무영역	주요기능
재정계획관리	사업관리, 중기재정계획관리, 투·융자심사관리, 업무지침, 기타 심사관리
예산관리	예산기준정보관리, 예산편성관리, 예산(재)배정관리, 예산변경관리, 예산결산, 예산개요, 재정공시, 재정연감, 재정분석, 사전위기관리
지출관리	지출품의관리, 지출원인행위관리, 지출결의관리, 지급명령관리, 일상경비관리, 전자자금이체관리, (e-뱅킹), 지출결산관리, 조기집행관리, 복지급여연계
자금관리	자금계획관리, 자금배정관리, 자금수지관리, 자금운용관리, 자금조달관리, 자금마감관리
수입관리	보조금관리, 교부세관리, 채권관리, 기금수입관리, 수입대체경비관리
계약관리	계약요청관리, 입찰 및 낙찰관리, 계약대장관리, 대금지급, 검사(수)관리, 결산관리, 공사하자관리, 계약심사관리
자산관리	고장자산관리, 결산관리, 공통관리
부채관리	지방채관리, 기타채무관리, 채무현황 및 채무통계, 세입세출외현금관리, 부채결산, 기준정보관리
재무결산관리	기준정보관리, 회계결의관리, 장부관리, 마감 및 결산관리, 이월관리, 개시재무제표관리, 결산조사서식관리
원가관리	원가기준정보관리, 원가대상관리, 사업수익관리, 원가귀속자산관리, 원가정보관리, 공기업특별회계원가관리, 재정운영보고서조회, 원가정보분석조회
상시모니터링	예산분야, 지출분야, 계약분야, 자금분야, 부채분야, 모니터링
통합재정통계	통합재정수지기준정보, IMF GFS 통합재정통계, 예산통계자료구축, 결산통계자료구축, 예산결산현황, 통합재정수지자료관리, 분석결과서식
재무통계분석	광역통계분석, 중앙통계분석
기준정보	코드 및 운영관리
사업관리카드	재정계획내역관리, 예산관리내역관리, 수입관리내역관리, 자금관리내역관리, 지출관리내역관리, 계약관리내역관리

32) 한국지역정보개발원(www.klid.or.kr).

다.[33) 각 업무영역별 주요 기능들은 다른 업무영역 및 타 업무의 기능들과도 연계되어 있다.

한 조사에 따르면 2017년 기준으로 243개 지방자치단체 공무원 23만 명 (1일 1.5만 명)이 1일 평균 48,000건(8,200억 원)을 지출하는 정도라고 한다. 그런 만큼 이 시스템에 대해 얼마나 만족하고 있는가가 하나의 성과가 될 수 있다. 그래서 매년 지방재정관리시스템 사용자 만족도를 조사하는데, 여기서는 목표 대비 실적의 비율로서 달성도를 평가하고 있다. 2011년부터 2017년까지의 조사에 따르면 만족도 목표달성도는 모두 100% 이상을 보이고 있다. 만족도 목표 대비 실적이 초과되었다는 의미이다. 실제 만족도 실적만을 중심으로 보면, 2011년에 77.3%였고 점점 증가하다가 2014년에 90.1%로 가장 높았고 2017년에는 88.5%의 수준을 보이고 있다.[34)

2. 국고보조금통합관리시스템

정부는 사회문제를 해결하는 대표적인 주체에 해당한다. 그러나 모든 사회문제를 직접 해결할 수 있는 것은 아니다. 정부가 재정을 운용할 때도 사회문제를 모두 해결하겠다는 목적에서 직접 하나하나 세부 예산을 편성하고 집행하려고 하지는 않는다. 당연히 직접 해야 할 일을 중심으로 예산을 편성하되, 필요하다면 국고보조금을 지원해주는 방식을 택하기도 한다.

여기서 국고보조금은 「보조금 관리에 관한 법률」에서의 보조금에 대한 정의로서, "국가 외의 자가 수행하는 사무 또는 사업에 대하여 국가가 이를 조성하거나 재정상의 원조를 하기 위하여 교부하는 보조금(지방자치단체에 교부하는 것과 그 밖에 법인·단체 또는 개인의 시설자금이나 운영자금으로 교부하는 것만 해당), 부담금(국제조약에

---

33) 한국지역정보개발원(www.klid.or.kr).

34) 류영아(2018). 지방재정 정보시스템의 현황 및 발전방안, 『한국지역정보화학회지』, 21(1): 1－29, p. 10.

따른 부담금은 제외), 그 밖에 상당한 반대급부를 받지 아니하고 교부하는 급부금으로서 대통령령으로 정하는 것"을 의미한다.[35] 현실에서 국고보조금은 보조금 이외에 부담금, 교부금, 조성비, 장려비, 위탁금 등의 명칭으로 사용되고 있으나, 이 명칭들은 개별 실정법상 명확하게 구분되는 것은 아니며 실무적으로 사용되는 용어로서는 주로 보조금으로 지칭되고 있다.[36]

정부의 재정이 보조금의 형태로도 사용되는 만큼 효율적 관리를 위해 이에 대해서도 정보통신기반의 시스템이 갖추어져 있어야 한다. 특히 전체 예산 규모에서 보조금이 차지하는 비중이 적지 않다면 그에 대한 적절한 관리는 더욱 필요하다. [표 11-4]와 같이 실제로 확정예산 대비 보조금이 차지하는 비중이 적지 않고, 최근에는 점점 증가하는 추세이기도 하다.

[표 11-4] 예산 대비 국고보조금의 비중[37]

(단위: 조 원)

연도	확정예산	보조금	보조금 비중
2019년	469.4	77.8	16.5%
2018년	428.8	66.9	15.6%
2017년	400.5	59.6	14.9%
2016년	386.7	60.3	15.6%

실제로 2019년을 기준으로 중앙정부의 모든 부처들은 다양한 목적과 이유로 적지 않은 보조금을 집행하고 있다. 한 예로 보건복지부는 상대적으로 다른 부처들보다 보조금의 비중이 높은데, 그 정도는 약 47.7%이다. 정도의 차이가 있을 뿐이지 다른 부처들도 보조금의 비중이 적지 않은 것은 마찬가지이다. 중요한 것은 정부예산에서 국고보조금이 중요한 역할로 위치하면서 재정운용

---

35) 「보조금 관리에 관한 법률」 제2조.

36) e나라도움(국고보조금통합관리시스템, www.gosims.go.kr).

37) e나라도움(국고보조금통합관리시스템, www.gosims.go.kr).

의 많은 부분을 차지한다는 사실이다.

따라서 이에 대한 관리시스템 구축의 필요성에 따라 'e나라도움'으로 불리는 국고보조금통합관리시스템이 도입되었다. 국고보조금통합관리시스템은 국고보조금의 예산 편성·교부·집행·정산 등 보조금 처리의 모든 과정을 자동화하고 정보화하여 통합적으로 관리하는 시스템을 의미한다. 이 시스템은 보조사업을 원활하게 수행하고, 보조금의 중복·부정수급을 방지하며, 보조금 서비스의 질을 높이고 보조금 관련 정보를 국민들에게 공개하기 위한 목적을 지니고 있다.[38]

국고보조금통합관리시스템은 「보조금 관리에 관한 법률」 제26조의 2에 따른 것으로, "기획재정부 장관 및 중앙관서의 장은 보조사업을 원활하게 수행하고 보조금의 중복 수급이나 부정 수급을 방지하기 위하여 보조금 통합관리망을 구축하여야 하고, 보조사업 및 보조사업자의 선정, 보조사업의 집행 및 사후관리 등에 관한 구체적인 기준을 마련하는 등 필요한 조치를 하여야 한다."에 그 근거를 두고 있다. 그래서 2016년 2월에 시스템 구축에 착수하여 2017년 1월에 예산의 편성, 교부, 집행 등 주요 기능을 개통하고 같은 해 7월에 중복·부정수급 검증, 정보공개 등을 포함하여 전체 기능을 개통하였다.[39]

국고보조금통합관리시스템을 통해 보조사업을 관리하는 모습은 [그림 11-4]와 같다. ① 중앙부처·지자체 보조사업 담당자, 민간보조사업자 등의 보조사업 공모 후, ② 사업신청이 이루어지면 신청자 자격검증이 이어지고, ③ 이어서 사업자를 선정하고 결과를 통지하는 모습으로 보조사업 절차 전반이 시스템으로 이루어진다.[40]

---

38) e나라도움(국고보조금통합관리시스템, www.gosims.go.kr).
39) 기획재정부(2017). 『2018년 국고보조금 통합관리시스템 운영계획』, 기획재정부.
40) e나라도움(국고보조금통합관리시스템, www.gosims.go.kr).

[그림 11-4] **보조사업 관리시스템**[41)]

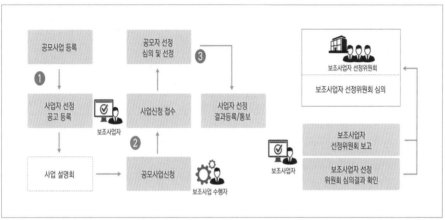

41) e나라도움(국고보조금통합관리시스템, www.gosims.go.kr).

제12장

재정분권

제12장

재정분권

1. 재정분권의 의미

재정분권(fiscal decentralization)은 중앙정부가 지방정부에게 재정적인 권한과 기능을 이양하는 것을 말한다. 재정분권은 일종의 전략(strategy)으로 사용되기도 하고, 지방정부의 개선된 관리 및 행정 역량에 따라 자연스럽게 이루어지는 것이기도 하다.[1] 한 국가의 재정이 중앙에만 집중되어 운영되고 관리되는 것은 효율성과 국민의 선호 극대화 차원에서도 문제가 될 수 있기 때문에 오늘날 재정분권은 다양한 이유에서 다양한 수준으로 요구되고 있다.

실제로 재정분권은 지방행정이 지역 주민들에게 더 가까이 다가가게 해주는 역할을 한다. 지역밀착적인 공공서비스 제공의 여건이 좋아지게 되면 사람들이 실질적으로 더 선호하는 서비스를 제공받게 되고 이를 통해 전체 인구의

---

1) Bahl, Roy and Sally Wallace(2005). Public Financing in Developing and Transition Countries, *Public Budgeting & Finance*, 25(4s): 83–98, p. 87

후생과 복지가 향상되는 결과를 낳을 수 있다. 특히 중앙정부의 과세권(taxing power) 제한을 통해 생긴 지방정부들 간의 조세경쟁은 주민들의 효용을 높여서 사회 전반적인 복지를 증대시킨다.[2] 그리고 지방정부에 수입증대를 가져올 수도 있는데, 이는 재정분권화가 전반적인 조세 저변을 확대시킬 수 있기 때문이다.[3] 또 지역의 경제발전에 자극이 되어 지역경제를 이끌 수도 있다. 지역주민들에게 필요한 공공서비스를 지역 내 투자나 지출을 통해 제공한다면 지역경제에도 도움이 되기 때문이다. 그리고 재정분권 중 특히 재정수입의 분권화가 경제성장과 관련된다는 경험적인 연구결과도 존재한다.[4]

물론 재정분권이 좋은 점만 존재하는 것은 아니다. 재정분권화로 인해 거시 경제적 통제가 어려워질 수 있다. 재정적으로 분권화되어 있으면 재정적자 상황에 세금인상이나 지출삭감 등의 조치에 빠르게 대응하기가 어려워지는 것이다. 그리고 국가 차원의 인프라 개발과 투자에 대해 중앙정부의 통제력이 약화될 수 있다. 재정분권은 지역에 관련된 자본투자에 더 관심을 두기 때문이다. 또한 재정분권은 지역적 균등을 이루는데 한계가 되기도 한다. 지역별 여건에 따라 상황이 다르기 때문에 균등화를 위한 정책을 사용하는 것이 쉽지 않다. 오히려 재정분권이 덜 되어있다면 중앙정부가 균등화를 위한 과감한 정책을 펼 수 있지만 재정분권화가 이루어진 경우에는 그렇게 시도하는 것이 쉽지 않다.[5] 그리고 재정분권을 지지하는 입장에서 강조하는 재정분권과 경제성장 간의 관계에 대해, 재정분권 중 지출분권화는 경제성장과 의미 있는 관계가

2) Brennan, G. and Buchanan, J.(1978). Tax instruments as constraints on the disposition of public revenues, *Journal of Public Economics*, 9(3): 301－318.

3) Bahl, Roy(2008). Promise and Reality of Fiscal Decentralization, 1－26, In, Shinichi Ichimura and Roy Bahl, *Decentralization Policies in Asian Development*, World Scientific, pp. 2－3.

4) Cantarero, David and Patricio Perez Gonzalez(2009). Fiscal Decentralization and Economic Growth: Evidence from Spanish Regions, *Public Budgeting & Finance*, 29(4): 24－44.

5) Bahl, Roy(2008). Promise and Reality of Fiscal Decentralization, 1－26, In, Shinichi Ichimura and Roy Bahl, *Decentralization Policies in Asian Development*, World Scientific, pp. 4－6.

아니라는 경험적 연구결과도 존재한다.[6]

2. 지방재정의 기본 구조

재정분권을 이해하기 위해서는 지방재정의 기본 구조에 대한 사전 지식이 필요하다. 재정분권의 의미가 중앙정부가 지방정부에게 재정적인 권한과 기능을 이양하는 것이기 때문에, 지방정부의 재정구조를 이해하는 것은 재정분권의 대상에 대한 이해이기도 하다.

지방재정은 [그림 12−1]과 같이 크게 지방통합재정과 지방교육재정으로 나누어진다. 지방통합재정은 지방자치단체가 관리하는 일반회계와 기타특별회계 및 기금과 지방공기업의 공기업특별회계를 포함한 재정을 말한다. 우리나라의 경우 2013년부터 IMF 기준에 따라 지방통합재정을 발표하고 있다. 그리고 이와 함께 교육자치를 실시하는 우리나라에서는 지방교육재정도 있다. 지방교육재정은 교육비특별회계로 이루어져 있고, 교육자치단체에 의해 운용된다. 지방재정의 범위에 이 모두를 포함시킨다면 지방통합재정과 지방교육재정의 합이 지방재정이 된다.

그러나 흔히 지방재정의 범위를 말할 때 지방통합재정에 한정하는 경우가 많다. 앞에서도 언급했듯이 지방통합재정은 자치단체가 직접 관리하는 회계로 일반회계, 기타·공기업특별회계와 기금을 포함한 전체 순수 재정활동을 말하며, 이때 지방교육재정(교육비특별회계)은 지방통합재정의 통계대상에서 제외된다. 행정안전부도 지방통합재정에 관한 정보를 별도로 제공해주고 있을 만큼 지방통합재정을 중요한 재정통계 분야로 다루고 있다. 그러나 한편에서는 지방통합재정만으로 지방정부의 실질적인 통합재정통계 산출이 곤란한 면도 존재한

---

6) Cantarero, David and Patricio Perez Gonzalez(2009). Fiscal Decentralization and Economic Growth: Evidence from Spanish Regions, *Public Budgeting & Finance*, 29(4): 24−44.

[그림 12-1] **지방재정의 범위**[7]

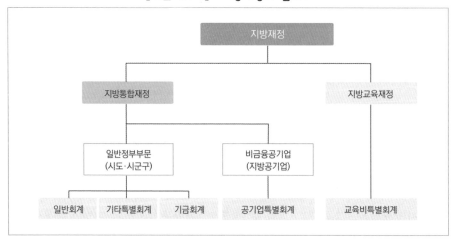

다는 입장도 있다.[8] 따라서 지방재정의 범위를 어떤 것으로 해야만 한다는 정답은 없다. 다만, 용도와 목적에 맞게 지방재정의 범위를 설정해서 그 사실과 이유를 명확하게 밝히면 된다.

[그림 12-2]는 지방재정의 두 분야인 지방통합재정(일반재정)과 지방교육재정(교육재정)의 세입과 세출 등의 세부적인 구성을 나타낸 것이다. [그림 12-1]을 더 자세히 나타낸 것이다. 사실, 기본적으로 지방재정도 중앙정부가 운용하는 국가재정과 전체적인 틀(원칙이나 원리 등)에서는 큰 차이가 없다. 다만, 국가재정과 비교할 때 지방재정의 일반회계의 세입이나 세출의 세부 내용에서는 차이가 있다. 이와 관련해서는 이어지는 제3절에서 자세히 다룰 예정인데, 세입의 경우 의존재원이 포함되어 있는 점이 그 차이점 중 하나이다. 지방정부가 모든 재원을 자체충당하기 어려운 경우 의존재원으로 충당하게 되는데 그에 해당하는 것이 [그림 12-2]에서 볼 수 있는 지방교부세와 국고보조금 등이다.

그리고 지방재정 또한 필요한 분야별 특별회계를 따로 두고 있다는 것을 역시 [그림 12-2]에서 볼 수 있다. 즉, 지방정부의 특별회계는 「지방공기업법」

7) 국회예산정책처(2018). 『대한민국 지방재정 2018』, 국회예산정책처, p. 49.
8) 행정자치부(2016). 『2017년도 지방자치단체 통합재정개요 작성 지침』, 행정자치부, p. 17.

[그림 12-2] **지방재정의 세부 구성9)**

에 따른 지방직영기업이나 그 밖의 특정사업을 운영할 때 또는 특정자금이나
특정세입·세출로서 일반세입·세출과 구분하여 회계처리할 필요가 있을 때
법률이나 조례로 설치할 수 있다.10) 현재 우리나라의 경우 지방재정에 공기
업특별회계와 기타특별회계를 두고 있다. 지방재정의 기금 역시 마찬가지이
다. 국가재정의 기금 설치 규정과 비슷하게, 지방자치단체는 행정목적을 달성
하기 위한 경우나 공익상 필요한 경우에는 재산을 보유하거나 특정한 자금을
운용하기 위한 기금을 설치할 수 있다.11) 2017년 말을 기준으로 할 때, 우리나
라 지방자치단체의 총 기금 수는 2,323개이고 기금조성액은 약 33조 6,127억

---

9) 국회예산정책처(2018). 『대한민국 지방재정 2018』, 국회예산정책처, p. 16.
10) 「지방재정법」 제9조.
11) 「지방자치법」 제142조.

[그림 12-3] 재정흐름[12]

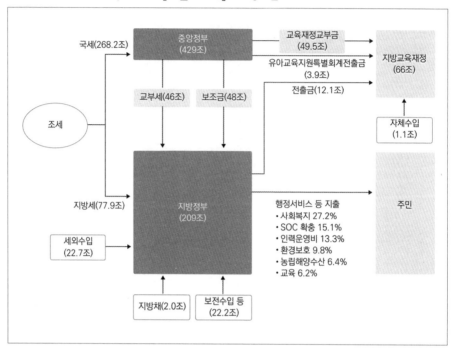

원이다.

재정분권은 기본적으로 재정의 흐름에 따라 이루어진다. 지방재정을 중심으로 그 흐름을 보면 재정분권의 맥락을 이해할 수 있다. 그런 점에서 [그림 12-3]은 2018년도의 지방재정 사례를 중심으로 실제적인 재정흐름을 간략히 나타낸 것이다. 조세수입이나 중앙정부로부터의 재원 이전에 따른 흐름이나 지방채 발행과 보전수입 등에 대한 흐름들을 보여주고 있다. 주요 지출흐름도 나타나있다.

한편, 지방재정 운용의 기본 원칙이 있다. 지방재정의 기본 구조 하에서 다양한 재정활동이 이루어지고, 그 중 하나인 재정분권 역시 지방재정의 운용이라는 점에서 지방재정 운용의 기본 원칙을 고려해야 한다. 그 원칙 중 하나는, 지방자치단체는 주민의 복리 증진을 위하여 그 재정을 건전하고 효율적으로 운용하여야 하며 국가의 정책에 반하거나 국가 또는 다른 지방자치단체의 재정에 부당한 영향을 미치게 해서는 안 된다는 점이다. 그리고 지방자치단체는 예산이 여성과 남성에게 미치는 효과를 평가하고, 그 결과를 지방자치단체의 예산에 반영하기 위하여 노력해야 한다는 점이다.[13]

제2절 재정분권 이론

1. 보충성의 원리[14]

보충성의 원리는 재정분권에 부합되는 하나의 원칙이 된다. 보충성의 원리(subsidiarity principle)란 1992년에 유럽공동체(European Communities)의 회원국들 간에 체결된 유럽연합(European Union) 창설에 관한 조약인 마스트리히트 조약(Treaty of Maastricht)에서 도입된 원칙으로서, "하위 단위에 의해 만족할만하게 추구될 수 있는 기능의 수행은 상위 단위가 담당해서는 안 되며, 하위 단위가 충분히 만족시킬 수 없는 기능의 수행에 대해서만 상위 단위가 행하는 것"을 의미한다. 하위 단위와 상위 단위가 있을 때 하위 단위의 우선을 고려하는 원칙이다. 보충성의 원리가 EU에 도입된 이유는 EU의 제도적 변화 및 발전 과정에서 나타났던 중앙집권적 발전과정을 경계한 회원국들이 자국의 이익을 보호할 수 있는 제도적 장치를 마련하기 위해서였다. 유럽연합의 중앙집권적 움직임을 방지하려 했던 것이다.[15]

---

13) 「지방재정법」 제3조.

14) 보충성의 원리에 대한 내용은 '김민주(2019). 『공공관리학』, 박영사, pp. 238 – 239'의 내용을 발췌해서 일부분을 보충 및 보완하여 작성하였다.

15) 문용일(2009). EU 권한분배와 보충성 원칙의 실제적 적용, 『세계지역연구논총』, 27(1): 219 – 253, p. 220.

이 원리는 분권적 원칙으로 해석되며 널리 인용되고 있다. 즉, 모든 정치, 경제, 사회적 행위에서 보다 작은 단위의 공동체가 우선권을 가지며, 상위의 공동체는 이들 하위 단위체가 수행하지 못하는 영역에 한해서 보조를 해주는 원리로 이해되고 있다.16) 조직 내 관리의 영역으로 볼 때 행동과 결정의 우선 권이 조직 내 작은 단위에게 있고, 작은 단위로 해결될 수 없는 사항에 한해서 차상급단위가 담당하고, 차상급단위가 해결하지 못한다면 그 위의 상급 단위 가 담당하는 것이다. 상급 단위의 관여는 하급단위가 충분히 수행할 수 없을 때에만 정당화되고 이때의 관여는 한정된 범위에서 보충적이고 보조적인 형태 이다. 조직 내의 작은 단위들이 갖는 우선권이란 곧 분권지향적 관리를 가능하 게 하는 장치가 된다는 것이다.

중앙과 지방의 관계를 놓고 볼 때도 마찬가지이다. 중앙정부가 상위 단위 가 되고 지방정부가 하위 단위가 된다. 행동의 우선권은 현장에 위치한 지방정 부(예: 기초자치단체)에 먼저 주어져 있고 지방정부가 해결하기 어려운 일이라면 그 일을 해결하는데 도움을 주는 선에서 상위 지방정부(예: 광역자치단체)가 관여 하게 된다. 상위 지방정부도 해결하기 어렵거나 만족할 만한 수준으로 해결하 지 못하면 그 상위에 위치한 중앙정부가 지역의 문제에 관여하게 되는 것이다. 이처럼 지방정부 우선의 행동원칙을 나타내는 보충성의 원리는 재정분권의 필 요성을 강조하는 이론이 된다. 지방정부 우선의 행동은 재정여건의 마련이 그 전제가 되어야 하기 때문에 그 전제를 충족시켜주는 재정분권이 강조되는 것 이다.

보충성의 개념은 이미 아리스토텔레스에서부터 프루동(Proudhon)과 토크빌 (Tocqueville)에 이르기까지 여러 학자들에 의해 사용된 것으로 알려지고 있다.17) 이후 다양하게 활용되거나 그 의미가 재생산되며 이어지고 있는데, 중요한 것 은 탈중앙집권적 원리로서 기능하고 있다는 점이다. 따라서 보충성의 원리는

---

16) 문용일(2009). EU 권한분배와 보충성 원칙의 실제적 적용, 『세계지역연구논총』, 27(1): 219－253, p. 221.

17) 정창화·한부영(2005). 지방분권화의 이론과 원칙 탐색: 독일과 한국의 지방자치단체의 사무배분을 중심으로, 『지방행정연구』, 19(2): 35－64, p. 40.

오늘날 공공영역에서도 분권지향적인 다양한 노력의 이론적 근거로 활용되고
있으며, 재정분권의 이론으로서도 그 역할을 하고 있다.

2. 오츠의 분권화 정리

오츠(Oates)의 분권화 정리(decentralization theorem)는 공공재를 공급할 때 지
방정부가 중앙정부보다 더 효율적으로 공급할 수 있다면 지방정부가 공급하는
것이 더 적절하다는 내용을 핵심으로 한다.[18] 단, 두 가지 조건이 성립할 때이
다. 하나는 공공서비스의 혜택이 특정 구역 내의 주민들에게만 한정되어 있다
는 것이고(지리적으로 한정), 또 다른 하나는 공공서비스를 특정 구역에만 공급하
건 그보다 더 넓은 구역에 공급하건 공급 비용(서비스 단가)이 동일한 경우이다.
이런 경우라면 중앙정부가 일률적으로 넓은 구역을 대상으로 공공재를 공급하
는 것보다는 지방정부가 해당되는 지역에 최적(파레토 효율 수준)의 산출물을 공급
하는 것이 더 적절하다는 것이다. 이때 더 적절하다는 것은 더 효율적이거나,
아니면 최소한 중앙정부가 제공하는 것보다는 더 효율적이라는 의미이다. 이
는 곧 재정분담에 따른 재정분권화의 이론적 논거가 된다.

오츠의 분권화 정리는 앞부분의 보충성의 원리와도 같은 맥락이다. 그리
고 재정연방주의(fiscal federalism)에 근거하고 있는 내용이기도 하다. 재정연방주
의는 재정운영과 관련하여 정부 권력의 분산에 따라 상이한 계층의 정부 각각
의 권한을 인정하는 체제를 말하는 것으로, 중앙정부는 경제안정과 소득재분
배와 순수 공공재 배분과 같은 기능을 담당하고, 정체되고 혼잡을 야기하는 지
역의 공공재(congestible public goods) 배분은 지방정부가 담당하는 것이다. 상이
한 계층의 정부가 가장 효율적으로 수행하는 형태로 재정운영을 분담하는 이

18) Oates, W. E.(1972). *Fiscal Federalism*, New York: Harcourt Brace Javanovich; Oates, W. E.(1999). An Essay on Fiscal Federalism, *Journal of Economic Literature*, 37(3): 1120－1149.

러한 재정연방주의는 공공서비스 제공의 책임성 확보에 기여하고 조세와 지출의 원천을 일치시키려는 노력에도 해당된다.

그런데, 오츠의 분권화 정리에서 전제하고 있는 두 조건이 성립되지 않을 때는 지방정부가 공공서비스를 공급하는 것이 효율적이지 않을 수도 있다. 예컨대, 첫 번째 조건인 특정 구역 내로 한정된 영향이 아닌 외부효과가 발생하는 경우이다. 외부효과가 발생한다면 특정지역 내에서만 영향이 생기는 공공서비스가 아니기 때문에 반드시 지방정부에 의한 공공서비스 제공이 효율적이지 않을 수 있다. 특히 외부효과의 범위가 매우 넓어서 전국에 이른다면 이때는 중앙정부에 의한 공공서비스 제공이 더 적절하다. 그리고 두 번째 조건이 성립되지 않을 때도 생각해 볼 수 있다. 만약 지방정부로서는 달성하기 힘든 규모의 경제(economy of scale)가 중앙정부에 의한 공공서비스 제공으로는 발생될 때이다. 공공서비스의 공급 단가가 규모의 경제에 따라 훨씬 효율적이게 된다면, 지방정부보다는 중앙정부가 해당 공공서비스를 공급하는 것이 더 효율적이게 된다.

3. 티부 모형: 발로 하는 투표

티부(Tiebout) 모형에서는 공공재의 선택을 시장에서 이루어지는 소비자의 선택과 유사한 상황으로 설명한다.[19] 시장경제에서 개인들이 가격에 따라 사적재화를 구매해서 효용을 얻게 되는 것과 같이, 개인들이 지역 이동을 통해 각자 선호하는 지역공공재를 선택하게 된다는 것이다. 각 지역마다 제공되는 공공재에 차이가 있다는 전제하에, 사람들은 자신들의 효용을 최대화시켜주는 공공재 공급지역을 선택하여 그곳으로 이동한다는 것이다. 그렇게 됨으로써 결국 사회 전체적으로 효율적인 공공재 배분이 이루어질 수 있다는 것이 티부

---

19) Tiebout, Charles M.(1956). A Pure Theory of Local Expenditures, *Journal of Political Economy*, 64(5): 416-424.

모형의 내용이다. 이는 개인들이 자신의 선호에 따라 공공재를 제공하는 지방
정부를 선택한다는 것으로, 공간적인 이동을 통해 자신들의 선호를 표출하는
행위라고 해서 '발로 하는 투표(voting by the feet)'로 불리기도 한다.

그렇다면 인구의 공간이동(지방정부 선택에 따른 이동)을 가능하게 하는 개인의
선호는 어떤 것에 의해 영향을 받는 것일까? 티부 모형에서 개인들이 지방정부
를 선택하는데 작용하는 선호의 요인은 조세와 공공서비스의 조합으로 구성된
재정패키지이다. 개개인은 공공재와 세율의 조합을 보고 선호하는 지역으로
이동한다는 것이다. 즉, 서로 다른 재정패키지를 공급하는 여러 지방정부가 있
을 때, 개인은 자신이 가장 선호하는 재정패키지를 제공해주는 지방정부를 선
택해서 그곳으로 이동하게 된다. 특히 소방, 교육, 경찰, 병원 등과 같은 공공
서비스 분야는 사람들이 자신의 선호에 따라 선택하는 경우가 많다. 마치 소비
자가 가장 효용을 극대화시켜주는 사적재화를 구입하는 것과 같이 주민들도
선호하는 공공서비스를 제공받아서 효용을 극대화시킬 수 있는 지방정부를 선
택하는 것이다. 이동에 따른 선택이므로 발로하는 투표나 마찬가지인 것이다.
공공서비스 제공과 조세의 조합이 좋게 구성되어 많은 사람들이 그곳으로 이
동하면 그만큼 표를 많이 받게 되는 것이다.

티부 모형을 아주 쉽게 설명하면, 사람들은 자신들이 선호하는 세금납부
(세율)와 그에 따른 공공서비스 공급 상태를 확인해서 원하는 지역으로 이동하
여 거주하게 된다는 것이다. 이러한 티부 모형의 내용은 중앙정부의 재정으로
사람들에게 공공서비스를 일괄적이고 일률적으로 제공하기보다는, 각 지역
지방정부의 다양한 방식의 공공서비스 제공이 더 중요하다는 것을 말해주고
있다. 그런 점에서 티부 모형은 재정분권의 이론적 뒷받침을 해주는 역할을
한다.

그런데, 현실적으로는 이러한 티부 모형의 내용이 성립하기 위해서는 몇
가지 조건들이 갖추어져 있어야 한다. 첫 번째, 주민들이 언제나 그리고 어디
든지 자유롭게 이동할 수 있어야 한다. 완전이동성을 말한다. 두 번째, 다양한
재정패키지를 선택할 수 있을 정도의 지방정부의 수가 충분히 많아야 한다. 이

는 충분한 선택의 기회가 존재해야 한다는 것으로, 지방정부가 충분히 많아야 가장 선호하는 것을 고를 수 있는 기회도 생긴다. 세 번째, 정보가 완전해야 한다. 사람들이 모든 지역에서 이루어지는 재정패키지에 대한 정보를 알고 있어야 한다. 네 번째, 지방정부 간에 외부효과가 존재하지 않아야 한다. 외부효과는 독립적인 그 지역만의 효용을 고려해서 선택하는 것에 방해가 된다. 다섯 번째, 공공재 공급에서 규모의 경제가 없어야 한다. 규모의 경제가 존재한다면 한 지역을 넘어서 공급되는 공공재가 더 선호의 대상이 되는 경우가 생길 수도 있다. 이는 각 지역별 공공재 공급보다는 중앙정부에 의한 공공재 공급이 더 유리함을 의미하는 것이기도 하다. 여섯 번째, 각 지역의 지방정부는 지역 인구가 적정수준에 도달해서 최저 평균 비용으로 공공재화를 생산하는 것이 가능할 때까지는 새로운 거주민을 유입하려고 한다. 기본적으로 이동에 따른 유입을 막는 것이 존재해서는 안 된다. 일곱 번째, 지방정부의 물리적 구역설정이 이루어져서 배타적 구역이 존재해야 한다. 이동의 선명함은 배타적 구역설정이 그 전제가 된다.

이러한 조건들이 만족한다면 티부 모형에서 말하는 내용에 기초하여 재정 분권의 이유는 보다 명확해지고, 사람들의 선호 극대화는 물론이고 공공재화의 효율적 배분도 가능해진다. 그런데 현실에서는 이 조건들이 제대로 충족되지 않는다. 사람들의 이동이 완전히 자유롭기에는 물리적 제약과 상황 제약이 따른다. 그리고 지방정부의 수가 충분히 많다고도 보기 힘들고, 각 지방정부에 대해 사람들이 충분한 정도로 재정패키지에 대한 정보를 가지고 있지도 않다. 많은 지방정부가 제공하는 조세부담과 공공서비스의 질에 대한 완전한 정보 수집은 물론이고 그에 대한 정확한 비교 판단을 하는 것도 쉽지 않다. 그리고 외부효과와 규모의 경제가 없다는 것도 현실적이지 않다. 인구유입의 자유로움과 배타적 구역설정도 한계가 있다. 그리고 사실 사람들은 티부 모형에서 말하는 재정패키지보다는 직업과 직장에 따라 실질적인 지역 이동을 하는 경우가 많다. 특히 직장이 어디에 위치하고 있는가에 따라 사람들의 거주지가 결정되는 경우가 많다. 따라서 티부 모형은 현실적 적용의 한계가 분명히 존재한다. 특히 지방정부별 재정패키지의 차이가 크다고 볼 수 없는 우리나라의 경우 그 한계는 더욱 명확하다.[20] 그럼에도 불구하고 티부 모형은 지역의 공공스비스 제공의 중요성을 전제하고 있다는 점에서 재정분권의 이론적 뒷받침이 되고 있다.

제3절 재정분권 제도와 지표

1. 재정분권 제도: 지방재정조정제도

1) 지방재정조정제도의 의미

중앙정부는 물론이고 지방자치단체 역시 언제나 재정, 즉 돈이 문제다. 재정이 넉넉하고 충분하다면 당장 해결될 수 있는 문제들이 많다. 그러나 현실은 그렇지 못하다. 지방자치단체가 자체충당을 통해 필요한 모든 재원을 확보하고 지출하는 것은 거의 불가능에 가까운 것이 현실이다. 재정분권을 강조하며 재원의 이전이 이루어지는 것도 지방자치단체의 부족한 재정현실을 반영한 것이다. 물론 상대적으로 부유한 지방자치단체도 있다. 문제는 바로 그 점이기도 하다. 지방자치단체 간 재정 불균형은 국민들의 공공서비스 제공의 불균형을 초래한다. 그래서 지방자치단체 간 재정력 격차를 해소하고 부족한 재원을 보충하기 위해 중앙정부가 지방자치단체로 재원을 이전하거나 혹은 광역자치단체가 기초자치단체로 재원을 이전하는 지방재정조정제도(local finance coordination scheme)를 실시하고 있다. 지방재정조정제도는 정부 간 재정적 협력 행위

---

20) 물론 우리나라의 어느 한 기초자치단체의 공무원이 직접 말해준 바에 따르면, 나이가 든 고령자 중에는 노년의 생활비를 걱정해서 노인복지에 대한 재정적 혜택이 잘 되어 있는 특정 지역으로 이사를 오는 경우가 꽤 된다고 하였다. 그 특정 지역이 바로 그 공무원이 일하고 있는 지역이다.

를 가능하게 하는 제도로서 지역주민들에게 일정 수준의 공공서비스가 제공되도록 돕는 역할을 한다.

우리나라의 지방재정조정제도에는 크게 중앙정부가 지방자치단체 또는 지방교육자치단체에 이전하는 지방교부세와 국고보조금과 지방교육재정교부금이 있고, 광역자치단체가 기초자치단체(교육자치단체 포함)에 지원하는 시·도비 보조금과 자치구 조정교부금 그리고 시·군 조정교부금, 교육청 전출금 등이 있다. 여기서 교육재정에 관한 사항은 제외하고 지방교부세, 국고보조금, 시·도비 보조금, 자치구 조정교부금, 시·군 조정교부금을 중심으로 살펴보면 다음과 같다.

2) 중앙정부의 지방재정조정: 지방교부세와 국고보조금

지방교부세와 국고보조금은 중앙정부가 지방자치단체로 재원을 이전하는 지방재정조정제도이다. 우선, 지방교부세는 1951년도에 「임시지방분여세법」 제정을 시초로 1962년에 「지방교부세법」이 제정된 이래로 현재까지 이어져오고 있다. 지방교부세는 국세수입의 일부를 지방자치단체의 행정운영에 필요한 재원으로 교부해서 재정조정을 통한 지방행정의 건전한 발전을 기하고자 하는 제도이다. 지방교부세의 종류는 보통교부세, 특별교부세, 부동산교부세, 소방안전교부세로 구분된다.[21]

보통교부세는 정률분 교부세 총액의 97%를 차지하며 지방자치단체의 기본적인 행정수준을 유지하는데 필요한 일반 재원으로 교부된다. 매년도의 기준재정수입액이 기준재정수요액에 미달하는 지방자치단체에 대해 그 재정부족액을 기초로 산정해서 교부하는 것이 보통교부세이다. 특별교부세는 정률분 교부세의 3%를 차지한다. 특별교부세는 보통교부세의 산정방법으로 포착할 수 없는 재정수요나 연도 중에 발생한 각종 재난 및 안전관리와 공공복지시설 설치 그리고 국가적 장려 사업 등과 같이 예측하지 못한 특별한 재정수요 발생 시 교

---

21) 행정안전부(2018). 『2018년도 지방자치단체 통합재정 개요』, 행정안전부, pp. 94-95.

부되는 것이 원칙이다. 보통교부세와 특별교부세는 내국세 총액의 19.24%로 산정된다. 또 다른 지방교부세로서 부동산교부세는 종합부동산세 전액이 그 대상 금액이 되며 2005년 이후 부동산세제 개편에 따라 지방자치단체의 세수 감소의 보전 및 균형발전을 지원하기 위해 교부된다. 소방안전교부세는 담배에 부과하는 개별소비세 총액의 20%로 산정되는데, 이 재원은 지방자치단체의 소방 및 안전시설 확충과 안전관리 강화 등을 지원하기 위해 교부된다. 2015년에 분권교부세가 폐지되고 소방안전교부세가 신설되었다. 당시에 담배가격이 인상되면서 담배에 부과하는 개별소비세의 20%를 지방자치단체를 지원하는데 사용하는 것으로 결정하였다.

　　국고보조금은 국가위임사무와 시책사업 등에 대해 사용범위를 정해서 그 경비의 일부나 전부를 지원하거나 재정상의 원조를 위해 재원을 교부하는 제도이다. 국고보조금은 교부금, 국고부담금, 협의의 국고보조금 등을 포괄하는 의미로 지칭되며 사용된다. 교부금은 국가의 사무를 지방자치단체에 위임했을 때 그 경비를 부담하는 경우이고, 국고부담금은 지방자치단체가 행하는 사업 중에 그 성질상 국가의 책임 정도에 따라 경비의 일부 또는 전부를 부담하는 경우이다. 협의의 국고보조금은 지방자치단체에 대해 특정 사업의 실시를 권장하거나 재정을 지원하는 것을 말한다. 이들을 모두 포괄하는 것이 국고보조금이다.[22]

　　지방교부세와 비교할 때 국고보조금은 재원의 사용 용도와 범위가 지정된다는 점이 차이점이다. 물론 지방교부세의 일부 재원의 경우 사용 용도가 지정되기도 하지만, 지방교부세의 큰 비중을 차지하는 보통교부세의 경우 재원 사용의 용도가 지정되지 않기 때문에 재원을 사용할 때 지방자치단체의 재량이 크다. 따라서 쉽게 구분하자면, 이전되는 재원에 대한 사용 용도의 지정 여부가 국고보조금과 지방교부세 간 차이가 되는 것이다.

　　[표 12-1]은 지방교부세와 국고보조금에 대한 내용을 간략히 비교해서 정리한 것이다. 2018년도 사례로 볼 때, 지방재정조정을 위해 중앙정부가 이전

---

22) 행정안전부(2018). 『2018년도 지방자치단체 통합재정 개요』, 행정안전부, p. 102.

[표 12-1]   중앙정부의 지방재정조정제도[23]

구분	지방교부세	국고보조금
근거법령	• 지방교부세법	• 보조금관리에 관한 법률
재원구성	• 내국세의 19.24% – 보통교부세: 정률분 교부세 총액의 97% – 특별교부세: 정률분 교부세 총액의 3% • 부동산교부세: 종합부동산세 전액 • 소방안전교부세: 담배에 부과하는 개별소비세의 20%	• 국가의 일반회계 또는 특별회계 예산으로 계상
용도	• 보통교부세와 부동산교부세: 용도 지정 없이 자치단체 일반예산으로 사용 • 특별교부세: 용도 지정과 조건 부여 가능 • 소방안전교부세: 특수수요는 용도 지정 가능 – 소방분야에 교부세 총액의 75% 이상 사용 규정	• 용도와 조건이 지정되어 특정 목적 재원으로 운용
배분방법	• 보통교부세: 단체별 기준재정수입액과 기준재정수요 액 산정 후 재정 부족액을 기준으로 산정·교부 • 특별교부세: 지역현안, 재난·안전관리, 국가지방협력 수요 사업에 대하여 사업의 타당성 등을 종합적으 로 심사하여 사업별·시책별로 교부 • 부동산교부세: 재정여건, 사회복지, 지역교육, 보유세 규모 등에 따라 산정·교부 • 소방안전교부세: 소방 및 안전시설 현황과 투자소요, 재난예방 및 안전강화 노력, 재정여건 등에 따라 산 정·교부	• 소관부처별 중장기 사업 계획 등을 고려하여 매년 정부예산으로 정함
성격	• 보통·부동산교부세: 일반재원(자주재원 성격) • 특별교부세: 특정재원(자주재원 성격) • 소방안전교부세: 일반 및 특정재원(자주재원 성격)	• 특정재원(이전재원 성격)

한 재원은 총 961,568억 원이다. 이 중 지방교부세는 약 459,805억 원으로 전
체의 47.8%를 차지하고, 국고보조금은 약 501,763억 원으로 전체의 52.2%를
차지한다.[24]

---

23) 행정안전부(2018). 『2018년도 지방자치단체 통합재정 개요』, 행정안전부, p. 93.
24) 행정안전부(2018). 『2018년도 지방자치단체 통합재정 개요』, 행정안전부, p. 93.

3) 광역자치단체의 지방재정조정: 보조금과 조정교부금

광역자치단체가 기초자치단체로 재원을 이전해서 재정조정을 도모하는 제도에는 시·도비 보조금, 자치구 조정교부금, 시·군 조정교부금이 있다. 시·도비 보조금은 그 재원이 시·도의 일반회계 또는 특별회계이고, 자치구의 조정교부금은 특별·광역시의 보통세 중 조례로 정하는 일정액이 되며 일반조정교부금(90%)과 특별조정교부금(10%)으로 운영된다. 시·군 조정교부금은 광역시세·도세(화력·원자력발전·특정 부동산에 대한 지역자원시설세 및 지방교육세 제외) 총액 및 지방소비세의 27%(인구 50만 명 이상의 시와 자치구가 아닌 구가 설치되어 있는 시는 47%)에 해당하는 금액이며 이 역시 일반조정교부금(90%)과 특별조정교부금(10%)으로 운영된다. [표 12-2]는 시·도비 보조금, 자치구 조정교부금, 시·군 조정교부금의 주요 내용을 정리한 것이다.

[표 12-2] 광역자치단체의 지방재정조정제도[25]

구분	시·도비 보조금	자치구 조정교부금	시·군 조정교부금
근거 법령	• 지방재정법 제23조 제2항 – 시·도는 시책상 필요하다고 인정할 때 또는 시·군 및 자치구의 재정사정상 특히 필요하다고 인정할 때에는 예산의 범위 안에서 시·군 및 자치구에 보조금을 교부할 수 있다.	• 지방재정법 제29조의2 – 특별·광역시장은 대통령령으로 정하는 보통세 수입의 일정액을 조정교부금으로 확보하여 조례로 정하는 바에 따라 해당 자치단체 관할구역의 자치구 간 재정력 격차를 조정해야 한다.	• 지방재정법 제29조 – 시·도지사(특별시장 제외)는 해당 광역시·도세, 지방소비세 금액의 27% 등에 해당하는 금액을 관할 시·군 간의 재정력 격차를 조정하기 위한 조정교부금 재원으로 확보해야 한다. • 지방재정법 시행령 제36조 – 일반재정보전금 배분시 50%는 인구수, 20%는 징세실적, 30%는 재정력을 기준으로 배분
재원	• 시·도의 일반회계 또는	• 특별·광역시의 보통세 중 조	• 광역시세·도세(화력·원

		례로 정하는 일정액
		- 서울 22.6%, 부산 22.0%,
		  대구 22.29%, 인천 20.0%,
		  광주 23.9%, 대전 23.0%,
		  울산 20.0%
		• 일반조정교부금(90%), 특별조
		  정교부금(10%)으로 운영
			자력발전·특정부동산에
			대한 지역자원시설세 및
			지방교육세 제외) 총액
			및 지방소비세의 27%
			(인구 50만 명 이상의 시
			와 자치구가 아닌 구가 설
			치되어 있는 시는 47%)
			에 해당하는 금액
			• 좌동

특별회계			

용도	• 특정한 지원대상사업 재
	  정수요 충당(용도 지정)
		• 일반조정교부금은 용도 지정
		  없이 자치단체의 일반재원으
		  로 사용
		• 특별조정교부금은 교부시 부과
		  된 조건이나 목적에 맞게 사용
			좌동

배분
방법
	• 지원사업별 사업우선순위
	  등에 의거 지원
		• 기초단체별 기준재정수입액과
		  기준재정수요액을 분석한 후
		  재정부족액을 기준으로 배분
			• 인구, 징수실적, 당해 시·
			  군의 재정력 등에 따라
			  배분

2. 재정분권 지표

지방재정을 나타내는 지표에는 여러 가지가 있다. 그 중에서도 재정분권의 수준은, 지방자치단체가 얼마나 독자적으로 재원을 조달할 수 있는가를 보여주는 정도와 중앙정부의 간여 없이 독립적으로 재정운용에 관한 의사결정을할 수 있는 정도로 보여줄 수 있다. 이에 해당되는 가장 대표적인 지표는 재정자립도와 재정자주도이며, 그 외 지방세비율, 자체세입비중, 세입분권지수, 세출분권지수 등이 있다.[26)]

재정자립도는 지방자치단체의 예산규모에서 지방세와 세외수입의 합이얼마나 차지하는가를 보여주는 지표이다. 지방세와 세외수입은 지방자치단체의 자체수입을 나타내는 것이다. 따라서 재정자립도는 지방자치단체의 자체충당능력을 보여주는 지표인 것이다. 여기서 적용되는 회계는 일반회계이다. 공

---

25) 행정안전부(2018). 『2018년도 지방자치단체 통합재정 개요』, 행정안전부, p. 109.

26) 국회예산정책처(2018). 『대한민국 지방재정 2018』, 국회예산정책처, p. 65.

식의 분자에 있는 지방세는 보통세와 목적세(지방교육세 제외)와 과년도 수입이 포함되며, 세외수입은 경상적 세외수입과 임시적 세외수입을 합한 것이다. 공식에서 분모에 있는 지방자치단체 예산규모는 지방세(지방교육세 제외)와 세외수입과 지방교부세와 조정교부금과 보조금과 지방채와 보전수입 등과 내부거래가 포함된 것이다. 2018년도의 경우 우리나라 전국 평균 재정자립도는 53.4%이다. 평균적으로 볼 때 우리나라 지방자치단체의 자체충당능력은 약 50%를 조금 넘는 수준이라는 것이다. 물론 이 수치는 각 지방자치단체마다 다르다. 재정자립도가 높은 서울(84.3%)과 같은 곳이 있는가 하면 전남(26.4%)과 같이 낮은 곳도 있다. 재정자립도의 산출공식은 다음과 같다.

$$재정자립도 = \frac{지방세 + 세외수입}{지방자치단체 예산규모} \times 100$$

일반회계가 적용되는 재정자립도와 함께 다른 재원까지 포함시키는 통합재정자립도도 있다. 통합재정자립도의 적용회계는 일반회계는 물론이고 특별회계와 기금도 포함된다(일반회계+특별회계+기금). 공식의 분자에 있는 경상수입은 지방세(지방교육세 제외)와 세외수입(재산매각수입 제외)의 합이며, 자본수입은 재산매각수입이다. 융자회수는 지방자치단체 융자회수금과 민간융자회수금의 합이다. 분모에 있는 통합재정수입은 경상수입(지방교육세 제외)과 자본수입과 융자회수와 이전수입(지방교부세+조정교부금+보조금)의 합이 된다. 2018년 기준으로 통합재정자립도는 앞의 일반 재정자립도와 동일하게 전국 평균 53.4%이다. 가장 높은 통합재정자립도를 보인 곳은 서울(81.8%)이며 가장 낮은 곳은 전남(25.6%)이다. 통합재정자립도의 산출공식은 다음과 같다.

$$통합재정자립도 = \frac{경상수입 + 자본수입 + 융자회수}{통합재정수입} \times 100$$

재정자주도는 지방자치단체가 재량을 가지고 자율적으로 사용할 수 있는 재원의 비중을 나타내는 지표이다. 그래서 지방자치단체 예산규모에서 자체수입과 자주재원의 합이 차지하는 비중이 얼마인가로 산출된다. 재정자주도가 높다는 것은 해당 지방자치단체가 자율적으로 운용할 수 있는 재원의 비중이 크다는 것을 의미한다. 여기서 적용되는 회계는 일반회계이다. 공식의 분자에 있는 자체수입은 지방세와 세외수입의 합이다. 여기서 지방세는 보통세와 목적세(지방교육세 제외)와 과년도 수입의 합이 되며, 세외수입은 경상적 세외수입과 임시적 세외수입의 합이다. 그리고 자주재원은 지방교부세와 조정교부금의 합을 말한다. 공식의 분모에 있는 지방자치단체 예산규모는 자체수입(지방세 중 지방교육세 제외)과 자주재원과 보조금과 지방채와 보전수입 및 내부거래를 합한 것이다. 2018년도 기준으로 우리나라 재정자주도의 전국 평균은 약 75.3%이다. 평균적으로 볼 때 우리나라의 지방자치단체가 자율적으로 재량을 가지고 운용할 수 있는 재원은 약 75.3%라는 의미이다. 물론 재정자주도 역시 지역별 차이가 존재한다. 가장 높은 곳은 역시 서울(85.5%)이며 가장 낮은 곳은 전남(67.8%)이다. 아래는 재정자주도를 구하는 산출공식을 나타낸 것이다.

$$재정자주도 = \frac{자체수입 + 자주재원}{지방자치단체 \ 예산규모} \times 100$$

일반회계가 적용되는 재정자주도와 함께 추가로 다른 재원까지 포함시키는 통합재정자주도도 있다. 통합재정자주도의 적용회계는 일반회계는 물론이고 특별회계와 기금도 포함된다(일반회계+특별회계+기금). 공식의 분자에 있는 경상수입은 지방세(지방교육세 제외)와 세외수입(재산매각수입 제외)의 합이며, 자본수입은 재산매각수입이다. 융자회수는 지방자치단체 융자회수금과 민간융자회수금의 합이다. 이전수입은 지방교부세와 조정교부금과 보조금(국고보조금, 시·도비 보조금)이다. 이 중 통합재정자주도에서는 보조금은 제외된다. 공식의 분모에 있는 통합재정수입은 경상수입(지방교육세 제외)과 자본수입과 융자회수와 이전수입(지방교부세+조정교부금+보조금)의 합이 된다. 2018년 기준으로 우리나라의 전국 평균 통합재정자주도는 약 73.9%이다. 통합재정자주도도 지역별 차이가 있다. 가장 높은 곳은 서울(82.8%)이며 가장 낮은 곳은 전남(66.3%)이다. 통합재정자주도의 산출공식은 아래와 같다.

$$통합재정자주도 = \frac{경상수입 + 자본수입 + 융자회수 + 이전수입(보조금\ 제외)}{통합재정수입} \times 100$$

그 외 재정분권의 수준을 나타내는 지표에는 지방세비율, 자체세입비중, 세입분권지수, 세출분권지수가 있다. 지방세비율은 총 조세수입 중 지방세 수입의 비중($\frac{지방세\ 수입}{총조세수입}$)으로 나타낸다. 자체세입비중은 지방자치단체 세입 중 지방자치단체 자체세입이 얼마나 차지하는가($\frac{지방자치단체\ 자체세입}{지방자치단체\ 세입}$)로 나타낸다. 세입분권지수는 일반정부 세입에서 지방자치단체 자체세입의 비중($\frac{지방자치단체\ 자체세입}{일반정부세입}$)으로 산출된다. 세출분권지수는 일반정부 세출 중 지방자치단체의 세출 비중($\frac{지방자치단체\ 세출}{일반정부세출}$)으로 나타낸다.

참고문헌

경제관계장관회의(2018). 『혁신성장 지원 등을 위한 국유재산 관리 개선방안』, 경제관계
　　　장관회의 자료.
국회예산정책처(2019). 『2019 대한민국 재정』, 국회예산정책처.
＿＿＿＿＿＿(2018). 『2018 미리 보는 법안 비용추계』, 국회예산정책처.
＿＿＿＿＿＿(2018). 『대한민국 지방재정 2018』, 국회예산정책처.
＿＿＿＿＿＿(2012). 『법안비용추계: 원리와 실제』, 국회예산정책처.
＿＿＿＿＿＿(2010). 『국가재정제도: 원리와 실제』, 국회예산정책처.
기획재정부(2019). 『2019년도 조세지출 기본계획』, 기획재정부.
＿＿＿＿＿(2019). "2019년도 조세지출 기본계획 수립", 3월 19일자 보도자료.
＿＿＿＿＿(2019). 『월간 재정동향』, 제64호, 기획재정부.
＿＿＿＿＿(2018). 『2018 나라살림 예산』, 기획재정부.
＿＿＿＿＿(2018). 『2018 기금현황』, 기획재정부.
＿＿＿＿＿(2018). 『2016회계연도 한국통합재정수지』, 기획재정부.
＿＿＿＿＿(2018). 『2018년도 예산 및 기금운용계획 집행지침』, 기획재정부.
＿＿＿＿＿(2018). "「2017회계연도 국가결산」 국무회의 심의·의결", 3월 26일자 보도자료.
＿＿＿＿＿(2018). 『2018~2022년 국가재정운용계획 주요내용』, 기획재정부.
＿＿＿＿＿(2018). 『2019년도 예산안 편성 및 기금운용계획안 작성지침(안)』, 기획재정부.
＿＿＿＿＿(2018). 『2019년도 성인지예산서 작성 매뉴얼』, 기획재정부.
＿＿＿＿＿(2018). "2019년도 조세지출예산서", 8월 28일자 보도자료.
＿＿＿＿＿(2018). 『총사업비관리지침』, 기획재정부.
＿＿＿＿＿(2018). "혁신성장 지원, 사회적 가치 제고 위해 국유재산 활용·개발 확대: 제
　　　19차 국유재산정책심의위원회에서 '19년 국유재산 정책방향' 발표", 8월 20일자
　　　보도자료.
＿＿＿＿＿(2018). 『2018~2022년 국가채무관리계획』, 기획재정부.
＿＿＿＿＿(2017). 『2018~2022년 국가재정운용계획 수립 지침』, 기획재정부.

_____(2017). 『2018년도 예산안 편성 및 기금운용계획안 작성지침(안)』, 기획재정부.

_____(2017). "디지털예산회계시스템(d−Brain), 국제표준 ISO인증 획득", 9월 29일자 보도자료.

_____(2017). 『2018년 국고보조금 통합관리시스템 운영계획』, 기획재정부.

_____(2015). 『2015 재정사업 자율평가 지침』, 기획재정부.

_____(2015). "드론을 활용한 국유재산 전수조사 실시: 2016년 국유재산종합계획(안) 등 심의·의결", 9월 1일자 보도자료.

_____(2013). "기획재정부 'd−Brain', 세계 최고의 통합재정시스템으로 우뚝: 올해 UN 공공행정상(정보화시대 정부접근 방식 분야) 대상 수상", 5월 14일자 보도자료.

_____(2012). 『재정상태표 계정과목 회계처리지침』, 기획재정부.

_____(2011). 『국가채권관리 개선방안』, 기획재정부.

기획예산처(2006). "예비타당성조사제도 도입 후 48조 원 수준 절감", 10월 21일자 보도참고자료.

김동건·원윤희(2014). 『현대재정학』, 박영사.

김동건(2012). 『비용·편익분석』, 박영사.

김민주(2019). 『공공관리학』, 박영사.

_____(2017). 『정부는 어떤 곳인가: 행정학의 이해와 활용』, 대영문화사.

_____(2017). 예산배분 권력의 역전, 『인문사회과학연구』, 18(3): 143−181.

_____(2015). 『행정계량분석론: 통계분석의 기초, 응용, 실습』, 대영문화사.

_____(2014). 『원조예산의 패턴: 원조를 위한 돈은 어떻게 변화해 왔는가』, 한국학술정보.

_____(2012). 대북지원 NGO 활동의 성장과 정부 재정지원의 상대적 중요도, 『한국행정연구』, 21(1): 73−94.

_____(2010). 공공문화기관의 예산효율성 측정과 평가: 공공도서관 사례를 중심으로, 『한국사회와 행정연구』, 21(3): 77−101.

_____(2009). 주민자치센터의 운영효율성 비교분석: 효율성 점수와 효율적 프론티어를 중심으로, 『정책분석평가학회보』, 19(4): 209−231.

김민주·윤성식(2016). 『문화정책과 경영』, 박영사.

_____(2009). 우리나라 지방채발행변화에 대한 신제도론적 분석, 『한국지방자치학회보』, 21(2): 79−99.

대한민국정부(2018). 『2018~2022년 국가재정운용계획』, 대한민국정부.

_____(2018). 『2017회계연도 국가결산보고서』, 대한민국정부.

_____(2018). 『2018년도 성인지(性認知) 예산서』, 대한민국정부.

_____(2018). 『2017회계연도 국가채무관리보고서』, 대한민국정부.

류영아(2018). 지방재정 정보시스템의 현황 및 발전방안, 『한국지역정보화학회지』, 21(1): 1–29, p. 10.

문용일(2009). EU 권한분배와 보충성 원칙의 실제적 적용, 『세계지역연구논총』, 27(1): 219–253, p. 220.

박소영(2017). 『총사업비관리제도 개선을 통한 효율적 재정관리 방안』, 한국재정정보원.

백완기(2000). 『행정학』, 박영사.

서울경제(2019). "잠자는 국유재산 흔들어 깨운다", 4월 11일자 기사.

서재만(2010). 『재정정보 공개 현황 및 개선방안』, 국회예산정책처.

송교직(2017). 『재무관리의 이해』, 신영사.

신무섭(2014). 『재무행정학』, 대영문화사.

_____(2012). 『재무행정학』, 대영문화사.

여성정책연구원(2014). 『2014 경제발전경험모듈화사업: 성별영향분석평가와 성인지예산 제도』, 여성정책연구원.

유훈·조택·김재훈(2012). 『재무행정론』, 법문사.

윤성식(2003). 『예산론』, 나남.

윤영진(2014). 『새재무행정학2.0』, 대영문화사.

_____(2010). 『새재무행정학』, 대영문화사.

원구환(2015). 『재무행정론』, 대영문화사.

이문영·윤성식(2003). 『재무행정론』, 법문사.

이정희(2010). 최근의 주요 예산이론들의 비교, 평가 및 발전방향에 관한 연구, 『한국행정 학보』, 44(4): 103–130.

정도영·김민창·권순조(2016). 『공공기관 자체조달시스템 운영 현황 및 조달시스템 통합 방안』, 국회입법조사처.

정창화·한부영(2005). 지방분권화의 이론과 원칙 탐색: 독일과 한국의 지방자치단체의 사 무배분을 중심으로, 『지방행정연구』, 19(2): 35–64.

조달청(2018). 『물품관리업무 매뉴얼』, 조달청.

_____(2015). 『외자업무 수요기관 설명자료』, 조달청.

재정경제부(2007). "국가재정정보시스템(NAFIS) 운영 종료", 7월 24일자 보도자료.

최관 외(2018). 『회계와 사회』, 신영사.

최태희·김대식(2013). 『2012 경제발전경험모듈화사업: 조달행정 법제도』, 조달청.

하연섭(2003). 『제도분석: 이론과 쟁점』, 다산출판사.

한국과학기술기획평가원(2014). 『연구개발부문 사업의 예비타당성조사 표준지침』, 한국과
　　　학기술기획평가원.

한국조세재정연구원(2017). 『2017 우리나라 재정통계의 이해』, 한국조세재정연구원.

한병철(2016). 김남시 옮김, 『권력이란 무엇인가』, 문학과 지성사.

황혜신(2010). 『통합재정정보시스템(디지털예산회계 시스템) 평가 및 개선방안』, 한국행
　　　정연구원.

행정안전부(2018). 『세입·세출예산 각목명세서』, 행정안전부.

＿＿＿＿＿(2018). 『2018년도 지방자치단체 통합재정 개요』, 행정안전부.

＿＿＿＿＿(2010). 『주민참여 예산제 이렇게 만드세요: 행안부, 「주민참여 예산제 운용
　　　조례 모델안」 마련 지자체 통보』, 행정안전부.

행정자치부(2016). 『2017년도 지방자치단체 통합재정개요 작성 지침』, 행정자치부.

KDI 공공투자관리센터(2019). 『예비타당성조사 제도 및 분석방법론 개요』, KDI 공공투자
　　　관리센터.

「공공기관의 정보공개에 관한 법률」

「국가를 당사자로 하는 계약에 관한 법률」

「국가를 당사자로 하는 계약에 관한 법률 시행령」

「국가재정법」

「국가재정법 시행령」

「국가채권관리법」

「국고금 관리법」

「국고금 관리법 시행령」

「국고자금집행지침」

「국유재산법」

「국회법」

「물품관리법」

「물품관리법 시행규칙」

「물품 다수공급자계약 업무처리규정」

「물품분류지침」

「민간투자사업 추진 일반지침」

「보조금 관리에 관한 법률」

「서울특별시 시민참여예산제 운영 조례」

「예비타당성조사 수행 총괄지침」

「예산성과금 규정」

「의안의 비용추계 등에 관한 규칙」

「전자태그의 부착 및 RFID 물품관리시스템의 이용에 관한 규정」

「조달사업에 관한 법률」

「조달사업에 관한 법률 시행령」

「재정사업 심층평가 운용지침」

「지방교육자치에 관한 법률」

「지방자치단체 예산성과금 운영규칙」

「지방자치법」

「지방재정법」

「총사업비관리지침」

「헌법」

「2018년도 예비타당성조사 운용지침」

기획재정부 재정정보공개시스템 열린재정(www.openfiscaldata.go.kr)

기획재정부(www.moef.go.kr)

나라장터 국가종합전자조달시스템(www.g2b.go.kr)

나라장터 종합쇼핑몰(shopping.g2b.go.kr)

서울특별시 참여예산(yesan.seoul.go.kr)

조달청(www.pps.go.kr)

한국재정정보원(www.kpfis.or.kr)

한국지역정보개발원(www.klid.or.kr)

e나라도움(국고보조금통합관리시스템, www.gosims.go.kr)

e-나라지표(www.index.go.kr)

RFID 기반 물품관리시스템(rfid.g2b.go.kr)

Aggarwal, Ritika(2017). Growth of Public Expenditure, *Pacific Business Review International*, 9(9): 122−128.

Akerman, Johan(1974). Political Economic Cycles, *Kyklos*, 1: 107−117.

Bahl, Roy(2008). Promise and Reality of Fiscal Decentralization, 1−26, In, Shinichi Ichimura and Roy Bahl, *Decentralization Policies in Asian Development*,

World Scientific.

Bahl, Roy and Sally Wallace(2005). Public Financing in Developing and Transition Countries, *Public Budgeting & Finance*, 25(4s): 83－98.

Bartle, John R.(ed.)(2001). *Evolving Theories of Public Budgeting*, New York: JAI press.

Baumgartner, Frank R. and Bryan D. Jones(1993). *Agendas and Instability in American Politics*, Chicago: University of Chicago Press.

Beckett, Julia(2002). Early Budget Theory: The Progressive Theory of Public Expenditures, In Aman Khan and W. Bartley Hildreth(ed.), *Budget Theory in the Public Sector*, London: Quorum books.

Behn, Robert D.(1985). Cutback Budgeting, *Journal of Policy Analysis and Management*, 4: 155－77.

Brennan, G. and Buchanan, J.(1978). Tax instruments as constraints on the disposition of public revenues, *Journal of Public Economics*, 9(3): 301－318.

Caiden, Naomi(1978). Patterns of Budgeting, *Administration Review*, 38(6): 539－544.

Cantarero, David and Patricio Perez Gonzalez(2009). Fiscal Decentralization and Economic Growth: Evidence from Spanish Regions, *Public Budgeting & Finance*, 29(4): 24－44.

Choudhury, Enamul(2007). Budgeting as a Institutional Practice: Modeling Decision Making in the Budget Process, In Göktuğ Morcöl(ed.), *Handbook of Decision Making*, Boca Raton: CRC/Taylor & Francis.

Courant, P., E. Gramlich, and D. Rubinfeld(1979). The stimulative effects of inter－governmental grants: Or why money sticks where it hits. In P. Mieszkowski and W. Oakland ed., *Fiscal federalism and grants－in－aid*, Washington, DC: Urban Institute Press.

Dahl, Robert(1957). The Concept of Power, *Behavioral Science*, 2: 201－215.

De Rus, G.(2012). *Introduction to Cost－Benefit Analysis: Looking for Reasonable Shortcuts*, Edward Elgar Publishing.

Dunleavy, Patrick(1991). *Democracy, Bureaucracy and Public Choice: Economic Explanation in Political Science*, London: Prentice Hall.

_____(1985). Bureaucrats, Budgets and the Growth of the State: Reconstructing an Instrumental Model, *British Journal of Political Science*, 15:

299－328.

Eldredge, Niles and, Stephen Jay Gould(1972). Punctuated Equilibria: An Alternative to Phyletic Gradualism, In Thomas. J. Schopf(ed.). *Models in Paleobiology*, San Francisco: Freeman, Cooper and Co., pp.85－97.

Emerson, Richard M.(1962). Power－Dependence Relations, *American Sociological Review*, 27(1): 31－41.

Fenno, Richard(1973). *Congressmen in Committees*, Boston: Little, Brown & Co.

Forester, John(1984). Bounded Rationality and the Politics of Muddling Through, *Public Administration Review*, 44(1): 23－31.

Frey, Regina(2008). *Institutionalizing Gender Mainstreaming*, Korean Women's Development Institute.

Gamkhar, S. and W. E. Oates(1996). Asymmetries in the response to increases and decreases in intergovernmental Grants: Some empirical findings, *National Tax Journal*, 49(4): 501－512.

Gibran, Joan M. and Alex Sekwat(2009). Continuing the Search for a Theory of Public Budgeting, Journal of Public Budgeting, *Accounting & Financial Management*, 21(4): 617－644.

Good, David A.(2011). Still Budgeting by Muddling Through: Why Disjointed Incrementalism Lasts, *Policy and Society*, 30: 41－51.

Gordon, Robert(1975). The Demand for and Supply of Inflation, *American Journal of Political Science*, 24: 698－714.

Gould, Stephen Jay and Niles Eldredge(1977). Punctuated Equilibria: The Tempo and Mode of Evolution Reconsidered, *Paleobiology*, 3(2): 115－151.

Hameed, Farhan(2005). *Fiscal Transparency and Economic Outcomes*, IMF Working Paper.

IMF(2014). *Government finance statistics manual 2014*, International Monetary Fund.

＿(2003). *Data Quality Assessment Framework*, International Monetary Fund.

IMF Fiscal Affairs Department(2007). *Manual on Fiscal Transparency*, IMF.

John, Peter and Helen Margetts(2003). Policy Punctuations in the UK: Fluctuations and Equilibria in Central Government Expenditure since 1951, *Public Administration*, 81(3): 411－432.

Jones, Bryan D. and Frank R. Baumgartner(2005). A model of choice for Public Policy,

Journal of Public Administration Research and Theory, 15(3): 325−351.

Jones, Bryan D., James L. True and Frank R. Baumgartner(1997). Does Incrementalism Stem from Political Consensus or from Gridlock? *American Journal of Political Science*, 41(4): 1319−1339.

Key, V. O.(1940). The Lack of a Budgetary Theory, *The American Political Science Review*, 34(6): 1137−1144.

Lauth, T.P.(1979). Zero Base Budgeting in Georgia State Government, In F.A. Kramer(ed.), *Contemporary Approaches to Public Budgeting*, Cambridge, Mass: Winthrop Publishers, pp.189−198.

Lewis, Verne B.(1981). Toward a Theory of Budgeting, *Public Budgeting & Finance*, 1(3): 69−82.

Lindblom, Charles E.(1959). The Science of "Muddling Through", *Public Administration Review*, 19(2): 79−88.

Lu, Yi(2007). Performance Budgeting: The Perspective of State Agencies, *Public Budgeting & Finance*, 27(4): 1−17.

Lukes, Steven(2005). *Power: A Radical View*, London: Palgrave Macmillan.

March, James G. and Herbert A. Simon(1958). *Organizations*, New York: John Wiley & Sons.

Maruyama, Magoroh(1971). Cybernetics, In Fremont J. Lyden and Ernest G. Miller.(ed.), *Planning Programing Budgeting: A Systems Approach to Management*, Chicago: Markham Publishing Company, pp.330−332.

Miller, Gerald(1991). *Government Finance Management Theory*, New York: Dekker, Inc.

Morcöl, Göktuğ(2007). Decision Making: An Overview of Theories, Contexts, and Methods, In Göktuğ Morcöl(ed.), *Handbook of Decision Making*, Boca Raton: CRC/Taylor & Francis.

Mueller, Eva(1971). Public Attitudes Toward Fiscal Programs, In Fremont J. Lyden and Ernest G. Miller.(ed.), *Planning Programing Budgeting: A Systems Approach to Management*, Chicago: Markham Publishing Company.

Musgrave, Richard A.(1959). *The theory of Public Finance: A Study in Public Economy*, New York: McGraw−Hill Book Company.

Musso, Juliet, Elizabeth Graddy, and Jennifer Grizard(2006). State Budgetary Processes and Reforms: The California Story, *Public Budgeting & Finance*, 26(4): 1−21.

Niskanen, William A. Jr.(1971). *Bureaucracy and Representative Government*, Chicago: Aldine−Atherton.

Nordhaus, William(1975). The Political Business Cycle, *Review of Economic Studies*, 42: 169−189.

North, Douglass C.(1990). *Institutions, Institutional Change, and Economic Performance*, Cambridge: Cambridge University Press.

Oates, W. E.(1999). An Essay on Fiscal Federalism, *Journal of Economic Literature*, 37(3): 1120−1149.

_____(1972). *Fiscal Federalism*, New York: Harcourt Brace Javanovich.

OECD(2009). *OECD Principles for Integrity in Public Procurement*, OECD.

Office of Management and Budget(2003). *Completing the Program Assessment Rating Tool for the FY2005 Review Process*, OMB.

_____(2001). *The President's Management Agenda*, OMB.

Padgett, John F.(1980). Bounded Rationality in Budgetary Research, *The American Political Science Review*, 74(2): 354−372.

Patashnik, Eric M.(1999). Ideas, Inheritances, and the Dynamics of Budgetary Change, *Governance: An International Journal of Policy and Administration*, 12(2): 147−174.

Peacock, Alan and Alex Scott(2000). The Curious Attraction of Wagner's Law, *Public Choice*, 102(1/2): 1−17.

Peacock, Alan T. and Jack Wiseman(1961). *The Growth of public expenditure in the United Kingdom*, Princeton University Press.

Premchand, A.(1983). *Government Budgeting and Expenditure Controls: Theory and Practice*, Washington, D.C.: International Monetary Fund.

Robinson, Ann(2007). *Parliament and Public Spending*, London: Heinemann Educational Books.

Robinson, Scott(2004). Punctuated Equilibrium, Bureaucratization, and Budgetary Changes in Schools, *The Policy Studies Journal*, 32(1): 25−39.

Rubin, Irene S.(2000). *The Politics of Public Budgeting*, 4th(ed.), New York: Chatham House Publisher.

_____(1992). Budgeting: Theory, Concepts, Methods, Issues. In Jack W. Rabin,

Bartley Hildreth & Gerald Miller (eds.), *Handbook of Public Administration*, New York: Marcel Dekker.

_____(1990). Budget Theory and Budget Practice: How Good the Fit?, *Public Administration Review*, 50(2): 179－189.

Rumsey, Abby Smith(2016). 곽성혜 옮김, 『기억이 사라지는 시대』, 유노북스.

Sarant, Peter C.(1978). *Zero－Base Budgeting in the Public Sector*, Mass: AddisonWesley.

Schick, Allen(1983). Incremental Budgeting in a Decremental Age, *Policy Science*, 16: 1－25.

_____(1966). The Road to PPB: The Stages of Budget Reform, *Public Administration Review*, 26(4): 243－258.

Smith, Robert W. and Thomas D. Lynch(2003). *Public Budgeting in America*, 5th ed., Prentice－Hall, Inc.

Snider, K. F.(2000) Rethinking Public Administration's Roots in Pragmatism: The Case of Charles A. Beard, *American Review of Public Administration*, 30(2): 123－145.

Soll, Jacob(2016). 정혜영 옮김, 『회계는 어떻게 역사를 지배해왔는가』, 메멘토.

Stiglitz, Joseph E.(1988). *Economics of the Public Sector*, second edition, New York: W. W. Norton & Company, Inc., pp.205－206.

Tiebout, Charles M.(1956). A Pure Theory of Local Expenditures, *Journal of Political Economy*, 64(5): 416－424.

Torsten, Persson, Gerard Roland and Guido Tabellini(2007). Electoral Rules and Government Spending in Parliamentary Democracies, *Quarterly Journal of Political Science*, 2(2): 155-188.

von Hagen, Juergen and Ian J. Harden(1995). Budget processes and commitment to fiscal discipline, *European Economic Review*, 39: 771－779.

Weber, Max(1948). *From Max Weber: Essays in Sociology*, London: Routledge.

Wildavsky, Aaron B.(1992). *The New Politics of the Budgetary Process*, second ed., New York: HarperCollins Publishers.

_____(1984). *The Politics of the Budgetary Process*, 4th ed., Boston: Little, Brown & Company.

_____(1975). *Budgeting: A Comparative Theory of Budgetary Processes*,

Boston: Little, Brown & Company.

_____(1961). Political implications of Budgetary Reform, *Public Administration Review*, 21(4): 183−190.

찾아보기

저자소개

김민주(金玟柱)

현재 동양대학교 북서울(동두천)캠퍼스 공공인재학부 교수다. 고려대학교에서 2012년
에 행정학 박사학위를 취득하고, 2013년 3월부터 동양대학교에서 교수로 재직 중이다.
저서로는『공공관리학』(2019),『시민의 얼굴 정부의 얼굴』(2018),『정부는 어떤 곳인가』
(2017),『문화정책과 경영』(2016),『평가지배사회』(2016),『행정계량분석론』(2015),
『원조예산의 패턴』(2014)이 있다. 현재 공공인재학부장이며, 각종 공무원시험 출제 위
원, 행정안전부의 지방공기업평가 위원, 여성가족부의 청소년정책평가 위원, 경기도 동
두천양주교육지원청의 공적심사위원회 위원, 동두천시의 재정운용심의위원회 위원·예
산성과금심사위원회 위원·지역사회보장 대표협의체 위원·정보공개심의회 위원·성별
영향분석평가위원회 위원·금고지정 심의위원회 위원·인구정책위원회 위원·노인복지
관운영위원회 위원 등으로 활동 중이다. 관심 분야는 재무행정, 평가, 문화정책, 관리,
계량분석 등이다.

재무행정학

초판발행	2019년 9월 3일
중판발행	2022년 2월 10일
지은이	김민주
펴낸이	안종만·안상준
편 집	윤현주
기획/마케팅	이영조
표지디자인	박현정
제 작	고철민·조영환
펴낸곳	㈜ **박영사**
	서울특별시 금천구 가산디지털2로 53, 210호(가산동, 한라시그마밸리)
	등록 1959. 3. 11. 제300-1959-1호(倫)
전 화	02)733-6771
f a x	02)736-4818
e-mail	pys@pybook.co.kr
homepage	www.pybook.co.kr
ISBN	979-11-303-0831-9 93350

copyright©김민주, 2019, Printed in Korea

정 가   29,000원